- 西安科技大学哲学社会科学繁荣项目（2022SY05）
- 西安科技大学高质量学术专著出版资助计划（XGZ2024075）
- 西安科技大学"立德树人工程"专项（2010824002）
- 陕西省财政专项支持项目"以短视频助推党史学习教育"（6210121099）

来吧！跟司马迁聊聊

王刚伟 著

知识产权出版社
全国百佳图书出版单位
——北京——

图书在版编目（CIP）数据

来吧！跟司马迁聊聊/王利伟著. —北京 ： 知识产权出版社，2025.5.
ISBN 978-7-5130-9513-6

Ⅰ．K204.2-49

中国国家版本馆CIP数据核字第20246R6H94号

责任编辑：韩婷婷　　　　　　　　　责任校对：潘凤越
装帧设计：商　宓　　　　　　　　　责任印制：刘译文

来吧！跟司马迁聊聊

王利伟　著

出版发行：知识产权出版社 有限责任公司　　　网　　址：http ://www.ipph.cn

社　　址：北京市海淀区气象路 50 号院　　　　邮　　编：100081

责编电话：010-82000860 转 8359　　　　　　责编邮箱：176245578@qq.com

发行电话：010-82000860 转 8101/8102　　　 发行传真：010-82000893/82005070/82000270

印　　刷：天津嘉恒印务有限公司　　　　　　经　　销：新华书店、各大网上书店及相关专业书店

开　　本：720mm×1000mm　1/16　　　　　　印　　张：26

版　　次：2025 年 5 月第 1 版　　　　　　　 印　　次：2025 年 5 月第 1 次印刷

字　　数：399 千字　　　　　　　　　　　　定　　价：129.00 元

ISBN 978-7-5130-9513-6

「跨越时空的千年对话」

华夏文明五千年，《史记》独领三千年。历代对《史记》的研习不胜枚举，著作迭出不穷。王利伟先生就是一位对《史记》有着独到见解和深刻体悟的年轻作家。他的又一部研究专著《来吧！跟司马迁聊聊》即将付梓出版，约我这个名不见经传的小人物写序，心知肚明自己的社会影响力不足，对史学研究并不深入，只是某些历史观点得到认同；加之给王利伟先生已经出版的《漫话史记》作序受到好评，被作者不拘泥于术语的洒脱恣意折服，其用力之勤、识见卓然令人敬佩，便爽快地答应了。

《史记》是一部贯穿古今的通史，以思想深邃、气势开阔、文采斐然，立于史学、文学的巅峰，太史公以一己之力树立了后世两千年的史书典范，让《史记》成为炎黄子孙的精神标识，取之不尽的文化遗产。然而《史记》作者是在一种极其悲壮的环境下完成巨著，描述某些历史事件难免掺杂个人的爱憎感情，难免存在疑问。王利伟先生正是本着寓旧于新、与古为新的态度，通过搜集考证大量的历史资料，站在一个超越时间和空间的角度和历史先贤对话，揭开历史迷雾，呈现给人们一部古为今用、现代版的历史巨著——《史记》。

《来吧！跟司马迁聊聊》内容严肃不失幽默，俏皮而又风趣，让人在轻松愉快的阅读体验中获得知识和价值观。全书分二十四章节，每个章节分若干个小问题进行剖析，用通俗易懂的语言解读经典，使得历史变得更加生动、具体、丰富和全面，让我们更容易理解和把握历史事件的连贯性和内在逻辑。第一篇章《〈五帝本纪〉：男神天团》讲述了黄帝、颛顼、帝喾、尧、舜这五位部落联盟首领，通过禅让制传递权力，促进了社会发展。"轩辕之时，神农氏世衰。诸侯相侵伐，暴虐百姓，而神农氏弗能征。于是轩辕乃习用干戈，以征不享，诸侯咸来宾从。"（《史记·五帝本纪》）利伟对这段话理解为黄帝为秩序而战，"当年神农氏衰微，诸侯疯狂内卷，黄帝果断站出来维持秩序，征讨诸侯，平定乾坤"。这样的解释似乎简单，但是却呈现出一种状态：平稳、严整、从容、优雅，我们谓之文明的状态。"万物得其本者生，百事得其道者成。"（《说苑·谈丛》）黄帝就是妥妥的男神天团大佬风范，他巡视天下，设置都城，设立左右大监，完善封禅、祭祀等各方面礼仪，这些举措都为日后中华民族共同体意识的形成奠定了坚实的基础。

历史是现实的一面镜子。司马迁讲："究天人之际，通古今之变。"（《史记·报任安书》）把历史变为我们自己的，我们遂从历史进入永恒。在解读《项羽本纪》时，作者用了很流行的一句话"我命由我不由天"。西楚霸王出场自带BGM的形象跃然纸上，无论是颜值还是实力，都碾压一票小鲜肉。巨鹿之战，项羽一战封神，后又挥师西进，入关灭秦，而封王侯，政由羽出，号为"霸王"，位虽不终，近古以来未尝有也，他感慨"天亡我，非用兵之罪也"。自古英雄多悲情，致那黑夜中的呜咽与怒吼，谁说站在光里的才算英雄，这位悲情霸主的一生在乌江落下帷幕，我的思绪也跟随作者的笔触，从历史流向未来，从未来走向久远。

刘邦"诛暴逆，平定四海"的气概、越王句践不疯魔不成活的冷酷、孔圣人自带光芒的滚烫人生、陈胜的鸿鹄之志、张良跟命运死磕到底的决心、伍子胥忍辱负重地疯狂复仇、苏秦从学渣逆袭成为战国007、孟尝君这个黑老大的悲剧人生、汨罗江畔屈子的悲而弥壮……这些鲜活的历史人物都从晦涩难懂的文言文中走出来，淋漓尽致地跃然纸上。让人仿佛穿越了时空，与书中人物共游，了解古代社会的政治、军事、文化等方面的知识，感受古人的思想、情感和价值观，这些智慧和经验对于今天的我们仍然具有重要的启示作用。

王利伟是一位好学深思的故事大佬，他沉浸在司马迁博览四方、行者无疆的故事里，用文字记录着行走的痕迹，抒发着内心的情绪："随着历史的车轮滚滚向前，他们每个人的名字早已湮没于尘沙之中，显得无足轻重，当然似乎也实在没有必要单独为这些小人物树碑立传，但细心的文人还是特意在《史记》中为他们留下一行位置，我想这就是他写史的情怀——悲天悯人的情怀——哪怕一粒尘埃，也有它存在的价值。"

那就来吧！让我们跟随作者酣畅淋漓的笔触，一起回眸历史，对话先贤，探寻中华民族的文化基因。

夫华夏之史，源远流长，浩浩汤汤。《史记》之著，独耀千秋，熠熠光芒。今有王君利伟，心倾史海，笔耕不辍，著书以解太史公之妙章。

忆往昔，五帝之德，泽被苍生。黄帝轩辕，平乱安邦，诸侯宾从，秩序始彰。颛顼帝喾，继其伟业，仁风浩荡。尧之圣明，舜之贤良，禅让之制，美德传扬。神农氏衰，天下扰攘，黄帝执戈，定国安邦。其功赫赫，其德煌煌，为后世立范，为万民敬仰。

至若西楚霸王，英勇无双。巨鹿之战，威名远扬。挥师西进，灭秦封王。然时运不济，乌江绝唱。"天亡我，非用兵之罪也"，此语悲怆，令人断肠。英雄末路，虽败犹荣，其气概长存，永载史纲。

刘邦崛起，诛暴平乱，四海安康。越王句践，忍辱负重，志在兴邦。孔圣先师，德被后世，思想流芳。陈胜有鸿鹄之志，张良怀坚定之肠。伍子胥复仇心切，苏秦乃逆袭之强。孟尝君命运多舛，屈子于汨罗悲亡。

王君之书，妙笔生花。析史论今，洞察幽微。使古人之形象，鲜活如生；令历史之风云，重现眼前。其文严肃而不失幽默，俏皮且饱含深意。通俗易懂，启人心智；风趣横生，引人入胜。

观其所述，历史如镜，映照古今。究天人之际，通古今之变，方能明得失，知兴替。古人之智慧，如繁星璀璨；古人之经验，似宝藏深藏。吾辈当汲取精华，以古为鉴，砥砺前行。

书中人物，各具风采。或英勇豪迈，或智谋深远，或忠贞不渝，或悲壮凄凉。他们的故事，如同一幅幅绚丽画卷，展现着人性之复杂，命运之无常。吾等沉浸其中，与古人共游，感受其喜怒哀乐，领略其壮志豪情。

王君好学深思，沉浸于史。博览四方，行者无疆。以文字记行迹，以真情抒衷肠。虽历史车轮滚滚，人物名字或湮没于尘沙，然其精神不朽，价值永恒。

今读此书，感慨万千。愿此书流传于世，启迪后人。使吾等知晓历史之厚重，珍惜当下之时光。秉持正义，坚守善良，为家国之繁荣，贡献力量。

嗟乎！历史长河，奔腾不息。吾辈当以史为鉴，开创未来。让文明之火，代代相传；让智慧之光，永照人间。

王成祥，中国作家协会会员，陕西省能源化工作家协会名誉会长，《陕西煤炭》杂志主编。先后出版报告文学集《地层深处那束光》，长篇报告文学《陕西煤老板》，煤矿题材长篇小说《黑与红》，散文集《当时也道不寻常》等，曾荣获第六、七、八届全国煤矿文学乌金奖，首届全国煤炭系统"德艺双馨"文艺工作者称号。

「今天我们为什么还要读《史记》」

应该是在2023年，我跟师兄以及老张坐在西安南郊的一个烤肉摊前。

我们仨大概是长时间没见的原因，起初都显得拘谨客气一些，相互之间的聊天基本上是一问一答，问最近学校还好吗，家里人身体都健康吧，工作顺利吗，最近都忙些什么。

总之，交谈变得热烈起来，已经是在后半夜了。那会儿，三个人都喝了点酒，吃了不少的烤肉，人逐渐变得松弛起来，言语就变得像当天夜空里的星星那样稠密起来，在散场后回去的路上，我忽然反应过来，三个社恐的人之间交谈变得热烈起来，有一个最重要的原因——我们开始聊最近读的书。

西安是个很有意思的城市，有意思的地方在于城市里散落着无数大大小小的烤肉摊——我没做过统计，不知道西安烤肉摊的数量是不是能位居全国前列——收容这城市里所有的心事与秘密，在烤肉与啤酒的加持下，所有情绪被一点点放大，划拳、交谈、争吵、唱歌或者痛哭流涕……

当然，也有像我们仨这样，在烤肉摊喝多了开始聊文学，聊读书的。

在那天夜里，在周围喝酒划拳的热烈声中，师兄讲自己在读《史记》——这不是他第一次读《史记》，在之前他已经出版过一本关于自己读《史记》的书。实际上我也没记清楚，当天晚上他讲这是自己第几次重读《史记》了，总之好像是每次见面，到最后，他都得提一下，每次都讲点儿新内容出来。

我跟老张做得最多的就是，在每个短暂的停顿处，举起酒杯，适当地提出一些问题，等仨人把杯中酒喝完，继续听师兄讲司马迁，讲他读《史记》的感悟。

　　师兄说，他在准备，准备再写一本关于《史记》的书——也就是如今呈现在读者朋友眼前的这本书——说实话，他的勤勉令人敬佩，因为写书并不是他的主业，他在学校的工作很忙碌，这些文字是他在闲暇时间所作，一点点积攒起来的。

　　我想，关于《史记》，在这里无须再做过多的介绍，关于解读《史记》的书，市面上也有不少。

　　但师兄所写的这本关于《史记》的书，还是需要多说说的，因为它指向了关于读书的一个重要问题——我们该如何读一本书？

　　在如今这个时代，人们的注意力随时都在被分散，被短视频瓜分，被散碎的文字片段瓜分，生活中又有各式各样的事情要办，静下心思完整地读一本书已经成了一件奢侈的事情，更不用说在读书的时候，做到系统地阅读了。

　　师兄的这本书，或可以作为一种如何读书的借鉴，即一个普通人如何来读一本大部头的书。

　　当然，可以在一种功利的状态下，用很严肃的态度仔细研读一本大部头的书，梳理出明确的思维导图，以期在书中得到很多实用的答案；也可以如师兄这本书中所展示出来的读书态度——用一种轻松的态度来读，就像登一座山一般，目之所及，都是令人欣喜的风景。

　　最起码在读师兄这本书的时候，我的感受是这样的，读起来轻松愉悦，简单来说就是他在讲自己读《史记》时，都在书中看到了什么，那些历史中的人物是如何的鲜活。

　　在此还需要多说一句，以免读者有所误解，尽管书中使用了一些诙谐幽默的语言，但请相信，这本书是很严谨的，并非信口开河——在写书的时候，师兄做了非常多的专业功课，查阅了大量的典籍资料。

　　再换个说法，我们读《史记》，那么我们该如何向别人介绍《史记》？

　　热爱阅读的人，总有一股子冲动，想把自己看到的书介绍给别人，像是介绍一个朋友那样。

　　师兄这本书——不是因为我们是熟人，所以在这里非要说点夸人的话——

很诚恳，诚恳地以一个普通人的身份来介绍《史记》这本巨著，以普通人的视角去看历史中的人，就连看书时得到的感悟，也是从普通人的视角出发的。

这份赤忱的诚恳，在书中已经毫无保留地展示出来了。好就好在他的这份诚恳，他用端正的态度写文章，写自己的感受，我能从书中感受到读《史记》时候的愉悦，以及他想把自己这种愉悦的感受分享给朋友的心情。在我来看，这就是这本书最好的地方。

直到现在，我依旧觉得那个烤肉局的夜晚是一个美好的夜晚，在夜风中，我们端起酒，谈论文学，相互介绍自己看过的书。也祝愿手握本书的读者们，拥有一个美好的夜晚。

陈镪，本名罗元成，陕西扶风人，毕业于西安科技大学，现居西安，著有《西安次要生活观察》等。

《五帝本纪》

男神天团

「为秩序而战」

> 轩辕之时，神农氏世衰。诸侯相侵伐，暴虐百姓，而神农氏
> 弗能征。于是轩辕乃习用干戈，以征不享，诸侯咸来宾从。
>
> 《史记·五帝本纪》*

黄帝是全民偶像。

什么是偶像？他干的事儿，别人没有想过，或者想过却没有去干，要么干了可是半途而废最终没干成。而这件事情本身还特别有意义，利在千秋。

能力有多大，责任就有多大——这话真是为黄帝量身打造的。

黄帝一生劳苦，为了实现心中的梦想，他没有过一天躺平的日子（披山通道，未尝宁居），他给人的印象永远是身体和灵魂一直在路上。

空谈梦想却不付诸实践，那梦想只能沦为空想。认准目标，找准方向，立即去做，坚持去做，才是实现梦想的捷径。

黄帝的梦想源于崇高的使命感和强烈的责任心——他始终在为建立民众所应该共同遵守的秩序而努力奋斗。

---

* 注：本书撰写过程中，主要参考以下版本：《史记》，杨燕起译注，岳麓书社2021年4月版。

这里画重点，秩序。

按照书面解释，秩序是指有条理、不混乱的情况。

这样的解释似乎简单，但是却呈现出一种状态：平稳、严整、从容、优雅。我们谓之文明的状态。

一如卢梭所说："我认为万物是有一个毫不紊乱的秩序的，普遍的灾祸只有在秩序混乱的时候才能发生。"

秩序重要，每一个社会单位都应存在秩序，并且这种存在不是口头上的，而是落实到个体的行动中——严格遵守。

当年神农氏衰微，诸侯疯狂内卷，黄帝果断站出来维持秩序，征讨诸侯，平定乾坤。

诸侯归顺以后，黄帝没有刀枪入库马放南山纵情享乐，他知道，暂时的安宁只是表面现象，暗潮涌动，他必须还要有所作为。

于是，黄帝开始为建立新的秩序继续奋斗。

这个世界尚未脱离蒙昧，黄帝已然走在时代的前沿。

他以德服人，兴仁义之师，抚四方百姓，驯化凶禽猛兽，最终打败炎帝和蚩尤，统一各部，缔造了大中华的核心形态。

革命尚未成功，我们的男神还在推进他的伟大事业。

成为部族联盟的首领以后，黄帝大刀阔斧，锐意改革，推出一系列创新举措，促成历史的飞跃。

一是国家的雏形有了。黄帝巡视天下，分别向东、向西、向南、向北走到最远的地方，与诸侯会盟，并在涿鹿的山脚下设置都城，还设立了左右大监，用来监察各部族，与此同时，封禅、祭祀等各方面的礼仪也日臻完善，黄帝举荐风后、力牧、常先、大鸿等臣相，用来治理人民。这些重要举措为日后中华民族共同体意识的形成奠定了坚实基础。"黄帝公孙轩辕氏，实吾中华民族之元祖。吾中华民族有此生息昌大之疆土，有此博大悠久之文化，有此四千余年震烁世界之历史，翳维黄帝，为国族之神。"[①] 于右任先生曾这样感叹道。

---

① 君羊. 于右任编纂《黄帝功德记》[J]. 衡阳师专学报（社会科学），1992（5）：75.

二是治国的基本准则有了。黄帝治理国家讲究"顺天地之纪"，"顺"代表态度，"纪"为根本遵循，也就是说治国理政要遵从自然规律，不与自然发生冲突，不违四季，顺天而行，简而言之，咱们做的一切要听大自然的安排，那是最好的安排。此举对后世产生深远影响，他把人和自然的关系给理顺了——不是相杀的敌对关系，而是相爱的伙伴关系。

三是与老百姓生产生活息息相关的历法有了。历法的制定，使老百姓能够依据季节时令进行农业生产，驯养鸟兽虫蛾，由此实现了中国历史上农业的一次大发展大跨越。农业是国民经济的命脉，农业的大发展势必使刚刚形成的社会秩序得到前所未有的巩固。人要先填饱肚子，饭咥美了，才有力气干活，干大活。

四是对民众的管理策略有了。做人的工作，要以教化为主，而非武力胁迫，开办百家讲坛、天地大讲堂，把"生死之说""存亡之难"跟大家伙儿讲明白，教育民众"劳勤心力耳目""节用水火材物"，通过开启民智，激励民力，凝聚民心，使民众的觉悟不断提高，进而树立正确的世界观、人生观、价值观，社会面貌由此焕然一新。

万物得其本者生，百事得其道者成。人间大定，黄帝带领他的子民来到山巅上。黑夜已经过去，太阳照常升起，天空一片金黄，像母亲敞开怀抱，等待着她刚学会走路的孩子。黄帝深情地望着脚下的土地，草长莺飞，万物蓬勃，一切有了该有的秩序，他看着目不可及的远方，充满期待……

「不讲德行，一切免谈」

> 帝颛顼高阳者，黄帝之孙而昌意之子也。静渊以有谋，疏通而知事，养材以任地，载时以象天，依鬼神以制义，治气以教化，洁诚以祭祀。
>
> 帝喾高辛者，黄帝之曾孙也。高辛父曰蟜极，蟜极父曰玄嚣，玄嚣父曰黄帝。
>
> 《史记·五帝本纪》

好东西需要传承，比如优秀的品质。

颛顼和帝喾同为时代佼佼者，有着同样优秀的品质，这样的品质在黄帝、尧、舜的身上也得到充分体现。

我们可以这样理解，司马迁选择以黄帝为源起，载黄帝（修德振兵）、颛顼（有圣德焉）、帝喾（其德嶷嶷）、尧（能明驯德）、舜（天下明德皆自虞帝始）五位上古明君同出一脉，本意是想说明优秀的品质相当于非物质文化遗产，对人类文明进步具有重要推动作用，至于五位男神到底是否同源，并不重要（如今根据史料分析五位帝王之间的血缘关系并非如记载的那样紧密）。

今天我们追忆先祖，不仅仅因为他们开拓进取，敢为人先，对历史的发展和人类文明进步作出了重要贡献，更因为他们一生苦心经营的优秀品质没有随着他们肉体的消亡而毁灭，恰恰相反，那些优秀品质超越时空，历久弥坚，变成一种令人感动、催人奋进、被后世奉为经典的东西，源源不断为他们的子孙提供滋养。

黄帝去世以后，他的孙子、昌意之子高阳接替帝位，称颛顼。此人"静渊以有谋"。

静，行事沉稳，靠谱儿；渊，思想深邃，有范儿。

一个人沉稳，才能保持定力，遇事不慌乱，"乱云飞渡仍从容"，于云谲波诡纷繁复杂的环境中作出正确决断。思想深邃，才能不被表面所迷惑，透过现象看清本质，预见未来的发展方向，"咬定青山不放松"，沿着正确的道路勇毅前行。

颛顼"疏通而知事"。此疏通非彼疏通：今天的人遇到棘手事儿，经常说在某个环节上"疏通疏通"，此"疏通"含有贬义。颛顼"疏通"，不是说他善于投机取巧，耍小聪明，而是指他懂得为人处世之道，做事合情合理。

这够我们学习一辈子。眼见太多的人曲解了疏通之意，把油滑奉为处世准则，做的事情也不合情理，总想找捷径，把心思全用到歪门邪道上，到头来"机关算尽太聪明，反误了卿卿性命"。

颛顼死后，黄帝的曾孙、他的另一个儿子玄嚣的孙子高辛继承帝位，称帝喾。

帝喾"顺天之义"。

天乃自然规律，顺相对逆而言，就是说这个人无论干什么事儿都能做到遵循天道，按照事物本身的规律去做，不逆天而行，因为他知道，违背天道去行事，最后必然会受惩罚。

帝喾"仁而威""惠而信""修身而天下服"。一个人想让别人信服，不能总想着靠武力，武力只能使人表面上屈从而无法使人心悦诚服。

那靠什么？正气。

黄帝、颛顼、帝喾、尧、舜，身上都有正气，也就是正向的能量，他们靠这股强大的能量把别人吸引到他们身边，死心塌地跟着他们去干事，干开天辟地的大事，最终干成事。

当然，存在于他们身上的美好品质还有很多，普施利物、聪以知远、明以察微，等等，如果把这些美好的品质归结起来用一个词儿概括，我想应该是德行。

古往今来，我们对一个人进行衡量，往往把德置于第一位，我每年填写的《职工年度考核表》，"自评总结"一栏，首先是报告自己的德行，其次再说能、勤、纪、廉。

德如果不行，其他一切免谈。在中国，骂人最恶毒的话，无外乎"缺德"，尤其是在乡土观念浓重的地区，这个词儿可以变成一件凶器。

有德之人，无须追光，因为本身自带光芒。颛顼有德，"动静之物，大小之神，日月所照，莫不砥属"，帝喾有德，"日月所照，风雨所至，莫不从服"①，包括黄帝，出场给人的第一感觉就是这人有大德，"修德振兵"，闻者莫不纳头便拜，德的力量着实强大。

《左传》中言，有德则乐，乐则能久。如此来看，伟大的作家似乎在思考天道的运行模式，探寻文明长存的奥秘。

所谓天道的运行模式也是通过个体表现出来，当个体遵循这种运行模式行事，那么就是符合天道的规律，他所能推动事物往自己意志发展的能力越强，

---

① 左丘明. 左传（上）［M］. 郭丹，程小青，李彬源，译注. 北京：中华书局，2012：1330.

他所创造的文明会越有生命力。

哎呀！我是不是探寻到了这个文明生生不息绵延不绝的奥秘？

「比天空更宽阔的是人的胸怀」

> 尧知子丹朱之不肖，不足授天下，于是乃权授舜。授舜，则天下得其利而丹朱病；授丹朱，则天下病而丹朱得其利。尧曰："终不以天下之病而利一人。"而卒授舜以天下。
>
> 《史记·五帝本纪》

什么是明君？明事理的君主。好比董事长，一般要先"懂事儿"，而后方能成一家之长。

尧和舜皆为明君，这二位一直被古代帝王视为榜样。

当明君，是一件极不容易办到的事儿，因为一个人高高在上，权力高度集中，就有可能把权力变成牟取不正当利益、实施专制和暴政、发动战争的工具。今天，我们可以把权力关进制度的笼子，可在尧舜时代，制度的笼子还不存在，君主权力缺少限制，一切要看手握权力的人是否具备觉悟，有没有定力，懂不懂自我克制。

尧舜具备这样的觉悟。他们有定力，也懂得自我克制，所以后世帝王争相做他们的铁粉。

尧舜是怎么办到的呢？很简单，他们不过是战胜了人性中的恶，比如懒惰、虚伪、骄横、妄自尊大、贪得无厌、沉迷酒色……当然，战胜这些人性的弱点，也是对一个明君起码的要求。

一个人若连自己都战胜不了，那还谈个屁理想。

这二位高度雷同，我指他们的胸怀——宽宏博大，摩顶放踵以利天下。

帝喾死后，传位于其子挚。帝挚死后，其弟放勋继位，即为帝尧。

尧出任华夏族群的CEO以后，也是大刀阔斧进行了一系列改革，特别是他命人观察日月星辰的运行变化情况，准确地将一年划分为四季，使百姓可以科学地按照四季的划分，有序进行农业生产，实现了农业发展的又一次飞跃，GDP飙升。

尧即将退休，选接班人的事被提上日程。

有人提议让尧之子丹朱继帝位。

尧沉思片刻，把头摇得像拨浪鼓。

作为丹朱的老子，尧十分了解他的儿子，简直没有比"不肖"更准确的词汇来形容丹朱了。

尧心里明镜儿似的，把位子传给他，对天下苍生来说无疑是祸害，他说了一句令人震惊的话"终不以天下之病而利一人"，即便这个人是他的儿子！

于是舜经过一番严苛的选拔，登上历史的舞台。

舜的胸怀体现在他对权力的不争以及在欲望面前毫不妥协。

在老领导尧离世三年以后，他把本属于丹朱的权力还给他，自己躲到了黄河（一说淮河）之南。但是后来的事实证明，丹朱的确不适合干这一行，也许他可以像后世某些皇帝一样当一个很不错的诗人或者手艺精湛的木匠，但是时代毕竟没有给他这样的机会。

人民的眼睛就像一面明亮的镜子，这面镜子可以把一个人的善恶美丑暴露无遗。

事实证明，当你的品质崇高到无可挑剔，宇宙万物都会臣服于你。尽管舜毅然决然地选择放弃权力，去追求诗和远方，但是心地善良、爱憎分明的人民还是喜欢到他的身边与他一起分享人生中遇到的那些快乐或者忧愁的事情，喜欢跟他在一起看雪看星星看月亮，从诗词歌赋讨论到人生哲学。

当然，他们为此必须要付出一双草鞋的代价，因为舜居住在黄河之南，距离有点儿远。

司马迁不愧是伟大的文学家，他对细部的描写令人惊叹。我们注意到他将跟舜一起看雪看星星看月亮、从诗词歌赋讨论到人生哲学的人，分为几类。

一类是诸侯朝觐者，一类是狱讼者，一类是讴歌者。

　　实际上这三类人分别代表了当时社会不同的阶层，也就是说基本上每一个社会阶层的人都认可舜而远离丹朱，这样的现象说明什么不言自明。

　　一次错过是过失，一再错过是过错。面对大家火一样的热情火一样的心，舜终于还是没忍住，他仰望星空，长叹一声，"介是嘛？介是天意"，于是，这个继尧之后的又一明君果断地选择顺应天意，回到京都，继任华夏族群首席CEO。

　　此时他的想法和曾经的尧一样儿一样儿的，"终不以天下之病而利一人"，在苍生的大利和个人的私欲面前，他毅然选择前者……

禅让，不是闹着玩儿的

> 尧立七十年得舜，二十年而老，令舜摄行天子之政，荐之于天。尧辟位凡二十八年而崩。百姓悲哀，如丧父母。
>
> 《史记·五帝本纪》

　　尧舜之间的权力交接，谓之"禅让"，一直为后世称道。

　　不过，质疑的声音也如影随形。比如，《竹书纪年》中分析，"昔尧德衰，为舜所囚也"，尧丢失德行，舜把他囚禁起来，篡权夺位。崇尚"性恶说"的荀子，也觉得尧舜的"禅让"不过是传说，"尧舜禅让，是虚言也，是浅者之传，陋者之说也。"唐代史学家刘知几在《史通·疑古》中，同样把尧舜之间权力的交接过程，看作权力的篡夺……

　　我们暂且搁置争议，先随司马迁去了解一下，尧和舜之间的权力交接都经历了什么。

　　在《五帝本纪》中，作者用了大量篇幅对尧舜之间的权力交接过程作了描述。尧真是一位杰出部落首领，在寻找权力继承者这件事上，他小心谨慎，而且颇具洞察力，甚至落实到行动上表现得有些不近人情的残暴。

　　首先，他没有把权力交给丹朱，因为他了解自己的儿子，丹朱这个小兔崽子"顽凶"，这里他用了一个感叹词：吁。

佩服！这老哥的用笔实在考究。用不用这个词，给读者的感觉完全不一样。

不用这个词儿，尧的话像一首没有节奏的歌曲，不具备任何感情色彩；而用了这个词儿，尧的话就像流动的河水，读者似乎能感受到他内心情感的波动——他也是人而非神。

吁，意味深长，其中显然有遗憾，为丹朱的不学无术无法继承他的宏图大业感到遗憾。

知其不可用而不用，此为大忠，这里的忠不是针对某个人，而是天下苍生。

YYDS！多么高尚的境界！

其次，共工和鲧这两个候选人的名字也被他从名单中一笔勾掉。

"共工善言，其用僻，似恭漫天"，共工这人性格怪僻，心术不正。看上去对人好像恭恭敬敬，其实属于"当面说好话，背后下黑手"那一类人，不可用。

"鲧负命毁族"，负命，说明鲧不听指挥，独断专行。"毁族"，说明鲧残忍，一个对同族人都不爱的人，指望着去爱别人，合理吗？可能吗？

他深邃的目光转向舜。

舜当时在民间颇有声望，他以孝闻名，是青年男女膜拜的偶像。

尧对舜的考察，经历了漫长而曲折的过程，并且他不惜血本，可以说全方位、多角度、立体式考察，其中很多做法还颇有原创性和观赏性。

例如，他把自己的两个女儿嫁给舜，他要看看舜怎样对待她们。

此举再次印证了"大我"在尧心中的存在：天下苍生的幸福远比两个女儿的幸福更加重要。

舜不负尧所望，他没有因为两个女子出身高贵，就给她们穿金戴银，住大别墅，买高档包包，吃鲍鱼海参，他的态度不卑不亢，他以一颗令人惊叹的平常心对待她们，使两个主考官没理由不对他竖大拇指，最终为他爆灯，死心塌地做他的女人。

尧还让舜参与政事，意在考察他的执政能力，别看舜年轻，但也处理起政事来简直是行家里手，他总领百官职事，各种政事都处理得井井有条，天生一个出色的政治家。

再如，尧让舜主持外交上的事，"宾于四门，四门穆穆，诸侯远方宾客皆敬"，远方而来的宾客居然都对这个年轻人恭恭敬敬。看来舜真正做到了以德服人，是一个优秀的外交官。

最令人诧异的是尧还对舜进行了野外生存能力的考验，放在今天，舜应该去拍《荒野求生》，肯定火爆。

考察方式别出心裁。

舜进入山林川泽，在暴风骤雨中行进，没有GPS的帮助，他居然能不迷路（行不迷），可见这个人行有目标。优秀的领导者最重要的就是要保持清醒、行有目标，否则容易迷失自我，走上邪路。另外，还说明这个人有强烈的奋斗意识，特别是在极端恶劣的环境中，不抛弃不放弃，始终在路上。他清楚，恶劣的环境中，更不能停下脚步，只要还在路上，总能找到出路，只有不断努力，才有活下去的希望——要实现一切理想抱负，首先要确保活下去。

这是最朴素的人生彻悟。

觉悟高、意志坚、本领强，舜德智体美劳全面发展，简直是天选之子。

尧心中存在"大我"，选中了舜；而舜为了心中的"大我"，主动扛起使命。

天下为公，有德者居之，篡位之说可休矣。

「别问为什么，干就得了」

> 舜举八恺，使主后土，以揆百事，莫不时序。举八元，使布五教于四方，父义，母慈，兄友，弟恭，子孝，内平外成。舜宾于四门，乃流四凶族，迁于四裔，以御螭魅，于是四门辟，言毋凶人也。
>
> 《史记·五帝本纪》

永远不要害怕去尝试，因为文明的进步，就是从尝试开始的，尝试中可能会遇到失败，但是那有什么关系——只有成功与你有关，其他都与你无关。

舜有想法、有魄力，干事情雷厉风行，勇于开拓创新，喜欢走前人没有走过的路，这一切使他圈粉无数。

成为部落首领以后，舜先是完成了尧应该做而实际上没有做的工作，特别在选拔任用贤能方面，不拘一格，大胆任用，令人尽其才。

高阳氏有八个贤德的子孙，人称"八恺"；高辛氏有八个贤德的子孙，人称"八元"。虽然这十六个人品德高尚，声名远扬，但是尧在位的时候，或许是忙于抓经济建设，忽视了他们。

帝鸿氏、少暤氏、颛顼氏、缙云氏等几个家族都有不成器的后代，这些不成器的家伙品行如出一辙的龌龊：骗傻子、打瘸子、骂哑巴、撞瞎子、吓聋子……总之除了好事儿不干，什么事儿都干；除了德行不要，什么东西都要。人们称他们为"四凶"——"混沌""穷奇""梼杌""饕餮"。他们道德品质低劣，败坏社会风气，扰乱社会治安，尧在位的时候，居然没有铲除他们，实在吊诡，可能还是因为一心一意搞建设、聚精会神抓生产，无暇分身，没时间拾掇他们。

舜继位以后，首先举用了"八恺"与"八元"，不仅举用，还委以重任；其次是除掉了"四凶"，把他们流放到边远的地方："去吧！西伯利亚的冬天寒风刺骨，那里透心凉，你们就去那儿凉凉吧！"

社会面貌焕然一新，百姓齐夸舜的领导。

作为部落首领，舜还干了很多前人想都没有想过的事儿，他致力于工作体制机制的创新。

最典型的还是在选人用人这件事上。舜作为团队领导者，表现得头脑清醒，客观理智，具体落实到行动中也可以说按部就班颇有章法。禹、皋陶、契、后稷、伯夷、夔、龙、倕①、益、彭祖这些人自尧的时候就得到了启用，但是"未有分职"，换句话说，这些人职责不清、分工不明。由此可见，尧的

---

① 通"垂"。

管理理念还处于初级阶段，管理手段比较粗放，他甚至没有意识到这样做会导致的后果——人浮于事，滋生腐败。

舜上任以后，广开言路，明察暗访，认真听取各方意见，进一步厘清了思路，按照这些人自身所具有的能力，结合各自专长，把他们安放在相应的位置上：禹平水土、皋陶主事司法、契进行人文教育、后稷操持农耕、伯夷担任祭祀官、夔为礼乐之师、垂统领百工、益掌管山川、龙发号施令。所谓九官之说自此而始。

舜这一系列行之有效的举措，使得社会分工更加精细化，这种精准治理是推动治理现代化的重要手段，如果说黄帝的辛劳催生了社会化大分工，那么舜的努力就促成了社会转型，这是对人类文明的巨大贡献。

不仅如此，舜还建章立制，制定奖惩办法，实施"能上能下，能进能出"的动态管理，规定每三年要进行一次考核，经过三次考核，按照功劳大小进行人事调整（三岁一考功，三考绌陟），一旦奖惩机制建立起来，那么大家干事创业的热情也就上来了，办事效率、服务水平得到极大提升。可能用我们现代企业管理理念来看，身为团队领导者，舜所做的没什么，但是在当时，他的改革就显得意义非凡了，因为它具有原生性特质。

每个时代都需要想干事、能干事、会干事的人，而舜所做的就是为时代寻找这样的人，并把他们置于合适的位置上，关键舜还能够做到跟大家伙儿并肩作战，一起奋斗，困挠和束缚实践发展的迷雾被这样一群勇于担当的人渐渐廓清，人们跟随他们的脚步走向更加光明的未来。

最后，司马迁不无感慨地说："天下明德皆自虞帝始。"这话又显得不合逻辑，明德不是自黄帝已经开始了吗？怎么又说始于舜呢？

这里又要画重点。

德乃天道的运行模式或者说运行规律。

黄帝按照天道的运行规律，建立了一套利于万物并存的秩序，开启文明。

继任者颛顼、帝喾、尧同样遵循天道，按照天道的运行规律，进行社会改革，推动社会发展，为文明进步奠定了深厚的经济基础。

经济基础决定上层建筑。至舜，物质文明达到新高度，舜的改革，实际上是完善天道法则，人们对道德、法治、人伦这些社会概念有了更加清晰准确的界定，自此完成了物质文明和精神文明的匹配融合。

德的意识形态的属性在舜的领导下最终确定。

「历史的生命在于真实」[①]

> 太史公曰：学者多称五帝，尚矣。然尚书独载尧以来；而百家言黄帝，其文不雅驯，荐绅先生难言之。
>
> 《史记·五帝本纪》

黄帝和蚩尤PK，蚩尤使用大规模杀伤性武器攻击黄帝，黄帝便派应龙（上古神兽）去攻打蚩尤。应龙使用水攻，把蚩尤打得落荒而逃，蚩尤忙令风伯、雨师（《西游记》里的风神雨神）掀起狂风暴雨打回去，千钧一发之际，黄帝果断派下一名叫魃的天女助战，雨瞬间止住，黄帝军团趁机反攻，蚩尤大败。

这段情节刺激不刺激？精彩不精彩？这是《山海经·大荒北经》中关于黄帝的记录，想必这段文献司马迁在写《五帝本纪》的时候不会不参阅，但是他没采用。

同样在《孔子家语·五帝德》中也有一段对黄帝的描写："黄帝者，少典之子，曰轩辕。生而神灵，弱而能言，幼齐叡庄，敦敏诚信。长聪明，治五气，设五量，抚万民，度四方，服牛乘马，扰驯猛兽，以与炎帝战于阪泉之野，三战而后克之。始垂衣裳，作为黼黻，治民以顺天地之纪，知幽明之故，达死生存亡之说。播时百谷，尝味草木，仁厚及于鸟兽昆虫。"[②] 这段对黄帝的描述，司马迁表示推崇，并进行了大段"复制""粘贴"。

---

① 本文题目出自我的老师同温玉教授、熊艳娥副教授的文章《司马迁〈史记〉之"游"探赜》，对老师表达敬意。
② 王国轩，王秀梅. 孔子家语［M］. 北京：中华书局，2011：290.

《五帝本纪》中，司马迁用大段篇幅描写尧和舜的权力交接过程。相反，他对黄帝的介绍却不多，而黄帝在他心目中地位之重要，通过这个人物在《史记》中的出场顺序可窥一斑，如此重视，又有那么多参考资料，司马迁为什么不多写点儿呢？像《山海经》中的记录，在上古传说中，有很多关于黄帝的神话故事，情节曲折，引人入胜，尤其适合讲给孩子听。司马迁为什么偏偏不写进《史记》中呢？怪力乱神、故弄玄虚、哗众取宠不是某类畅销书一贯的创作宗旨吗？

明摆着可用的素材却不用，能够引流增粉的观点却不采纳，恰恰表明了司马迁写史的态度：用事实说话。

王国维先生曾说过："研究中国古史，为最纠纷之问题。上古之事，传说与史实混而不分，史实之中，固不免有所缘饰，与传说无异；而传说之中，亦往往有史实为之素地。"[1] 面对浩瀚纷繁的史料，司马迁不是不敢用，那时候没有版权之说，他不必担心惹上麻烦。

司马迁选择不用。

如果他想客观严谨地记录历史，还原历史的本来面貌，那么关于黄帝口口相传未经考证的传说就不能进入他的作品（至禹本纪、山海经所有怪物，余不敢言之也）。

关于黄帝的神话传说更多是寄托了人们对君主的美好愿望，缺乏科学依据，官方典籍对黄帝的记载又不多，况且年代久远，很多事情无从考证。百家言黄帝，各执一词，真假难辨，关键还"文不雅驯"。

这里又画重点，雅。司马迁写人物不仅追求真实，还注重美，如果不真实、不美丽，那么索性避开，毕竟其志在成一家之言，不能信马由缰、胡来一气——他不是为版税和流量去写《史记》的。甚至为了印证仅存的一点史料的真实性，司马迁不辞辛劳，千里奔赴，实地考察，要知道那可是"交通基本靠走、通信基本靠吼"的年代。

严谨的治学态度，值得后人学习。虽然《五帝本纪》中对黄帝的记载不

① 王国维. 古史新证：王国维最后的讲义［M］. 北京：清华大学出版社，1994：1.

多，但是却给人们呈现了一个相对比较客观真实的人物形象，这个人物有血有肉有灵魂，他结束诸侯纷争，开疆拓土，发展生产，建立秩序，凭借的是人的智慧和力量，所代表的精神就像《国际歌》中唱的那样：从来就没有什么救世主，也不靠神仙皇帝，要创造人类的幸福，全靠我们自己！

最后，这个有血有肉的人也未逃脱死亡，"黄帝崩，葬桥山"。

从生到死，黄帝跟其他人没啥两样。

在《封禅书》中，司马迁似乎又给我们呈现了另一个黄帝，一个能呼风唤雨、长生不死的黄帝。当然，这并非前后矛盾，而更像是无声的嘲笑。

他仿佛在对那个高高在上的让他失去尊严的人说："你相信长生之术，那我编造不死神话。你伤害我肉体，使我一生煎熬，那我灭你灵魂，让后代看看你多么荒唐。"

《五帝本纪》和《封禅书》呈现了不同的黄帝，而司马迁歌颂的是被称作人的黄帝，因为他代表真实。

正如史学家李新先生所说，"历史最宝贵的品格就在于真实"。①

① 章百家. "历史最宝贵的品格就在于真实"：我记忆中的李新先生［Ｎ］. 北京日报. 2019－01－28.

《秦本纪》

到太阳升起的地方去

「出来混，迟早是要还的」

> 夷吾使人请秦，求入晋。于是缪公许之，使百里傒将兵送夷吾。夷吾谓曰："诚得立，请割晋之河西八城与秦。"及至，已立，而使丕郑谢秦，背约不与河西城，而杀里克。
>
> 《史记·秦本纪》

秦国和晋国，相爱相杀的一对。

爱时如胶似漆，能互相通婚，结秦晋之好；恨时咬牙切齿，都想一把掐死对方。

秦穆公的态度决定了这一切。

因为一个身份，秦国要东进；因为心怀梦想，秦国必须东进。

从秦襄公开始，经过一百多年的艰苦奋斗，秦国从孱弱走向强大。

秦穆公继位后，更是把东进作为头等大事来抓，向东向东再向东，一直打到太阳升起的地方，摆脱"蛮夷戎狄"的身份，把秦国的旗帜插到东方的每一个角落。

的确，东方的大哥们都瞧不起西方的这个小老弟（秦始小国僻远，诸夏宾之，比于戎翟），直到秦献公的时候才有所改观，所以说秦穆公的坚持不是一时冲动，而是秦人世代夙愿决定了他必须以时不我待的精神去推进统一大业。

理想丰满，现实骨感，事实证明，有些事情不能着急。

东进的道路上，秦国遭遇的强悍对手是晋国。

晋国势大，秦穆公对此是了解的，于是他选择采取联姻的政策麻痹对手（我一直认为这种政治联姻是有违人性的）。他娶了晋太子申生的姐姐。两个国家既然成了亲戚，那我"操心"你们国家的事，就不算干涉内政了。

后来晋国发生内乱，晋公子夷吾借助秦穆公的力量回到晋国继任国君，此前他拍着胸脯承诺，如果秦国帮助他上位，他愿意割让晋国河西地区八座城池给秦国作为酬劳。对于秦国来说，这是巨划算的买卖。

河西的地理位置对秦国来说实在重要，战略要塞，是东进的重要跳板。正当秦穆公为自己不费一兵一卒便占领了河西地区八座城池而窃喜的时候，从晋国那边传来一个悲催的消息，夷吾这家伙变卦了，而且是明目张胆地背信弃义，来了个"我是流氓我怕谁"。

秦穆公知道自己被人耍了。看来签合同很重要，哪怕跟自己的小舅子！

因为此事，两国关系跌至冰点。

但是影片没结束，片尾有彩蛋：晋国发生饥荒，厚着脸皮找秦国借粮，还得说秦穆公高风亮节，宰相肚里能撑船，他采纳公孙支和百里奚的建议，派人把粮运到晋国，帮助晋国渡过难关；来年，秦国也发生饥荒，找晋国借粮，夷吾的说法令人震恐："天助我也，趁机干他一票。"

晋国非但没有借粮给秦国，还出兵来攻打秦国，典型的趁火打劫。

公元前645年，秦晋韩原之战爆发，这场战役打得艰辛，夷吾亲自带兵，可见他灭秦的决心。

秦穆公战中受伤被围，眼看要被俘虏，突然，一队人马呼啸而来，杀入阵中，将秦穆公救了出去。

这些人是从哪里来的？从怪诞的衣着和手中五花八门的兵器，可以看出他们非正规军，而是当地的野人。秦穆公恍然大悟：原来有一次外出打猎，这些野人偷吃了他的爱马，本应处死，他赦免了他们。

秦军士气大振，乘势反攻，居然反败为胜，还生擒夷吾。

"你小子也有今天！"秦穆公决定送他去西天深造（将以晋君祠上帝），哪怕这人是自己的小舅子！

这时候，周天子以"同姓"为名替夷吾求情，秦穆公的媳妇（夷吾的姐姐）也站出来帮夷吾说话。

大BOSS和媳妇都开口了，秦穆公没办法只好放过夷吾，当然他心中一定有无数只羊驼飞奔而过。

这回秦穆公长记性了，他与晋君夷吾订立盟约，然后才把他放回去。

史书记载，夷吾回去以后，"献其河西地，使太子圉为质于秦"。以夷吾的德行，我觉得并非出于真心，他不会一下子就有了这么高的觉悟。究其原因，还是这回双方签了合同，白纸黑字在那摆着，上次开的是空头支票，这回却是实实在在的一纸合约，一旦反悔，那真是授人以柄，以后还怎么在圈儿里混。

秦国对太子圉不错，没把他当人质对待，还把宗室的女子嫁给他，解决了他的婚姻大事，但这未尝又不是秦穆公放长线钓大鱼的策略。

至此，"秦地东至河"，秦国把势力范围向东扩张到了黄河。

想必经历了这场变故，夷吾对人生是有所感悟的。

河西八城、三百食马者……这一切真是巧合吗？他想起某个哲人说过的一句话，"出来混，迟早是要还的"。

东边不亮西边亮

> 郑人有卖郑于秦曰："我主其城门，郑可袭也。"缪公问蹇叔、百里奚，对曰："径数国千里而袭人，希有得利者。且人卖郑，庸知我国人不有以我情告郑者乎？不可。"缪公曰："子不知也，吾已决矣。"
>
> 《史记·秦本纪》

《烛之武退秦师》和《秦晋崤之战》这两篇课文分别讲述了秦国东进途中

的两件事，两件事貌似无关，但要细品的话，还是能品出点意思。

虽然两件事发生的时空不同，可是有关联，梳理蕴含其中的逻辑，我们会发现秦穆公战略思想的转变。

太子圉抛妻弃子，回国继任晋国CEO（晋怀公）。

渣男！老婆孩子你都舍得，见过狠的，没见过这么狠的。秦穆公对太子圉的行为大为恼火。天天好吃好喝伺候着你，还有人给你暖被窝，你说跑就跑了，这是没把我们秦人当回事儿。

于是秦穆公帮助流亡在外的晋公子重耳（夷吾的兄弟）返回晋国，干掉晋怀公，成为晋国新的领导者，即晋文公。

晋文公一上台，重用贤能，励精图治，国力大增，秦晋关系进入蜜月期。

晋国和秦国结盟进攻郑国。郑国派谋士烛之武劝秦穆公，别干损人不利己的事儿——灭掉郑对谁有好处？晋国。郑国和秦国之间有晋国相隔，晋国向东灭掉郑国，回过头向西灭掉秦国，他是在拿您当枪使啊！

秦穆公如梦初醒：敢情我劳师动众是给别人做嫁衣。

可见，秦穆公在这时候的战略思想还偏幼稚。

接下来，秦穆公又干了一件大人不该干的事儿——与郑国订立盟约，并派人驻守在郑国，自己带兵撤了。

我们现在来看，这波操作与"此地无银三百两"如出一辙，在别人的国家驻扎军队，你要闹哪样？

秦国亡我之心不死！郑国对秦国刚生出的一点儿好感，瞬间全无。

秦穆公的战略思想实在不成熟。这好比人与人相处，谁比谁傻多少？这为后来的崤之战埋下伏笔。

晋文公去世，秦穆公觉得时机已到，是时候展现真正的技术了，马上派兵攻郑。

彼时，恰巧有一个自称是郑国守卫的人找到秦穆公，设计与秦军里应外合一举灭郑。

"此乃天助我也。"秦穆公当时的表情一定像极了曹操。

他找来蹇叔、百里奚商量，二人极力反对。

奔袭数千里去袭击别人，能占到什么便宜呢？郑国有叛徒，难道秦国就没有吗？

秦穆公没听他们的话，决意东进。

秦军浩浩荡荡，一路高歌，向东方行进。各国媒体纷纷报道，郑国哪能不知道呢？

当秦军走到滑国这个地方，一个关键人物登场。

弦高，郑国的民营企业家。他驱赶十二头牛准备贩卖到周地，见到秦军的队伍，顿时觉察到情况不妙。

秦军前往东方，一定是要去消灭自己的国家，作为一个郑国人，一旦落入秦军手中，必死无疑。

前面是虎视眈眈的秦军，后面是岌岌可危的国家，弦高灵机一动，来到秦军的队伍里，声称郑国派自己带十二头牛前来慰劳远道而来的秦军将士，并且郑国已经做好了防备。

秦军将领瞬间傻眼，人家早有准备，还偷袭个屁。不过这么回去，又不好向国君交代，干脆顺手把滑国灭掉吧！

"我招谁惹谁啦？"滑国躺枪。

身为滑国的友邻，晋国怒了。晋文公刚过世，秦军就"破我滑"，多么卑劣的行径。

晋襄公把丧服染成黑色，联合姜戎的军队在崤山一带阻击秦军，秦军全军覆没，三名将领被俘虏，此战即历史上有名的秦晋崤之战。

秦军战败，秦穆公负主要责任。

崤之战也成为秦穆公的一块心病，甚至说这一战彻底击碎了秦穆公东进的梦想，给秦穆公造成了云南白药也无法弥合的心灵创伤。

后面发生的几场战役，几乎都是围绕崤之战而采取的报复行动，秦军胜少败多，最成功的一次也不过是夺得晋国的王官及鄗地。

晋国一看秦军这杀红眼的架势，索性躲入城中避而不战，任你怎么表演。

返秦途中，经过崤山。森森白骨，血染黄沙，秦穆公不禁潸然泪下。他决定为在崤之战中牺牲的战士筑坟，并发表了一番慷慨激昂的演讲，检讨自己的过失。

问题出在哪儿？

回国以后，秦穆公开始反思，得出的结论是不能跟晋国硬碰硬，时机尚不成熟，不如把战略重点转移到西部。

秦穆公的战略思想发生转变，日趋成熟。他转移战略重点，开始向西部开疆拓土，并在很短的时间内"霸西戎"。

至此，秦国为日后的强大和统一六国赢得根本保障——广袤的国土面积。

「你建群，我拉人，咱们一起来创业」

> 缪公闻百里奚贤，欲重赎之，恐楚人不与，乃使人谓楚曰：
> "吾媵臣百里奚在焉，请以五羖羊皮赎之。"楚人遂许与之。
>
> 《史记·秦本纪》

《酒谱》中记载了这样一个故事：当年，秦穆公率军征讨晋国，大胜还师。秦军行至河边，穆公欲犒赏三军，可是随身只带了一钟（古代容器）叫作"醪"的秦酒，这时一人提议，把酒倒入河中，与三军将士分享。穆公潇洒地一挥手，酒若甘霖落入河中，三军战士痛饮，士气大振。

提议的人，名叫蹇叔。此人在前面已经提到，他曾经极力反对秦穆公伐郑。民间有个说法，秦国无蹇不成霸，这个蹇即指蹇叔。

蹇叔加盟秦国，得益于秦穆公对人才工作的高度重视。李斯在著名的《谏逐客书》中这样称赞秦穆公的求贤若渴："昔缪公求士，西取由余于戎，东得百里奚于宛，迎蹇叔于宋，来丕豹、公孙支于晋。"

能得蹇叔，还是因为百里奚的缘故。这老汉更牛，虽然他反复声明，论武功和智慧，自己不如蹇叔。

百里奚本为虞大夫，晋国灭虞国，百里奚作为俘虏，成了晋国的奴仆。

后来，百里奚被当成秦穆公夫人的陪嫁（奴隶）送到秦国。

再后来，百里奚伺机逃离秦国，不过倒霉的是在楚国的边境上被楚人俘获。

按道理讲，以百里奚的身份和处境，不可能跟秦穆公产生交集，但是秦穆公得知百里奚是贤人，他第一时间想到的不是两人身份不对等，而是思考怎样把这个人拉到自己的团队中来，跟自己一起玩命干事儿。

请欣赏秦穆公的操作。

起初，秦穆公的想法是"重赎之"，但是这个办法马上被否。谁也不傻，如果花大价钱为一个奴隶赎身的话，那一定说明这不是一个普通的奴隶，身上必有长处，楚国肯定不会轻易放他，搞不好百里奚会有性命之忧。

于是，实施第二套方案，这套方案颇有戏剧性。

穆公派人到楚国去要人，给出的理由既荒诞又好笑："我家的陪嫁百里奚跑到你们这里来了，现在我们想把他带回去，我们不想因为一个体弱多病的老奴隶伤了两家的和气，愿意出五张黑羊皮来做交换。"

楚王想，老汉七十多岁，眼见没几天了，也没上医疗保险，回头真有个三长两短，谁给他出丧葬费。

楚王露出缺心眼儿似的傻笑，命人接过五张散发着膻味的羊皮，把一个高端人才拱手让给了自己的对手。现在想象当时的场景，历史的那一刻，楚王显得多么诙谐。

百里奚来到秦穆公的团队，他干的第一件事就是帮助秦穆公建群，拉人入伙，举荐蹇叔。

在秦穆公根本没见过蹇叔（甚至没听过）的前提下，我们看百里奚是怎么说服他的。

百里奚没有高谈阔论，吹嘘这人多厉害，他讲了一个真实的故事，说真实是因为这个故事是他的亲身经历。

当年，百里奚想侍奉齐国国君，蹇叔制止了他；周王子颓想重用百里奚，蹇叔又站出来捣乱破坏了这件事；百里奚投靠虞君，蹇叔仍然千方百计阻挠，但他这次没听劝，最终虞国被灭，自己沦为奴隶。

百里奚十分动情地说，我两次听从蹇叔的劝告，侥幸逃脱厄运，一次没听，就沦为阶下囚，这说明什么？

秦穆公回答，说明蹇叔是你的好兄弟。

百里奚嘴角一撇，肤浅。说明这个人有远见。齐君名无知，听名字就没前途；子颓呢，身为贵尊，居然热衷养宠物（牛），玩物丧志，未来也不可期；虞君，不听别人劝告，让心怀鬼胎的晋国借道攻打虢国，最后自己也被晋国灭掉了，干的都是脑子少根筋的事，简直太没前途了。蹇叔早看清了他们的心肝脾胃肾，我去投靠这些不着四六的人，能有什么好下场？所以，蹇叔比我有远见，比我有才能，如果秦想成就霸业，非蹇叔不可。

蹇叔进入东进男团。虽然跟百里奚一样，蹇叔的年龄也不小了，但是两个老男孩在人生的日暮时分，喊出"有志何俱年高"的铿锵誓言，凭借惊人的勇气、顽强的毅力，发出令人惊叹的光和热，成为秦国一道亮丽的风景。

人才之所以成为人才，在于他始终承认存在比自己更加优秀的人，并想方设法为领导者把那些比他更优秀的人拉到团队中来，构建命运共同体，大家抱团取暖，一起玩命。

优秀的人吸引来更加优秀的人，用优秀的人培养更加优秀的人。学者杨曙明在《雍秦文化》中指出："秦穆公的开明用人之道，开创了秦国重用人才的先河。"秦国成为人才聚集地，自秦穆公而始。

这里是人才聚集的高地，这里是创新创业的福地，站在这片广袤而炙热的土地上，秦穆公充满激情与梦想。东方的景色怎么那么美丽？因为那是太阳升起的地方。秦穆公心潮澎湃，他眼前仿佛有一幅四海归一的壮美画卷徐徐展开……

「善良是最强大的武器」

> 初，缪公亡善马，岐下野人共得而食之者三百余人，吏逐
> 得，欲法之。缪公曰："君子不以畜产害人。吾闻食善马肉

不饮酒，伤人。"乃皆赐酒而赦之。三百人者闻秦击晋，皆求从，从而见缪公窘，亦皆推锋争死，以报食马之德。

《史记·秦本纪》

因果报应，不明觉厉。何为因果，报应怎样？

我没有宗教信仰，但是相信因果之间是有联系的，我这样理解：干一件事儿，或许没人知道，自己也没当回事儿，但事后发生的连锁反应会对自己产生很大影响——好的或者坏的。

不知是作秀，还是真动了恻隐之心，总之秦穆公最后没有杀掉那些偷吃他战马的人。他当时一定没想到这三百个人日后会成为他生命中不可或缺的一部分，一个偶然的历史机遇，帮助他和这三百个人建立了因果联系。

韩原之战，秦军被晋军包了饺子，眼看要全军覆没，身负重伤的秦穆公满眼绝望，仰天长叹。

突然，上演终结者式的一幕。

一票人马呼啸而过，冲入晋军，以"我不要命就没人能活命"的架势，把铁桶一般的包围圈硬生生撕开一道口子，将一条腿已经迈进坟墓的秦穆公救了出来。

他们是什么人？当地的野人。秦穆公在一次打猎时丢失的战马，就是被他们做成火锅食材吃进肚子里的。

吃了大王的坐骑，罪该万死！当地的官吏准备让他们彻底戒饭，而秦穆公很豁达，他不仅释放了这些人，还赐给他们西凤酒喝，理由嘛，"光吃马肉多伤身体，要配上好酒。有酒有肉有朋友，有诗有梦有远方。来，额（我）跟伙计们干一杯！"

此话一出，三百个人纳头便拜。

剥茧抽丝，细细品味，在这场精彩的表演中，有两场戏，秦穆公的演技着实精湛。

一为赦免。马斯洛需要层次理论的第一层就是生理需要，即生存的需要——再也没有比不杀之恩更大的恩情了，秦穆公赦免食马者，也就是给他们生的机会，他们必然感激涕零。

二为赐酒。典型的人文关怀——满足食马者安全需要、归属和爱的需要、尊重的需要，充分体现出领导者的仁善之心。至于那句"吃马肉不喝酒对身体有很大的损伤"到底有没有科学依据，并不重要。好像每次吃完饺子，我妈总要我喝一碗饺子汤，美其名曰，原汤化原食。

最后，食马者大败晋军，救出秦穆公，表面上看是他们成就了秦穆公，实际上还是秦穆公成就了他们——满足了他们自我实现的需要，最大限度激发出他们的能力（潜能）。

其实，类似的故事在《史记》中有很多。司马迁极为关注事物与事物之间的联系，也尤其注意引导读者要重视这种联系，他似乎有意无意在给我们灌输一个朴实无华的道理：善有善报，恶有恶报，不是不报，时候未到。

说到这儿，一定会有人提出反对意见，佐证是《伯夷列传》中，司马迁通过伯夷叔齐的经历，表示对"天道无亲，常与善人"一说的怀疑。但是疑问不代表否定，他对因果有疑问，不代表他不信因果，他只是客观地表达了自己一些不成熟的看法。

值得玩味的是他在阐述这个道理的时候所使用的技巧，即以讲故事的方式，通过引人入胜的情节，把要表达的东西和盘托出，引发读者共鸣。

我们还以"穆公亡马"为例，说说这件事他是怎么引出来的，是通过一次激烈的战斗。

对君王来说，这件事稀松平常，如果司马迁开言即谈此事，显然不会给读者的情感造成冲击，但是通过一次决定穆公命运的战斗把这件事引出来，效果就大不一样了，读者不仅会对这件事留下深刻印象，还会自然而然地思考这件事所蕴含的道理。

大师手笔，不同凡响。换作平庸的作家，一定不会这样。

司马迁通过"穆公亡马"这件事阐述因果循环丝毫不爽的道理，而穆公被围陷入绝境不过只是一味药引罢了。

接下来，又到了画重点的时间：既然存在因果，那我们应该做什么样的人？必然是善良的人，而且是《朱子家训》里强调的那种"施惠勿念，受恩莫忘"的善良。

换而言之，单纯的良善，不求回报，谓之大善。

与大善相对的是小善伪善。小善伪善也是善，但终有所图，秦穆公此前对晋国的一顿操作，是不是善举？当然是！但说到底还是基于国家利益的战略行为，注定不会产生意想不到的效果——到头来秦穆公发现，实际上自己是在给别人当绿叶，最后落个竹篮子打水一场空。倒是不经意的一次善举，使他满血复活，更为他换来了万古基业。

天何言哉？四时行焉，百物生焉，天何言哉？大仁不仁，大善不惠。

茨威格在《断头王后》中说："所有命运馈赠的礼物，早已在暗中标好了价格。"

猎头公司哪家强

> 戎王使由余于秦。由余，其先晋人也，亡入戎，能晋言。闻缪公贤，故使由余观秦。秦缪公示以宫室、积聚。由余曰："使鬼为之，则劳神矣。使人为之，亦苦民矣。"缪公怪之，问曰："中国以诗书礼乐法度为政，然尚时乱，今戎夷无此，何以为治，不亦难乎？"
>
> 《史记·秦本纪》

东进的道路上，晋国是强敌，而且不是一拳可以KO的，于是秦穆公的目光转向广袤的西部。

一个人的成功不仅仅是靠雄心壮志和勤奋努力，更重要的是认知水平的不断提升，秦穆公从实际情况出发，把战略重点转向西部，说明他认知的改变和突破。

西部是戎夷之地，秦穆公又陷入沉思……

他们是谁？他们从哪里来？他们要到哪里去？这些终极哲学问题困扰着秦

穆公，看来必须招聘一个了解西戎的专业人才。

本着"不达目的誓不罢休，为达目的不择手段"的原则，秦穆公紧锣密鼓地开始行动起来。

机遇会在任何时候以任何形式出现在你的生命里，就看你能不能把握住。

西戎王听说秦穆公贤德（可见其国际影响力），特意派人到秦国交流取经（打探消息），此人日后对秦穆公称霸西戎产生了重要影响，他叫由余。

由余祖上是晋国人，因为逃亡（通缉犯）去了西戎，能说一口流利的晋国方言。

为得到由余，秦穆公煞费苦心，使用了美人计、反间计。其中，美人计最毒辣。秦穆公充分利用男性天生的某些弱点，给西戎王送去美女若干，以瓦解他的意志，腐蚀他的灵魂，然后又用反间计，让君臣之间产生隔阂，可以说最后逼迫由余不得不投靠秦国。后来梁山好汉逼人入伙，也使用了类似的手段，不知道是不是拜秦穆公所赐。

由余引人注目，是因为他完美地回答了穆公面试时出的难题，其才能通过给出的答案可窥一斑。

穆公说，"额（我）们重视精神文明建设，讲诗书礼乐，国民素质高得很，这样的国家治理起来还有难度，那戎夷呢？他们只识弯弓射大雕，头脑里没有诗书礼乐的概念，可以说尚未开化，那国家治理起来难度岂不更大？"

这话有意思，你看秦穆公的自我称谓（中国）。当时东方各国把秦国看成戎狄，不承认其是中原政权的一部分，不带他玩儿。但秦国却不妄自菲薄，还自称为中原国家，这就是人家的志向。

不因别人的差评放弃立场，破罐子破摔不是我的性格，我是知耻后勇，厚积薄发，终有一天，剑指东方，一统天下，那时你们就不会说我是戎狄了，因为我把你们变成自己家人了。

话说回来，秦穆公抛出一道陷阱题，由余怎么回答的？他直击要害："你们标榜诗书礼乐，可是如果团队的领导者差劲儿（日以骄淫，阻法度之威，以责督于下），那下面的人必然会心生怨恨（下罢极则以仁义怨望于上），一个团队充满戾气，上下必然二心，这样的团队有前途吗？戎夷不是这样，领导者以厚德对待属下（上含淳德以遇其下），属下怀忠信辅佐君王（下怀忠信以事其上），上下团结如一人（一国之政犹一身之治），不用什么高端理念（不知所以治），自然实现圣人之治。"

换言之，团队的领导者是关键，表面上看一个团队内部鱼龙混杂，关系盘根错节，但实际上想要盘活各种资源，使成员各尽其力，只要团队的领导者躬亲垂范，做到厚德仁义就够了，正所谓"其身正，不令而行"。

这话使秦穆公受益终生，可不就是这个道理嘛！一支队伍中首任军事首长的气质决定了这支队伍的气质，《亮剑》中的李云龙一身缺点，但带出了虎狼之师，归根结底是因为他心底无私、敢于担当、身先士卒、宽仁厚德。战场上，他喊"跟我冲"而不是"给我冲"；遇到前方有暗堡，他喊"让我上"而不是"给我上"；面对敌人的扫荡，他喊"我掩护"而不是"我先撤"。同理，一个团队领导者的品质可以反映出一个团队的精神状态，他讲德行，那下面的人自然重视修为，人人自觉，该干嘛干嘛，这样的团队还用你劳心经营吗？

如果我们再往深一层探究，由余把治国大事系于一人，是将复杂的问题简单化，正如《士兵突击》中老团长对许三多说的话，"其实，蛮多复杂的事情又蛮简单"，治理国家听上去高大上，实际上没那么麻烦，皇天无亲，惟德是辅，只要君主有德，其他顺其自然，实现天下大治，顺理成章。

这是什么思想？治大国若烹小鲜，典型的道家思想。《道德经》中有言，"上德不德，是以有德；下德不失德，是以无德"，由余无意透露出一个重要的信息：这是我的治国理念，在西戎得到了实践，你看，多成功！

秦穆公大惊，这么厉害的人，如果再继续为西戎服务下去，那日后又会出一个晋国。秦穆公看到了发展秦国的重大机遇。

大争霸时代，所谓机遇其实就是人，抓住了人，也就抓住了机遇！

「生存还是毁灭，这的确是个问题」

> 太史公曰：秦之先为嬴姓。其后分封，以国为姓，有徐氏、郯氏、莒氏、终黎氏、运奄氏、菟裘氏、将梁氏、黄氏、江氏、修鱼氏、白冥氏、蜚廉氏、秦氏。然秦以其先造父封赵城，为赵氏。
>
> 《史记·秦本纪》

无论别人怎么对待你，不要在意，更不要愤怒，因为路要你自己去走，生存还是毁灭，由你自己决定。

秦人出身不好，生活的地方，吃不到鲜美的海产品，吹不到舒爽的海风，看不到旖旎的亚热带风光，周围的小伙伴也极不友好，从没把他当成朋友。

生存，是老秦人面临的最严重的问题。

后来的人们赋予秦人很多美好的品质：开拓进取、开放包容、自立自强、百折不挠，等等。想想这一切美好的品质实则都源自一个悲壮的信念——生存。

钱穆先生在《秦汉史》中这样描述秦的发展历程："秦人僻居西土，就文化言，较东方远为落后。故秦之措施，大抵袭自东方，其任用以见功者，亦率东土之士也。秦自襄公始国，与东方诸侯通聘享之礼。及缪公，与晋通婚姻，与东方交涉益频。重用虞遗臣百里奚蹇叔，称霸西戎。然东侵之路，为晋所扼。终春秋世，秦人未获逞志于东方。自此以往，直至孝公变法而其势遂变。而东方文化之西渐，亦自孝公后而其迹亦著。"[1] 为了生存，老秦人手段无所不用其极：广纳贤才、与人结盟、政治联姻、虚心求学……你们不搭理我，我偏要跟你们搅和在一起，我要跟你们一起玩儿。

跟大家一起玩儿，是生存方式，不是根本，秦的立国之本归根结底还是在于其对先进文化始终如一的追求，虽然在特定时期，这种追求显得无奈、被

---

① 钱穆. 秦汉史［M］. 北京：生活·读书·新知三联书店，2010：6.

动、妥协，直到那个商人的出现，一切才彻底发生转变。当然，这是后话。

一个国家的生存之道，取决于其对先进文化的态度。为了生存，无论愿意不愿意，秦人都必须接受。

秦人祖先原为西方部族，靠给周王室养马起家。因养马有功，周天子赐嬴姓。到了公元前770年，秦人迎来发展的重大机遇。当时，西戎部攻陷了周王朝的都城镐京，周幽王被杀。戎人肆虐，天下大乱，周幽王的儿子周平王，被迫将都城东迁洛邑，秦襄公率兵护送周平王东迁有功，获诸侯合法身份，赐岐山以西之地。这相当于此前一直是黑户，现在突然有了户口，秦人的喜悦可想而知——以后咱也是有身份证儿的人了。

秦和诸国实现了名义上的平等。老秦人由此获得了更多更大向先进文化学习的时间与空间（平王封襄公为诸侯，赐之岐以西之地。曰："戎无道，侵夺我岐、丰之地，秦能攻逐戎，即有其地。"与誓，封爵之。襄公于是始国，与诸侯通使聘享之礼，乃用骝驹、黄牛、羝羊各三，祠上帝西畤）。

对西戎文化，秦采取的策略更暧昧——有对抗，亦有合作。于是关于秦与西戎，我们既看到了"以兵伐戎""诛西戎"这样暴虐的字眼儿，又了解到"不废申侯之女子为骆适者，以和西戎"的信息。在别人看来这是矛盾对立的，可是在秦人看来好比生物靠呼吸活着一样正常。

为了族群的存留，秦人必须采取一切手段，而且不能焦虑，不能迷茫，耐得住寂寞，受得了冷眼。焦虑的人、迷茫的人、耐不住寂寞的人、受不了冷眼的人，往往将自己包裹起来，注定难以立足于广袤的土地。

后来，这种始终追求先进文化的特质与秦国的发展如影随形，这一切说到底还是为了使自己适应复杂的形势——不谈格局，生存才是王道；不讲情怀，务实才是根本。

秦孝公任用商鞅主持变法，使秦国变得更加强大；秦惠文王继位以后，即便对商鞅处以极刑，但是保留了新政；秦王政一统六国，施行一系列创新举措，建立了第一个封建王朝……可以看出，在追求先进文化的道路上，老秦人从未止步。

　　既然生存策略如此高端，那为什么后来秦又迅速走向灭亡呢？恰恰是因为它主动放弃了对先进文化的追求。

　　仁义不施，而攻守之势异也。国家统一，形势发生变化，应该以更加包容的态度推动文化建设，却干出"焚书"这样的蠢事儿，不是自取灭亡吗？

　　于是追求先进文化的接力棒顺势交到下一个朝代的手中——汉承秦制。也就是说，秦文化并未因秦的灭亡而终结，所以西北大学梁云教授认为，秦文化年代下限应推迟到西汉武帝时期。①

　　其兴也勃焉，其亡也忽焉。生存还是毁灭，这的确是个问题……

①　梁云. 秦文化的发现、研究和反思［J］. 中国历史博物馆馆刊，2000（3）：65－71.

《项羽本纪》
我命由我不由天

「丢失的品质」

> 项籍者，下相人也，字羽。初起时，年二十四。其季父项梁，梁父即楚将项燕，为秦将王翦所戮者也。项氏世世为楚将，封于项，故姓项氏。
>
> 《史记·项羽本纪》

帝王如满天星辰，霸王是夜空中最亮的星……

项羽，纯爷们儿，出场自带BGM，无论颜值，还是实力，碾压一票小鲜肉。这个楚国贵族出身的真汉子，起兵的时候，不到二十四岁，人生最美年华。

我们二十四岁正在找工作，项羽也在为工作打拼，不过他要找的工作难度系数比较高——哥要当皇帝。

项羽一直跟随自己的叔父项梁，他的爷爷是楚国名将项燕，此人后来被秦将王翦所杀。据说，"楚虽三户，亡秦必楚"就是项燕临死前说的。

出身名门，又跟秦朝有世仇，天生的造反派，一股强大的杀气扑面而来。

对于如何刻画这个旧贵族的代表人物，司马迁显然是经过认真考量的，特别是重点表现项羽身上所具有的贵族品质，他步步为营，写得格外传神，似乎有意要通过文字来祭奠什么——通过写人来褒贬人，这是司马迁的看家本领。

于是我们目睹了项羽的"勇"。不管是与人相处，还是带兵打仗，项羽给人的感觉永远都是勇气有余而智力不足（注意我的表述），这与土混混刘邦形成鲜明对照。

司马迁在开篇通过项羽早年求学经历的描述为这个英雄的一生定下悲情的基调，因为我们仿佛看到了一个不学无术的学渣形象。

读书写字，玩儿去！

舞枪弄棒，不成！

对此，他还有振振有词：舞文弄墨、刀光剑影不符合哥的气质，哥要学指挥千军万马的本事。于是项梁给他传授兵法，这时项羽什么表现？心花怒放（大喜），但马上老毛病又犯了，半路辍学，最终还是没混到毕业文凭。

以项羽的个性，他当时一定有自己的想法：哥不稀罕那张破纸，哥将来靠拳头打天下——我上初中的时候，对所谓的前途，有一段时间就抱这种心态。

后来，项梁欠下人命债，项羽跟随项梁逃到吴中这个地方。这时，出现一个奇怪的现象，项梁本为下相（今江苏宿迁）人，在吴中，他是外来户，当然还是个通缉犯，可即便如此，吴中本地的贤士居然都争相拜他为老大（吴中贤士大夫皆出项梁下），每逢重大活动，还要毕恭毕敬地请他出来主持。

起码说明两个事实：项梁的影响力大，此人本领高强。

影响力大好理解，毕竟是名将之后，身份唬人。本领高强表现在哪儿呢？再看司马迁的细部描写：每有徭役和大的丧葬事宜，他都以兵法之道组织，并且窥探每个人的能力。再结合此前，他作为项羽的启蒙老师，给项羽传授兵法，可见项梁不仅理论素养深厚，还能把理论应用于实践当中，做到知行合一，而造反的事，恐怕酝酿不止一两天了。

项羽常年跟随这样一个人，必然深受影响，包括项梁的自负。事实证明，这爷俩儿的死都跟这方面的性格缺陷有极大关系。

有一天，叔侄二人看到秦始皇的车队，遮天蔽日，浩浩荡荡。

项羽一声冷笑，攥紧拳头，轻蔑地说："别急，哥早晚会取代你。"

　　项梁赶紧捂住项羽的嘴巴，"小兔崽子，找死吗？"

　　又是细节，又表现了项羽之勇。秦朝刑法严苛，身为通缉犯，项羽不仅敢在大庭广众下露面，还敢公开发表反动言论，其勇可窥一斑。自此，项梁对侄子也有了全新认识。

　　接下来，司马迁介绍项羽身体素质过硬，说他"力能扛鼎"，请注意，为让同学们理解项羽的勇，司马迁老师用了一个关键字，力。这个字会让我们生发很多联想：魁梧的身材，稀疏的胡渣，浑厚的嗓音，神乎其神的刀法，还有那杯dry martine……

　　项羽一生自负，特别是对自己的"力"，充满变态式的迷恋，哪怕最后落到四面楚歌的境地，他说出的第一句话还是吹嘘自己的力（力拔山兮气盖世），可见这个人真有无人匹敌之勇，如果用心理学解释，项羽属于自恋型人格。

　　这些素质综合起来，呈现一个效果，吴中的豪强都害怕他。怎么样，项羽出场是不是充满了英雄主义色彩？

　　勇，伴随项羽一生。但是这么勇敢的贵族后代，最后居然败给了贪生怕死的市井混混，显得荒诞，但是现实。

　　现实比荒诞更加荒诞是因为现实充满未知和幻灭。

　　学者王克奇在《中国历史上最后一个贵族——项羽论》中说道："社会的进步是以传统文化的破坏为代价的……历史的进步是以传统道德的沦丧为代价的。"①

　　文人独有的情怀——司马迁以本篇项羽之勇对比下一篇刘邦之诡，以强烈的道德反差，歌颂沦丧的品质。

　　贵族的品质。

　　文物一旦破碎，再高端的技艺也无法复原。丢失的品质已然沦丧，为什么要找回来？还能找回来吗？谁去找回来？司马迁的考问多情又无情。

---

① 王克奇. 中国历史上最后一个贵族：项羽论［J］. 文史哲，2012（5）：89-94.

猥琐发育，别浪

> 少年欲立婴便为王，异军苍头特起。陈婴母谓婴曰："自我为汝家妇，未尝闻汝先古之有贵者。今暴得大名，不祥。不如有所属，事成犹得封侯，事败易以亡，非世所指名也。"婴乃不敢为王。
>
> 《史记·项羽本纪》

革命风起云涌，形势一片大好，项梁和项羽这对叔侄合谋杀死会稽郡的郡守，树起一杆大旗。

这时候，项梁的人格魅力得到极大体现，他召集熟悉的豪强官吏，慷慨陈词，直言起义大势不可阻挡，号召大家奋起反抗，跟随他干一番轰轰烈烈的事业。

于是吴中之兵起事，八千名优秀青年投于项氏麾下。

带兵反秦的途中，项梁捎带收编了不少反秦武装，其中就包括陈婴的队伍。

陈婴本是东阳县的一个官员（令史），别看此人是公务员，可颇有大哥风范（素信谨），深得年轻人信赖，称他为"长者"。

当起义的浪潮席卷而来的时候，东阳县的年轻人干掉当地县令，聚集千人，并准备推选陈婴当老大。年轻的陈婴走到人生的十字路口，何去何从，他犹豫不决——人生的十字路口没有交警叔叔，也没有红绿灯。

关键时刻，陈婴的母亲上场了。

我们这一生会遇到很多人，而母亲，是我们一生的贵人。时隔两千多年，当我们回过头来再看陈母对孩子的教育，仍然会感叹不已："伟大的母亲啊！深沉的母爱啊！"

为人父母，最难得的是能理智地看待自己的孩子，这是现在一些家长想不到也做不到的，他们眼睛里看到的往往是孩子好的一面，而对不好的一面或选择视而不见，或选择听之任之，更有甚者觉得孩子的缺点也是优点。你跟他讲道理，他跟你讲感情；你跟他讲感情，他跟你讲文化；你跟他讲文化，他跟你讲道德……总之，汪洋恣肆的爱使他们在偏袒孩子这件事上，永远摆出一副"哟哟！切克闹，煎饼果子来一套"准备跟你battle到底不死不休的姿态！

不要看陈婴的母亲是生活在封建社会最底层的妇女，她甚至做到了一个职业女性都做不到的事，既对自己孩子好的一面了如指掌，又对他的缺点洞若观火。

有人说这个农妇有心机，但我却觉得她所谓的心机实则是一种智慧——不受主观世界左右，不站在任何立场，不考虑任何一方的利益，才能真正生出智慧。她在《史记》中一闪而过，却给人留下极深的印象。她非常了解自己的孩子，她清楚什么时候孩子需要她帮助，什么时候可以放手让孩子去闯荡。

此时此刻，就是孩子最需要她支援的时候。

"孩子！没有交警，我来扮演！没有红绿灯，我来指挥！你只管大胆地往前走，莫回头！"

面对欲言又止表情复杂的陈婴，陈母的脸色看上去一如既往的平静，她语重心长地说，自我嫁到陈家，还没听说你家祖上出过什么大人物。请注意，这话没有嘲讽意味，不带节奏，她在陈述事实，陈家压根儿没有称王称霸的基因。

然后女人以试探性的口吻建议陈婴别当出头鸟，因为一支藏于暗处的枪已经瞄向他了。

女人清楚，天下大乱，群雄逐鹿，一群血气方刚的少年可能干成一番轰轰烈烈的事业，但更可能死于无知和冲动。面对左右摇摆的陈婴，她知道母亲的作用应该得到发挥，她必须给孩子指明道路：依附一个流量大V，如果起义成功，你自然封侯晋爵；如果失败，你也不会成显眼包，毕竟"受蒙蔽无罪，反戈一击有功"。

这番话深具文化内涵。

首先，承认历史大势不可挡（否则她不会对陈婴起事抱支持的态度），可见她遇事有判断力，这也许基于其丰富的阅历，但我们足以肯定她不是简单意义上的农妇，至少是一个有文化的农妇。因为有文化，所以接下来她给陈婴提的建议实际上是方法论指导，于是才有了陈婴后来的举动，带领军队投靠项梁（我倚名族，亡秦必矣）。

陈母有自己的价值判断，她格外注重旧贵族的影响力，而这个起义的必备条件恰恰是陈婴不具备的，他没有根基，一旦盲目称王，必成众矢之的——凡是尚未站稳脚跟便迫不及待称帝的，最后大抵死于非命。

猥琐发育，别浪。陈母一番思想教育，对陈婴一生产生重要影响，陈婴加入项梁的创业团队，后来又加入刘CEO的创业团队，他一直以母亲的话为处世准则，最终走向巅峰。

汉朝的开国将领多如牛毛，陈婴却是为数不多的能功成身退且得以善终的一个，他的儿子和孙子都继承了他的爵位，孙子陈午更是娶了长公主刘嫖，他们的女儿便是历史上赫赫有名的陈阿娇——汉武帝的达令。

周杰伦在歌词里唱："为什么要听妈妈的话？长大后，你就会开始懂了这段话。"想必几千年前的陈婴听到这句歌词，一定深受触动。

我满足你作死的愿望

> 项羽晨朝上将军宋义，即其帐中斩宋义头，出令军中曰："宋义与齐谋反楚，楚王阴令羽诛之。"当是时，诸将皆慴服，莫敢枝梧。
>
> 《史记·项羽本纪》

巨鹿之战，项羽一战封神，他的勇令人肝儿颤。

本来这一战的主角应该是那个叫宋义的家伙，项羽只是配角。但项羽是谁？他的性格和气质决定他不仅要当主角，而且还要当导演。对待宋义、张义、李义、王义，他的态度一样，递牙者掰之！

此事，我们还得从项梁之死说起。

项梁听从谋士范增的建议，拥立楚怀王的孙子熊心为王，即楚怀王2。当时的熊心正在民间从事羊倌工作，一下子变成号令天下、莫敢不从的武林盟主，可想而知他的表情多复杂，人生处处有惊喜啊！

后来，项梁兵败定陶，被秦将章邯所杀。这里有一段插曲，宋义本是项梁的部下，此前项梁跟秦军打了几场胜仗，有点膨胀，在他看来，秦军的战斗力不过如此，破秦是分分钟的事。

宋义劝项梁低调一些，项梁哪儿听得进去，还令宋义出使齐国。宋义半路遇见齐国使者高陵君显，恰巧他准备去拜见项梁，于是宋义建议他放慢车速，因为项梁即将兵败而亡。

果不其然，没过多久，项梁兵败被杀。这下宋义在高陵君显的心目中简直成了神话般的存在。

再后来，章邯率军渡过黄河，增援王离的部队一起攻打赵国，赵国的高层躲进巨鹿城，并向楚怀王2发出"SOS"求救信号，高陵君显向楚怀王举荐神人宋义，吹嘘他深谙兵法。

楚怀王2跟宋义一聊，宋义凭借他的夸夸其谈成功戳瞎了楚怀王2的双眼。

于是楚怀王2命宋义为帅，项羽和范增为副手，出兵救赵。

历史学家蔡东藩先生评价宋义，"视人则明，处己则昏"，此言不虚。

宋义有小慧，小慧相对大智而言，俗称小聪明。

动荡时期，这种人处境最危险，因为小慧极易伪装成大智，使其作出错误的判断，当然此前小慧确实带给他们一些甜头儿，或者说蝇头小利，然后他们就真以为自己拥有大智慧，一不留神跳进自我设置的圈套里。

八卦如同算卦，算卦都是废话。预言项梁必败，是偶然事件，真那么能耐，他怎么没预见自己会死于项羽剑下。但是宋义没当成偶然事件，他当成了必然事件——基于自己拥有智慧的必然。

这下芭比Q了。宋义把自己都骗了。

于是步项梁后尘，宋义走上项梁的老路。此时，他坠入恶的深渊，丝毫没有意识到已然成为自己曾经所厌恶的人。

发扬人道主义精神去救赵，本来是为楚怀王2积累政治资本的好事，也是加速秦朝灭亡的重大战略，作为任务执行者，宋义完全可以通过这项光荣而艰巨的任务获得属于自己的高光时刻，实现华丽转身，可是他瘙痒难耐，就想作

（一声）出点儿事来。

军队到达安阳，停留四十六天，项羽提议加速前进，宋义一顿冷嘲热讽，把他的脸按在地上狠狠摩擦，这一摩擦不要紧，擦出了火花，点燃了项羽内心的火种。

其间，宋义还大摆宴席，欢送他的儿子去齐国上任。此时气温骤降，天降大雨，士兵忍冻挨饿，"朱门酒肉臭，路有冻死骨"的一幕再次上演，这无形中为项羽夺权提供了条件。

我们分析一下这件事。且不论宋义屯兵观望的消极态度，仅为一己私利不顾士兵死活这一点，他就不是好的领导者，小慧使他过分在意"小我"而忽视了"大我"。

按照常理，身为副手，项羽应该服从一把手的安排，宋义指哪儿，他的枪打哪儿，但是项羽是谁，岂能受制于人，他要尽快解决赵的问题，争取时间，挥师西进，入关灭秦。

于是，项羽在军中发表了一番慷慨激昂的演讲。在我看来，这次演讲不过是一曲前奏，目的是为杀宋义制造口实。

我们再从宋义的角度分析。他声称如果秦胜，楚军可利用秦军疲惫之机发起攻击；秦不胜，楚军擂鼓西进，必定克秦。并且下令，军中"猛如虎、狠如羊、贪如狼，强不可使者，皆斩之"。多滑稽的理由，既不合道义，更打击士气，尤其他对项羽说："夫被坚执锐，义不如公；坐而运策，公不如义。"这话傻子都能听出意思：小项，你力能扛鼎，又有何用？不过是一个头脑简单四肢发达的傻大粗，跟我这个美貌与智慧并存的人怎么能相提并论呢？

这句因小慧作祟脱口而出的话成为压死骆驼的最后一根稻草，最终项羽将宋义送上了一条每个人早晚要走的路。

这条路的名字叫黄泉路。

「莫道桑榆晚，为霞尚满天」

> 汉王患之，乃用陈平计间项王。项王使者来，为太牢具，举欲进之。见使者，详惊愕曰："吾以为亚父使者，乃反项王使者。"更持去，以恶食食项王使者。使者归报项王，项王乃疑范增与汉有私，稍夺之权。
>
> 《史记·项羽本纪》

封赏结束以后，项羽的主要工作是平叛。西楚霸王摇身一变，成为灭火队员。

刘邦也没闲着，起初受项羽打压，被"流放"到蜀地（今汉中）。现在趁项羽四处平叛之机，他率领刘氏集团的骨干，暗度陈仓，一举杀回关中。

站稳关中以后，刘邦吃着火锅唱着歌，一路向东。

途中，他对"敌人的敌人就是朋友"作出生动诠释，集结各路反楚势力，以五十六万人的浩大声势，一举攻陷项氏集团的老巢彭城。

胜利如毒品，使刘邦丧失理智。彭城内，莺歌燕舞，奢靡之风蔓延开来。

刘邦大喊，让糖衣炮弹来得更猛烈些吧！

还是那句老话，项羽是谁？他岂能容忍被人骑在头上拉屎。正在齐地灭火的他，带领三万精兵，风驰电掣一般赶回彭城，对刘氏集团发动了一场名副其实的"闪电战"，结果"杀汉卒十余万人""睢水为之不流"。

刘老三本想大干一场，结果真被大干一场。

多么似曾相识的场景！又是奇袭，又是以少胜多，霸王闭上双眼闻着鲜血的腥味，一副自我陶醉的样子。陈梧桐先生在《中国军事通史》中评论这次军事行动："项羽仅以三万骑兵的绝对劣势，居然对数十万汉军实施迂回歼灭作战，这一决心、勇气和战术，都是战争史上所罕见的。"[①]

刘邦仓皇逃至荥阳，楚汉双方开始一场旷日持久的拉锯战。荥阳一战的结

---

① 陈梧桐，李德龙，刘曙光.中国军事通史：第五卷［M］.北京：军事科学出版社，1998：38.

果，项羽似胜实败，刘邦似败实胜。

项羽着实打了个寂寞！

此战后面还会讲到，下面我们主要聊一聊项羽的损失。

楚军最大的损失是什么？项羽中了刘邦的反间计，失去范增。对此，刘老板都替项老板感到惋惜（项羽有一范增而不能用，此其所以为我擒也）。

当时，项羽派使者来到汉营洽谈业务，刘邦备美酒佳肴款待，饭菜刚端上来，服务员抬头一瞧，假装大吃一惊，"我们还以为是范老爷子的人，没想到是项老板的马仔"，满汉全席换成五元套餐。

项羽闻听此事，遂生疑心。范增大怒，对项羽提出辞职，在返回彭城的途中，背上毒疮发作而亡。

苏轼在《范增论》一文中，对范增辞职表示支持，并肯定了他的才能，称其"人杰"。

史载，范增加入项氏集团的时候已经七十岁高龄了。

我一直认为，人生最美丽的时刻是黄昏。七十岁，正是儿孙绕膝颐养天年的时候，可范增偏像打了鸡血一般投入反秦的浪潮中，毅然成为一名战士。当他离开项氏集团，失魂落魄地走向生命终点，不知是否对曾经的选择感到后悔，如果可以重新来过，他是否会选择"采菊东篱下，悠然见南山"的田园生活呢？

然而未来的事儿，谁又能尽在掌控中呢？热豆腐有可能会消失，也可能会延续下去，但永远有人会记得自己曾经吃着热豆腐的美好时刻（陈锵经典语录）。范增无法掌控未来，临终感言也已成谜，但是他与项羽在一起的日子，注定是他人生的美好时刻，他会永远铭记。

范增和项羽属忘年交，项羽尊其为亚父。

项梁死后，范增像对待小鸟一般守护着项羽，为他出谋划策开悟人生，项羽已然成为范增生命中不可或缺的一部分，即便他已经料到这个家伙的结局，但是依然对他抱着"你若不离不弃，我必生死相依"的态度：鸿门宴上，项羽不杀刘邦，他当即断言项羽成不了事（竖子不足与谋）；刘邦计谋得逞，项羽逼他辞职，他又预言，天下非刘邦莫属（天下事大定矣，君王自为之）。既已料定结果，为何不择木而栖（通过刘老板对范增的评价，可以看出他对范增的欣赏），甚至宁肯离开，也不背叛？学者薛从军等在《论范增政治策略》中，以范增的出身（项燕手下的大将），说明他忠心不二的原因。[①] 学者陈凤等在《亚父文化与范增的政治品格》中，通过阐述亚父文化的内涵，论证范增至死不会背叛项羽。[②] 不过，历史不单纯只有一种声音，按照成王败寇的论调，身为项羽的唯一谋臣，总有人把项氏集团破产归责于范增——每当项羽大开杀戒时、得意忘形时、一意孤行时，范增何在？所以洪迈在《容斋随笔》中评价范增非"人杰"。[③]

我想恐怕范增不在乎后人对他才情的评价，因为相对于人的品性来说，所谓才情像昙花，看上去华丽但没有生命力。正如陈凤所说："范增是不是'人杰'，不必纠结于其是否有'亚父'这样尊贵的身份，也不用反复论证其政治策略的合理性及成败结果，而是其以古稀之年投身于秦末的政治洪流之中，虽然历经磨难但不改初心这种高尚的政治品格，才是成为后世人臣楷模的重要原因。"[④]

有的人死了，他还活着。历史的责任不仅是负责记录，更重要的是捍卫——那些有的人至死坚守的品格，并且告诉人们，这些品格应该被记住并且传承下去。

「自古英雄出少年」

> 外黄不下。数日，已降，项王怒，悉令男子年十五已上诣城东，欲坑之。外黄令舍人儿年十三，往说项王曰："彭越强劫外黄，外黄恐，故且降，待大王。大王至，又皆坑之，百姓岂有归心？从此以东，梁地十余城皆恐，莫肯下矣。"
>
> 《史记·项羽本纪》

① 薛从军，祝兆源. 论范增政治策略［J］. 渭南师范学院学报，2021，36（1）：38-44.
② 陈凤，陈恩虎. 亚父文化与范增的政治品格［J］. 淮北师范大学学报（哲学社会科学版），2018，39（1）：51-56.
③ 洪迈，撰. 孔凡礼，点校. 容斋随笔（上）［M］. 北京：中华书局，2005：122.
④ 陈凤，陈恩虎. 亚父文化与范增的政治品格［J］. 淮北师范大学学报（哲学社会科学版），2018，39（1）：51-56.

神挡杀神，佛挡杀佛，所到之处，血流成河。这是项羽作战的十六字方针。

项羽杀人，触目惊心。坑秦卒二十余万人、屠咸阳、坑田荣降卒、杀汉卒十余万人……总之这些情节给人一个感觉，项羽是变态杀人狂。可以说随心所欲，想杀就杀，血腥暴力。当然这些情况是否属实，学界也持不同说法。阎盛国在《项羽被"妖魔化"的历史学考察》[①]、李振宏在《项羽"击坑秦卒二十余万人"献疑》[②]中，都对项羽所杀人数提出过疑问。但质疑归质疑，有一点可以肯定，项羽一生的确杀死很多人。

可凡事有例外。曾经面对一个十三岁的少年，硬汉项羽就表现出温情的一面，上演了感人的一幕……

自古以来，为弱者鸣冤，为生民请命，为真理献身，是最难的三件事，因为成就这三件事均以生命为代价，但是不能因为有代价，就不去做——所有正确的事情都要付出代价。

他恐怕是历史上年纪最小的为生民请命者。

那一年，他只有十三岁。今天的十三岁，恐怕对生命还没有概念。但是那年，十三岁的他，已然明白了生命的真谛。

生命至上——从这一点上说，蚂蚁和狮子一样伟大，小草和人类一样重要。你是强者，但是与我有什么关系？因为你是强者，就随意践踏生命，这是什么强盗逻辑？即便所谓的强势文化，也不是以杀人的数量来定义的。

荥阳之战，项羽正打得兴起，却被汉军将领彭越抄了后路。彭越猛烈攻击项羽的后勤补给线，包括外黄在内的十七座城池被攻下。

项羽急忙回防。

在外黄，项羽遇到顽强的抵抗。"外黄不下"，身为主帅，项羽的心情可想而知，他郁闷；"数日""已降"，堂堂的西楚霸王，居然没有享受到攻破

---

① 阎盛国. 项羽被"妖魔化"的历史学考察［J］. 河南师范大学学报（哲学社会科学版），2013（4）：86-90.
② 李振宏. 项羽"击坑秦卒二十余万人"献疑［J］. 湖南行政学院学报（双月刊），2010（6）：87-89.

城池的快感，项羽有些惆怅，更加郁闷。于是，外黄的城门楼上出现白旗的一刻，项羽准备发泄心中积蓄的郁闷——杀人，杀很多人。

这回要死的是城内十五岁以上的男子。

空气中弥漫着血腥的味道，日月无光，江河倒流，草木含悲，外黄的末日似乎提前来到。

少年异常冷静。

虽然他未留下姓名，但司马迁没有因此一笔带过，他透露几个重要的信息为后人留下想象空间——少年是县令门客的孩子，应该读过书，经过场面上的事儿，有些见识，心理素质也应该不错，所以见到项羽，他表现淡定。

初生牛犊不怕虎，自古英雄出少年。

深谙人心之道，少年上来先给项羽戴一顶高帽：彭越（出身强盗）这家伙凶残无道，令善良淳朴的外黄百姓感到恐惧，他们只能假装投降，待正义之师前来解救。盼星星盼月亮终于"大王至"，本以为"天晴了，那花儿朵朵绽放"，可谁承想大王要坑杀百姓，多么残忍，哀莫大于心死，百姓会怎么看您？

眼见花儿还未绽放就枯萎了！最后，他说了一句至关重要的话，正是这句话，使项羽彻底放下屠刀（乃赦外黄当坑者）。

少年言，如果您坑杀这些人，那么前方道阻且长，还有很多城池等着您去攻克，那些城池的百姓听说您的变态嗜好，必然拼命抵抗，请大王三思后行！

革命不分先后，觉悟不在早晚，这哪是一个十三岁的少年说出的话。逻辑清晰，重点突出，理据分明，再铁石心肠的人都被他打动了。

你对世界温柔以待，世界便许你春暖花开。当以杀人闻名的西楚霸王对生命温柔以待，结果生命之花争相为他绽放（东至睢阳，闻之皆争下项王）。

有一条历史的铁律在操控一切，这条铁律叫天道。

我严重怀疑这次行动经过精心策划，主谋是县令和门客，孩子是执行者——十三岁的心智远未达到洞悉人性的程度。

接下来，我们还原案发现场，探寻事实真相。

要劝项羽，先得见到他。派职业说客，傻子都知道目的，以项羽的个性，一定不见。一个不谙世事的孩子求见项羽，他没理由不见：此人非要杀对象；此人身份特别；此人必须以礼相待，不然有失风度。

从孩子说的话，也可印证判断。这小子从哪里获取的最高军事机密？以他的智识，怎么知道还有许多城池等待项羽攻克？这些重要信息不应该被他掌握，只能说明，他说的话是大人教的。

教他说这些话的人，按照司马迁给出的线索，只能是他老爸和他老爸的老板——他们都是即将被杀掉的人。

即便真相如此，我们仍然要为十三岁的他点赞，他以后的人生我们不得而知，但是他的故事已然成为经典。

王安石写诗（《范增二首》）批评范增的时候，顺便赞美了少年，"谁合军中称亚父，直须推让外黄儿"，把十三岁的少年称作项羽的"亚父"，颇有戏谑之嫌，把县令和其门客称为项羽（当时二十多岁）的"亚父"，倒真合适。

「无敌是多么寂寞」

> 汉王复入壁，深堑而自守。谓张子房曰："诸侯不从约，为之奈何？"对曰："楚兵且破，信、越未有分地，其不至固宜。君王能与共分天下，今可立致也。即不能，事未可知也。君王能自陈以东傅海，尽与韩信；睢阳以北至谷城，以与彭越：使各自为战，则楚易败也。"
>
> 《史记·项羽本纪》

汉初三杰，刘邦把张良排在第一位。

汉朝那么多狠人，他排第一，意味着什么？意味着他可以站在大汉的峰顶，迎着冷风高唱："我的寂寞/谁能明白我/无敌是多么/多么寂寞。"

张良，命运的主宰者，灵魂的工程师，智慧的天花板。贵族出身（以大父、父五世相韩），家世显赫，张良对人性有比一般人更为深刻的体察，并且在与命运的角逐中，掌握了一套高端的处世方法，面对纷繁复杂、瞬息万变的形势，他用这套方法分析问题、解决问题，滴水不漏，屡试不爽。

这套方法说来也简单，正如《道德经》中所言，"将欲夺之，必固与之。"

毛泽东同志在《中国革命战争的战略问题》中阐述，"关于丧失土地的问题，常有这样的情形，就是只有丧失才能不丧失，这是'将欲取之必先与之'的原则。如果我们丧失的是土地，而取得的是战胜敌人，加恢复土地，再加扩大土地，这是赚钱生意"。[①]

固陵一战，刘邦又被项羽包围，情急之下，张良就是用这套方法解的围。

鸿沟协议签订后，项羽接受刘邦的建议（鸿沟以西者为汉，鸿沟而东者为楚），二人准备"中分天下"，项羽释放了一直扣押在楚军中的刘邦的老爹和媳妇（清代学者郭嵩焘认为刘邦主动和项羽签订"鸿沟之约"是为太公、吕后的安全）。

眼见楚汉战争即将告一段落，刘三儿的无赖嘴脸又暴露出来，他听从张良的建议，单方撕毁协议，一路东进，以痛打落水狗之势继续追杀项羽。

刘邦领兵二十万追击项羽十万军队。

还是那句话，项羽是谁？曾经只用了三万人就把刘邦五十六万大军打到怀疑人生，现在用十万打你二十万还不跟玩儿似的。

果不其然，刘邦大败，困守固陵。

这一仗，实际上刘邦可以打得很漂亮，因为此前他与大将韩信和彭越约定，共同出兵，围歼楚军，但是没想到韩彭二人爽约，于是出现汉军被围的局面。

刘邦问计张良。

聪明的人能够通过现象看到本质。张良认为，爽约只是表面现象，本质上是人的欲望需要得到满足——在利益面前，永远不要高估人性，人性古今皆同。

一语道破天机。

虽然学者徐业龙在《韩信救败固陵考释》一文中为韩信等人平反，指出韩信

---

① 毛泽东. 毛泽东选集：第一卷［M］. 北京：人民出版社，2009：211.

爽约是因交通不便，得到信息较晚所致，刘张谋划不周才是固陵之败的根源[①]，但我还是认为韩信此举就是在向刘邦要封赏。此前，韩信攻下齐地，也是挟制称王。现在发生的一幕，跟当时的情形何其相似，简直是翻版。都是大军深陷重围，都是刘邦命悬一线，都是只要韩信出手便可扭转局面。彼时，也是张良献计，封韩信为王才得以解围。所以韩信之举很可能是在等待更大的封赏。

问题根源找到了，那解决起来易如反掌——满足他们的欲望！否则"事未可知也"。

我想这里的他们不仅指韩彭二人，广义上讲，是指跟随刘邦的所有人——满足所有人的欲望。

怎样满足？"共分天下"。

这话太露骨。即便果真如此，表达也应该委婉一点儿，好歹是知识分子。

这是张良的生存逻辑：满足人性的需要，不能模棱两可遮遮掩掩。他清楚眼前面对的是一个什么样的人，虽然日后此人会成新帝国的主宰者，但在当时的情境下，他还不成熟。张良要做的就是用最直白露骨、最简单粗暴的方式帮助他迅速成长起来，甚至他连具体如何给韩彭二人封地都想好了：把陈以东的地封给韩信，睢阳以北的地封给彭越。

刘邦何等聪明，他马上举双手表示赞同（判别力），并第一时间付诸行动（执行力）。

韩彭二人得到封赏，马上起兵。

作为老师，张良给刘邦上过那么多堂课，这只是其中一堂。之所以拿这堂课作为案例跟各位分享，是因为这堂课充满哲理耐人寻味，对刘邦来说，意义不亚于一场战役——因为这是讲人的一课。

当刘邦从思考我想要什么，开始思考别人想要什么时，他已经离成功不远了……

----

① 徐业龙. 韩信救败固陵考释［J］. 渭南师范学院学报，2016，31（9）：87-92.

「我命由我不由天」

太史公曰：吾闻之周生曰"舜目盖重瞳子"，又闻项羽亦重瞳子。羽岂其苗裔邪？何兴之暴也！夫秦失其政，陈胜首难，豪杰蜂起，相与并争，不可胜数。然羽非有尺寸，乘埶起陇亩之中，三年，遂将五诸侯灭秦，分裂天下，而封王侯，政由羽出，号为"霸王"，位虽不终，近古以来未尝有也。及羽背关怀楚，放逐义帝而自立，怨王侯叛己，难矣。自矜功伐，奋其私智而不师古，谓霸王之业，欲以力征经营天下，五年卒亡其国，身死东城，尚不觉寤而不自责，过矣。乃引"天亡我，非用兵之罪也"，岂不谬哉！

《史记·项羽本纪》

纷纷坠叶飘香砌，夜寂静，寒声碎……

公元前202年，项羽被围于垓下。

当时，汉军有五十万（又说六十万），而楚军只有十万人。

"项王军壁垓下，兵少食尽，汉军及诸侯兵围之数重。"关于垓下之战，寥寥数语，司马迁是要给英雄一个体面。

入夜，四面楚歌，项羽以为楚地被占，大惊失色。

项羽向来有故乡情结，此时，他又想到了故乡……

今夜的酒，格外醉人。霸王将心爱的女人揽入怀中，泪如雨下。

至少在今天晚上，我的世界只有你。

曾经，战场上面对敌人千军万马，他没哭；冰冷的剑戟刺入他的身体，他也没哭；那些他信任的人一个个离他而去，他依然没哭……即将与心爱的人告别，他却哭了，哭得肆无忌惮（项王泣数行下）。

男人哭吧哭吧哭吧不是罪，再强的人也有权利去疲惫。

通篇以杀伐刻画霸王，偏偏这时写他的执子之手儿女情长。仿佛黄家驹的那首《AMANI》，呼唤和平与爱！

田园寥落干戈后，骨肉流离道路中。一切战争的后果由人来承担，无论强者弱者，最后全部是受害者。

沉重的一笔，太史公最终还是落在了"人"字上。

擦干泪水，重振雄威，英雄又显本色。项羽率八百精兵趁夜色突出重围。

汉军稳操胜券，光顾举办"楚歌争霸赛"了，直到天亮才发现项羽居然在他们眼皮子底下逃之夭夭。

灌婴带领五千骑兵追击。

屋漏偏逢连夜雨，当项羽行至阴陵时，居然迷失方向。这时，决定项羽命运的老人出现。

顺着老人手指的方向，项羽领兵向西步入一片沼泽中。

汉军追上来，项羽连忙带兵向东，跑到东城。昔日叱咤风云的霸王，此时身边只剩下二十八名随从，而汉军有数千人之众。

身体不行，意志补位！楚汉战争上演最精彩的一幕，遗憾的是故事的另一个主角没有在场。如果这一幕刘邦也参演的话，历史会给我们留下什么样的惊吓，难以想象。

项羽首先发表感言："哥起兵八载，七十余战，所向披靡，无人能敌。天下霸主，舍我其谁。如今受困，实乃天意（此天之亡我）。现在，哥要痛快一战，定胜三回，为兄弟们冲破重围，斩汉将，拔汉旗，让你们知道真是天要亡哥，非哥无能！"

不愧战神，在这种情况下，项羽仍然能保持高度理智，他把这些士兵分成四小队，命令从不同的地方突击，约定冲到山的东边，分作三处会合。

项羽振臂一呼："哥先干掉一员汉将！"

四条火蛇蜿蜒而下，项羽一马当先，冲入汉军，斩杀一人。

按照约定，楚军分兵三处会合。汉军不知项羽在哪支队伍里，于是兵分三路再次包围上来。

项羽驱马上前，又斩杀一员汉将。

众人投来崇拜的目光，项羽神采飞扬："怎么样？哥没骗你们吧？"

几个迷弟纷纷竖起大拇指："牛！"

有项羽的舞台上，他永远是最靓的仔。

且战且退，项羽来到人生终点站——乌江畔。

乌江亭长正停船在岸，他向项羽发出诚挚邀请："江东虽小，但有地有人，足够您称王。快跟我渡江吧！无须购买船票。"

残阳如血，万物悲寂，项羽似乎想到了什么。他感叹道："天要亡我，何必渡江。江东子弟八千人随我西征，无一生还，纵使江东父老容我，我又有何面目见他们？"

拒绝了亭长，项羽将心爱的乌骓马慷慨相赠，自己率兵步行，与追击的汉军短兵相见，又斩杀上百人。

大势已去，一切将结束。纵使伤痕累累，战士仍保持着战斗的姿态。

眼见汉军中有一位故人，项羽大笑着喊道："那不是老伙计吗？听说汉王以千金万户索取哥项上人头，索性哥把头送你留个纪念。"

说完，项羽兑现诺言——没人能杀得了霸王，只有他自己！

至今思项羽，不肯过江东。后人指责项羽不知反思，把失败归责于"天"。

作为同龄人，我太理解项羽了。

项羽是在给自己找借口，他至死都不承认失败——男人在项羽那个年龄，好像都忌讳说自己不行！

巅峰时期，项羽从未与天有过瓜葛，他相信人的力量，那些以少胜多的经典战役到底是精神与意志的杰作，最后他突然说天要亡他，不是借口是什么呢？

自杀——对抗天命的典型方式。我命由我不由天，霸王通过这种方式，守住的是尊严，争取的是属于他的胜利。

自古英雄多悲情。当年，两军阵前，项羽提出要跟刘邦单挑决生死，以免百姓受苦。狡猾的刘邦拒绝了他的提议。现在，他以自杀的方式结束这场战争，实际上，他的目标已实现（毋徒苦天下之民父子为也）。

致那黑夜中的呜咽与怒吼，谁说站在光里的才算英雄……

风雪漫天，楚地的歌声渐行渐远，最终淹没在风雪中。

肆，

《高祖本纪》

刘三儿是个好学生

「皇帝专业户」

> 汉王曰："吾闻帝贤者有也，空言虚语，非所守也，吾不敢当帝位。"群臣皆曰："大王起微细，诛暴逆，平定四海，有功者辄裂地而封为王侯。大王不尊号，皆疑不信。臣等以死守之。"汉王三让，不得已，曰："诸君必以为便，便国家。"
>
> 《史记·高祖本纪》

公元960年，赵匡胤在陈桥发动兵变，赵宋王朝建立。据传，辽国联合北汉入侵后周，赵匡胤奉命北上御敌，军至陈桥驿，军中传言，"皇帝年幼，诸将为国，有谁知晓；不如立赵匡胤为帝"。士兵情绪高涨。入夜，赵匡胤犒劳全军，其间，他假装喝醉，回到房间，和衣而睡，静待幸福时光的到来。次日，群臣手捧黄袍，闯入房间，将黄袍披在假睡的赵匡胤身上，三拜九叩，高呼万岁，赵匡胤一副不情愿的样子："你们贪恋富贵，立我为天子。我的命令，你们听吗？"群臣一齐说道："唯命是从。"

可见，被拥立当皇帝这事儿，不仅要看实力，还要看演技。赵匡胤的演技师承刘CEO。

凡事预则立。一切早有谋划，刘邦上位，顺理成章。

项羽死，楚汉战争结束，刘邦的威信空前高涨，登基称帝，恰逢其时，有如天助！

大家真心拥护刘邦当这个皇帝，甚至以抹脖子摸电门吃安眠药相威胁。他们清楚，只有刘邦上位，他们拿的支票才能兑现。

历史在这样的情境下，当事人的话和举动总是惊人相似。一场情感大戏拉开帷幕。

氛围渲染到位，刘邦闪亮登场。

这个刘氏集团的首席代表先是一番看上去颇为真诚的推辞。此时的刘邦已不是当年那个酒色之徒，否则，以他的个性，一定会不知深浅大大咧咧地把这件事应承下来。

事已谋定，不过是时间的问题。刘邦清楚，关键时刻，他必须要像第一次出嫁的小媳妇，表现得再矜持一点，再害羞一些，装出楚楚可怜不谙世事的样子——都是你们逼我。

刘邦的脸红如樱桃，他的头摇得像拨浪鼓："皇帝要选贤德之人，整天油嘴滑舌，喜欢说假话空话套话而不干实事的人，是守不住帝位的，我真不敢当这个皇帝啊！"

这是我听过的最高级的凡尔赛式发言。

废话，皇帝当然要贤德之人来当，你刘邦爱民如子、宽以待人、乐善好施、从善如流、不耻下问、谦虚谨慎……这些不都是贤德的表现吗？

喜欢说假话空话套话跟你更不搭边，你说话难听，张口闭口你老子我（乃公）怎样怎样，能听出来是肺腑之言——粗话并不全是文化糟粕，而常常是情感的真实流露。

你常开支票，但不开空头支票，能兑现马上兑现，绝不拖延，给韩信和彭越封赏，虽然明知他们在要挟你，但你还是说到即做到。

套话更无从谈起，对自己得天下，你总结原因，直言是有张良、萧何、韩信这样的好帮手，而项羽身边有一范增却不得重用，所以他败了，他死了，他废了。

你办的实事儿少？扯淡！约法三章（杀人者死，伤人及盗抵罪），挽救了多少生命。即便有人说你干的这件事儿被精心设计，是为了获取人民的支持而非真正同情人民①。但是，我们坚持认为无论真心还是假意，你把生的权利交给每个人，这就是最大的好事善事实事。

刘老三分明在说，我行！我能！舍我其谁！

当然，戏还没有完，大家下面的一番话瞬间把剧情推向高潮，刘邦一下子被抬到至高无上的位置，而他到达那个位置，就再也下不来了。

大家先拿刘邦出身说事儿，这是最敏感的神经。"起微细"，大王是苦出身，您为天下人代言再合适不过了。

随后，大家用刘邦建立的功德引证，用铁一般的事实说明他当皇帝理所当然，"诛暴逆，平定四海"，这样做分明是救万民于水火，您要是不当这个皇帝真是"还有王法吗，还有法治吗"。

最后，大家说了一句听上去令人啼笑皆非、但是细思极恐的话。大王对有功的人划地封侯，如果您都不敢称皇帝的话，那么我们的身份就不是身份了！这涉及问题的根本——身份合法化。你刘邦不当这个皇帝，我们这些人的身份都不合法。

听到这话，昔日的刘三儿又现身了，他给了自己一个充分的理由认领皇帝的名号——我不当皇帝，对不起兄弟们，在大义面前，当然是要牺牲小我成全大我。

最后，为了增加舞台效果，大家又是满满的套路：你不当皇帝，就等着给我们收尸吧（臣等以死守之）。

刘邦还有什么理由拒绝呢？于是三次（事不过三）推辞，欣然上位。

生命还是生命，刘邦已不是刘邦。

「陈恢的教学公开课」

　　　　　　（陈恢）乃逾城见沛公，曰："臣闻足下约，先入咸阳者王

---

① 侯格睿. 青铜与竹简的世界：司马迁对历史的征服［M］. 丁波，译. 北京：商务印书馆，2022：153.

之。今足下留守宛。宛，大郡之都也，连城数十，人民众，积蓄多，吏人自以为降必死，故皆坚守乘城。今足下近日止攻，士死伤者必多；引兵去宛，宛必随足下后：足下前则失咸阳之约，后又有强宛之患。为足下计，莫若约降，封其守，因使止守，引其甲卒与之西。诸城未下者，闻声争开门而待，足下通行无所累。"

《史记·高祖本纪》

人生处处有惊喜，不知何时遇贵人。

刘邦遇到陈恢，人生轨迹发生改变。

起初，陈恢并非抱着为民请命的目的去找刘邦的，而是为救他的老板（动机不纯）。但实际效果是，他不但救下了很多人，而且给刘邦上了一堂生动的军事理论课，对刘邦提前杀入关中起到至关重要的作用。

楚怀王2把西进攻秦的任务交给刘邦，约定"先入定关中者王之"，显然这是准备提拔他的节奏。

刘邦必须抓住机会，赶在项羽解决北方战事前入关。

没有无缘无故的爱，楚怀王2要提拔刘邦，自有他的用意。他把政治资本投入刘氏集团，提高刘邦的竞争力，意在制约项羽，他已经意识到项羽非池中物，是他的潜在威胁。如此看来，楚怀王2还是有政治头脑的，在民间当羊倌的那几年，他应该是一边放羊，一边坚持学习，始终保持着政治的敏锐性和鉴别力。

刘邦西进的途中，在南阳郡受到阻击。南阳郡守兵败退守宛城。刘邦准备绕过宛城，继续西进。

张良提出反对意见：如果宛城不打下来，我们继续西进，遭遇秦军主力，容易被包饺子，所以必须彻底把宛城拿下。

于是宛城一夜之间被围成铁桶，连只耗子都跑不出去。

眼看大势已定，南阳郡守急得如热锅上的蚂蚁，恨不得一死了之。陈恢作为郡守的门客，从郡守手中夺过剑，主动请缨，要去会会刘邦。

于是职业说客陈恢来到刘邦的面前。

陈恢责任重大，使命光荣，作为败军一方，他必须要在最短的时间内说服刘邦。所以，事前他一定进行了认真思考。

思考什么？思考为谁说话、说什么话、怎么说话。

为谁说话？当然要站在刘邦的立场，为刘邦说话，所以他在一番陈述后，用了四个字表忠心，"为足下计"。言外之意，我是在为你刘老板着想啊！

说什么话？当然是说刘邦认为有道理的话，否则，他的脑袋随时搬家。刘邦最讨厌舞文弄墨的酸腐儒生。从刘邦的反应看，陈恢达到了目的，刘邦听完他的一番陈述以后，用一个字表明态度，"善"。

怎么说话？当然是摆事实讲道理，在最短的时间内，把道理讲清楚讲明白。对刘邦来说时间就是生命，他之所以准备绕过宛城，直接西进，不就是为争取时间吗？陈恢必须把时间作为一个重要因素考虑进去。

陈恢指出，宛城之大，必然人多粮足，搞不好要打持久战，即便攻入城内，我方化整为零，跟你刘邦打游击战，挖陷阱、放冷枪、打闷棍，你耗得起吗？然后他从人的角度分析宛城为什么难打——吏人自以为降必死，故皆坚守乘城。这就有点"你既然要我命，那我就跟你玩命儿"的意思了！因此，刘邦想在短时间内取得胜利显然是天方夜谭，结果只能损兵折将（士死伤者必多）。

当然，以上的理由都不重要，如果因为一座宛城，延迟了刘邦西进的步伐，最终不能如期进入咸阳，才是致命的。

刘邦闻言，若有所思。

陈恢趁机给出策略。他知道，刘老板最讨厌夸夸其谈的儒生，问题谁都清楚，解决问题才是关键。他之前的话都是开胃小菜，解决刘老板饥饿问题，必须上主食——莫若约降，双方各退一步，互相给对方一个面子，问题迎刃而解。

后来的事实证明，陈恢的策略的确实用，汉军"引兵西，无不下者"。

刘邦有很多优点，善于总结是一个，并且通过总结，矫正偏差、发现规律、趋利避害。他依照陈恢的策略一路开挂，最终顺利入关。

　　归纳总结，陈恢的策略体现的是"和平解放"的思想。学者赵绍军等人在《试论刘邦略定南阳的重要意义和作用》中，详细阐述了刘邦略定南阳一役重要的战略意义、现实意义、政治意义，特别是在政治意义里，对刘邦的这种"和平解放"的战略思想进行了分析——通过非暴力的方式战斗，不搞屠城，不搞杀戮，以游说、劝降等方式，通过强大的舆论攻势，争取民心，瓦解敌人，用最小的成本，获取最大的收益。所以，文章指出："以刘邦为首的军事集团的真正强大，是从略定南阳郡开始的。"[1]

　　科学的指导思想胜于一切，谁掌握谁受益。

　　回过头来再分析陈恢说话的艺术，我们会情不自禁为他竖起拇指。有人说，真正的成熟，从学会"闭嘴"开始。我认为，那叫城府，不是成熟。真正的成熟，应该从学会"说话"、学会"说有用的话"开始，否则上天给人一张嘴，仅仅用来呼吸吃饭，有什么意义呢？

小人物的大智慧

> 汉王之出荥阳，入关收兵，欲复东。袁生说汉王曰："汉与楚相距荥阳数岁，汉常困。愿君王出武关，项羽必引兵南走，王深壁，令荥阳、成皋间且得休。使韩信等辑河北赵地，连燕齐，君王乃复走荥阳，未晚也。如此，则楚所备者多，力分，汉得休，复与之战，破楚必矣。"
>
> 《史记·高祖本纪》

　　从善如流，是刘邦的另一个优点。

　　刘老板有一句口头禅，"为之奈何"。这话乍一听，好像显得他多无能似的，但细细一品，实则有大智慧：情况紧急，生死攸关，我没辙了，弟兄们有

---

① 赵绍军，任言荣. 试论刘邦略定南阳的重要意义和作用 [J]. 南都学坛，1995（4）：13-15.

何高见？

姿态放低，心态摆正，不是以高高在上的领导者的身份，而是俯下身子，承认自己不如别人，以朋友的口吻征求意见，大家当然会踊跃献策——这是"草根"的生存之道。

刘邦在创业过程中，不仅对张良、萧何这些重要谋臣言听计从，包括对袁生、郑忠这样名不见经传的小人物的话，也能虚心接受。这一点，比项羽要强。项羽给人的感觉好像自始至终就没听过几个人的话：哥走自己的路，让别人去说吧——作为同龄人，我理解他。

楚汉的正面战场上，项羽吊打刘邦，刘邦不是在逃跑的路上，就是在准备逃跑。

彭城战败，刘邦逃至荥阳。项羽捣毁汉军粮道，刘邦被困荥阳，眼看撑不下去了，刘邦向项羽求和，项羽没搭理他。

这是逼刘邦放大招。一方面，离间项羽和范增的关系，使范增主动退出项氏集团；另一方面，制订逃跑计划，积极组织实施，当然，又有不少人付出生命：入夜，纪信（刘邦的铁粉，曾陪同刘邦赴鸿门宴）cosplay，假扮刘邦，坐车出东门，并故意拍照发朋友圈，"城中粮草断绝，汉王欲向楚王投降"，此前，他们还干了一件残忍的事儿，逼迫（注意我使用的这个词）两千妇女装扮成士兵出东门，吸引楚军的注意力。这两千妇女最后的结局虽然文中没有提及，但是我想以项羽的性格，她们难逃一死。得知汉王"投降"的消息，楚军纷纷跑向东门参加受降仪式。刘邦从西门逃脱。后来纪信被杀，荥阳城破，刘邦退回关中。

荥阳是战略要地，根据学者阎铁成在《重读郑州》[①]一书中的记载，荥阳故城，因位于荥泽西岸荥水之阳而得名，东有鸿沟通淮泗，北依邙山临黄河，南面遥望京索，西过虎牢接洛阳，为南北之缩毂，东西之孔道。

刘邦重整旗鼓，准备再次出兵。为了荥阳，他准备跟项羽死磕到底。

---

① 阎铁成. 重读郑州：一座由考古发现的中国创世王都［M］. 北京：科学出版社，2015：146.

当局者迷，旁观者清。这么下去哪成啊？这不是一根筋钻牛角尖嘛！此时，旁观者袁生（此人姓袁，生是对读书人的称呼，具体姓名不详）站出来，开始做刘邦的思想工作。

袁生说道，我方与楚国在荥阳相持不下，拖的时间过长，隔壁的吴老二都能看出来，对我方不利。现在我们不妨换个角度考虑，先不要急于找楚军死磕，我们从武关出兵，项羽一定会率军南下，到时候，我方变被动为主动，大王可避而不战，使荥阳、成皋的军队得到休整机会。同时派韩信等人去安抚河北的赵地，联合燕国、齐国，然后大王再进军荥阳也不迟。这样的话，楚军四面受敌，兵力分散，汉军却得到休整，以逸待劳，再战楚军，定能转败为胜。

不得不说此计之高，对楚汉战争的走向起到至关重要的作用，它所蕴含的战略思想再次被好学生刘邦活学活用，为日后汉军对楚军形成战略合围取得最终胜利奠定了基础。

刘邦按照袁生的建议，出武关，至宛（今河南南阳）、叶（今河南叶县）一带，项羽果然带领军队追过来，刘邦坚守不出，搞得项羽没脾气。

在此期间，彭越发挥他的强盗特长，按照刘邦的指示，他像辛勤的小蜜蜂一样活跃在项羽的后勤补给线上，在楚军的后方大搞破坏，其行为不由让人想起一句俗语，"老虎不在山，猴子称霸王"。

彭城告急！

项羽马上回军，他当时一定恨不得把彭越千刀万剐。

刘邦趁机北上，杀楚军守将终公（这名字起得就不好），夺回成皋，荥阳之围遂解。

回过头来，我们再说袁生给刘邦上的这一堂企业管理培训课，好学生刘邦又收获了什么呢？

领导者要有全局意识，不要在乎一城一地的得失。凡事不能死较真儿，特别是用兵之事，更不能钻牛角尖，不然消耗的是自己的力量（家里本来就没余粮），这是变相帮助敌人。汉军与楚军在荥阳相持不下，明显处于劣势，你刘邦还要摆出一副和楚军死磕到底看谁服谁的架势，这不是以卵击石跟自己较劲儿吗？

　　领导者要时刻保持敏锐性，要在运动中去寻找战机，特别是在敌众我寡的情况下，要变被动为主动，消耗敌人的有生力量。正如袁生的潜台词，亲爱的大王，在这场战争中，您不是一个人在战斗！为什么不调动各方力量对楚军进行牵制打击呢？偌大的战场，您的目光为什么仅仅局限于荥阳呢？要跑起来，要动起来，要让楚军随着我们的节奏嗨起来，当它嗨得筋疲力尽的时候，就是我们出手的时候，简言之，"出其所不趋，趋其所不意。"

　　一只蝴蝶扇动翅膀，结果可能引发一场海啸。大人物影响历史进程，小人物改变历史走向，不要忽视任何一个人。

「天生好导演」

> 沛公从百余骑，驱之鸿门，见谢项羽。项羽曰："此沛公左司马曹无伤言之。不然，籍何以生此！"沛公以樊哙、张良故，得解归。归，立诛曹无伤。
>
> 《史记·高祖本纪》

　　团队这个词似乎距离项羽很遥远，却跟刘邦关系密切。

　　刘邦创业成功，重要原因是团队给力。

　　让我们看看刘氏集团里有一些什么人：樊哙，职业屠夫，专长杀狗；彭越，职业强盗，平日以捕鱼为副业；夏侯婴，职业司机，擅长养马。当然，也不乏一些高级人才。比如，张良，官N代，通缉犯，入职刘氏集团前，四处流窜作案，专职刺杀始皇帝；萧何，知识分子，属于公务员系统；韩信，出身不详，曾在刘邦竞争对手的企业里面任职，后来跳槽到刘氏集团，刚开始工作不如意，还有过逃兵经历。这群人出身不同，性格迥异，身怀特长，是各自领域的佼佼者，刘邦能把他们聚到一起，干成一番事业，属实不易。

　　刘邦，刘邦，你真是了不起！

同为男人，项羽怎么不行呢？刘邦和项羽最大的区别在哪？二人出身不同。

项羽出身贵族，他的优越感与生俱来，无须培养。我认为正是这种天然的优越感，使项羽刻意与底层人民保持距离，也就是说他始终没有和人民打成一片，严重脱离群众。刘邦则不然，他出身社会底层，整日混迹于市井之间，他可以与任何人成为患难之交，男女老少，三教九流，瞎哑聋瘸，他通吃。这样的优势是项羽所不具备的，也是取得胜利的关键。

得民心者得天下，只有顺应民心，才能获得最终的胜利。

楚汉战争，项羽屡战屡胜，看上去倍儿潇洒，实则疲惫不堪，因为他始终是在跳独舞。刘邦屡战屡败，看上去狼狈不堪，却是最大的赢家——历史的天空下，广袤的土地上，伴随着战马嘶鸣的节奏，刘邦搭建了世界上最大的舞台。最大有多大？每个有才能的人都能在舞台上找到自己的位置、得到全面展示的机会，而刘邦只负责安排角色、制造机会，欣赏大家表演。

鸿门宴是刘邦导演的最经典的一幕戏。我们回过头来看刘导演自始至终的表现，虽然历史安排他在其中当主角，但是他甘当绿叶，成就了最佳男主角张良、最佳男配角樊哙。

第一幕，预谋。刘邦抢先入关，项羽屯兵霸上。项羽当时据说有四十万人，而刘邦属于创业的初期阶段，本小利薄，只有区区十万人。项羽杀刘邦，像踩死一只蚂蚁一样简单。因为张良曾有恩于项伯，项伯连夜来到汉营，将楚军的计划告诉张良，劝他赶紧逃命。没想到，张良却把项伯介绍给刘邦，还通过宴请、联姻等手段，成功策反了项伯。这一幕，刘邦只让人记住了一句台词，"为之奈何"，好像没什么出彩的地方。而张良的表现充满张力，展现了好演员的练达和老辣，为观众塑造了一个有情有义（没有背叛刘邦）、有勇有谋（及时献计献策）的形象。

第二幕，险境。鸿门宴上，觥筹交错间，范增命项庄舞剑，意在杀死刘邦。此时，在刀光剑影中，刘邦又显得那么无能。情况危机，演员就位，樊哙登场。他闯进帐中，大口喝酒，大快朵颐，浮夸的表演博得观众阵阵掌声，连项羽都为之喝彩（英雄惜英雄）。然后他说了一段脍炙人口的经典台词：我家主公劳苦功高，对你项羽忠心不二，你却听信小人谗言，还有公理吗？一个高大威猛的形象赫然呈现在观众眼前，虽然我们可以猜到，以樊哙的文化水平，他写不出那么经典的台词，但是樊哙的确以他精湛的演技征服了观众。

最后一幕，逃离。不跟主家打招呼就离开，是不是不太礼貌？项羽会不会生气？刘邦还是老台词，"为之奈何"。这一幕，张良和樊哙二人合力把剧情推向高潮。最佳男配角樊哙又说了一段经典台词，人为刀俎我为鱼肉，还辞行？成大事者，何必在乎小节？这段台词直到今天还经常被人引用。张良的台词虽然没给人留下什么印象，但是善后工作到位，他代替刘邦向项羽辞行，借口刘邦不胜酒力，又害怕项羽责备他，于是先行离开。项羽正欲发作，张良赶紧献上一份厚礼（应该是从秦宫殿里面拿的）。不管范增什么反应（受玉斗，置之地，拔剑撞而破之），一旦项羽接受礼物，张良心中的一块石头终于可以落地了。

据传，刘邦在逃回汉营的途中，车子损坏，樊哙手托车轴奔跑，因负重颠簸跌倒，嘴巴都歪了，后来人们便把此地称斜口（陕西临潼斜口地名的由来）；又经一地，樊哙体力不支，再次跌倒，嘴上划出一道口子，人们就将此地命名为豁口（陕西临潼豁口地名的由来）。

鸿门宴落幕，楚汉战争的结局已定。

优秀的导演能够处理好团队内部的各种关系，他量体裁衣，基于对演员的了解，给他们安排合适的角色，让每个演员都能获得当主角的机会，充分展现他们的才艺。

好演员是后天培养的，好导演却是天生的。

「如果人生可以重来」

　　　　高祖击布时，为流矢所中，行道病。病甚，吕后迎良医，医
　　　　入见，高祖问医。医曰："病可治。"于是高祖嫚骂之曰：
　　　　"吾以布衣提三尺剑取天下，此非天命乎？命乃在天，虽扁

鹊何益！"遂不使治病，赐金五十斤罢之。

《史记·高祖本纪》

大鹏飞兮振八裔，中天摧兮力不济。在生命的最后一段时光里，刘邦在思考什么？

他躺在病床上，两眼空洞，表情木然。就在刚才，他还把前来给他治病的医生臭骂了一顿，医生面如死灰，磕头如捣蒜，手捧黄金离开的时候，双腿几乎不听使唤。

他眼前浮现出当年见到始皇帝卫队的情景。那场面实在壮观，浩浩荡荡，遮天蔽日，他跪在地上，一脸羡慕的表情。他高声喝彩，大丈夫当如此啊！如果始皇帝听到他的话，一定龙颜大悦——那是他第一次与皇帝亲密接触。

他想起当年迎娶吕雉的情景。别人看来，以刘老三的德行，娶到邻村的徐寡妇，已然是福气了。现在，居然有一个白富美投怀送抱，真是上天对他的恩赐，他把吕雉供奉起来都不为过。可婚后的刘邦依然整天在外胡混。别人不理解，他却心安理得——如果人人都理解他，那他得多么平庸。

他想起当年起事以后，沛县县令想依附他，后来他带兵来到沛县，沛县县令又反悔了，城门紧闭，重兵防守，他在城外陈秦弊政，号召大家顺应历史潮流，拿起武器反抗。沛县子弟杀县令，打开城门，把他迎入城内，并推举他当首领。他率领大家拜祖祭天。那一天，看到大家俯首，他有些眩晕——被拥戴的感觉。

他想起当年秦军攻打丰邑，他率军打败秦军。而后他趁势引兵赴薛，命雍齿守丰。雍齿受到魏人周市的诱惑，不战而降，并为魏防守丰邑。他气急败坏，回军攻打雍齿，败得一塌糊涂。后来，还是项梁借兵，他才得以打败雍齿，收复丰邑。他最终没有杀雍齿，但是第一次体会到被人背叛的滋味——原来战争如此残酷。

他想起当年跟项羽联合作战的情景。那一战，二人珠联璧合，配合默契。秦将章邯势不可当，大破起义军，眼看要杀到齐国，齐国告急。项梁北上救齐。刘项联军合力破城阳，随后他们一路西进，攻重镇三川郡，斩杀太守李由

（李斯之子），此战使两人建立了深厚的感情，约为兄弟。但是美好时光总是短暂的，一切因为项梁兵败身死而改变。从此，兄弟反目，分道扬镳。那是刘邦第一次跟项羽合作，也是最后一次——项羽之勇令他生畏。

他想起攻破咸阳城那天，他以胜利者的姿态进入咸阳城，当时的感觉真棒极了。他想在偶像曾经工作过的地方体验当偶像的感觉，被樊哙、张良制止，于是他退出咸阳，驻军霸上，并与关中父老约法三章，派人到处宣传自己的政治主张。老百姓送来酒食，慰劳士兵。他执意不肯接受，人们更加高兴，唯恐他不留下。那一天，他激情澎湃，眩晕的感觉又不期而至——他第一次悟到仁心是天下最锋利的武器。

他想起鸿门宴上，杀机重重，那是他距离死亡最近的一次。项羽没有杀他。他反思，难道真如世人所说，是项羽的"妇人之仁"救了他吗？恐怕未必——项羽不屑使用如此卑鄙的手段。纵观项羽一生，他对敌人向来是正面硬刚，貌似从未搞过什么暗杀、离间之类的行动。即便策反韩信，项羽也是有一说一，陈述事实。所以，鸿门宴上，他逃过一劫，实乃幸运——感谢项羽当年不杀之恩。

往事如烟，楚汉战争时的画面又浮现在眼前。

他听闻项羽派人杀掉楚怀王2，"袒而大哭"，内心却无比激动（李全华在《史记疑案》一书中推论是刘邦主导暗杀的楚怀王2[1]），他占领了道义的制高点。

其间，他带两个孩子（后来的孝惠帝和鲁元公主）跑路，追兵紧随其后，为让车子跑快一点儿，他几次把孩子推下车，但是被好心的司机救了上来，世人骂他薄情寡义，哪知他身为人父，心中的痛楚和无奈，还有他的信心和决心——只要他还活着，项羽永远不会杀他的家人，为了他的亲人活下去，他必须干掉项羽。

还有一次，他与项羽阵前对话，项羽建议两人以决斗的方式一战决胜负，他自知不敌，声称要文斗不要武斗，世人说他奸猾，难道他白白送死就不算奸

---

① 李全华. 史记疑案［M］. 长沙：湖南大学出版社，2010：428.

猾了吗？

身后万马千军，身后千家万口，他要对他们负责！

最让他难忘的就是那天，气急败坏的项羽在阵前支起一口大锅，扬言要用他父亲刘老爷子（当时在楚军中作人质）的肉做泡馍。他强颜欢笑，打趣项羽，二人曾约为兄弟，他爹也是项羽的爹，项羽真要把刘老爷子做成泡馍，分他一碗，别忘记给他糖蒜和辣酱。世人又言他无耻，可那毕竟是无奈之举，谁说老爹在他心中没有地位？后来他多次派人去劝说项羽，使项羽最终释放了他的家人，家人在刘邦心中的地位可窥一斑……

生命的终点，他看到了那些死去的老伙计。他们在向他招手，一张张熟悉的面孔，他不忍直视，他想起当年见到他们的情景。相对于跟他一起出身市井的死党，反倒是后来投奔他的人留给他的印象最深。

第一次见到郦食其的时候，他正在做SPA，见此情景，郦食其居然问自己是不是想助秦破诸侯，他当时勃然大怒。郦食其却淡定地回答，既然有此宏愿，就不能以傲慢的姿态见长者。他意识到无礼，马上穿戴整齐，向郦食其诚恳道歉，后来郦食其用一张嘴说服齐王投降，不费一兵一卒为他拿到七十多座城池，韩信立功心切，强行攻齐，致使郦食其被烹杀。

世人皆知，刘邦对张良的评价是运筹帷幄之中，决胜千里之外。当年两人一见如故，张良善于运用智慧解决问题，对他一生产生了重要影响。可惜革命成功以后，张良拒绝了一切封赏，并选择退出游戏，但现在看来那未尝不是最好的选择。

他最感到愧疚的是杀了韩信，汉朝建立，韩信居功至伟，这一点谁人不知，谁人不晓？虽然他没有亲自动手杀韩信（当时他正在外地平叛），但是扪心自问，他真的没一点责任吗？

当然，最让刘邦心情久久难以平静的当属项羽之死了。这个老伙计，死得惨烈，全拜他所赐。那一天，他没有在场，后来他的部下将一个血肉模糊的头颅呈到他面前，他一阵心惊，西楚霸王，最后被碎尸万段，他始料未及。他还是不敢相信现实，命人把破碎的身体拼接到一起。他终于又一次看到项羽——

这个人的确已经成为历史。当别人弹冠相庆的时候，他失声痛哭。世人说他假慈悲，可他自己知道，他暴露了真性情，他为一个盖世英雄哭泣……世无君子，天下皆可货取——这天下，本属项羽。

大风起兮云飞扬，威加海内兮归故乡，安得猛士兮守四方！刘邦喃喃自语，缓缓闭上眼睛。当年，他平定叛乱，得胜还朝的途中，路过沛县。他专程回到家乡，叫来众亲友一聚，乘着酒兴，他旁若无人，举杯高歌，那时的他何等威武雄壮。此时，病榻之上，再吟此歌，心情已大不相同。

刘邦睡着了。他梦见，一个沛县的混小子，带领一群兄弟，正横冲直撞地走在去往酒肆的路上，酒肆里面有他心爱的女人，那一天阳光明媚，女人站在酒肆门前，笑若桃花……

《越王句践世家》

不疯魔不成活

> 元年，吴王阖庐闻允常死，乃兴师伐越。越王句践使死士挑
> 战，三行，至吴陈，呼而自刭。吴师观之，越因袭击吴师，
> 吴师败于槜李，射伤吴王阖庐。
>
> 《史记·越王句践世家》

1965年12月的一天，湖北省江陵县望山一号楚墓出土了一把剑。刚开始，大家并未在意，因为那天出土了很多文物。但是工作人员将这把剑从剑鞘中拔出的那一刻，在场的人惊呆了。宝剑出鞘，流光四溢，光彩夺目，不像已经沉睡千年的样子，剑身满饰神秘的黑色菱形花纹，剑格的正面和反面分别用蓝色琉璃和绿松石镶嵌成美丽的纹饰，造型高贵典雅，摄人心魄。剑身正面靠近剑格处刻有两行鸟篆铭文，"越王鸠浅 自作用剑"，著名史学家唐兰先生考证推论，此剑主人即为句践①。鸠浅正是句践二字的通假字。据说，因为这把剑，还发生过一起流血事件：一位工作人员的手臂不小心碰到剑身，顿时血流如注。工作人员把二十多张纸叠

---

① 关于"勾践"与"句践"的用字纠纷，古已有之，出于尊重史实、史料，本文使用"句践"。董楚平. 浅谈"勾践"与"句践"的纠纷问题［J］. 中国语文，1999（6）：448-449.

放在一起平铺于桌子上，此剑轻轻一划，即一分为二，其锋利程度，可窥一斑。

我相信这是句践的贴身佩剑，因为它的个性太像它的主人，冷酷、锋利、寒气逼人……

提起越王句践，大家想到的恐怕都是"卧薪尝胆"这句成语，而我想到的却是在他继位第一年发生的吴越战争中，为他自刎于吴军阵前的那支敢死队的死士们（《左传》中记载这群死士是罪人[①]）。

随着历史的车轮滚滚向前，他们每个人的名字早已湮没于尘沙之中，显得无足轻重，当然似乎也实在没有必要单独为这些小人物树碑立传，但细心的文人还是特意在《史记》中为他们留下一行位置，我想这就是他写史的情怀——悲天悯人的情怀——哪怕一粒尘埃，也有它存在的价值。

文学起初神圣，文学依然神圣，文学永远神圣。

战争中默默无闻死去的人数不胜数，但绝大多数是被动的，主动赴死的人很少，这群死士显得特立独行，他们赴死的方式甚至在今天的人们看来有些不可思议。

再现他们生命最后一刻的情景，仿佛一幕话剧。具体有多少死士承担了这项注定悲壮的任务已经无从考证，《史记》《左传》中记载他们排列开来是"三行"，可见数量不少。

你死我活的厮杀即将开始。死士们整齐划一排列开来，喊出惊天动地的口号，他们的行为艺术自然会引起吴军士兵的兴趣——荒诞不经的表演成功地转移了敌人的注意力。

此刻，死士们还觉得不过瘾，应该做一些更刺激的事情将他们的表演推向高潮。还有什么事情比死亡更可怕更刺激吗？尽管这件事在他们的剧本中已经作了安排，但是当演出正式开始，他们还是犹豫了。

不知道那个因卧薪尝胆被后世称颂的句践此刻作何感想，想必比几千年以后的读者还要心情沉重，但是有什么办法呢？打仗必然要死人，流血的事常

---

① 左丘明. 左传（上）［M］. 郭丹，程小青，李彬源，译注. 北京：中华书局，2012：2202.

有，说这些死士生无可恋，恐怕自己都觉得可笑。

戏的高潮最终如期而至。突然，他们拔出剑，架在脖子上面。一声令下，剑在动脉处轻轻一划，鲜血像泉水一样喷涌而出，染红了脚下的土地。一个人倒下，两个人倒下，一排人倒下……敌人被眼前的一幕惊得目瞪口呆，他们张大嘴巴，手中的兵器纷纷掉落在地上。他们不敢相信，有人可以这么打仗！

死士们带着对生的留恋离开这个世界，最后映入眼帘的画面是身披铠甲英姿飒爽的句践挥舞着一把寒光闪闪的宝剑带领士兵冲向吴军……

那一仗，越军大获全胜。他们应该感到欣慰，因为对一场战争来说，没有什么比胜利更能告慰逝去的灵魂。

生命轻而易举地消失，好像流星雨，在漆黑的夜空一闪而过，没有留下任何痕迹。

泽国江山入战图，生民何计乐樵苏。凭君莫话封侯事，一将功成万骨枯。

有人破口大骂，句践不是东西，用那些死士的性命，换取敌人的恐惧，趁机发动进攻，取得胜利，手段残忍，思想变态。

可是如果站在句践的角度考虑这个问题呢？他所做的一切似乎可以理解，并且与他的性格匹配——不惜一切代价，使用一切手段，为了争取胜利。

他倾其一生，只为胜利！

「放弃尊严，是为了争取更大的尊严」

> 吴既赦越，越王句践反国，乃苦身焦思，置胆于坐，坐卧即仰胆，饮食亦尝胆也，曰："女忘会稽之耻邪？"
>
> 《史记·越王句践世家》

一个人，对胜利有多渴盼，他的意志力就有多顽强，这样的人可敬又可怕。

有志者，事竟成，破釜沉舟，百二秦关终属楚；苦心人，天不负，卧薪尝胆，三千越甲可吞吴。这副对联，上联讲的是项羽的故事，下联讲的是句践的故事。当年奋战高考的时候，我们班主任夏老师把这副对联写在黑板两侧，每当我感到疲倦的时候，就会抬起头大声念上一遍，顿感神清气爽，斗志昂扬，屡试不爽。

句践为何卧薪尝胆？死亡威胁。

夫椒之战，句践败给吴王夫差。此战失败的责任完全在他一意孤行，可以说咎由自取。

听说吴王夫差日夜秣马厉兵，准备攻越，句践决定先发制人。范蠡劝句践不要轻举妄动，句践不听，夫椒之战随即打响。

吴军精锐作战，大败越军。

句践率五千残兵退守会稽。受困的句践召开紧急会议，先是自我批评，作深刻检讨，然后商议对策。范蠡、文种献计，一套成熟的抗吴方案逐渐形成。

特派员文种到吴国求和，表示句践愿携妻带子入吴为臣。夫差准备接受句践的请求，可伍子胥坚决反对。

文种将情况报告给句践。句践情绪激动，欲杀妻灭子（够狠），与吴国死战。文种认为吴国太宰伯嚭生性贪财，可以通过贿赂的手段，离间吴国君臣（文种还充当了一回间谍）。

于是大批资财和美女被送到伯嚭家里。

当文种跟随伯嚭再次来到吴王面前，他是胸有成竹的，所以说话的口气也比之前强硬许多："大王如果继续步步紧逼，越国上下会玩儿命一战，到时候玉石俱焚，您受得了吗？"

伯嚭忙在一旁帮腔，是啊是啊，我们受得了吗？

夫差不顾伍子胥的反对，赦免了越王。

句践返回国家，痛定思痛，住进漏风漏雨的廉价出租屋。屋子中央悬挂一只苦胆，句践每餐之前必先把苦胆放进嘴里品尝一番，酸爽的味道提醒他不要忘记复仇大业。最终，经过他的励精图治、不懈努力，越国打败吴国，称霸诸侯。

司马迁对句践从兵败被俘到复国强兵再到称霸诸侯的过程描写得比较节制，他取材有度，落笔谨慎，所以《史记》中句践的形象颇近人情，此人知耻后勇，内心强大，凭借坚韧不拔的毅力，一路逆袭，成就一番伟业。虽然成功以后，他也干了一些为人所不齿的龌龊事儿，但终究是瑕不掩瑜，总体上看，还是符合我们对奋斗的认知的，所以，司马迁笔下的句践可敬可佩。

而在稗官野史中，句践又变成了另一番模样——近乎于妖。他为达到个人目的，不择手段，出卖人格，放弃尊严，心理扭曲，极度阴暗，活生生一个变态者的形象。

《吴越春秋》（东汉赵晔撰）中记录，句践主动入吴为质（《越王句践世家》未载句践入吴为质）。被囚禁的日子里，句践遭受了非人的折磨，有些折磨甚至不是吴王强加给他的，而是他自找苦吃。

比如书中有这样一段：太宰嚭即入言于吴王，王召而见之。适遇吴王之便，太宰嚭奉溲恶以出，逢户中。越王因拜："请尝大王之溲，以决吉凶。"即以手取其便与恶而尝之。因入曰："下囚臣句践贺于大王，王之疾至己巳日有瘳，至三月壬申病愈。"这就是著名的句践尝便辨疾的故事。

重口味的情节：夫差生病，句践主动找到夫差，请求品尝夫差的粪便以判断他的病情。食人粪便，不可思议，句践够狠。接下来，他的反应更令人作呕。他吧唧着嘴，若有所思……突然，他欣喜若狂，一脸媚态地向夫差表示祝贺，通过品尝粪便的味道，他判断夫差的病情即将痊愈，吃了别人的粪便，还一副满心欢喜的样子，句践的狠登峰造极。

"我对自己都这么狠，更何况别人。我忍受一切屈辱，为的就是有朝一日把你干掉，只要你让我活下去。"

可惜，夫差没有猜出句践的心思，而且还心情愉悦地称赞他是仁人。这段颇具戏剧性的描写显然超出了普通人的心理承受能力，妖的形象跃然纸面。所以，句践的形象令人感到恐怖。

客观来讲，无论把句践当作人来写，还是把他勾画成妖的模样，从古至今，人们普遍承认句践身上所存在的一种品质，知耻后勇，坚韧不拔，不惜一切代价，去争取胜利。

没有胜利，一切无从谈起。没有胜利，便没有国家的尊严，一个国家没有尊严，就无法保证每个人的尊严。与其说忍辱负重是句践的个人行为，不如说是国家意志的体现，即便这样的行为存在与人性相悖的地方，但不可否认，在极端艰苦、握着一手烂牌的情况下，做出这些行为，的确能够起到凝聚人心力量的作用——上下同欲者胜，句践在这种意志的支配下，硬生生把一手烂牌打成了王炸，值得学习。

当我读到海明威的《老人与海》的时候，产生了同样的感觉。与司马迁不同的是，海明威是通过一个普通的渔夫形象赞颂人所应该具有的优秀品质和坚强意志，"一个人并不是生来要被打败的，你尽可以把他消灭掉，可就是打不败他"①，从文学意义上讲，两千多年以前的司马迁和两千多年以后的海明威惺惺相惜，他们从不同的写作起点出发，最后殊途同归，正如不必在意老人最后是不是捕获了大鱼，我们也不必纠结历史背后的真相，真相的探寻有时意义重大，有时又毫无意义，但是历经时间的淘洗，残存下来的道理弥足珍贵——既然选择忍辱负重活下去，必须去争取胜利。

唯有胜利，才对得起自己曾经受过的屈辱。

放弃一人尊严，是为了让更多人得到尊严。

「最强大脑」

> 居三年，句践召范蠡曰："吴已杀子胥，导谀者众，可乎？"对曰："未可。"至明年春，吴王北会诸侯于黄池，吴国精兵从王，惟独老弱与太子留守。句践复问范蠡，蠡曰"可矣"。
>
> 《史记·越王句践世家》

我丝毫不掩饰对范蠡的崇拜之情，伴君如伴虎，在老虎的注视下，很少有人能像他一样保持清醒，而更多的是被权势蒙蔽双眼，最终沦为欲望的奴隶。

像张良一样，范蠡对自己的准确定位源于他对人性好恶的深刻体察，所以他懂得审时度势，知道什么时候该主动出击，什么时候该急流勇退，这样的人

---

① 厄尼斯特·海明威. 老人与海［M］. 李继宏，译. 天津：天津人民出版社，2013：74.

无论处于什么样的位置上，都能游刃有余，始终立于不败之地。

范蠡劝谏，潇洒得一塌糊涂。与句践对话，范蠡从不遮遮掩掩，好便好，不好便不好，行就是行，不行就是不行，不存在不好不坏行也不行的投机状态，往往他一段话不仅把道理讲得明明白白，直指问题根本，关键还会把解决问题的方法也讲出来。他的逻辑思维能力非一般强大。在古代，这样的臣子处境危险——如果遇到心胸狭隘的老板，听了他的话，很容易产生这样的疑问："你是不是想表达，论武功和智慧，论身材和容貌，你都高我一筹？"幸好他遇到的老板是句践。

因为没听范蠡的话，句践挑起夫椒之战而差点丧命。

句践从此吃一堑长一智，渐渐喜欢上了听范蠡讲话。他喜欢听范蠡绘声绘色地讲出一堆大道理，欣赏他对那些难以理解的事物作出的令人意想不到但又非常贴切的比喻，句践把他的话当成行动的方针指南：向吴国妥协后，句践回到越国。他勤勉躬耕，发展生产，与人民同吃同住同劳动，连他媳妇儿也加入劳动人民当中，成为广大妇女争相学习的榜样。

句践在复仇这件事上，显然猴急了点儿，他几次用急切的语气询问范蠡，是否可以跟吴国干上一仗。

范蠡一脸淡定地回答，猴急什么啊！甚至伍子胥被除掉后，范蠡还是坚持自己的态度——不要急于报仇，枯萎的树叶微风就会使其飘落，烂掉的桃子自然会被泥土吞噬。

身处磨难，考验人的就是能不能沉住气。成大事者，首先要学会沉得住气，懂得进退隐显决断有章。最后的胜利，永远属于能沉住气的人。

人一骄傲，就容易麻痹。夫差干掉越国以后，有点迷幻有点飘，转而对齐国发动战争，居然还胜了。

夫差愈加兴奋。

天要让其灭亡，必先让其疯狂。打败齐国，表面上看是一件好事，但实际上并不见得，这无形中助长了夫差的嚣张气焰，于是，他跟诸侯约定，到黄池会盟，实际上是炫耀自己的实力，确立盟主地位。

这次会盟，吴国的精锐倾巢出动，家中只剩下一些老弱病残留守。

机会如期而至。

范蠡大手一挥，干吧！

句践喜出望外，"我打不了你的精锐，打你的老弱病残还是绰绰有余的！"于是派出精锐部队（习流二千人，教士四万人，君子六千人，诸御千人），一举击败吴国，杀死吴国太子。

夫差听到这个消息，大惊失色，可是当时正在进行黄池会盟的关键一环，为了面子，他下令封锁消息。

返回吴国以后，夫差派人带厚礼去向句践求和。

句践答应了夫差的请求。请注意，并非是句践良心发现，而是他认为凭实力，越国还无法一口吞掉吴国。

成功容易使人迷失，失败却令人越发成熟。

句践，你经历过刻骨铭心的失败，现在你浑身上下散发着成熟的气息，而且是熟透了的味道。

又过了一些年，越国再次攻打吴国。

因为常年征战，吴国军民早已疲惫不堪，所谓精锐在跟他国作战中也已损失殆尽。

面对越国的猛烈攻击，吴国像泄了气的皮球，最后全线崩溃，夫差逃到姑苏山上。

二十多年前的一幕再次上演，只不过，双方角色互换，这一回，句践是胜利者，夫差是战败方。

乞求的话说得卑微，夫差仅仅希望句践能像当年的他一样，发扬人道主义精神，放自己一条生路。

句践此时的表现值得我们关注，"不忍""欲许之"，可见那段不堪回首的岁月使他动了恻隐之心，显然这个细节的刻画再次说明司马迁是在写人而非妖——句践也有同情心，并非人性泯灭的冷血动物。

范蠡站出来表示反对："知天易，逆天难。当年，天把越国赐给吴国，吴国不要；现在天要把吴国赐给越国，难道您要逆天而为吗？"

　　一番话还是没有使句践彻底狠下心来（吾欲听子言，吾不忍其使者），看来他真有一颗玻璃心。

　　在杀与不杀之间，句践最终想出了一个折中的办法，他准备把夫差安置到远方，并给他一些子民——任您自生自灭吧！

　　此时的夫差没有像人们想象的那样，痛哭流涕，磕头如捣蒜般向句践表达谢意。他维持了一个君王最后的体面，拔出宝剑，自刎而亡。

　　此时，夫差慷慨赴死，要比曾经句践苟且偷生更令人动容，虽然这个国君的一生饱受诟病，至少他最后的举动足以为他赎去一切罪过，他的自杀代表尊严和抗争。

　　范蠡的坚持有他的道理。坚持要夫差死，实际上是在为更多的生命争取权利。

　　活着的权利。

　　如果夫差不死，吴越战争还会持续，双方陷入死结。范蠡清楚，战争不是小孩过家家，而是东风压倒西风或者西风压倒东风，必须有一方绝对胜出，才能彻底终结。

　　只有夫差死，战争才会终结。

　　能看见，不等于看得远。无论是夫差，还是句践，虽同为天选之人，但是从整个吴越战争中的表现来看，他们说到底属于能看见那一类，而真正看得远的，还属范蠡。

　　因为看得远，范蠡用了短短几十年的时间，使一个濒临灭亡的国家成为春秋霸主。

　　因为看得远，范蠡才能对宦海沉浮，洞若观火，在到达人生顶峰的时候，毅然选择急流勇退，开启了他人生另一段传奇……

「我本天上逍遥仙儿」

　　　　至，其母及邑人尽哀之，唯朱公独笑，曰："吾固知必杀其弟也！彼非不爱其弟，顾有所不能忍者也。是少与我俱，见苦，为生难，故重弃财。至如少弟者，生而见我富，乘坚驱良逐狡兔，岂知财所从来，故轻弃之，非所惜吝……"

《史记·越王句践世家》

"莫听穿林打叶声，何妨吟啸且徐行。竹杖芒鞋轻胜马，谁怕？一蓑烟雨任平生。"我最喜欢这首词，因为苏轼通过人和神对比，让我们结识神——神也是人，只不过境界超过了人，便成了神。

金庸先生说，古人他最佩服范蠡。

相传，越国灭掉吴国以后，句践宴请群臣。席间，一片欢乐祥和的景象，只有句践一反常态，面露忧愁。范蠡敏感地捕捉到了句践情绪上的变化，从他看大臣们的眼神中，范蠡感受到杀机——飞鸟尽，良弓藏；狡兔死，走狗烹。凶恶的老虎正在思考如何吞食猎物。

第二天一早，句践收到范蠡的裸辞申请。

句践拒绝的态度十分强硬，甚至还威胁范蠡（将加诛于子）。可范蠡到底技高一筹：我的人生我做主，你有你的法则，我有我的原则，不能因为你的法则而违背我的原则。"乃装其轻宝珠玉，自与其私徒属乘舟浮海以行，终不反。"

范蠡分明是逃走的。

临走前，范蠡给文种发了一封E-mail，劝他跟随自己一起离开。

文种没听他的话，最终死于句践的剑下。

人从低处往高处走，难；当人已经站在高处再往低处走，更难。

离开句践，通缉犯范蠡隐姓埋名，开始他追求财富的一生。他到齐国安定下来，凭借自己的勤劳与智慧，很快荣登"福布斯"排行榜首位，有了雄厚的资本，他顺理成章跻身齐国上流社会，被任命为齐相。

月满则亏，他意识到又到离开的时候了，于是"乃归相印，尽散其财"，携带贵重物品（这次走得从容），再次踏上征途。

后来，他在陶（今山东定陶县西北）这个地方住下来，经过一家人的努力，没过多久，范蠡又荣登"福布斯"排行榜首位，而此时他已改名陶朱公。

在这里发生的一件事，让我再次对范蠡的景仰之情如滔滔江水连绵不绝，又如黄河泛滥一发不可收拾……

范蠡的二儿子因为杀人被囚禁在楚国，他打算派小儿子带钱去楚国捞人。

大儿子不干了，拿着农药威胁老子，哭着喊着要去执行营救任务。

范蠡媳妇儿也在一旁帮腔："你不派老大去，咱就离婚！"

人在亲情面前的表现总是软弱无力的。范蠡改派大儿子去了楚国。学者张文江在《〈史记·越世家〉中的范蠡》中指出，"这就是所谓的众生共业[①]，没有办法。"

话事人是庄生。

大儿子上路之前，范蠡反复叮嘱，去了之后把钱和信交给话事人就离开，别啰嗦，更别打听。可见，范蠡对庄生非常了解。

大儿子来到楚国见到庄生，说明来意，庄生收下钱和信，交代大儿子赶紧回家去等消息，别在楚国停留。有朝一日，他弟弟真出狱了，也要保持低调，别瞎打听。

庄生的话几乎和范蠡的预言一样，更见范蠡洞察人心。

结果大儿子没听，出来后去拜访了几个楚国贵族打探消息。

楚王是唯心主义者，庄生向楚王进言，声称夜观天象，有不祥之兆，可能即将祸事临头。

一听这话，楚王吓出一身冷汗，忙问庄生该怎么办。

庄生说积德行善啊！办法我都替您想好了，大赦天下。

于是，楚王下令封三钱之府，这相当于昭告天下，他准备大赦。

新闻瞬间引爆全网。

大儿子得知消息，直犯嘀咕，给庄生的钱当不打了水漂？回去怎么向老爹交代？何以显示自己的能力？于是他假装去拜谢庄生，实际想把钱要回来。

---

① 张文江.《史记·越世家》中的范蠡［J］.贵州文史丛刊，2014（2）：8-13.

这小子一露面，庄生秒懂他的意思，马上把钱摆到他面前。

人，有时候就是假装聪明把自己给害了。

这不是耍猴吗？庄生恼羞成怒，又寻个机会对楚王说，微信的朋友圈里都在转发一条消息，这条消息现在已经上楚国的热搜啦：富翁陶朱公的儿子杀人犯事，重金贿赂楚王，才有这次大赦，楚王为的是陶朱公的儿子，不是体恤楚国百姓，大家不要被蒙蔽双眼。

楚王一听，勃然大怒，毅然把范蠡的二儿子送上断头台。

大儿子面如死灰，抱着一具冰冷的尸体，跟跟跄跄走进家门。

白发人送黑发人，一家人号啕大哭，唯有范蠡淡定地说，他早料到是这个结果。

众人向他投来震颤的目光。

范蠡娓娓道来：“大儿子出生时，家里还不富裕，在贫苦的环境中长大，所以爱惜钱财；小儿子出生时，家里已经富甲一方，他是名副其实的富二代，对钱没什么概念。所以小儿子一定会按照我的嘱咐，把钱给庄生，不再多事。”

一切仿佛已经早有安排。范蠡了解自己的每一个孩子，所以他能准确预知他们的命运。当他被亲情绑架，派大儿子去楚国解救牢狱中的二儿子时，心情有多么灰色我们可想而知，但是他极力克制，这需要多大的隐忍力。

一切在向着他预料的方向发展。大儿子痛哭流涕抱着弟弟的尸体走进家门，别人都是一脸悲伤，他“独笑”，我知道这是无可奈何的笑，笑人生苍凉，笑造化弄人，笑诸行无常。

太史公的笔实在刁钻，在这样的情境下，他把一个本应该泪流满面的父亲，居然用一种反向方式来描画，使人忍不住内心掀起波澜，在复杂的人性面前，这种飘忽不定的笑要比撕心裂肺的哭更使人哀痛，甚至战栗。

心的通透，不是因为没有杂念，而在于明白取舍。

范蠡一生的智慧浓缩成两个字：取舍。他取得权力，舍弃权力；取得财富，舍弃财富；取得声名，舍弃声名……他因取得而被世人羡慕，又因舍弃而活成真实的自己。乃至千年以后，世人还是世人，范蠡成了神。

《孔子世家》

滚烫的人生自带光芒

「好老师先明礼」

> 孔子年十七，鲁大夫孟釐子病且死，诫其嗣懿子曰："孔丘，圣人之后，灭于宋……吾闻圣人之后，虽不当世，必有达者。今孔丘年少好礼，其达者欤？吾即没，若必师之。"及釐子卒，懿子与鲁人南宫敬叔往学礼焉。
>
> 《史记·孔子世家》

关于孔子的出身，《史记》中出现一个辣眼睛的词汇——野合，"纥与颜氏女野合而生孔子"，伟大的孔子，出身如此不堪，迁儿，你是咋想的？

两千多年来，众说纷纭。学者陈曦在《〈史记·孔子世家〉再探微》中指出："司马迁客观、大胆地描述里孔子的出身情况，从中可透视其不为贤者讳的'实录'意识，以及勇于挣脱儒家教条的可贵精神。"[1]

从司马迁对孔子一生的评价来看，孔子是他的精神偶像，那么身为小迷弟，理应维护孔子的形象，至少给孔子一个体面的出身，当然，按照唐·司马贞《史记索隐》中的说法，孔子父母属于老夫少妻，年龄差距较大，不合礼

---

① 陈曦.《史记·孔子世家》再探微 [J]. 管子学刊, 2018 (2)：104-107.

仪，因此称"野合"，算不上多严重的事。但是野合一说终归听上去比较刺耳，相当于直接把孔子的出身定义为私生子——这就严重了！司马迁冒天下之大不韪，大胆披露，自己的偶像是私生子，一半是海水，一半是火焰，看上去自相矛盾，但仔细一想，并不矛盾，除过司马迁的实录精神，我猜测他更是意在凸显一种意识——面对悲惨命运不屈服的抗争意识。

永远不要以出身去衡量一个人，一个人即便输在了起跑线上，只要不轻言放弃，只要努力奋斗，只要坚持跑下去，一样可以取得伟大的成就。哪怕命运写出了最烂的剧本，只要你努力争取，去做自己人生最好的演员，一样可以演出史诗级巨著。

从"贱民"到圣人，孔子的逆袭再次阐释了天道的运行法则：天行健，君子以自强不息。

时间回到孔子十七岁那一年。

鲁国大夫孟釐子病重，临终前，他把孩子叫到面前。

人之将死其言也善，孟釐子拉着孩子的手，语重心长地说，孔丘不得了，他是圣人商汤之后，当年，他的先祖（弗父何）可称王，但是关键时刻，人家高风亮节，把王位让给了自己的弟弟。另一位先祖更厉害（正考父），辅佐君王，连任三届。孔丘小小年纪，能做到"好礼"，前途一片光明。我死以后，你一定要拜他为师。

十七岁的孔子，已显露圣人潜质。

一个人要想建功立业，仅凭一腔热情是不够的，他还必须得到别人（俗称贵人）的赏识和帮助，有良好的声誉，孔子也不例外。孟釐子有远见，他早就发现孔子与众不同，联系孔子的先世（圣人之后），他判定孔子将来会成为至圣。

世界时刻在发生着变化，宇宙在变，时空在变，人与人的关系在变，什么亘古不变？真理亘古不变，那些被普遍共识的行事准则不会变，譬如礼。

孔子很小的时候就已经知礼明礼并开始行礼了，别的孩子都在玩"大吉大利，今晚吃鸡"的游戏，少年老成的孔子却在一板一眼地学习先辈"陈俎豆，设礼容"，《孔子世家》中并没有透露是谁教的孔子行礼，即便有人教他，我想也难能可贵，毕竟作为一个不谙世事的孩子，他能克制玩儿的欲望，的确太不容易了。孟釐子注意到这个细节，所以认为孔子前途无量未来可期。

如此美好的品德，是天生的吗？当然是啦！为什么说得如此肯定？让我们追随孟釐子先生去拜访孔子的祖先。

圣人的先祖弗父何是明礼的人，因为明礼，他没有选择登上那个来路不明饱受争议的皇位（弗父何是宋前湣公的长子，他还有个弟弟鲋祀。宋前湣公去世的时候，没有把君位传给儿子，而是传给了自己的弟弟公子熙，即宋炀公。此举引起鲋祀的不满，于是鲋祀便杀死了叔父宋炀公，并打算让哥哥弗父何即位。无奈弗父何坚辞不受，鲋祀便自立为国君，即宋厉公）。明礼使他抵制住了权力的诱惑。

孔子的七世祖正考父，更是一路开挂，将礼推向了一个全新的高度，作为辅佐了三位国君的重臣，正考父没有倚老卖老，他的谦卑始终如一，每一次接受任命都诚惶诚恐，小心谨慎，甚至连平时走路都顺着墙根儿走，生怕一不小心冲撞了谁，与那些掌握一点权力便不可一世飞扬跋扈的人形成鲜明对比，你说这样的人怎能不令人敬佩，哪怕他喝粥度日，也没有人敢瞧不起他，更不要说侮辱他。

真正的人格魅力来自一个人的心胸、器量、格局、德行，这一切用两个字形容，境界。一个人境界的高度，决定了他人生的高度。

所以，我肯定并且负责任地说孔子体内天生就带有美德的基因，这种基因超越了人们所熟知的善，成为一种比善更宽广更壮美的情怀。

那是阳光灿烂的年龄，孔子还没有成为日后的孔子，但深具洞察力的孟釐子毅然让孩子拜孔子为师。

至圣先师，万世师表，三千弟子，自此而始。

兴于诗，立于礼，成于乐。好老师是如何修炼成的？明礼。

「圣人的世界你不懂」

定公十四年，孔子年五十六，由大司寇行摄相事，有喜色。门人曰："闻君子祸至不惧，福至不喜。"孔子曰："有是言也。
不曰'乐其以贵下人'乎？"于是诛鲁大夫乱政者少正卯。

《史记·孔子世家》

过了知天命的年纪，孔子"由大司寇行摄相事"。

《周礼》载"大司寇之职，掌建邦之三典，以佐王刑邦国，诘四方"[①]，
"三典"指治理不同的国家所使用的轻型、中型、重型三种刑罚制度，由此可
窥大司寇一职的重要性，执掌国家军事和法律，地位仅次于国君，段位极高。

此前，孔子的经历用俩字形容，悲催。

生不久，父亡。

未成年，母丧。

成年后，操劳忙碌，频繁跳槽。其间，他干过仓库保管员、饲养员、包工
头（司空），不管他干什么，都工作出色，业绩突出。

三十五岁的时候，鲁国内乱，鲁昭公逃至齐，孔子也来到齐国。

在齐国，孔子是活跃于政坛上的积极分子，他积极宣传自己的政治主张
（君君，臣臣，父父，子子），受到齐景公赏识，齐老板准备向他抛橄榄枝，
遭到以晏婴为代表的齐国同僚的反对，孔子的人生巅峰计划破产，生命财产还
一度受到威胁。后来，回到鲁国，孔子的事业迎来转机，由中都宰升至司空，
由司空升至大司空。

拿到任命文件，孔子的喜悦之情溢于言表（有喜色），终于可以展示真正
的技术了。

弟子见状，不乐意了，一本正经地用老师的口吻教训老师，君子，灾祸来
了不恐惧，好事来了不欢喜——老师您飘了！

孔子是谁？至圣先师。他的表现并不是我们所以为的获得权力的傲满，而
是因自己终于有机会施展抱负而发自内心的喜悦。

———————————

① 周礼［M］.徐正英，常佩雨，译注.北京：中华书局，2017：734.

我坚信孔子的喜悦发自内心，因为他天生明德知礼。

圣人渡人。有德使孔子觉悟超然，明礼使孔子胸怀广阔。孔子得到一个权重的职位，但这个权位的世俗意义并不为他所看重，能在这个位子上干些有意义的事儿，才是他珍重的。事实证明，在这个位置上，孔子的确干了很多利国利民的事儿，这些事儿给民众带来的利益看得见、摸得着，一点儿不含蓄、不微观、不抽象。

首先，那些无良商人不敢投机倒把、哄抬物价、扰乱市场经济秩序了，这里的物是指猪肉羊肉等菜篮子工程必备品，能吃到质优价廉的放心肉，看来老百姓是真得实惠、真正受益，这是物质层面。

其次，男女在道路上分开行走，这样的说法很有趣，男女分开行走很可能是司马迁为了突出人物政绩使用的一种夸张的写作手法，真实程度虽有待商榷，但可以肯定一点，那就是说孔子当政，男女有别的思想被民众普遍接受，所以男人尊崇男人之道，女人尊崇女人之道，人各守其礼，车各行其道，互不越界，互不干扰，这是文明进步的象征啊！今天有些人诋毁孔子不尊重女同胞、歧视女性，实在没有道理。

再次，太史公使用了我们现在形容社会秩序安定经常用到的一个成语，路不拾遗。可见礼在民众中已经蔚然成风，人们不会对不属于自己的东西产生非分之想，这又是文明进步的体现，特别是在动荡时期，这样的社会面貌仿佛春风拂面，沁人心脾。

最后画重点，各国外交官来鲁国办事儿，不用再向官吏送礼求情，也就是说他们不用再行贿、看人脸色行事，到了鲁国就像回到自己家一样，你说这样的国家怎能不可爱？怎能不使人心驰神往？难怪郭沫若先生在《十批判书》中也指出："孔子的基本立场既是顺应着当时的社会变革的潮流的……大体上他是站在代表人民利益的方面的，他很想积极地利用文化的力量来增进人民的幸福。"[①]

学者晁广斌在《从〈孔子世家〉浅谈司马迁对孔子的评价》中说："司马

---

① 郭沫若. 十批判书 [M]. 北京：人民出版社，2012：66.

迁以史学家的眼光评价了孔子在政界短短三个月的功绩，从而实际宣扬了孔子的学说，真实地反映了孔子在时起到了诸侯所不能起的作用，做到了诸侯们所不能做到的事，从一件事上就拉开了一个思想界的伟人与诸侯的档次。"[1]

人的境界不一样，看问题的角度也不一样。弟子说孔子升职以后飘了，是出于普通人的价值判断，他们忽视了或者压根儿没有意识到圣人的世界跟我们是决然不同的。

「我相信，我选择」

> 过蒲，会公叔氏以蒲畔，蒲人止孔子。弟子有公良孺者，以私车五乘从孔子。其为人长贤，有勇力，谓曰："吾昔从夫子遇难于匡，今又遇难于此，命也已。吾与夫子再罹难，宁斗而死。"斗甚疾。蒲人惧，谓孔子曰："苟毋适卫，吾出子。"与之盟，出孔子东门。孔子遂适卫。子贡曰："盟可负邪？"孔子曰："要盟也，神不听。"
>
> 《史记·孔子世家》

一个巨丑无比的人，把刀架在你的脖子上，逼你承认他帅到掉渣，否则要你的命。这时候，你怎么办？一定是看着他那惨不忍睹的脸，装出一副发现新大陆的样子，称赞他是天下第一美人。这算不算说假话？算，而且假到离谱儿！但是可以理解，因为如果你当时不说假话，以后连说真话的机会都没有了。

孔子带领弟子周游列国的时候，就发生了这么一件事，后世有人评议，孔子在处理这件事的时候说了假话，把孔子列入失信黑名单，我负责任地讲，有此想法者，必为极端分子。因为当时的氛围烘托到那儿了，孔子不得不说假话，不然他的生命可能提前结束，哪儿还会有后来的孔子。

---

[1]　晁广斌. 从《孔子世家》浅谈司马迁对孔子的评价 [J]. 固原师专学报（社会科学版），1987（1）：27-30.

话说孔氏旅行团途经蒲邑，恰巧卫国大夫公叔氏以蒲邑为据点，招兵买马，准备举兵反叛，迫于孔子的威望，蒲邑人扣留了孔子。

孔子有个弟子叫公良孺，此人神猛似张飞。

书生会武术，谁也挡不住！当年，公良孺带五辆私家车加盟孔氏集团。他为人贤良，又孔武有力，眼见老师陷入危难，他愤怒地说道："昔日我随恩师在匡地遭遇危难，如今又在这里被劫，真是命中注定，与其见到老师再次遭难，我宁愿舍弃这条性命，跟他决一死战。"

战斗相当惨烈，孔氏团队成员接连发动攻势，蒲邑人渐渐感到恐惧（一切反动派都是纸老虎），于是改变策略，对孔子说："如果你不去卫都，我们就放过你。"这话说的，跟小孩儿过家家似的。

孔子也以小孩儿过家家的态度，煞有介事地和他们签订协约，一行人才得以脱身。

孔子引吭高歌，若无其事般继续往卫都的方向行进。

子贡不解："我们可是跟蒲邑人签过协约啦！"言外之意好像在说，"老师，您不怕遭报应吗？"

向来不语怪力乱神的孔子像个顽童，嘿嘿一笑："我是被逼的，神仙哪有工夫搭理我？"

学者仝鲁闽在《略论孔子的诚信思想》中指出，在孔子的思想中，诚信作为为人处世的基本态度，是建立在最高的道德原则"仁"的基础之上的……[1]蒲邑人以武力相逼，乃不仁之举，那么孔子也就没必要跟他们讲诚信啦！

孔子真实可爱的一面赫然呈现。跟那个貌似神话传说的孔子相比，《史记》中记载的这个孔子是一个有血有肉而且还喜欢K歌吃肉的现实中的人，不是执拗刻板顽冥不化的老朽，更不是通天晓地无所不能的神。

面对想跟他玩哩格儿楞的狂野暴徒，孔子没有坐以待毙，而是选择灵活应对，这样做不仅是保存实力以待时机，更是为实现他心中所追求的大义。

---

[1]　仝鲁闽. 略论孔子的诚信思想［J］. 齐鲁学刊，2002（5）：16-18.

只有活下去，他的理想才可能实现。

所以这次失信行为不应为人所诟病，恰恰相反，这个后来被尊为万世师表的人为千百代知识分子树立了典范：面对卑鄙无耻和不讲道义，一味忍耐和退让是没用的，有时候不讲原则的忍耐和退让甚至还会助长恶的气焰，这样的行为我们可以称为另一种不义，只不过这种不义披着伪善的外衣，好比侵略者抢你房屋、夺你田、霸占你妻儿目无天，你还恭恭敬敬一本正经地跟他讲仁义礼智信，试图用儿歌三百首感化他，多么荒唐可笑！这样的事情在历史上不是没有发生过。

子贡起初对老师的做法不置可否，他以试探性的口吻道出了心中的疑惑。

这位仁兄的确是一个好学生，好学生往往容易陷入对师者的迷信，因为迷信，导致他们面对复杂多变的情况有时候会显得"一根筋"，不懂得变通，当然我相信子贡的疑虑不仅是出于对师者的迷信，更重要的是基于他与老师之间在"累累若丧家之狗"的颠沛流离中建立起来的感情：这件事后果严重，老师单方面撕毁协约，有朝一日，上天真找老师算账，怎么办？

天道好轮回，苍天饶过谁？子贡内心惶恐，他必须提醒老师。

但是令他没有想到的是，老师的表现居然那么淡定从容。轻描淡写的一句话，甚至还调皮地跟他开了个玩笑。子贡的疑虑荡然无存：看来是自己小题大做庸人自扰了。

通过这次经历，他意识到老师又给他上了一课。圣人教育不设限，时时处处是课堂啊！

这个世界上没有什么能够阻挡一个人对大义的追求，为了大义而放弃小信，孔子无畏无惧。

「通往初心的路」

孔子既不得用于卫，将西见赵简子。至于河而闻窦鸣犊、舜华之死也，临河而叹曰："美哉水，洋洋乎！丘之不济此，命也夫！"

《史记·孔子世家》

周敦颐在《爱莲说》中评价荷花"出淤泥而不染，濯清涟而不妖"，比喻君子在恶劣的环境中，仍然能够保持本真，不与世俗同流合污。

孔子意识到在卫国得不到重用，他也无法施展自己的政治抱负，那留在卫国还有什么意义？逝者如斯，与其在卫国继续浪费时间，消耗生命，不如到别的国家寻找机会。

他准备去赵简子那里应聘。

赵简子，狠人，他的故事颇具传奇色彩。传说当年这位老兄选继承人，给儿子们出了一道奇怪的题："老子我把宝符藏在了常山上，你们去找找，看谁能找到。"

那时候也没有什么探测器、卫星定位系统，儿子们到常山，苦苦寻找，一无所获。回来以后，大家一筹莫展，一个婢女（注意身份）生的孩子站出来声称他找到了宝符。

赵简子很惊奇："那你呈上来，让我看看。"

子言："我从常山上俯瞰，那边是代国，所谓宝符即代国，干掉代国！"

赵简子大喜，马上立此子为太子，就是后来的赵襄子。

可见，赵简子野心不小，是危险分子。但即便如此，伟大的孔子最后也没买他的账——我不要眼前的苟且，我只要诗和远方的田野。

发生了什么事使一个应聘者的态度突然转变，而且那么决绝？因为孔子通过朋友圈得到消息，赵简子刚刚杀掉两个人：窦鸣犊和舜华。

此时的孔子正准备渡过黄河，接下来上演精彩的一幕。

面对浩浩汤汤奔腾不息的黄河，伟大的孔子思接千载视通万里：九曲黄河万里沙。多么壮美辽阔的一条河啊！本来我是要渡过的，但是现在看来不可能了，原因不在这滔滔的河水，而在人心，马里亚纳海沟再深也是有底的，而人心深不见底！窦鸣犊和舜华，多完美的人，你赵简子未得志的时候，需要倚靠他们，一旦得志，却把他们残忍杀害，这是什么行为？这是背信弃义的行为，为人所不齿，何况仁者。

此时的孔子又一次展示了他惊人的文学天赋和天马行空的想象能力：麒麟、蛟龙和凤凰，这些是上古神兽，但是一旦遇到同类受到伤害的事情，连这些神兽都会远离，那么我孔丘为什么还要跋山涉水辛辛苦苦去为一个不义之人服务呢？

如果我孔丘去了，那么和不义之人又有什么区别呢？

如果我孔丘去了，那么我置自己的理想信念于何处呢？

如果我孔丘去了，那么我的弟子们会怎么看他们的老师呢？

这灵魂三问从内心深处传来，大地为之一震，惊涛拍岸，卷起千堆雪，发出隆隆的响声，像宙斯的怒吼。

崇高之人最鄙视不义，哪怕已经走到穷尽的地步。知其不可而为之，这是孔子的魅力，是他追求精神永恒之道。

他真是他，他永远是他，他必然是他，出淤泥而不染的荷花，直视苍天傲暑寒的翠竹，不一样的晚霞，绚丽多彩的烟火！

我们不难想象，孔子这样做多危险，毕竟赵简子不是省油的灯。他很可能一纸江湖追杀令，让孔子彻底"消失"。但是伟大的孔子必须这样做。

当一个人不能拥有的时候，他唯一能做的便是不要忘记初心。

这是孔子给历史之问的回答。

人不能无耻到这种地步。通过孔子对这件事的激烈反应，我们可以感到他内心的失望，一向对入世持激进态度的孔子对世产生怀疑甚至动摇：看看我拼命要入的世里面都是些什么货色的人！后来孔子出世，继续追求真理，把余下的生命献给伟大的教育、出版事业，恐怕与当年赵简子带给他的心理阴影不无关系。

满眼所见，非色魔，即狂徒，钩心斗角、尔虞我诈、挑拨离间、颠倒黑白、笑里藏刀、冷眼旁观……世风如此，何必留恋。

此间，还有一点值得关注，就是孔子一开始放弃渡河，子贡产生"为什么"的疑问。

为师之道，身体力行，这是亘古不变的道理。站在人生的十字路口，孔子看到学生们充满期盼的眼神，他知道他们之所以追随他，是因为信任他、崇拜他。我们解读子贡的话，与其说是疑问（敢问何谓也），不如说是暗示，以子贡的聪慧怎么可能不了解老师的想法——带着答案问你问题的人，他要的不是答案本身，而是你的态度——学生分明在鼓励老师，他相信老师的态度不会令他们失望。

至圣先师，万世师表，孔子的抉择对得起后世的赞誉。

他毅然转身走向来时的路，无论走多远，他都记得那条路——通往初心的路。

「我不入地狱，谁入地狱」

> 去叶，反于蔡。长沮、桀溺耦而耕，孔子以为隐者，使子路问津焉。长沮曰："彼执舆者为谁？"子路曰："为孔丘。"曰："是鲁孔丘与？"曰："然。"曰："是知津矣。"桀溺谓子路曰："子为谁？"曰："为仲由。"曰："子，孔丘之徒与？"曰："然。"桀溺曰："悠悠者天下皆是也，而谁以易之？且与其从辟人之士，岂若从辟世之士哉！"耰而不辍。子路以告孔子，孔子怃然曰："鸟兽不可与同群。天下有道，丘不与易也。"
>
> 《史记·孔子世家》

孔子一生劳碌，走过很多路，遇到过很多人，这些人中有尊敬他的，有鄙视他的，有不理解他的，还有想置他于死地的……其实，我最不理解的是不理解他的人，既然不理解，为什么还要假装理解，发表一些好像理解但实际上不理解的评价？

离叶返蔡途中，孔子与两个不理解他的人不期而遇。

当时，二人正在田间劳作，孔子派子路前去问路。

子路来到二人面前，毕恭毕敬。

叫长沮的老者朝车的方向努努嘴："谁啊？"

子路答："孔丘。"

长沮表情复杂："鲁国的孔丘？"

子路答："嗯嗯。"

长沮讥笑道："那他该知道路怎么走。"

叫桀溺的开口问："你是谁？"

子路回答："仲由。"

桀溺的言语似乎有些轻佻："那是孔丘的门徒啰！"

子路不卑不亢："是的。"

桀溺开始撬墙脚："天下动荡，谁能改变？小子，与其跟着那逃避暴君乱臣的人到处奔波，还不如跟着我们避开乱世，过逍遥自在的人生！"

说完，两个人挥舞农具，继续劳作。

听了子路的汇报，孔子怅然若失（怃然）："人总该有责任的，怎么可以自顾隐居山林，终日与鸟兽为伍。如果天下太平，那我也用不着四处奔波了。"

此前，孔子尊称他们隐者。

孔子不主张归隐，但是却经常默默地给隐士点赞。学者许海丽等人在《从〈论语〉中孔子对隐士的态度看孔子的隐逸观》中指出，"尽管隐士们对'知其不可而为之'的孔子多有讥讽，孔子也不完全赞成隐士们的避世隐居，但孔子内心深处对这些隐士是尊敬和认同的"。[①] 学者吴柱在《孔子的进退之道与其对隐士群体之态度——〈论语〉"鸟兽不可与同群"新释论》中指出，"孔子对隐士群体是有天生好感的。"孔子曾公开表示，"道不行，乘桴浮于海"。[②]（《论语·公冶长》）隐士的行为艺术代表一种文化现象，他们注重

---

① 许海丽，马晓雯. 从《论语》中孔子对隐士的态度看孔子的隐逸观［J］. 齐鲁师范学院学报，2022，37（1）：113-122.

② 吴柱. 孔子的进退之道与其对隐士群体之态度：《论语》"鸟兽不可与同群"新释论［J］. 人文杂志，2019（5）：33-41.

道德修为，保持人格独立，所以获得孔子称赞。

但是，孔子清楚，自己和他们到底不是一路人。

隐者的语气充满不屑，我们可以想象他们评论孔子时的表情多么欠抽。不过这也印证了许海丽的推测，"诸多隐士虽然对孔子不无讥讽和嘲笑，但几乎无一例外都承认孔子是智慧的、有德行的，所以他们才会把孔子视为'凤'，用或歌或讽的形式"。换句话说，因为肯定才会否定，这是赤裸裸的嫉妒：为什么你那么优秀，还那么努力，而不跟我们一起躺平？

我一直认为，嫉妒是人类最卑鄙的情感，特别是因为别人的努力而去嫉妒，卑鄙至极——自己不努力，也不允许别人努力——这种心理实际上是源于自我价值感的缺失。

"怃然"一词值得玩味。吴柱在《孔子的进退之道与其对隐士群体之态度——〈论语〉"鸟兽不可与同群"新释论》中分析，"正是因为他在精神上将隐士视为知己，在行动上又不得不与其分道扬镳，一方面主张'无道则隐'，一方面又不得不'知其不可而为之'，面对理想与现实的差距、道德与使命的撕扯，他才会被长沮、桀溺的言语刺痛，陷入无奈的沉思，从而露出惆怅失落的表情"。

知我者，谓我心忧；不知我者，谓我何求。悠悠苍天，此何人哉？我们似乎可以感受到孔子的惋惜。

学者鲍鹏山说，"没有道德感的人，自然也没有来自道德的痛苦和纠结"[1]，同样的道理，只讲自我的人不会理解心怀众生的人，于后者貌似不识时务的举动，前者只有讥笑、讽刺、挖苦、打击——这是他们的通病，得治，好像又没解药。

不能说这类人没爱，他们有爱，但是小爱，仅仅爱自己，甚至为了爱自己而去伤害别人。而有大爱的人相反，他们悲天悯人，内心有限的空间里装着无限的苍生，这类人也有通病，情感一直处于焦虑状态，他们见不得苍生的痛

---

① 鲍鹏山. 历史，让我们看见［J］. 中文自修，2015（1）：12-13.

苦，只要人不幸，他们无法不焦虑。正如鲁迅先生在《这也是生活》中所说，"无尽的远方，无数的人们，都与我有关"。

金一南教授讲过一件事：抗战时期，东北抗联的领导人杨靖宇司令被叛徒出卖，遭到日军围捕。当时，出卖杨靖宇的叛徒是当地的村民，他发现杨靖宇后，劝杨靖宇说，"我看还是投降吧，如今满洲国不杀投降的人。"他不知道，杨靖宇如果投降，不仅不会被杀，而且将会出任伪满洲国军政部部长。英雄沉默一会儿，然后说了一句震天动地的话："老乡，我们中国人都投降了，还有中国吗？"[1] 两千多年前的那个人，不也有着同样的情怀吗——如果我停下脚步，享受今生的安逸，那些活在水深火热中的人们怎么办呢？

我想孔子感到惋惜的是，原本有人可以跟他并肩作战，挽狂澜于既倒，扶大厦之将倾，但是却选择了逃避——以可怕的沉默的方式。

黑夜里的你，拥有看不清的世界和清晰的自己（博尔赫斯），既然你们默不作声，那么让我来呐喊，撕裂这万古长夜！

「夜空中最亮的星」

> 明岁，子路死于卫。孔子病，子贡请见。孔子方负杖逍遥于门，曰："赐，汝来何其晚也？"孔子因叹，歌曰："太山坏乎！梁柱摧乎！哲人萎乎！"因以涕下。谓子贡曰："天下无道久矣，莫能宗予。夏人殡于东阶，周人于西阶，殷人两柱间。昨暮予梦坐奠两柱之间，予始，殷人也。"后七日卒。
>
> 《史记·孔子世家》

内心强大不是无所畏惧，而是在悲痛之后仍有信念，无助之后仍有希望，迷茫之后仍有方向，无论遇到什么困难，始终都不放弃自己。

---

[1] 金一南. 为什么是中国 [M]. 北京：北京联合出版公司，2020：31-32.

怀着难以平静的心情，我开始写伟大的孔子生命的最后一段时光。

烈士暮年，壮心不已。奈何举世皆醉，壮心无处安放。

那是一段凄楚的时光。十四年的颠沛流离，使孔子参透了宇宙奥秘、人生真谛。

他对入世已经失去兴趣。虽然有学者指出，在生命的最后一段时光里，孔子仍然抱有极高的政治热情，对自己的政治理想仍然满怀憧憬，但"鲁终不能用孔子，孔子亦不求仕"的事实说明，孔子的心正在冷却，他对自己政治上的失败持默认的态度。

人生可以承认失败，但是坚决不能被打败。

弗乎弗乎，君子病没世而名不称焉。吾道不行矣，吾何以自见于后世哉？

孔子开始思考永生之道，虽然这个伟大的灵魂直到离开这个世界那一刻也没有明白如何使自己得到永生，但事实上他的确做到了——他晚年所做的一切都是在为永生之路作铺垫。

这是一条毫无瑕疵的治学之路，孔子凭借他的坚韧和决绝凿空了一条连通古今的时光隧道，使人们穿过这条隧道走向光明。孔子整理文化遗产（文化自觉），修编了古书。做这件事意味着他必须付出极大的艰辛，因为当时很多国家已不复存在，史料无从考证，而这个倔强的老头儿治学又那么严谨，甚至到穷理尽性的地步，所以个中艰辛我们无法想象。

他对《诗经》进行了删减。这同样是一项繁重的工作。"古者诗三千余篇"，真是体量庞大。孔子去粗取精，将其删减至三百首，"诗三百，一言以蔽之，曰：思无邪"。多么伟大的概括，文学的情怀从何而来？即源于此。作家穆涛在《言者无罪：中国早期的民意调查》中指出，孔子编选《诗经》，在艺术标准之外，还有一个道德人心标准……诗三百，用一句话概括，写作的初心都在人间正道上。[①]

还有"兴观群怨"之说：小子何莫学夫诗？诗可以兴，可以观，可以群，

---

① 穆涛. 言者无罪：中国早期的民意调查［J］. 美文，2018（4）：112-113.

可以怨。这说的是什么？文学的功德。"兴"为审美，人可以从文学中享受美——听到"桃之夭夭，灼灼其华"，你是不是有种收到秋天第一杯奶茶的感觉？什么"三生三世十里桃花"，简直弱爆了！"观"为认知，文学反映世风——听到"维士与女，伊其相谑，赠之以勺药"，我们看到青年男女偶遇，肆意开着玩笑，相互赠送花朵表白。爱情，就这么纯粹！"群"为共识，学术的魅力就在于促使人们在互学互鉴中进步——听到"有匪君子，如切如磋，如琢如磨"，我们感受到君子之风，大家各持己见，互相启发，闪烁出智慧的光芒，这不就是我们向往的学术生活吗？"怨"为批评，文学要批判，表达不满——听到"不稼不穑，胡取禾三百廛兮？不狩不猎，胡瞻尔庭有悬貆兮"，谁不怒火中烧，封建统治者的无耻嘴脸暴露无遗，所以要推翻旧世界。

孔子还把一大部分时间和精力投入教书育人的实践当中。

这事儿孔子在三十岁的时候就已经开始了……

这事儿最终被孔子干成了……

这事儿是孔子对全人类（注意范围）的贡献……

"天不生仲尼，万古如长夜。"这话一点儿也不夸张。孔子开办私学，打破贵族对教育的垄断，大搞素质教育（因材施教），促进阶层流动，犹如黑暗中的一盏明灯，光明照亮人间，给生命无限希望。所以天下的读书人，都应该感谢孔子。《雍正王朝》中，罢考的学子示威，首先搬出孔子牌位，虽然那是一块木牌，但是上面刻的名字，却是天下读书人的精神领袖。以前讲究的人家，屋里都设祭"天地君亲师"的牌位，这个师是指孔子，孔子是万代师表。[①]

《孔子世家》中说，"弟子盖三千焉，身通六艺者七十有二人"。真正的有教无类，真正的因材施教，真正的桃李天下。伟大的孔子在艰苦卓绝的环境中做到了。

这三千弟子既有像冉有、子贡这样的达官显贵，也有颜回一类生活困苦的，更有贩夫走卒各色人等，孔子毕生所学对这些弟子倾囊相授，他们后来

---

① 穆涛. 先前的风气［M］. 西安：陕西师范大学出版社，2013：113.

活跃于政界、文艺界、体育界、工商界，犹如满天繁星，璀璨夺目，熠熠生辉——孔子并非注满一桶桶水，而是点燃了一把又一把火。

所爱皆已去，过往如云烟，曾经的理想随着时光的流逝破灭。孔子感到孤独，但又如鸟儿一般轻松。

大限来临，伟大的灵魂倚门而立，他泪眼婆娑地望着混沌的天空，喉咙里发出"呼呼"的喘息声。

或许这个老人有很多话想说，但是他不知从何说起，那双阅尽人世沧桑的眼睛里噙满滚烫的泪水，夕阳西下，老树昏鸦，庐山烟雨，望断天涯，该谢幕了！

跨界歌王用嘶哑的声音唱道："巍峨的泰山快要崩塌了，国家的栋梁即将倒下了，伟大的哲人像衰草一样马上枯萎了。"

在此，我想引用当年明月在《明朝那些事儿》中的一段话作为结尾，因为这段概括孔子一生的话说得实在太贴切了：孔子应该算是众多伟人中的一位，他的一生都致力于寻求真理、普及教育。当然，他并不是一个所谓"不可救药的乐观主义者"，他的言行自然也不是"心灵鸡汤"或"励志经典"，在我看来，他倒是个"不可救药的悲观主义者"。他流浪数十年，周游四方，目睹了最为残酷的屠杀与破坏，但他依然选择了传道，把希望与知识传递给更多的人，这无疑是一个伟大的行为。而他这样做的真正原因绝不是乐观，而是——悲悯。了解世界的黑暗与绝望，却从不放弃，并以悲天悯人之心去关怀所有不幸的人。这才是伟人之所以成为伟人的真正原因，这才是人类最为崇高的道德与情感。[①]

越是黑暗的地方，越容易发现光，因为那里需要光。漆黑如渊的夜空，一颗流星猝然划过，历史的天空从此光芒万丈，人类文明开启新的纪元。

---

① 当年明月. 明朝那些事儿［M］. 杭州：浙江人民出版社，2019：58.

《陈涉世家》

纵然火焰微小，也期待光芒万丈

「无人扶我青云志，我自踏雪至山巅」

> 陈涉少时，尝与人佣耕，辍耕之垄上，怅恨久之，曰："苟
> 富贵，无相忘。"庸者笑而应曰："若为庸耕，何富贵也？"
> 陈涉太息曰："嗟乎，燕雀安知鸿鹄之志哉！"
>
> 《史记·陈涉世家》

马克思说："每一个社会时代都需要有自己的大人物，如果没有这样的人物，它就要把他们创造出来。"①

曾经跟陈胜在一起打工的伙计们无论如何也想不到，当年那个喜欢坐在田间默默地望着天空思考人生憧憬未来的穷小子，多年以后会成为一个叱咤风云号令群雄的人物，为埋葬大秦帝国洒下第一锹土。

早知如此，当初陈胜说出"苟富贵，无相忘"这句话的时候，他们一定不会对他提出那个愚蠢的问题："你一个打工仔，哪来的富贵？"

铅刀有干将之志，萤烛希日月之光。现在他们终于理解了面对"何来富贵"的提问，陈胜为什么会发出"燕雀安知鸿鹄之志"的感慨：再弱小的火焰

---

① 马克思. 1848年至1850年的法兰西阶级斗争［M］. 北京：人民出版社，2018：86.

也期待光芒万丈，再低微的骨头里也有江河。

　　燕雀、鸿鹄，同属鸟类，但是在人们心中的地位却有天壤之别，今天的人们喜欢以鸿鹄自喻，毫无疑问是受到几千年前生活在秦朝的那个穷小子的影响。

　　鸟类眼中的世界和人类眼中的世界大不相同，那么我想不同的鸟类眼中的世界也应该是不一样的，比如燕雀和鸿鹄。前者视野局促顾自沉湎于眼前的风光而不知进取，后者目光深邃心里始终装着远方永远在路上。远方一望无尽，是未知，因为未知而不惧。即便是一片寸草不生的荒漠、一个穷困凋敝的村庄、一沟毫无生气的死水，甚至除了遥远一无所有，对鸿鹄来说，也充满诱惑，所以燕雀随处可见，而鸿鹄却难得一见，因为他们的眼睛紧紧盯着远方，始终在云端上翱翔。

　　与燕雀为伍，所到之处皆是污秽狼藉；与鸿鹄齐飞，目之所及皆是广袤天空。燕雀，体型小，喜群居，它们整天拥挤在一起叽叽喳喳聒噪不已，飞一会儿要落到地面上去抢食人类散落在泥土里的谷物；而鸿鹄体型大，喜独处，它们来无影去无踪，不常发出叫声，一旦叫出声来，响彻云霄。它们不屑去吃散落在泥土中的谷物，它们渴饮滔滔江水，饥食百兽之肉。

　　风起云涌，群雄逐鹿，乾坤振荡，山河不复，时势造英雄。无人扶我青云志，我自踏雪至山巅，陈胜毅然出发，向着未知的远方。

　　我想说的是志向和一个人的出身也许有关，但绝不是必然的关系。诸如陈胜这样的人，虽然出身卑微，千百年来，一些学者对其人品也存在争议（学者黄祥勇在《〈陈涉世家〉的诚信分析》中定义陈胜为"骗子"，指出"陈涉起义从欺骗起步，也在被欺骗中陨落"[①]），但不可否认，当别人臣服于命运、生命变得越来越稀薄时，他们却仍然在坚持战斗，锲而不舍地追求生作人杰的理想，努力改变命运，这些人最后的结局无论如何，都应该被历史铭记，他们坚韧不拔的生存态度值得被尊重而且应当被尊重。

　　我还想说的是志向应当有对弱者的悲悯和"大庇"。我一直对"达则兼

---

① 黄祥勇. 《陈涉世家》的诚信分析 [J]. 中学教学参考，2016（4）：18-19.

济天下，穷则独善其身"这句话持异议，从某种意义上说，达要兼济天下是应然，但是穷也不能独善其身。杜甫在《茅屋为秋风所破歌》中写道："安得广厦千万间，大庇天下寒士俱欢颜！风雨不动安如山。呜呼！何时眼前突兀见此屋，吾庐独破受冻死亦足！"王勃在《滕王阁序》中写道："老当益壮，宁移白首之心？穷且益坚，不坠青云之志。"范仲淹在《岳阳楼记》中写道："不以物喜，不以己悲，居庙堂之高则忧其民，处江湖之远则忧其君。是进亦忧，退亦忧。"无论穷达，都应有兼济天下的情怀，青史留名的不仅有三皇五帝这些为天地立心、为生民立命的圣主明君，更有陈胜、吴广这样即便身陷缧绁也要奋力一搏、冲天一吼的穷小子，甚至后者的奋斗更令人动容——我没有兼济天下的权力资本，我只有一条命，那我就拿出这条命。

一度有人质疑陈胜的出身，学者曾祥文在《陈胜新论》中推论，"陈胜的出身是相当高贵的"[①]，如果历史果真如此的话，我们更应该对这个没落贵族出身的穷小子表示敬意，因为他让我们认识到生命中最伟大的光辉不在于永不坠落，而是坠落后总能再度升起。

"天行健，君子以自强不息。"《周易》开篇即揭示了天道运行法则的根本在于生命的原动力为自强不息——一棵小树苗为什么能长成参天大树？因为生命不甘心沉沦，它不应永远活在不见光的阴影里，任人践踏，于是参天大树拔地而起，世界上有了一片片丰茂的雨林。一滴水为什么拼命融入海洋？因为生命不愿如此轻易被消融，即便相对于强大耀眼的太阳而言，它的卑微渺小可以忽略不计。

世间万物都靠这种自强不息的原动力得以繁衍生息世代不穷，更何况生来为高山而非草芥的人呢？

---

① 曾祥文. 陈胜新论［J］. 四川师范大学学报（社会科学版），1988（5）：52.

「机会留给有准备的人」

> 陈胜、吴广乃谋曰："今亡亦死，举大计亦死，等死，死国可乎？"陈胜曰："天下苦秦久矣。吾闻二世少子也，不当立，当立者乃公子扶苏。扶苏以数谏故，上使外将兵。今或闻无罪，二世杀之。百姓多闻其贤，未知其死也。项燕为楚将，数有功，爱士卒，楚人怜之。或以为死，或以为亡。今诚以吾众诈自称公子扶苏、项燕，为天下唱，宜多应者。"吴广以为然。
>
> 《史记·陈涉世家》

元朝末年，发生了一件奇事。

黄河水泛滥，元朝统治者强征民夫治理水患，当然这个时候，社会矛盾已经激化到一定程度，元朝统治者的很多行为匪夷所思，他们简直把老百姓当成草原上的牛羊，逼得有志之士不得不起来反抗。

一些元朝官员借治理黄河水患之机，大肆敛财，中饱私囊，老百姓愤怒的情绪像一桶火药，只要点燃引线，瞬间就能爆炸。

此时，社会上流传起一句民谣，"石人一只眼，挑动黄河天下反"，不久，在黄河滩上果然挖出一个独眼石人，大地震动，老百姓奔走相告，元末轰轰烈烈的农民大起义拉开序幕。

后来经过查证，"独眼石人"事件是农民起义领袖韩山童、刘福通一手导演的，如果要问两位导演的老师是谁，我想秦末的陈胜、吴广，当之无愧。

革命无罪，但造反必须有理，不仅要自己觉得有理，更要让旁观者觉得有理，因为往往旁观者占绝大多数，这样才能占领道义的制高点。

于是准备干一票的陈胜开始一场声势浩大的造理行动。

单枪匹马显然无法成事，先要找一个志同道合的人。

陈胜找对了人，这个人就是他的亲密战友吴广。

历史上那天，大雨倾盆……

两个年轻人蹲坐在屋檐下，雨水飘飘洒洒，落到地上，钻进泥土里。

雨下了几天，丝毫没有停下来的意思。

两个人以试探性的口吻询问彼此对当下的看法，双方就"是在沉默中爆发还是在沉默中灭亡"交换了意见，思想碰撞出火花。

陈胜像打了鸡血一般，他惊奇地发现原来这支不起眼的队伍里面居然卧虎藏龙，跟他一样志存高远的大有人在。

两只满是泥泞的手紧紧握在一起。

岂曰无衣？与子同袍。生死看淡，不服就干！

在那样一个时代，造反的目的简单纯粹，就是当皇帝，但是封建思想根深蒂固的人们普遍认为必须有上天的认可才能当这个皇帝，不然逃不脱乱臣贼子的骂名。

于是一系列充满荒诞意味的闹剧上演，人们在鱼的肚子里发现了写有"陈胜王"字样的帛书，晚上听到有狐狸的声音在喊叫"大楚兴，陈胜王"，由此，人们了解到这支队伍中的确有一个叫陈胜的人，而且还不是一般人。

这样的铺垫远远不够，还必须师出有名，兄弟两个接下来干了两件事：统一思想和团结力量。采取的行动分别是召开诉苦大会，痛陈秦朝历法的严酷（天下苦秦久矣）和借鸡生蛋，借扶苏、项燕的名号起事。

这些策略实在高明，直击人心。

万事俱备，只欠东风，机会如期而至。

吴广对看守的将尉故意言语相激（找碴儿），"尉果笞广"，他成功了。将尉的小皮鞭抽打到吴广的身上时，一定不会想到自己已然为他所效忠的帝国掘出第一锨坟土。吴广的心情激动万分，但是他必须克制，每一个纰漏都有可能导致失败，即便小皮鞭抽在身上的感觉的确很酸爽。

又一个机会来了。

吴广拿到将尉的佩剑，促使他杀将尉的想法变成现实。这里，我必须解释一下。《史记·索隐》中将挺解释为拔，说将尉拔出佩剑要杀吴广。但是今人也提出了不同的观点。学者黄祥勇在《〈陈涉世家〉的诚信分析》中分析吴广和陈胜能与将尉同台把酒，说明他们关系比较密切。[①]学者张子侠在《〈陈涉世家〉疏证》中指出，"吴广扬言要逃亡只可能挨打受辱，而罪不当死，将尉既然已经'笞广'，就不可能再'拔出佩剑要杀吴广'。合理的解释应当是，将尉因醉酒动作不稳，当他笞打吴广时，佩剑随身体的起伏颤动而倾斜，以至脱鞘而出"。[②]我认为两位学者的解释是合理的。果真如此的话，综合来看，那当时的情形很可能是佩剑偶然脱鞘而出的那一刻，吴广瞅准时机，迅速夺过佩剑，刺死将尉，这样符合逻辑。

因为关系亲密，所以将尉对二人警惕性不强，也不相信这两个平日里不起眼的家伙居然敢杀他，只能说将尉很傻很天真。黄祥勇对受害者持同情的态度，不无道理。

紧接着起义的高潮部分到了，两个人把众人召集到一起，发表了一番慷慨激昂的演讲，显然，那是一篇经过精心策划的演讲稿，话虽不多，但是霸气外露，特别是一句"王侯将相，宁有种乎"，成为后世农民起义军反抗封建统治最常使用也最有力量的一句口号。

雨停了，大火燃烧起来。

看着熊熊火焰，陈胜和吴广相视一笑，虽然他们最后均以悲剧的结局告别历史舞台，但是至少在那一刻，他们对未来充满期待……

「吴广是个厚道人」

> 将军田臧等相与谋曰："周章军已破矣，秦兵旦暮至，我围荥阳城弗能下，秦军至，必大败。不如少遗兵，足以守荥阳，悉精兵迎秦军。今假王骄，不知兵权，不可与计，非诛之，事恐败。"因相与矫王令以诛吴叔，献其首于陈王。
>
> 《史记·陈涉世家》

---

① 黄祥勇.《陈涉世家》的诚信分析［J］. 中学教学参考，2016（4）：18-19.

② 张子侠.《陈涉世家》疏证［J］. 淮北煤师院学报（社会科学版），1992（2）：22-26.

革命形势一片大好。

陈胜派吴广带兵进攻荥阳，派周文向西直取咸阳。

荥阳由李斯的儿子李由驻守，吴广包围荥阳打了很久，也没打下来（学者樊琪在《吴广军是否攻占荥阳？》一文中曾推论，荥阳城已经被吴广军占领[1]，这里我们取荥阳未被占领的说法）。而周文刚开始打得勇猛，但倒霉的是他碰到了更猛的人，秦将章邯。周文一路被章邯打得怀疑人生，最后兵败自刎。

按照战争法则，一场仗打久了，必然军心浮动，有人就会出来作妖。

吴广有个部下叫田臧，他在队伍里搞起了串联，分析周文兵败身亡，现在荥阳又久攻不下，秦国的军队一到，起义军全得完蛋。不如被动变主动，留一些人打（守）荥阳，其余主动迎击秦军，可是吴广这个人打仗是菜鸟，做人很嚣张，不如结果了他，否则谋划的事情必然败露。

于是，几个蠢货真把吴广做掉了，而且还把吴广的头颅拿给陈胜，陈胜居然接受了这个事实，把军权交给田臧。

后面发生的事出奇顺利：田臧顺利实施他的计划，顺利西进迎击秦军，顺利被秦军打败，顺利死于非命。

以吴广已夺取荥阳为前提，有学者指出，"起义军是在仓促起事的运动作战过程中临时组合而成，作战经验并不丰富，尤其不长于固守城池的阵地战，因此，田臧的主意不能不说比吴广要略胜一筹"[2]。我觉得不然：既然仓促起事，作战经验不丰富，是典型的杂牌军，就更不能去跟秦朝的精锐部队（这支部队由被赦免的囚徒组成，战斗力更强）硬碰硬对抗。此时对起义军来说，上策为坚壁清野、死扛到底、等待援军，田臧既要留一部分人守城，还要带一部分人去跟章邯PK，这种分散兵力、以业余水平挑战职业水准的行为，相当于作死，所以，无论如何都不是上策，失败是必然。

田臧包藏祸心，他要杀吴广，煞有介事地说了一大堆，提出的策略是愚蠢

---

[1] 樊琪. 吴广军是否攻占荥阳？[J]. 学术论坛，1984（3）：86-88.

[2] 樊琪. 吴广军是否攻占荥阳？[J]. 学术论坛，1984（3）：86-88.

的、战术是糟糕的，里面只有对吴广人品的评价是他要表达的中心思想，即吴广不懂兵法，骄傲蛮横，不杀不可。

一个人杀另一个人，首先要做的往往是对其人品的全盘否定。

"假王骄"，吴广的人品真的这么差劲吗？显然有待商榷。

司马迁在此前对吴广是这样描述的，"吴广素爱人，士卒多为用者"，就是说吴广这个人平时因为宽厚而受人爱戴，所以兄弟们都听他召唤。如果他真是个刚愎自用不受待见的家伙，那么后来起事的时候，就不会有那么多人给他投赞成票。相对于田臧，我更倾向司马迁的评价。因为司马迁的评价较为客观，而田臧包藏祸心，他的评价充满主观色彩。

我以为大泽乡起义由盛至衰的转折点即在此，这件事非常有代表性——革命尚未成功，起义军已然危机四伏，每个人都暴露出严重的私心，面对这种情况，主帅非但无所作为（亦有说法是无能为力），还助长个人的私心，这样的军队显然打不长久。

干掉吴广的想法，想必田臧酝酿不是一两天了。后人对田臧的动机大体有两种猜测：一种说法是陈胜指使他这么做的，被动而为；另一种说法是他不甘于人下，主动而为。前者说法是陈胜起事以后，疑心丛生，他认为吴广对他是最大的威胁（能共患难不能同富贵）。战争之初，起义军攻城略地，势如破竹，战果辉煌，似乎前途一片光明。如果战争胜利了，那么显然对他当皇帝威胁最大的就是吴广（称其假王可窥一斑），于是他指使田臧杀掉吴广。后者说法是田臧有野心，他参与这场起义有自己的打算，他不想一辈子都处在吴广的阴影里，他要在风起云涌的环境中大展宏图，干出一番属于他的事业，毫无疑问，在他成功的路上，吴广是一块绊脚石，怎么办？只有干掉他！

两种说法都有道理，可毕竟是猜测，缺乏令人信服的史实佐证，所以我们可信可不信，但有一点可信——吴广的为人想必没有田臧说的那么不堪，不然的话，最后死的应该是陈胜和田臧。

无论陈胜，还是田臧，厚道的吴广真心把他们当成兄弟对待，对他们从未有过防备之心，所以使他们有了可乘之机。

「公孙庆的失败公关」

> 秦嘉等闻陈王军破出走，乃立景驹为楚王，引兵之方与，欲
> 击秦军定陶下。使公孙庆使齐王，欲与并力俱进。齐王曰：
> "闻陈王战败，不知其死生，楚安得不请而立王！"公孙庆
> 曰："齐不请楚而立王，楚何故请齐而立王！且楚首事，当
> 令于天下。"田儋诛杀公孙庆。
>
> 《史记·陈涉世家》

陈胜称王后，广陵人秦嘉起兵响应。

秦嘉也是猛人，陈胜收到秦嘉起事的消息，赶紧派人去收编他的队伍（陈胜对自己的江湖地位很自信）。

猛人不愧是猛人，秦嘉压根儿没把陈胜当回事儿，不仅自封大司马，还假借陈胜的名义把使者给干掉了。

后来陈胜兵败，秦嘉更有恃无恐，他拥立楚国贵族后裔景驹为楚王，准备继续跟秦死磕。

这个楚王，我们暂称伪楚王；这个昙花一现的政权，我们暂称伪楚政权。

为了寻找更多盟友，伪楚王决定派公孙庆去齐国联络感情，联合齐军共同攻打定陶。

齐王见到公孙庆，阴阳怪气地说，景驹没请示齐王就擅自封王，真是老虎不在山猴子称霸王啊！

公孙庆也没给齐王留情面，霸气反问，齐王之前也是没经过楚国的同意就自封为王，现在楚王为什么要请示齐王呢？况且抗秦大业由楚国开启，楚国号令全天下，于情于理都是必然。

这个世界上嘴犟的人很多，我身边就有不少。经过长期观察，我发现这些人有一个共同特点，那就是特别能战斗，嘴巴不饶人，他们一个比一个能说、一个比一个会说、一个比一个敢说，不分场合、不分时间、不分对象，跟人说

话，嘴上吃不得一点儿亏。公孙庆就颇有代表性，派这样的人去搞外交，是重大的战略失误。

搞外交，不仅要靠嘴巴，更要靠脑子，有口无脑，不知随机应变以退为进，必然坏菜。

伪楚王派公孙庆去见齐王，恐怕没有料想到公孙庆转身一走，就是"风萧萧兮易水寒，壮士一去兮不复还"，他们的友谊在历史的那一刻彻底终结，早知道后来发生的事情，他一定不会派公孙庆这头倔驴去。

嘴犟的人本身是话痨，公孙庆想必准备了一肚子话准备跟齐王絮叨絮叨，可是两人一见面，没等他开口，齐王先发制人，对立楚之事一顿埋怨。当然，适逢楚军内乱，齐王话里话外透露出收编楚军的意思，好比一场球赛争夺发球权。

人在这时，最重要的是认清自己的身份、摆正自己的位置、牢记自己的责任。对于这几点，公孙庆充分发扬"杠精"们"一杠到底、决不妥协"的精神，一个没保留，全抛到了九霄云外。

如果换成别人，可能虚晃一枪，甚至违心地附和一下，恭维齐王几句，事情自然水到渠成，齐王这番话，明摆着就是等着来人附和，以显示他的英明神武，满足一下他小小的虚荣心——即便承认齐国的地位又有什么关系呢？此行的目的是来搞联合而非对抗，显然公孙庆没有认清自己的身份，更忘记了使命所在。

最终历史在那一刻没有上演其乐融融的一幕，大庭广众之下，公孙庆一点儿面子也没给齐王留，他以其人之道还治其人之身，先是一句态度强硬的反问，特别能战斗的本性暴露无遗，完全没有来求人家办事儿应有的谦卑姿态，随后是一句大义凛然具有绝对压倒性气势的话，用铁一般的事实证明齐确实不如楚（楚首事），甚至齐应该听命于楚。

公孙老倔驴成功激怒了齐王。别说一国之君，哪怕是普通人听了他的话也不会高兴——嫌自己寿命太长，害怕死得不够惨。

叔可忍，婶子都不能忍。

必须要教训一下这头倔驴，让这头倔驴长长记性，不然以后必定吃大亏！

怎么办呢？齐王思前想后也没想出什么好办法。作为一国之君，什么样的人没见识过，他知道倔强是人的通病，茅坑里的石头最讨人嫌，为什么？不仅是因为又臭又硬，更因为很难改变。也许今天他一番好意把这头倔驴说服，使他认识到错误，保不齐转过身这头倔驴就忘得一干二净，明天到了别的国家还会犯同样的错误，这种人他见得太多了。所以最好采取一劳永逸的办法，让他彻底闭嘴。

最后齐王想出办法，这个办法操作简单，不费口舌，甚至不用说一句话。使用的工具简便随手，一把刀足矣！

故事结尾，公孙庆还没来得及说出想说的话，突然一阵寒气袭来，他感到脖颈一凉，脑袋掉到地上，滚到齐王脚下。

齐王踩着公孙庆的脑袋，嘿嘿一笑："我送你去见另一个王，他叫阎王。"

此时，项梁的队伍已经打到彭城以东，秦嘉哪怕不招惹项梁，项梁也会主动找他的，秦嘉"欲距项梁"，项梁以他背叛陈胜、建立反动政权为由，对其猛攻，最后秦嘉和伪楚王双双死在了项梁的手里。

幽冥界，秦嘉和伪楚王遇到公孙庆。

伪楚王竖起大拇指，感慨万千："一张嘴让你输掉了人生，让我输掉了江山，你真牛！"

「忘记意味着背叛」

> 陈胜王凡六月。已为王，王陈。其故人尝与庸耕者闻之，之陈，扣宫门曰："吾欲见涉。"宫门令欲缚之。自辩数，乃置，不肯为通。陈王出，遮道而呼涉。陈王闻之，乃召见，载与俱归。入宫，见殿屋帷帐，客曰："夥颐！涉之为王沈沈者！"楚人谓多为夥，故天下传之，夥涉为王，由陈涉始。客出入愈益发舒，言陈王故情。或说陈王曰："客愚无知，颛妄言，轻威。"陈王斩之。
>
> 《史记·陈涉世家》

让人闭嘴是难事，让喜欢喋喋不休的人闭嘴好像更难。

喋喋不休的人往往不讨喜，因为他们讲话没轻没重，关键还不自知，意识不到自己有多不讨喜，最终引来杀身之祸。

"嘴碎惹人烦，嘴犟生祸端，嘴毒臭万年"，想必陈胜的故人对这句话有刻骨铭心的体会，但为时已晚。

死亡来临的时候，他在想什么？是不是在想来生——假如真有来生的话，一定要当个安安静静的打工仔。

当个安静的人不容易，前提是他要管住自己的嘴，这就避免不了跟欲望作斗争，什么欲望？说话的欲望、表达情感的欲望、显摆自己的欲望、让别人知道自己有多牛的欲望……

当年与陈胜一起在地主家打工的穷哥们儿得到他发达的消息，心情可想而知。哥们儿上头也有人啦！此时，他心目中陈胜的形象还停留在许多年以前那个风轻云淡的日子：兄弟们汗流浃背光脚行走在田间，陈胜拍着胸脯吹牛日后倘若飞黄腾达，他一定不会忘记曾经一起战斗的兄弟。而如今，陈胜真的富贵发达了，对故人来说，这绝对是让祖坟冒青烟的好机会。

虽然在去见陈胜的路上，故人遭遇很多意想不到的挫折，但是为了荣华富贵，他没有放弃。

有一次，他在陈胜的私人别墅外面大喊大叫，嚷嚷着要见陈胜，差点被陈胜的保安队长绑起来。他辩解了好一阵子，才被放掉。

功夫不负有心人，他最终见到陈胜。

想一想，陈胜见到故人是什么表情？想必非常吃惊，时过境迁，曾经跟自己一起挨打受气的穷哥们儿现在站在眼前，对他点头哈腰，一副极力讨好的样子，他恍若隔世。

接下来，陈胜做了一件合乎常情的事，"载与俱归"。说明陈胜对故人的感情很深，他也没有忘记那些和兄弟们在一起寄人篱下同甘共苦的日子——他履行了当初的诺言。故人紧张的神经渐渐松弛下来，他忘记了眼前这个人现在的身份，言谈举止又回到当年的状态。

灭顶之灾悄悄来到……

进入宫中，故人东张西望，一副没见过世面的样子，这令陈胜在士兵面前多少有些难为情，但是也不好说什么。因为还有一大堆军机要务等着处理，陈胜安置好故人，便匆匆离去。

整日忙于公务的陈胜渐渐忘记此事。随着时间的推移，故人开始犯病，暴露本性。喋喋不休的人还有一个共同点，就是自来熟，不管到什么场合，从不把自己当外人，哪怕进到皇帝家里，一举一动也照样像在自家的炕头儿上那样无拘无束（出入愈益发舒），他逢人便曝陈胜当年的黑料，甚至连一块遮羞布都没给陈胜保留。

这是喋喋不休者们的另一个特点——我痛快就行，管你们的感受呢！

终于有人向陈胜打了小报告。

斩之！陈胜的愤怒溢于言表，此时他的做法颇有些暴君的味道。

《史记索隐》中，讲了一个类似的故事：陈胜称王后，岳父和大舅哥前来投奔，但陈胜不拿正眼瞧人家，对岳父和大舅哥，压根儿没当亲人对待（以众宾待之）。陈胜的岳父也是个倔老头，眼见陈胜一脸傲慢，转身就走，临走前还撂下一句狠话："你这种自我感觉良好又不尊敬长者的人，是戏台上的官——当不长久。"反观刘邦，做得就很好。刘邦称王以后，老爹对他恭恭敬敬，刘邦的表现是"大惊""下扶太公""尊太公为太上皇"。刘邦功成名就，衣锦还乡，与"沛父兄诸母故人日乐饮极欢，道旧故为笑乐"，与民同乐，没一点儿架子。

我试图理解陈胜的心情，可是我做不到。即便他要维持体面，也不能成为他剥夺一条生命的理由，他的举动无外乎是要抹杀过去，可是发生的事怎么能被抹杀？

忘记来路，必入歧途。陈胜忘记初心，意味着他即将到达失败的终点。

历史发展的真正动力

> 陈王以朱房为中正，胡武为司过，主司群臣。诸将徇地，至，令之不是者，系而罪之，以苛察为忠。其所不善者，弗下吏，辄自治之。陈王信用之。诸将以其故不亲附，此其所以败也。
>
> 《史记·陈涉世家》

杀陈胜的人叫庄贾，本是陈胜的司机。当时的陈胜已经到了穷途末路，庄贾杀死他以后，拿着他的人头降秦。

对于陈胜的死，除庄贾外，朱房和胡武同样负有不可推卸的责任（此其所以败也），甚至二人比庄贾更可恶——他们曾被陈胜所器重。

因为器重，陈胜任命朱房为中正，胡武为司过。中正和司过是纠察群臣过失极为重要的官职。

接下来，情况发生变化。

看上去陈胜没有选错人，朱房和胡武对陈胜的确忠诚，古代臣子们对君王的忠诚往往通过一些极端的方式表现出来，比如对下属变态式的苛责、随意剥夺他人的生命、对君主毫无底线的取悦……这些事情，朱胡二人不遗余力，全部做到了。

他们狂妄到什么程度？但凡有人胆敢不听他们的命令，先把罪定下再说（令之不是者，系而罪之）。

二人行为细思极恐，表面上是尽忠，实际上是给陈胜挖下一座坟墓，庄贾不过是把站在坟边上的陈胜推了一把，充其量朝他的身上再撒几把土，仅此而已。即便这个人不是庄贾，那也会是张贾、陈贾、王贾……

另一个细思极恐的情节是两个人做事不按套路出牌。其实不按套路出牌没有什么不好的，特别是带兵打仗，往往能达到出其不意攻其不备的效果，但是对于需要走司法程序的事儿，就不行了，因为处理这些事儿有严格规定，每一步都不能省略，就像炒菜，该放盐的时候要放盐，该放味精的时候放味精，哪道程序都不能省，不然做出来的菜只能自己吃。

朱胡办案颇有个性。对于犯错的人，他们没有依规依纪交给有关部门审讯，而是"辄自治之"，非法拘禁，滥用私刑，想怎么办就怎么办，这跟草菅人命有什么区别？

在他们的淫威下，人们内心惶恐，陈胜众叛亲离，这支队伍更加涣散，最终没有逃过首义必败的历史铁律。

陈胜到死也不会想到害他的人是他最信任的人，虽然他们没有像庄贾一样使用武器，但是他们却使他失去了赢得胜利最宝贵的东西——人心。

大泽乡起义以失败告终，但是革命的火种已经在黑夜沉沉的大地点燃。

秦法烦苛霸业隳，一夫攘臂万夫随，后人接过反秦的大旗，前仆后继，继续战斗。

纵然陈胜有很多缺点，纵然失败在开始时既已注定，纵然起义队伍有很多为人诟病的地方，但是这些不重要——一群将死之人在绝境中向命运宣战，在无路时杀出一条血路，他们视死如归，他们虽败犹荣，这才是可歌可泣的。

这些将死之人狠狠打了统治者一记耳光。汉初奉行休养生息的政策，与这场农民起义不无关系。作为亲历者，统治者看到了人民中所蕴含的蓬勃伟力。

仁义不施而攻守之势异也！谁要让人民过不好日子，谁就甭想过好日子；谁要让人民活不下去，谁也就甭想活下去。

陈胜死后葬于砀，谥号隐王，刘邦为其立庙。

故事并未结束，民间还流传着一个美丽的传说。陈胜有个妹妹叫陈雪花，当年陈胜吴广揭竿而起，陈雪花加入起义的队伍，她随兄驰骋沙场，英勇杀敌，乃女中豪杰。陈胜在陈县称王，陈雪花被封为雪花公主。陈胜死后，陈雪花回到家乡，后遭官府抓捕，将其杀害，曝尸示众。官府明令，不得为其收尸。时值寒冬腊月，北风呼啸，大雪纷飞，乡亲们惦记着雪花公主的尸体。第二天一早，大家来到雪花公主被杀害的地方，眼前出现了一座高大的坟墓，乡亲们走近一看，大吃一惊，只见密密麻麻的蚂蚁来来往往在搬运泥土，为雪花公主筑起高大的坟墓，即今天位于安徽宿州大泽乡镇的雪花墓，当地人又称之为雪花山。今天的雪花墓前，有一株当年栽下的红果树，经历两千多年历史风雨，仍然坚韧挺拔，枝繁叶茂。

　　在《中国革命和中国共产党》（《毛泽东选集》第二卷，人民出版社）中，毛泽东同志这样评价："中国历史上的农民起义和农民战争的规模之大，是世界历史上所仅见的。在中国封建社会里，只有这种农民的阶级斗争、农民的起义和农民的战争，才是历史发展的真正动力。"①

---

① 毛泽东. 毛泽东选集：第二卷［M］. 北京：人民出版社，2009：625.

捌

《留侯世家》

信良哥得永生

「无声的苦难震耳欲聋」

> 留侯张良者，其先韩人也。大父开地，相韩昭侯、宣惠王、襄哀王。父平，相釐王、悼惠王。悼惠王二十三年，平卒。卒二十岁，秦灭韩。良年少，未宦事韩。韩破，良家僮三百人，弟死不葬，悉以家财求客刺秦王，为韩报仇，以大父、父五世相韩故。
>
> 《史记·留侯世家》

张良的人生格言是"跟命运死磕到底"。

他原本不姓张，《史记·索隐》中注释："张良者，汉书云字子房。按：王符、皇甫谧并以良为韩之公族，姬姓也。秦索贼急，乃改姓名。"

张良祖辈是韩国人，他的祖父是韩国的宰相，曾先后辅佐过三位君王，他的父亲也是韩国的宰相，曾先后辅佐过韩国的两位君王。父亲去世二十年以后，秦灭韩。那时官二代张良年纪尚小，没有在韩国的政府机构任职，国破家亡，山河支离，他本可以挥一挥衣袖，带着心爱的人远走他乡，做一个佛系躺平的人，喂马劈柴周游世界，可是他却没有这么做。

选择佛系，意味着妥协；选择躺平，意味着逃避。妥协和逃避，都不符合张良的气质。按照张良的个性，命运越是不公，他越要斗争到底。

张良把全部资财拿出来干了一件在别人看来颇为荒诞的事儿——雇佣杀手。

花钱雇凶干什么？刺杀嬴政。

"家僮三百人"，庞大的后勤保障队伍，可见张良家底殷实。

"弟死不葬"，弟弟死了，尸体晾着不下葬，显示出张良决心之大。

优秀青年张良成为一名恐怖分子。

轻易不出手，出手下狠手。恐怖分子张良制造的第一起恐怖事件即震惊全国，他斥巨资雇了一名杀手，这个杀手显然从外形上很唬人（力士），但是技艺实在不敢恭维，应该没有通过杀手等级考试。

有一次，始皇帝外出巡游，路过博浪沙，张良和杀手躲在草丛里，远远看到始皇帝的豪华车队直奔他们而来，杀手说时迟、那时快，举起一个重达一百二十斤的大铁锤像投掷标枪一样向车队砸去，倒霉的是砸偏了，铁锤击中副车，始皇帝安然无恙。名副其实的一锤子买卖！张良成为通缉要犯，他改名换姓，开始亡命生涯，躲到下邳这个地方。

我们今天来分析这次刺杀行动，可以看出当时的张良还不成熟，非靠谋略，而是凭蛮力去实现自己的目标，并且把问题想得过于简单，急于求成，妄想一招毙命，速战速决，这和日后那个沉稳老练被称为"谋圣"的张良判若两人。

不要着急，谁没有年轻气盛过？不气盛叫年轻人吗？我们不能责怪张良，只因为他还没有遇到赐予他智慧的人。

张良的复仇心理倒是值得分析。如果说强烈的复仇心是源于他对韩国的深厚感情，那么他为什么会有如此深厚的感情？因为他家世代为韩国效力——张良复仇体现的是家族情怀乃至国家意志。

年纪轻轻居然会有那么强烈的责任感和使命感，未经先知引导，没有圣贤启示，天然使成，境界高尚。

在一些人看来，张良之举是螳臂当车，但是站着说话的人永远不会腰疼，张良的悲伤和痛苦，恐怕只有他自己知道。

韩国是他家，是他永远的家。当他唱着"太阳当空照，花儿对我笑，小鸟说，早早早，你为什么背上小书包"蹦蹦跳跳地去上学的时候，家的概念距他很遥远，因为祖辈都生活在这片土地上并为这片土地默默奉献着，所以他理所当然把这里当成家。因为家的存在，他才会有无忧无虑的生活，上学的路上不必感到惊恐，遇到野狗不会担心被咬，期待在下一个路口与邻家女孩邂逅……仅此而已！可现在这个家被秦国的铁骑夷为平地，他快乐无忧的生活荡然无存。

还上个狗屁学堂。

野狗朝他狂吠不止。

邻家女孩已经被拉到秦都成为奴仆。

接下来是无边无尽的痛苦，罪魁祸首就是那个叫嬴政的家伙。

亡国灭种之际，很多人选择沉默和忍让，低下头苟且偷生过日子，放弃心中的理想，眼里也不再闪现希望的光芒，相对于国家的灭亡，人心的麻木沉沦显得更加可怕——有时候，对残暴的忍让和残暴本身是一样的。

然而黑夜里并不全是昏睡的人，总有一些人在仰望星空，这些人没有沉默，他们选择反抗，即便反抗的结果可能一败涂地，他们也不后悔。面对凶残的暴秦，张良知道惧怕无济于事，敌人不会因你的惧怕而放下屠刀，只有反抗才是唯一的出路。

仇恨催生意志、力量和智慧，张良带着仇恨上路了。

取经路上，至尊宝遇到给他三颗痣的人，摇身一变，成为齐天大圣孙悟空；前往咸阳参加大秦葬礼的途中，张良遇到了赐予他智慧的人，破茧成蝶，成为千古谋圣。

「品质胜于能力」

> 良尝闲从容步游下邳圯上，有一老父，衣褐，至良所，直堕其履圯下，顾谓良曰："孺子，下取履！"良鄂然，欲殴之。为其老，强忍，下取履。父曰："履我！"良业为取履，因长跪履之。父以足受，笑而去。良殊大惊，随目之。
>
> 《史记·留侯世家》

　　牛人大多有一些传奇故事，充满神秘色彩，与科学相悖，常理无法解释，但却吸引眼球。

　　关于张良的传奇故事有很多，其中就包括"黄石授书"的故事。

　　历史上对黄石公的真实身份，史家有不同说法，有人说黄石公是神仙，我们受过的教育不允许我们接受这样的说法；慎懋赏（明）在《素书·黄石公传》中分析，黄石公是和老子一样的人（此老氏者流），他借张良之手实现自己灭秦之志，这种说法还算靠谱儿。学者丁宏武等在《黄石公故事献疑》中考证黄石公应该是深受稷下黄老思想影响的亡匿下邳的反秦志士，并进行了论述，可信度较高。①

　　黄石公的性别、籍贯、学历、爱好……这些统统不重要，重要的是他在历史的那一刻，与张良产生了交集，改变了历史。

　　黄石公为什么选择张良而不是王良、李良、赵良？让我们把镜头切换到那个夏日炎炎的午后……

　　藏匿于下邳的通缉要犯张良正思考着下一步的刺秦计划，不知不觉他来到一座桥上，桥上还站着一个老人。

　　张良经过老人身旁的时候，瞄了他一眼，这一眼，彻底改变了张良的命运。

　　你敢看我？老人脱下鞋，以迅雷不及掩耳之势扔到桥下，然后喝住张良，一脸傲慢地说，小子，给爷把鞋捡上来。

　　欠扁（欲殴之）！张良本来准备动手了，但理智占据上风，打老骂少，江湖大忌，传出去是丑闻，有损他的形象。这时他又产生疑问，这老家伙是不是要碰瓷儿啊？可转念一想，自己身无分文，穷光蛋一个，还是通缉犯，他为什么要讹诈自己？不如先帮他把鞋捡上来，看他要耍什么花招。

　　于是张良下到桥底把鞋捡上来。

　　老人显然不满意，他命令张良把鞋给他穿到脚上！

　　张良心想，待我把鞋给他穿上，看他又能怎样？

---

① 丁宏武，解光穆. 黄石公故事献疑［J］. 甘肃社会科学，2003（2）：32-35，46.

于是，张良俯下身子，抬起老人的脚。顿时，一股辛辣的味道扑面而来，张良瞬间泪流满面，"好一双夺命香鸡腿"，他屏住呼吸，把鞋套在老人脚上。

老人拍拍张良的脑袋，一句谢谢没说，哈哈大笑着转身离去，留下张良原地纳闷儿，莫非这是传说中的行为艺术？

没过一会儿，老人又折返回来——有深意的情节。既然老人意识到张良是可塑之才，而且也对他进行了测试，结果令他满意，为什么他不直接把《太公兵法》传授给张良，而是偏要故意离开再返回来呢？这就是司马迁讲故事的精妙之处：面试尚未结束，短暂的分别仅仅是下一个测试的开始。

伯乐遇到千里马，心情有点小亢奋。黄石公提醒自己，冲动是魔鬼，不能让这小子看出他的心思。他暂时离开，是为了平复心情，等到恢复理智后，他回来继续测试张良。

黄石公与张良约定五日后，桥头再见。

五天以后，张良来到桥头，看到老人早已候在那里，对于老人的反应，司马迁使用了一个非常刁的字儿，"怒"，可见黄石公态度恶劣。

他与张良又约定了第二个五天。

到了第五天，鸡一打鸣，张良便来到桥头，可惜还是迟到一步，可想而知，上次测试成绩不合格，这次又犯同样的错误，老人对张良劈头盖脸一顿臭骂，可临走的时候还是给他最后一次机会，约定了第三个五天。

到第三个五天，午夜的钟声尚未敲响，张良便出现在桥头，功夫不负有心人，这回老人没有到。过了一会儿，老人趿拉着拖鞋，姗姗来迟，他看到张良早已等候在桥上，一改傲慢之态，拿出《太公兵法》，一脸严肃地说道："靓仔，我看你骨骼精奇，是万中无一的练武奇才，维护世界和平就靠你了，我这里有本秘籍，见与你有缘，免费送给你。"

做好事不留名，但是可以留下家庭住址。老人化作一缕青烟，随风而逝，接下来是《西游记》里的经典桥段，一个声音在张良的耳边回荡——读过此书，你可成帝王师（重申此书的重要性）。十年后就会发迹（你小子别不当回事）。十三年后你到济北，谷城山下的黄石便是我……便是我……是我……我……

　　仅仅这两项测试，能看出一个人的能力？怎么着也得用世界500强企业的面试题再来一次二面啊。不用了，真正的高手善于把复杂的事情简单化，通过这两项测试，黄石公了解到张良具备成大事的三个品质，谦逊、隐忍、执着，是可以托付之人。

　　品质，永远胜于能力。

打胜仗的秘诀

> 沛公欲以兵二万人击秦峣下军，良说曰："秦兵尚彊，未可轻。臣闻其将屠者子，贾竖易动以利。愿沛公且留壁，使人先行，为五万人具食，益为张旗帜诸山上，为疑兵，令郦食其持重宝啖秦将。"秦将果叛，欲连和俱西袭咸阳，沛公欲听之。良曰："此独其将欲叛耳，恐士卒不从。不从必危，不如因其解击之。"沛公乃引兵击秦军，大破之。
>
> 《史记·留侯世家》

　　能动脑子不要动口，能动口不要动手。《孙子兵法·谋攻篇》中有言："故上兵伐谋，其次伐交，其次伐兵，其下攻城。"

　　只有懂得用脑子的人，才能做到不战而屈人之兵。

　　张良是懂得动脑子的人。他从不把人一概而论，针对不同的人，他会采取不同的策略：重利的，他一掷千金以利诱之；重义的，他循循善诱大打感情牌。这样既达到了团结的目的，又避免发生流血事件，可谓双赢。

　　善谋，归根到底因为洞悉人性——透过人身上的藩篱，剥开人外在的身份，去看透和理解一个人的本质。

　　陈胜起兵以后，张良积极响应，带领一百多个愤青，准备去投奔伪楚政权（景驹）。途中，偶遇刘邦的队伍，两人一见如故，相谈甚欢，特别是刘邦对张良讲授的《太公兵法》极为感兴趣，并表现出超强悟性，而此前张良向别人兜售他的军事理论，那些头发长见识短的家伙，不是表示不理解，就是说没兴趣……
没文化，真可怕！于是，张良当即决定跟随刘邦，暂时给刘老板打工。

刘邦在西进的途中，一路开挂，打得很顺，这样一直进到武关。武关，号
称关中四关之一，素有"三秦要塞""秦楚咽喉"之称，是扼守秦国南大门的
军事要道。

刘邦提出以两万人的兵力"击秦峣下军"，显然是被胜利冲昏了头脑。你
刘邦不傻，秦人更不傻，对于如此重要的战略要塞，秦军一定会负隅顽抗，作
困兽之斗，即便汉军最终取得胜利，那也可能消耗大量的时间，伤及筋骨，就
像小时候我们玩电子游戏，最难打的大boss往往最后才出场，久经沙场作战经
验丰富的老玩家会在与大boss交手前尽量争取时间保存体力，不与虾兵蟹将过
多纠缠，以免失血过多，如果能够满血见到大boss那就再好不过了，起码在斗
志上会略胜一筹。

好在与之并肩作战的张良头脑冷静，他没有也不会受到主帅情绪的影响，
更不会自我陶醉动辄即嗨。他像一个经验丰富的老猎手，紧紧握着一杆猎枪，
悄无声息地躲藏在灌木丛中，一双深邃的眼睛死死盯住远处的猎物，观察猎物
的一举一动，等待猎物麻痹的瞬间扣动扳机。

他沉得住气，从不以主观臆断支配行动，对战场形势，他看得格外清楚。

我们来看他的军情分析和提出的应对策略。

"秦兵尚彊"，虽然前面我们打了很多大仗、硬仗、没有准备居然还打赢
了的恶仗，但是未伤及秦军筋骨，万不能掉以轻心。"其将屠者子"，知己知
彼百战不殆，我了解到秦军守关的将领是屠夫的孩子，即屠二代，这条信息太
重要了。商人重利，那何不以利诱之？这两句话至关重要。前一句话好比兜头
一盆凉水，让嗨过头的主帅瞬间冷静下来；后一句话像是送上一支火把，为跌
落黑暗的刘邦照亮前面的路——通往胜利的路。

于是，刘老板迅速调整状态，一如既往地采纳了张良的意见。刘老板是个
好老板，他最大的优点是听话，听有道理的话，听能把他引向胜利的话，从不
固执己见一条道儿走到黑。

　　屠户之子果然中计，信誓旦旦地表示要跟刘邦穿一条裤子，肩并肩手挽手一路向西打到秦人老家去。接下来张良又一次显示出他看待问题高于常人之处，既然将领面对利益的诱惑不堪一击，那说明什么？说明他理想信念不坚定，是两面派、墙头草、革命投机者，典型的假面人。

　　好将领什么样？说的都是"苟利国家生死以，岂因祸福避趋之"这样的话，做的都是"粉身碎骨全不怕，要留清白在人间"这样的事，富贵不能淫，贫贱不能移，威武不能屈。一个贪腐分子作出的承诺，好似热恋中男人的甜言蜜语——不能当真，这样的将领不会受到拥戴，所以他对秦的背叛纯属个人行为，不代表全体官兵意志。

　　那咋办？

　　张良又献一计。"因其解击之"，当机立断，趁秦军左右摇摆不定对其进行攻击，必定能大获全胜。果然，这一战的结果如他所料，"大破之"，以最小的代价取得最大的胜利，汉军顺利打开通往咸阳的大门。

　　面对屠夫之子的尸体，刘老板哈哈大笑，"原来打胜仗这么容易！"

　　张良平静如水，他只是幽幽地说道，"不是打胜仗容易，是参透了人性，打胜仗才变得容易。"

「沟通≠杀狗」

> 沛公入秦宫，宫室帷帐狗马重宝妇女以千数，意欲留居之。樊哙谏沛公出舍，沛公不听。良曰："夫秦为无道，故沛公得至此。夫为天下除残贼，宜缟素为资。今始入秦，即安其乐，此所谓'助桀为虐'。且'忠言逆耳利于行，毒药苦口利于病'，愿沛公听樊哙言。"沛公乃还军霸上。
>
> 《史记·留侯世家》

　　骤贵不祥……

　　一个人突然发达，容易迷失方向。一旦迷失方向，就意味着神志错乱，接着会作出错误的决断，然后一错再错，最后错上加错，众叛亲离，走上死路。

　　与时间赛跑，刘CEO一马当先，拿下咸阳。

　　进入金碧辉煌的宫殿，刘老板一下子被眼前的景象惊呆了，这是多么令人狂躁的地方啊！香车美女，锦衣玉食，男人那点儿不可言说的弱点在此情此景中暴露无遗，他当下即作出"留居之"的决定。对普通人来说，这是再自然不过的决定了，但是对刘邦，这样的决定极其危险，因为他如果真止步于此，那么必然要放弃自己的初心。

　　幸好樊哙还算清醒，《史记·集解》中引徐广言，说樊哙是这么劝刘老板的："你是想得到天下，还是只想当个暴发户？"刘邦回答道："当然是得到天下。"樊哙接着说："你看这宫殿里的金银珠宝，数不胜数；娇艳女子，数以千计。这就是秦朝灭亡的根源所在，请你赶紧还军霸上。"樊哙所言，一语中的，但是说得太过露骨，此时的刘邦正在兴头上，被胜利冲昏了头脑，压根儿就听不进去（不听），你瞧！他表情多么不屑，态度多么坚决——老子为什么要听你的啊？老子为了推翻秦朝历经磨难，现在好不容易进了这"富贵场中，温柔乡里"，没有理由不好好享受一番。

　　这时，张良站出来，这位高度负责的职业经理人总是在刘老板最需要的时候及时出现。

　　张良显然跟樊哙站在一条战线上，面对刘邦不屑的表情、坚决的态度，他说出的话同样铿锵有力，字字诛心。

　　他跟樊哙一样，认为此地不宜久留。但是所不同的是，他向刘邦提建议，不像屠夫出身的樊哙，胡同里赶猪——直来直去，而是更讲策略，也可以说艺术。

　　首先，他热情洋溢地赞扬了刘邦一番（戴高帽）。在给人提建议的时候，先说一些好话其实很有必要，这和写作中的"欲扬先抑"道理一样，想褒扬某个人物，却不从褒扬处落笔，而是先按下，从相反的贬抑处落笔，通过这种方法，使情节多变，形成波澜起伏，造成鲜明对比，读者在阅读中产生恍然大悟的感觉，进而留下深刻印象。"欲抑先扬"恰好相反，先说一番恭维的好话，刷新对方的存在感，拉近彼此之间的距离，然后再针对发现的问题或者对方的缺点，像大国之间建立友谊一样，摒弃偏见开诚布公地提出意见建议，这样不仅显得自己很关心对方，更给对方一种相亲相爱一家人的亲切感，他就是想不听你的建议都难——大王您英明神武，诛暴秦是承百姓之命啊！秦无道，而大王行大道，才取得今天的成就，大王是百姓的期盼，受万民景仰，应当处处显示与秦不同的地方，特别在住行方面，"宜缟素"。现在大王您来到秦宫，当着文武百官的面居然直言不讳地说："让糖衣炮弹来得更猛烈些吧！"这分明是视秦为友，与百姓为敌。另外忠言逆耳如良药苦口，我们的小伙伴樊哙只是瞎说两句大实话，您就听不进去了，这是与臣子为敌。综上所述，大王，您危险了。

最后张良直言希望刘老板采纳樊哙的建议。

这句话至关重要，把张良的高情商展现得淋漓尽致，请注意，他这里说了仨字儿"樊哙言"，既不伤刘邦的自尊，又为樊哙挽回面子，刘邦落了一个从谏如流的美名，而樊哙也因为失而复得的体面对刘邦更加死心塌地。

我仿佛看到樊哙向张良投来充满感激的目光："良仔，真是我的好兄弟啊！"

张良仍然一脸平静，他幽幽地看着樊哙，似乎在教育樊哙："小傻瓜！下次再劝老板，可别这么直啦！沟通，不像你杀狗那么简单，杀狗用刀，劝人用脑。"

「刘老板，请回答」

> 汉三年，项羽急围汉王荥阳，汉王恐忧，与郦食其谋桡楚权。食其曰："昔汤伐桀，封其后于杞。武王伐纣，封其后于宋。今秦失德弃义，侵伐诸侯社稷，灭六国之后，使无立锥之地。陛下诚能复立六国后世，毕已受印，此其君臣百姓必皆戴陛下之德，莫不乡风慕义，愿为臣妾。德义已行，陛下南乡称霸，楚必敛衽而朝。"汉王曰："善。趣刻印，先生

因行佩之矣。"

《史记·留侯世家》

不得不说，郦食其这家伙真是书读多了，又傻又天真，在楚汉对峙激烈、刘老板焦头烂额的时刻，作为谋士，他给刘邦出了一个馊主意："大王啊大王，从前商汤讨伐夏桀，封夏的后代于杞地；武王讨伐殷纣，封殷人的后代于宋国。如今秦人不讲道义，抢占各国土地，使六国之后无立锥之地，成为盲流。大王啊大王，如果您深明大义，广施恩泽，给六国之后恢复户籍，给他们颁发聘书，您一定会感动大家、温暖大家，使大家甘愿接受您的领导，连楚最后都会臣服于您，这是不战而屈人之兵的上策啊！"

彻头彻尾的馊主意，郦食其没意识到，刘老板更没意识到，相反二者还认为这个计策是旗杆上的灯笼——高明，刘老板又嗨起来，兴奋地竖起大拇指连连称赞，高！实在是高！

话不多说，马上行动。

这时候，恰好张良从外面回来。听到刘老板眉飞色舞的描述，他马上意识到事态的严重性。

这就叫政治判断力，能够通过纷繁复杂的表象，看清问题的本质。

百无一用是书生，张良太了解那些家伙了，异想天开，信口开河，关键是还表现得那么自信，让他们参与军事上的事，一定吃大亏。所以，张良听完刘邦充满革命乐观主义精神的憧憬以后，当即断定此计是要断送刘老板的基业！

问题真的很严重。

作为说话高手，此时的张良没有表现得像个谦谦君子一样，摆出学术交流的架势跟刘邦讨论为什么此计非但行不通，最终还会起到反作用。他集中炮火，发出一连串的灵魂之问，给刘老板来了个现场问政。

一是古代的明君之所以可以给前朝后裔分封土地，那是因为他们能驾驭这些亡国之人，而你刘邦现在还不能驾驭项羽，你看清楚了，现在的局面是项羽对你步步紧逼，把你压得喘不过气来。

二是周武王做了很多深得民心的事，那是因为有一个重要前提，他把殷商干废了，胜利者不仅有资格更有资本去做这些事情，现在大局未定，胜负未知，你刘邦不仅没有资格更没有资本去做类似的事情，你得到的每一寸土地都是无数士兵用鲜血换来的，怎么能轻易拱手让给别人呢？

三是"殷事已毕"周武王才"示天下不复用兵"，但是现在战争还没结束，你就要刀枪入库马放南山，这可以吗？

四是最重要的，没有无缘无故的爱，也没有无缘无故的恨，六国之后均为盲流，现无立锥之地，鞍前马后跟着你刘邦是因为你给了他们希望，说卑鄙点儿，他们各怀鬼胎，一旦复国成功，后果可想而知，还有多少人愿意追随你刘邦夺取天下呢？你刘邦怎么能在这紧要关头作出如此愚蠢的决策内耗呢？

五是楚国是大品牌、老字号，你刘邦呢？现在还是小作坊，处于创业起步阶段，六国复国以后，一定会追随强大的楚国，你这不是在变相帮助敌人吗？老板你可一定要分清主次矛盾以及矛盾的主次方面，不要一失足成千古恨！

聪明的刘邦没等张良把话说完，便知道自己犯了多么愚蠢的错误，他粗鲁地咒骂道，他娘的，书生误国，郦食其这是在毁老子（几败而公事）。

刘老板马上命人把准备送往六国的官印销毁掉。

这就叫行动力。聪明人意识到错误以后，会马上改正，而不是强词夺理，忙着给自己找台阶下。

随着秦朝的灭亡和楚汉战争的深入，张良的思想悄然发生转变，他的身份有了质的飞跃。他已不再是那个一心只想复仇的愤怒小青年，而是实现华丽转身，成为胸怀韬略审时度势的政治家。

仇恨能催生意志、力量和智慧，但是也能蒙蔽双眼、迷失心智，聪明的人懂得在适当的时候放下仇恨，顺应历史去选择要走的人生道路，使自己立于不败之地。

当初，愤怒青年张良整天想的是复仇，他的极端和激进展示了年轻人应有的倔强和锋芒。还是那句话，不气盛能叫年轻人吗？可是，随着年轻人学习的深入，他掌握了先进思想，了解了历史大势，看清了社会发展规律。

秦亡，复仇大业完成，让过去成为过去，他要迅速走出过去。楚汉相争，天下已然大乱，如果六国复辟，继续你攻我伐，历史必将重回恶性循坏。我们无法改变过去，但是我们却能创造未来。为了无辜的生命免遭涂炭，必须迅速结束分裂，实现新的一统，谁也不能阻挡历史的必然。

六国印信被投入火中，焚烧殆尽……

刘老板不无后怕地拍着张良的肩膀说："先生又救我一命。"

张良还是一脸平静，幽幽地说："大王此言差矣，我救的是天下人的命。"

刘老板哈哈大笑，自作多情地说："对对对！老子的命就是天下人的命。"

张良看着刘邦，似乎在说："你的命是你的命，天下人的命是天下人的命！"

看谁能忍

> 汉四年，韩信破齐而欲自立为齐王，汉王怒。张良说汉王，汉王使良授齐王信印，语在淮阴事中。
>
> 《史记·留侯世家》

开场即结束，韩信的悲剧从开始即已注定。

天要使其灭亡，必先使其膨胀。

屡战屡胜，战无不胜，韩信忘乎所以，进入"接着奏乐接着舞"的自嗨状态，已然找不到北了。

韩信破齐以后，派人给刘邦送去一封信，直言不讳地提出要自立为齐王。

韩信，你太狂了！你咋不飞上天与太阳肩并肩呢？

刘邦怒，怒不可遏。

情绪是理智的天敌，人在情绪激动的时候最容易作出错误的决断，刘邦又差点儿没把持住，好在张良在身边。

张良把一切看得清清楚楚，一切想得明明白白，当着信使的面，张良不好直言，但又必须提醒刘邦，"阴计外泄者败"，小不忍必乱大谋。于是"蹑汉王足"。

脚下的动作不容易被人察觉，张良真机智。刘邦马上意识到当下问题不是骂娘能解决的。

"韩信这家伙是不可多得的军事天才，能打仗，而且能打胜仗，大王要想夺天下必然依靠他，这是其一。"

"韩信现在势如破竹，大王要是灭了他的势，必然会影响我们的战略进程，这是其二。"

"韩信真要自立为王，天高皇帝远，鞭长莫及，大王能把他怎么办，这是其三。"

思维缜密，分析透彻，句句诛心。

刘邦多有心眼儿，转起来能燃烧卡路里！

换成普通人，恐怕会阴阳怪气地说："哟！耽误您脚落地了！"

刘邦不是普通人，他最擅长读肢体语言，刘氏集团具有超强的团队凝聚力，很大程度上得益于刘老板与团队成员的默契配合。张良这一脚看似踩在刘邦的脚背上，实则踏进刘邦的心田。

此战像一盘棋，韩信毫无疑问是刘氏集团开拓海外市场最重要的一枚棋子，有了这枚棋子，胜负尚未可知，但是如果没有这枚棋子，那他最终肯定不会取得胜利，甚至死相会很惨。

于是，刘老板大声说道："男子汉大丈夫，顶天立地，要当就当真王，当什么假王？"并当即"使良授齐王信印"。

厉害，一个字——绝！

刘老板善于笼络人心，他要在最短的时间内寻求最佳方案去解决这个问题，一方面他要稳住韩信，使他的膨胀控制在合理区间；另一方面要给韩信增添动力，让韩信继续为他打下去，要他进攻进攻再进攻，自己面对的敌人已经够多了，虱子多了不痒，敌人多了是真愁，坚决不能再增加一个韩信。

画饼谁不会？既然韩信这家伙仅仅想要个虚名，那何不顺水推舟给他个虚名，不仅给他虚名，还要举行盛大的荣誉授予仪式。显然，能主持这个仪式且有资格主持这个仪式的除了张良再没有第二个人可选了，"乃遣张良往立信为齐王"。

苏轼在《留侯论》中，围绕"勇"字，阐述己见，开篇即言"古之所谓豪杰之士者，必有过人之节。人情有所不能忍者，匹夫见辱，拔剑而起，挺身而斗，此不足为勇也。天下有大勇者，卒然临之而不惊，无故加之而不怒。此其所挟持者甚大，而其志甚远也"。以黄石公授书张良的故事为引，苏轼深刻阐述，文末提到张良暗示刘邦同意韩信称王一事（当淮阴破齐而欲自王，高祖发怒，见于词色。由此观之，犹有刚强不忍之气，非子房其谁全之），说明"高祖之所以胜，而项籍之所以败者，在能忍与不能忍之间而已矣"。

忍的本质是示弱，张良给黄石公拾履是示弱，刘邦假封韩信为齐王也是示弱。人在能力不及的时候，示弱不是羞耻的事，不争一时之气，方能成大器。

张良又教会刘老板一招儿，这一招还无意中被另一个人学去——刘老板的媳妇。

刘邦去世之后，汉惠帝继位。吕后临朝称制。当时，冒顿单于的媳妇也刚好去世。他给吕后发E-mail，内容极其色情：我光棍一根，你寡妇未婚，我们在一起吧。奇耻大辱！吕后召集群臣，准备出击匈奴。史书记载，大臣们纷纷劝吕后不要冲动，并且举白登之围的例子，吕后的怒气才渐渐消退。冷静下来，吕后给单于回信，卑微地说自己年老色衰，无法侍奉单于。汉朝继续选择和亲的方式维持和匈奴的关系。直到经过几代的积累和努力，汉武帝上位，攒够足够的本钱，才一举解除匈奴之患。

大臣们的话，吕后是听进去了，我想促使她清醒过来的，恐怕还有当年张良给先王的那记"无影脚"吧！

「做选择题我最拿手」

　　汉六年正月，封功臣。良未尝有战斗功，高帝曰："运筹策帷帐中，决胜千里外，子房功也。自择齐三万户。"良曰："始臣起下邳，与上会留，此天以臣授陛下。陛下用臣计，幸而时中，臣愿封留足矣，不敢当三万户。"乃封张良为留侯，与萧何等俱封。

《史记·留侯世家》

汉朝建立，中国的历史掀开崭新的一页。

刘氏集团的事业终于步入正轨，刘老板首先做的事情是奖励优秀员工。

胜利来之不易，和平来之不易，这一刻，要让大家感觉到之前所付出的一切艰辛努力都是值得的。

毫无疑问，张良是优秀员工的典范，他对刘氏集团的贡献有目共睹，刘老板心里跟明镜儿似的，但是张良的贡献越大，刘老板的压力就越大，给他什么奖励，一双双眼睛在看着，刘老板陷入纠结……

归根到底，张良是谋士，有提笔安天下之才，无马上定乾坤之实，此人文质彬彬，天生一副女人的相貌（状貌如妇人好女），虽然大汉的江山是在战场上靠一刀一刀砍出来的，但不可否认一切由这个文质彬彬体弱多病的男人主导。张良未曾跟兄弟们在战场上并肩战斗，却把全部时间用来陪伴刘老板，为刘老板出谋划策排忧解难开悟人生，多次挽狂澜于既倒，扶大厦之将倾。

朝堂之上，酒至酣处，鸦雀无声，每个人的脸上写着不同的表情，幸灾乐祸、怒目圆睁、冷眼旁观、拭目以待……

刘老板面对的是一道看似无解的难题。他心里清楚，一旦作出解答，就意味着失去退路。

沉思良久，刘老板缓缓说道："运筹策帷帐中，决胜千里外，你子房的功劳最大，封给你三万户，你自己择选封地吧！"

这话有意思，不符合刘邦的个性。

运筹策帷帐中，决胜千里外——子房能力超群，为刘氏集团立下汗马功劳。劳心者治人，劳力者治于人，子房用脑子指挥你们这些人手中的枪炮，没有他的谋略，你们能打胜仗？笑话！

自择齐三万户——亲爱的子房，你的鉴定报告我已写好，我对你的评价大家也都知道了，我把调子定下，支票开给你，上面的数字你自己填写吧！

按照常理，以刘邦的个性，他完全可以直接给张良封赏，不给张良任何选择的余地。他为什么要这么做？这是刘邦常年与形形色色的人打交道的过程中练就的一种本领——把看似无解的问题留给那些出题的人去解决，往往问题便能迎刃而解。

刘邦看着张良，眼神复杂，似乎说："你的功劳太大，我让你自己选，我看你怎么选。"

化解危机，张良最在行。他对刘老板的了解比对自己的了解还要深刻，他早已做好应对的准备。

谈话的高手，洞悉人性的智者。

张良面对刘邦，深深一躬，拱手朗声，一番话闪亮全场：

我当初在下邳起事，于留县与陛下会合，此乃天意：你刘邦起事我就开始跟着你，这是上天的安排，恐怕天命不可逆吧？

陛下采用我的计谋，幸运的是每次都是效果显著，取得一场又一场胜利，最终成就了陛下一番伟业：你利用我的聪明才智赢得天下，我的功劳，你恐怕心中有数吧？

要说封赏，陛下把我封在当初我们相见的地方，我便已经心满意足了，那三万户，我真承受不起。诛心之言，张良的胸怀、格局跃然纸面。

我的功劳，你心里清楚，但是我真不在乎。你让我自择三万户，这分明是对我有想法，杀人这种事，你整天都有这种想法的。曹参、周勃、萧何皆为有功之臣，封赏至多不过万户，并且你指定封地，我如果真按照你说的去做，那我的脑袋不是被门挤了吗？瞧瞧大家看我的眼神！既然如此，索性我选留地（留，我以为一语双关，有请不杀之意），这里是上天安排我们见面的地方，我留在这里将永远守护属于我们之间的那份情谊，如果你日后杀我，注定会背上逆天而为的千古骂名，我相信天道，这些年我也一直在教你要相信天道。我告诉你，我们之间最大的吸引，归根结底是这一路走来，彼此传递给对方的信赖、真诚和善良，而非杀戮、竞争和利益，我们是相互成就、彼此温暖，这样的人生合乎天道。

在场的人向张良投来敬佩的目光，刘老板那颗冰冷的心被张良一番话彻底融化——再冰冷的心也有被感动的时候。

子房，你永远不给我刘三儿杀你的机会，你赢了！

信良哥得永生

> 留侯曰："洛阳虽有此固，其中小，不过数百里，田地薄，四面受敌，此非用武之国也。夫关中左殽函，右陇蜀，沃野千里，南有巴蜀之饶，北有胡苑之利，阻三面而守，独以一面东制诸侯。诸侯安定，河渭漕挽天下，西给京师；诸侯有变，顺流而下，足以委输。此所谓金城千里，天府之国也，刘敬说是也。"于是高帝即日驾，西都关中。
>
> 《史记·留侯世家》

对于汉朝定都一事，张良又一次显示了他卓越的军事才能和敏锐的战略眼光。

刘氏集团的总部放在哪里，是放在东边的洛阳，还是放在西边的长安？这对刘老板来说，是一件大事，因为他跟秦始皇一样，梦想着自己一手打造的帝国能千秋万代，永远传下去。

刘老板召开辩论大会，辩论的主题是"定都洛阳or长安"，各方登场，展开辩论，最后定都洛阳的声音逐渐占据上风，刘老板也表示倾向。

这时，娄敬（后刘邦赐姓刘，也叫刘敬）急了，这是把刚成立的刘氏集团往火坑里推啊！

娄敬力陈不可建都洛阳的理由：你刘邦怎么能仿效周室呢？罗马不是一天建成的，周室定都洛阳也不是周人一拍脑袋决定的，那是人家以德服人、世代积德的结果，可谓民心所向。而你刘老板呢？武力起家，以屠杀暴力的方式夺取政权，现在面临的形势跟当年完全不一样了，你这是在走历史的退路。

　　学者王明德在《略论汉初关中定都及其影响》一文中指出，娄敬反对刘邦定都洛阳，乃为陈述事实，"汉江山是建立在战争的废墟之上，既不具有周人建都洛阳时的政治环境，又不具备周室'德泽天下'的政治声望，更重要的是关东异姓诸侯王的存在将对刘氏政权构成潜在威胁"。①当然对异姓诸侯王的潜在威胁，我想基于特定身份，娄敬表达还比较委婉（陛下入关而都之，山东虽乱，秦之故地可全而有也）。不过不要紧，有人补位。

　　此时，刘邦的态度依然摇摆不定（上疑之）。他下意识地把目光转向张良。

　　张良本身是韩国人，他对故国感情极深，而从地缘角度来讲，洛阳与其故国比肩而立，那么他对汉朝的都城选定在洛阳理应抱支持的态度，更何况还有那么多人（左右大臣皆山东人）本身就是支持定都洛阳的，但出乎意料，张良支持娄敬，坚决反对定都洛阳。

　　真理往往掌握在少数人的手中。

　　如果说娄敬的表达比较委婉，还有所掩饰，那么张良的话便简单粗暴，直击心灵：洛阳有天险可阻挡来犯之敌，可是相对于关中之地，洛阳的天险简直是小儿科。

　　紧接着张良陈述理由——从军事角度分析在关中建都的优越性，而非个人感情。我在读这段的时候被张良的军事才能所折服，摆事实、讲道理，严丝合缝，无懈可击。关中平原沃野千里，物产丰富，可是天然粮仓，绿色氧吧，特别适合日后休养生息。战争的阴云一直笼罩在我们的头顶上，我们不能掉以轻心，一旦有来犯之敌，在广阔无垠的大平原上作战更方便施展拳脚，当然最关键的是在关中平原的北面、西面、南面皆有天险，是阻挡来犯之敌的天然屏障，我们只要集中优势兵力守住东面即可。诸侯老老实实俯首帖耳的话，那黄河、渭水可开漕运供养京师，如若诸侯蠢蠢欲动有造反迹象，那我们顺流而下，打他个流水落花春去也，所以把都城定在这里是首选。

　　最后，"双商"（智商和情商）在线的张良还不忘挺一下娄敬，称赞娄

---

① 王明德. 略论汉初关中定都及其影响 [J]. 三门峡职业技术学院学报，2009，8（1）：37–43.

敬的计策才是上策，此时的娄敬也一定像当年的樊哙一样，在心里默默说道："良仔，真是我的好兄弟！"

刘老板闻听此言，当即下定决心，收拾行囊，马上出发，弟兄们，走！跟我迁都关中。

由此，刘氏集团以关中为大本营，钳制东部诸子公司的战略格局最终形式。

如前所述，作为刘氏集团核心战略设计师、关键争议的仲裁者，张良完全可以鼓动刘邦建都洛阳，以寄托他不忘故国的一片深情，但是他却没有这样做，而是从现实情况出发，冷静且理智地向刘邦分析了迁都关中的理由，这是最让人钦佩的。

学者李久昌在《古都建构中的空间权衡及其强化——以西汉定都长安为中心》中分析，"在楚汉战争中及其结束后，刘邦为形势所迫，曾先后封臧荼为燕王、韩王信为韩王、张耳为赵王、英布为淮南王、韩信为楚王、彭越为梁王、吴芮为长沙王。七个异姓诸王封地广阔，南北连为一体，领地42郡，面积占西汉疆土的一半以上。范围约相当于战国后期关东六国故地。且占据了辽阔而富庶的关东地区的绝大部分"。[①] 刘邦必须凭借关中的形势东制诸侯，而这样的战略目的在洛阳根本无法实现。

张良又给刘邦上了一课，这一课给刘邦吃了颗"定心丸"，但是疗效只有两百多年。

合上讲义，走下讲台，张良正式退休离岗，投入夕阳的怀抱当中。引用学者杨曙明的话，张良用自己的退休生活证明，"夕阳无限好，黄昏最精彩！"

「花影压重门，疏帘铺淡月，好黄昏」

> 留侯从上击代，出奇计马邑下，及立萧何相国，所与上从容言天下事甚众，非天下所以存亡，故不著。留侯乃称曰：

---

① 李久昌. 古都建构中的空间权衡及其强化：以西汉定都长安为中心 [J]. 三门峡职业技术学院学报，2017，16（1）：18-22.

"家世相韩，及韩灭，不爱万金之资，为韩报仇强秦，天下振动。今以三寸舌为帝者师，封万户，位列侯，此布衣之极，于良足矣。愿弃人间事，欲从赤松子游耳。"乃学辟谷，道引轻身。

《史记·留侯世家》

黄昏是一天中最美丽的时刻，因为在一天当中只有这一刻可以看到美丽的夕阳红——我们误以为夕阳晚霞与晚风这种东西会有无数次，其实一生也没有几次（陈锵经典语录）。对迷路的人来说，要找到回家的路，这是最后时机。

我也不登天子船，我也不上长安眠，我要在太阳落山前把丢失的自己找回家。

退休的日子里，张良仿佛变了一个人。

曾经那个带病上岗、对待工作兢兢业业满腔热忱的优秀员工不见了，取而代之的是一个经常请病假，要不就是无故旷工，整天把自己关在家里的神秘分子。

据说他经常在家里搞绝食，装神弄鬼，从事封建迷信活动。

在别人看来，张良简直是疯了，可张良自己清楚，他没有疯，相反他的头脑异常地清醒。

尼采说过，更高级的哲人独处着，并非他喜欢孤独，而是在他的周围找不到同类。

战场上的硝烟已经散尽，冰冷的尸骨被黄沙掩埋，风在空中嘶吼，曾经锋利的宝剑如今锈迹斑斑，刀锋也不再难以越过，生存成为人生最大的命题……

韩信死。此前，有人告发韩信欲谋反，刘邦依陈平计，假称到地方视察工作，在距离韩信封地不远的地方召集群臣开会议事，趁机逮捕韩信。后因证据不足，韩信获释，但从楚王降为淮阴侯，软禁于京都。紧接着，陈豨起兵谋反，刘邦带兵平叛，韩信欲响应，其家臣之弟密报吕后，吕后和萧何设计将韩信诱骗到长乐宫中，杀韩信，夷三族。

彭越死。游击战鼻祖彭越被告谋反，刘邦逮捕彭越，废其王位，流放蜀地。彭越流放的途中，遇见吕后，向吕后哭诉，表达了自己想要魂归故里的愿望。吕后表面答应，带着他一起回到洛阳。吕后向刘邦建议，留下彭王是养虎为患，不如用一劳永逸的方法将其解决掉。于是，吕后让彭越舍人告发他阴谋造反，廷尉王恬（本名王恬启）开列举彭越种种罪行，刘邦命人诛杀彭越，夷宗族。据说，彭越被杀以后，吕后命人把彭越的尸体剁为肉酱煮成粥分给诸侯，黥布震恐，于是也反了。

白色恐怖笼罩天空，杀人的事每天都在发生着……

那是一段血腥的日子，张良对世事看得更清，对人心看得更透，那么多人或死于非命或含冤入狱，他们中有曾经一起出生入死的兄弟，也有想置他于死地的仇人，无论喜欢或者不喜欢的都已随风而逝和光同尘，这样的结果他早已料到，只是没有想到来得如此猛烈，如此血腥，如此野蛮。

世人皆言我足智多谋，那有什么意义呢？

人算计来算计去，最后不都是在算计自己吗？

前方路途凶险，张良如临深渊。

吕后几次派人到张良的府上探望，张良都避而不见，他知道这个妇人找他所为何事，那是刘邦的家事，他不想再掺和。

天下皆知，如今刘邦宠幸戚夫人，并欲废太子刘盈（吕后之子）改立小儿子赵王如意（戚夫人之子）。对刘邦这种意图打破游戏规则的行为，周昌、叔孙通等几位重臣坚决反对，而张良选择沉默。

无奈之下，吕后亲自登门，与其说请求，不如说胁迫，张良知道刘邦命不久矣，他的前途命运攥在这个妇人的手上。张良终于开口，于是"商山四皓"出山（王守仁、司马光等均对四人的身份表示怀疑，一认为四人为冒牌货，以欺骗刘老板；一认为作者崇尚奇人奇事，故有此一笔），辅佐太子刘盈。刘邦见刘盈有高人相助，知道大局已定，最终放弃立赵王如意的打算。

我想已经决定放弃一切的张良又一次直接参与到老刘家的这场争储风波当中，恐怕还有更深层次的原因，一如当初，他要帮助刘邦一统天下，为生民立命，此时的张良仍然在为那些无辜的生命做最后的努力：这个新兴的帝国已经疲惫不堪，不能再发生流血事件了，生命很沉重，也很脆弱，禁不起折腾。

是时候退出这场游戏了，人心之战比战场上的厮杀更可怕，战斗总会有结束的时候，但是人心之战却永无休止。

有人的地方，就有江湖，我已厌倦江湖，那就远离江湖。

那段日子里，张良常常想起当初年少轻狂时为了光复韩国所做的事，他舍家弃财，视死如归，纵使结果不尽如人意，他都对得起故国了。

虽然黄石公授书一事被媒体称为张良的自我炒作（韩兆琦先生曾在《〈史记〉新读》一书中指出，这个故事显然是张良发达起来以后编造的，目的是神化张良与其主子刘邦①），质疑声不绝于耳，但是他的确凭借自己的聪明才智，帮助一个风流浪荡的酒色之徒成就一番霸业，最后位极人臣，被封赏万户，人生一世，更当何求，所谓人生赢家，不过如此吧！

"愿弃人间事，欲从赤松子游耳。"一个愿字，一个欲字，这两个字都与内心有关，两个字又同为一个意思。

我要跟随上古神仙，去追寻内心的呼唤了。

张良回过头来，坦然但又不无遗憾地面对自己的一生，他有很多话想说，他一句话都没有说，他最终选择悄无声息地离开。

听从内心的召唤，远离世间纷扰，追求心中的诗和远方——这个梦想自张良而始，他的后代都致力于实现这一梦想，直到张良的第八世孙出世，他的梦想终于彻底实现，他的这个后人名叫张道陵，他创立的一门宗教，名字叫道教。

---

① 韩兆琦. 韩兆琦《史记》新读［M］. 北京：燕山出版社，2007：157.

《伍子胥列传》

疯狂的复仇者

「一个女人引发的血案」

> 无忌言于平王曰："伍奢有二子，皆贤，不诛，且为楚忧。
> 可以其父质而召之，不然，且为楚患。"王使使谓伍奢曰：
> "能致汝二子则生，不能则死。"伍奢曰："尚为人仁，呼
> 必来。员为人刚戾忍垢，能成大事，彼见来之并禽，其势必
> 不来。"
>
> 《史记·伍子胥列传》

真正的英雄不是胜利在望的勇敢者，而是明知前路坎坷或者结局注定失败却仍然无畏向前的人。

伍尚是真正的英雄。

眼前的楚平王，昏庸色情残暴，他热衷于把别人的媳妇变成自己的老婆，甚至连儿媳妇也不放过。

武奢做太子建的太傅（帝王师），无耻之徒费无忌做太子建的少傅（助教）。楚平王派费无忌到秦国替太子建迎娶秦女，费无忌见到传说中的白富美，顿时心生邪念，他回来以后，不是第一时间把秦女送进新郎的洞房，而是把她抬到了楚平王的床上，并且厚颜无耻地向楚平王提议，把儿媳妇变成媳

妇，再给儿子找个女人作媳妇。

一个真敢说，一个真敢做，楚平王粗暴地把秦女揽入怀中。

费无忌成为楚平王身边的红人，他的下一步计划是搞死太子建，不然他就没有好日子过。

那些日子，费无忌在楚王面前一直说太子坏话，楚王渐渐对太子产生猜忌。

有一天，费无忌又一如既往地诬陷太子，说太子将要对楚王不利（欲入为乱矣），这实在是一句没有根据的话，但是楚王信了。

自己的孩子不学无术思想反动，一定是老师没教育好。楚王把伍奢叫过来问话，伍奢知道是费无忌搞鬼，大义凛然地对楚王说，大王怎么能信小人的话，而怀疑骨肉亲情呢？

费无忌继续添油加醋，大王您要不采取行动，到时候他们的阴谋一旦得逞，阶下囚的身份非您莫属，伍奢和太子是一伙的。

愤怒的洪水冲垮理智的大堤，楚王命人把伍奢抓起来关进监牢，然后派人去抓捕太子建，太子建提前得到消息逃亡宋国。

费无忌心知斩草要除根，他继续鼓动楚王，伍奢有两个儿子伍尚和伍子胥，一定要全部抓起来除掉，建议用伍奢作为人质，逼两人前来，到时候一并解决。

如何引诱伍尚和伍子胥前来陪同武奢共赴黄泉？这是一道难题。再蠢的人都知道，他们来了，必死无疑。

流氓总有流氓的办法，因为他们不讲道德。

于是一个谎言在楚国上空飘荡：伍尚和伍子胥，如果你们哥俩儿来的话，你们的父亲尚且能活，否则必死无疑。

这符合流氓的气质，蛮横不讲道理，无耻没有底线，说谎不打草稿。

伍奢对两个儿子的了解使他断定伍尚一定会来，而伍子胥则不会来，伍子胥不来并不是他不孝，而是他能忍辱负重，是成大事者。

结果印证了他的判断。

兄弟二人收到楚平王的邀请函，不约而同得出一个结论：这是一场死局，无论去与不去，伍奢的结果都一样。

哥俩儿陷入两难境地。

这时候，伍子胥提出意见。他是一个理智的人，他对这件事的分析一针见血，他解决问题的办法直截了当，趁月黑风高，赶紧走人，投奔他国，借助外部势力为父亲报仇雪恨。君子报仇，十年不晚。这的确是一个不错的办法，但前提是以牺牲老子为代价，他们将背上千古骂名。

哥哥听了弟弟的话，沉思片刻，提出自己的意见。

他的话简洁而充满力量。首先他说自己也知道无论怎么做都不能救父亲的命，在这一点上他与弟弟思想统一，双方达成共识。然后他从血浓于水的亲情角度说明为什么明知前面死路一条也要毅然前往，因为不能背负千古骂名忍辱过一辈子。最后，他与其说跟弟弟商量，不如说以兄长的身份命令弟弟赶紧逃离，日后寻找机会为父亲和自己报仇。

在他看来，伍子胥完全有能力担此重任！

身为兄长，武尚的考虑显然更加周全，当然残酷的现实也要求他必须要深思熟虑，不然满盘皆输。

伍尚把生的希望让给弟弟，把死的危险留给自己，他此时的身份是兄长，但是千年以后，他成为世人眼中的英雄。所谓英雄主义，换句话说就是舍生取义。

被杀那天，伍奢和伍尚一同被押赴刑场。

伍尚在临死前的一刻，看着愁容满面的伍奢，朗声说道："爸爸您别自责，也别遗憾，弟已逃走，他说不能与您同死，是为子不孝，但是他要活下去，他会以他的方式祭奠您！"

伍奢听后，泪如雨下。这泪水是为他们父子而流，更是为楚国而流（楚国君臣且苦兵矣）。

伍奢至死还深爱着楚国……

「不义者死于不义」

伍胥既至宋，宋有华氏之乱，乃与太子建俱奔于郑。郑人甚善之。太子建又适晋，晋顷公曰："太子既善郑，郑信太子。太子能为我内应，而我攻其外，灭郑必矣。灭郑而封太子。"太子乃还郑。事未会，会自私欲杀其从者，从者知其谋，乃告之于郑。郑定公与子产诛杀太子建。建有子名胜。伍胥惧，乃与胜俱奔吴。

《史记·伍子胥列传》

被楚国夺妻，被晋国夺名，被郑国夺命，太子建以他悲剧的一生给我们上了生动的一课，这一课的内容只有四个字——不作不死。

因为皮条客费无忌的挑唆，楚王和太子建反目成仇，太子建逃到宋国。

伍子胥听闻太子建在宋，本着"敌人的敌人就是朋友"的态度，来到宋国投奔太子。

他乡遇故知，两眼泪涟涟，太子建和伍子胥抱头痛哭。

后来因为宋国内乱，太子建和伍子胥又逃到郑国。

多年以前，也有一个人是过着流亡的生活，这个人是晋文公姬重耳，不过太子建却没能像晋文公姬重耳那样忍辱负重韬光养晦，成就一世英名，而是留下了极不光彩的一笔。

太子建颠沛流离辗转避难于宋、郑两国，这些国家的国君可能是爱心人士（人道主义），也可能怀有政治目的（与楚不和），总之他们都在太子建危难之时收留了他，并且对他还颇友好，尤其是郑国国君，简直把太子建当成上宾（甚善之），满满的国际主义精神。但太子建却不懂感恩，后来竟然想帮助晋国灭掉郑国，结果阴谋败露，最终自己也被郑定公所杀。

从这个故事中，我们学到一句成语——引狼入室。郑定公躬亲示范，给这个成语作了注脚。堂堂一国之君在没有了解清楚一个逃亡之人的品性以前，是不应该"善之"的，更不敢想象还"甚善之"，可见郑国的情报工作多么滞后。

人和人之间最好的相处，不是亲密无间，而是始终保持一定距离。郑定公不懂这个道理，所以丝毫没意识到他已经站到悬崖边上。

　　太子建是野心家，可能他对郑国能否帮助自己完成复仇大业持怀疑态度（按照《东周列国志》中的说法，太子建欲回楚报仇，多次向郑定公求助，郑定公自认实力不足，主动让太子建去晋国求助），所以在郑国没有过多停留，就马不停蹄直奔晋国。

　　晋国国君同样是一个内心狂热的野心家，这家伙把打算灭郑的计划向太子建和盘托出，令人惊讶的是他一点儿没有掩饰，由此可见他对太子建这个人很了解，基于这种了解，他有把握说服太子建——利用郑国对太子建的信任和爱护，里应外合，一举将郑国从春秋的地图上抹掉。

　　恩将仇报，对曾经有恩于己的人下毒手是一件多么卑鄙龌龊的事啊！太子建竟然答应了。我想以伍子胥的眼光，他闻听此事，应该是当即表示否定的，因为以他的价值观判断，这事儿的确太不地道——不义（后来太子建被杀，伍子胥出逃，还带上了太子建的儿子，其人重义，可窥一斑），甚至很可能二人为此事还有过争执，但结果是太子建坚持要干这件不地道的事儿。

　　做人失去底线，必然走向灭亡。

　　太子建和晋顷公同属一类人，因为臭味相投才使他们在这件性质恶劣的事上形成高度共识。我以为君子无论在什么样的情况下，都要保持风范，要讲道义，富贵不淫，贫贱不移，威武不屈，哪怕苦大仇深有天大的委屈，也不能背弃道义，突破底线，这为天地所不容。太子建不讲道义，上演了一幕现实版的东郭先生与狼的故事，所以他最后非但没有报仇雪恨，反而落个被诛杀的下场，天道使然，死不足惜。

　　相对而言，他间谍身份的暴露就显得非常有戏剧性了。不讲道义的人，往往重私欲，私欲导致太子建和他的随从之间出现矛盾隔阂，这矛盾隔阂具体指什么，一块手纸？一条内裤？一支铅笔？一双球鞋？文中没有详细交代，司马迁只是巧妙地使用了"私欲"一词，其中意味，值得深思。

　　从者一气之下找到郑定公，大喊"受蒙蔽无罪，反戈一击有功"，实名检举揭发太子建阴谋灭郑的罪行——我想他作出这个决定，内心没有丝毫负罪感。"其身正，不令而行；其身不正，虽令不从"，英雄可带虎狼之师，不义之人培养出来的大多是些势利小人罢了。

小人无耻，重利轻死，不畏人诛，岂顾物议。最终，这个不起眼的甚至《史记》中没有记载名字的小人物将一个在历史上留下名字的大人物送上断头台。正如庄子所说，灾人者，人必反灾之。整件事看上去是从者害了太子建，但究其根本，是太子建自己害了自己。

义的存在，源于人们的普遍认同，正义者当以正义告慰，而不义者必死于不义。

「先学听话再学说话」

> 伍子胥说吴王僚曰："楚可破也。愿复遣公子光。"公子光谓吴王曰："彼伍胥父兄为戮于楚，而劝王伐楚者，欲以自报其仇耳。伐楚未可破也。"伍胥知公子光有内志，欲杀王而自立，未可说以外事，乃进专诸于公子光，退而与太子建之子胜耕于野。
>
> 《史记·伍子胥列传》

太子建被杀，伍子胥拉上太子建的儿子胜逃往吴国。

《史记》载，至昭关，守卫认出伍子胥和胜，二人分头逃跑，守卫穷追不舍。来到江边，一渔翁驾船驶来，伍子胥跳上船得以逃脱。过江后，伍子胥以佩剑相送，答谢渔翁的救命之恩，渔翁推辞不受："我不图你的钱财，如果我是唯利是图之人，完全可以带着你的人头去大王那里领赏。"

关于伍子胥过昭关的故事还有两个浪漫的版本。民间传说，来到昭关，伍子胥因为无法通过，急得一夜白头，变成白发魔男，最终蒙混过关；韩非子的版本更离奇，昭关的看守抓住了伍子胥，伍子胥蒙骗守卫："大王通缉我，因为怀疑我偷了他的夜明珠。现在夜明珠遗失，你把我抓回去，我就污蔑你把夜明珠拿去了。"守关者当即暴跳如雷"你以为装扮成伍子胥的样子很酷吗？那家伙是通缉犯，赶紧滚蛋！"伍子胥凭借智慧得以逃脱。

总之，伍子胥在逃往吴国的过程中，历经坎坷，中途还生了一场病，饥寒交迫，靠乞讨求生（丐帮奉伍子胥为祖师爷）。最终，他来到吴国，迎来了人生的高光时刻，也开始了他与夫差相爱相杀的一生，这是后话。

当时的吴国，正值吴王僚当权、公子光为将。伍子胥通过公子光的关系，见到吴王僚。

一见面，伍子胥哭着喊着要吴王僚攻打楚国，当时也正是攻打楚国的好时机，因为不久之前，公子光刚刚攻下了楚国的两座城池。

这时，吊诡的一幕上演。身为伍子胥的伯乐，公子光竟然站出来，反对再次对楚用兵，并且直言说伍子胥有私心，想借刀杀人，公报私仇。

伍子胥什么反应？他马上把嘴巴闭紧，低头沉默不语，像犯下错误的孩子，一句解释的话没说，跟往日的滔滔不绝口若悬河判若两人。

说话是高深的学问，听话是比说话更有学问的学问。

站在伍子胥的角度，他凭借公子光的关系见到吴王，复仇大业迈出实质性的一步。他和公子光理应站在一条战线上，一荣俱荣，一损俱损，无论日后他与吴王走得多近，也应该时刻保持清醒，相对于吴王，公子光更有可能帮助他完成复仇大业，这是伍子胥的优点，无论在什么情况下，都能始终保持理智。

站在吴王僚的角度，他是一国之君，要通盘考虑吴楚的关系，地球人都知道伍子胥的事，按他的建议攻打楚国，无非两种结果，要么大获全胜，要么一败涂地。如果大获全胜，吴王僚心里也会拧巴，自己分明被人当枪使了；如果一败涂地，吴王心里更不舒服，你让一国之君那张没长粉刺的脸往哪儿搁？

站在公子光的角度，攻楚，是他建功立业的大好机会，此前他已经率军击败了楚国的军队，要想再次打败楚国可以说是趁热打铁，分分钟解决战斗，但是他拒绝这样做。这是要闹哪样？当然是保存实力。为什么保存实力？既然不为对外的战事，那一定就是对内的斗争了。

如果换作别人，敢在老板面前公然诋毁自己，一定据理力争，极力辩解自己没有私心，完全是为老板的宏图伟业着想，天人共鉴。可这样做的结果呢？

解释即掩饰，只会让人觉得你是心虚。作为比伍子胥更受信任的人，公子光的话被吴王听进去，无论伍子胥如何辩白，在攻打楚国这件事上，吴王心中已然形成一道难以逾越的屏障。

伍子胥更加坚定自己的判断——公子光有野心，不然的话，放着胜利不去争取，于情于理说不过去。

高级的思维方式是能够控制本能欲望，控制行为冲动，做到接受现实，以退为进，等待时机。面对无人问津，受人猜忌，伍子胥选择安静下来，继续做自己该做的事情，而不是让烦躁焦虑毁掉他本就不多的热情和定力。他主动离开吴王僚，带着太子建的儿子到田间耕种，摆出要"归园田居"老老实实做农民的姿态。当然，此前他走下关键的一步棋，这步棋既是给公子光走的，更是为自己开路——向公子光举荐刺客专诸。

最终，在一次轰趴上，专诸假扮厨师，将一把匕首（鱼肠剑）藏置鱼腹中，他把鱼献于吴王僚，趁其不备，从鱼肚中抽出匕首，一举刺死吴王，公子光由此登上王位，即吴王阖闾。

伍子胥及时止损，关键时刻闭口不言，助公子光完成千秋霸业，也实现了他复仇的目标，可谓一石二鸟。

人用两年学会说话，要用一生学会闭嘴。无论是说话还是闭嘴，首先都要学会听话。

「认识你自己」

> 始伍员与申包胥为交，员之亡也，谓包胥曰："我必覆楚。"包胥曰："我必存之。"及吴兵入郢，伍子胥求昭王。既不得，乃掘楚平王墓，出其尸，鞭之三百，然后已。
>
> 《史记·伍子胥列传》

阖闾有了伍子胥的辅佐，吴国的实力与日俱增，伍子胥实现复仇大业指日可待。

可命运总爱捉弄人，正当伍子胥摩拳擦掌，准备大干一票的时候，突然从楚国那边传来消息，楚平王竟然死翘翘啦！

仿佛晴天霹雳，此时的伍子胥比当年他失去父兄的时候还痛苦，他失去手刃仇人的机会，他的人生还有什么意义？

这时，远方传来声音："人死国在，当年你父兄被杀时，国人什么表现？沉默，全体沉默。父债子还，父亲犯下的错，为什么不能让他的孩子埋单？伍员，你的使命没有结束，楚国还在，楚王的后人、楚国的人还在！"

伍子胥瞬间清醒，既然不能手刃仇人，那我就灭你的国、断你的后，我要让你死不瞑目，我要让你在天之灵不得安宁。

《大话西游》里有一句台词，"恨一个人可以十年、五十年甚至五百年这样恨下去，为什么仇恨可以大到这种地步呢？"我想答案是因为这个人让他经历了人间最痛苦的事——与爱人生离死别。显然，楚平王让伍子胥经历了这种痛苦。

公元前506年，吴军破楚，楚昭王逃。

郢都成为人间炼狱，到处流淌着血水。楚国的朝堂之上，乌烟瘴气，一片狼藉……

伍子胥站在父兄曾经站过的地方，屈辱、愤怒、悲伤、痛苦一齐袭来，伍子胥感到血涌心头，他对着眼前的王位，"噗"的一声，吐出一大口血，瘫坐在地上。

楚平王的坟墓被挖开，士兵们小心翼翼地把一具高度腐烂的尸体从墓穴中抬出，光天化日之下，伍子胥手执鞭杖，开始玩起鞭尸游戏。

当年，伍子胥咬牙切齿地说要灭掉楚国，现在他貌似做到了。但是当时有人听到他的话，回应，不会让楚国覆灭。

此人名叫申包胥。

申包胥敢说这样的话，因为他相信天道（人众者胜天，天定亦能破人）。

在外逃亡的申包胥写信给伍子胥，谴责他违背天道的行径。自古以来不乏幸灾乐祸麻木不仁的看客，而缺少仗义执言坚守道义的勇士。作为伍子胥的好友，申包胥理解他的心情，但是作为楚国人，他不能容忍伍子胥的做法，人伦天道不可违逆，楚国民众毕竟无辜。

体现在行动上的爱国才是真正的爱国。

既然你倒行逆施，那我逆流而上，去为我的国争取光亮。

秦楚联姻，楚国危机，作为亲家，秦国没理由见死不救。

申包胥满怀希望来到秦国。

没有永远的朋友，只有永恒的利益。不出意料，秦国压根儿不认这门亲。

为救国，申包胥这个老爷们儿做出惊人之举：他像受了气的小媳妇儿，在秦国的朝堂上，当着众人面，脱掉衣服，捶胸顿足，呜呜大哭起来，啪嗒、啪嗒、啪嗒……眼泪一流就是七天七夜，中间没喝一口水。戏剧中有一出《哭秦庭》，说的就是这事儿。

一个人不吃不喝，哭七天七夜，显然不符合常理，但是却把申包胥的爱国之情展现得稀里哗啦。

秦哀公竖起大拇指，不扶墙就服你！一个国家有这样的忠臣哪有覆灭的道理。他一边拿起衣服披到申包胥的身上，一边大声吟诵：岂曰无衣？与子同袍。王于兴师，修我戈矛，与子同仇。

出兵！

楚国光复。

伍子胥到底没有实现复仇大业。反而"叛国""掘墓""鞭尸"这些词儿把他推向舆论的风口浪尖，使他在楚国的人设崩塌。

为报私仇，伍子胥倒行逆施。为救国家，申包胥义无反顾。二者行为皆可谓悲壮，但是后者的动机比前者似乎更伟大。

"认识你自己！"希腊德尔斐神庙的残垣断壁上刻着这么一句话。

是人是鬼，是神是魔，是复仇者还是卖国贼？此时的伍子胥无法给出答案，因为他已经不认识自己了。

阖闾的忏悔

> 其后四年，吴王将北伐齐，越王句践用子贡之谋，乃率其众
> 以助吴，而重宝以献遗太宰嚭。太宰嚭既数受越赂，其爱信
> 越殊甚，日夜为言于吴王。吴王信用嚭之计。
>
> 《史记·伍子胥列传》

在伍子胥的努力下，吴国的霸主地位得到巩固，创造出"西破强楚，北威齐晋，南服越人"的辉煌业绩。

吴楚之战结束，吴越角逐开始。

吴国和越国本为近邻，但是春秋晚期错综复杂的国际关系背后有一个很有意思的现象，东西向相邻的秦、晋、楚、吴、越五国，凡是邻居的，都不对付，相隔的却称兄道弟（所以吴国有难，申包胥去秦国求救），吴国和越国之间一直是你给我一拳，我给你一脚，摩擦不断。

吴越战争，起初是吴王阖闾和越王允常PK，特别是允常趁吴国攻打楚国，打着援楚的旗号，趁机到吴国大捞了一把。后来允常死，句践上位，阖闾不讲武德，趁越国国丧期间搞袭击，被句践狠狠教训了一顿，阖闾也在此战中毙命。

夫差上位，吴楚战争进入新阶段。夫差上来以后干的第一件事儿是"以伯嚭为太宰，习战射"，这为他的命运埋下伏笔，可以看出，他对伍子胥的态度。

夫差疏远伍子胥，不奇怪。事实上，从伍子胥和夫差的对话，我们可以感受到，他把夫差仅仅当成小屁孩儿，这是夫差最反感的。年轻人对此都有体会，用时髦的话说，二者之间有"代沟"。

夫椒之战，夫差打败句践，句践派人求和，伍子胥向夫差谏言，不接受越国的投降，并且马上干掉句践。夫差没有采纳，而是信任伯嚭，放虎归山。

句践乔装打扮，开始他的表演。

一颗又一颗糖衣炮弹打在夫差身上，夫差彻底沦陷。

在夫差看来，越国真怕了，现在句践唯自己马首是瞻，一切以吴国的指示为"风向标"，吴国准备伐齐，句践亲自带队助吴作战，表现得比吴国的将领还要勇猛。

"句践，你该不是装的吧？"夫差在心里问道。

"不错，我是装的！"句践在心里回答，"我做这一切都是为了有朝一日把我失去的东西拿回来。"

暗地里，越国一直在跟太宰伯嚭单线联系，太宰伯嚭在吴王面前说尽句践的好话，吴王夫差渐渐麻痹酥软，对句践越发信任。

伍子胥至少三次向夫差提议灭越，句践夸张的演技使他看到一颗野心——这颗野心为伍子胥曾经所拥有。

夫差听而不闻。

破坏夫差和伍子胥的关系，奸臣伯嚭不遗余力。奸臣都有一个共同特点——贪婪，而且往往职位越高，贪心越大。越国充分利用了伯嚭的贪婪，成功麻痹吴王，最终实现灭吴大计。

越国贿赂伯嚭的手段简单粗暴，直接给钱（厚币遗吴太宰嚭以请和）。作为国之重臣，伯嚭对句践的目的应该心知肚明，但是做出的举动却是非但没有戳穿越国的阴谋，反而装傻充愣甘心被"围猎"，还三番五次充当越国的挡箭牌，甚至故意把夫差的注意力往"譬犹石田"的齐国上引，以牺牲齐国保全越国。

如果仅仅为保全越国也罢，伯嚭居然还心心念念着干掉伍子胥。奸臣的又一大特点——嫉贤妒能。

这段情节不免落入历史的俗套：伯嚭在吴王面前一个劲儿说伍子胥的坏话，最终夫差听信谗言，赐剑于伍子胥："老家伙，你自己看着办吧！"。

天空中，一道闪电划过。

伍子胥自裁之日，灾难降临吴国。

那天，句践的剑架在夫差的脖子上。寒光闪闪透出彻骨凉意。剪不断，理还乱，是离愁，别是一般滋味在心头。夫差幡然醒悟，可一切为时已晚。

伍员，我以死给你交代。

吴灭，句践以"不忠于其君，而外受重赂，与己比周（与越国勾结）"诛杀伯嚭。

奸臣最终必死于耻辱——这是他们共同的下场，也是最好的结局。

「我以我血染青天」

> 伍子胥仰天叹曰："嗟乎！谗臣嚭为乱矣，王乃反诛我。我令若父霸。自若未立时，诸公子争立，我以死争之于先王，几不得立。若既得立，欲分吴国予我，我顾不敢望也。然今若听谀臣言以杀长者。"乃告其舍人曰："必树吾墓上以梓，令可以为器；而抉吾眼县吴东门之上，以观越寇之入灭吴也。"乃自刭死。
>
> 《史记·伍子胥列传》

夫差赦免句践，伍子胥蹦出来表示反对！

夫差攻打齐国，伍子胥又蹦出来表示反对！

伍子胥动辄以老子的口吻教训夫差，说的话都是"不灭句践，你就等着后悔吧（后必悔之）""你不打越国而去打齐国，脑子进水了（不亦谬乎）"。甚至夫差派他出使齐国，他把自己的儿子托付给齐国大臣鲍牧，还生气地说："吴王不听我的建议，必然玩火自焚！"

这话传到伯嚭耳朵里，他真高兴。

正愁找不到理由办你呢！

于是，伯嚭给夫差下了最后一剂猛药："伍子胥处处与大王唱反调，现在大王要攻打齐国，伍子胥竟然把自己的儿子托付给齐人，这是夺权忤逆的节奏啊！"

夫差的回答荒诞不经："我也早怀疑他了！"

于是一把剑放在伍子胥面前。

生命即将结束，伍子胥仰天长叹。

天降罪罟，蟊贼内讧。昏椓靡共，溃溃回遹，实靖夷我邦。

看着属镂剑，伍子胥百感交集。他这一生辅佐两代吴王，进专诸、荐孙武、破大楚、败强越，历经大起大落大悲大喜，终得大彻大悟大仁大义。

这是多么悲惨的一生，又是多么辉煌的一生；这是多么荒诞的一生，又是多么真实的一生。伍子胥重新认识自己，他留下两段话。

先是说给吴王夫差听的：兼听则明，偏信则暗，大王听信奸臣的逸言，现在居然要杀害我。我曾经辅佐先王成就霸业，然后又帮助你走上王位，我对吴国忠心不二，天人共鉴，我的功劳有多大，你心里比谁都清楚，当初你称王以后，还要把吴国分给我作为报答，而我的态度呢？辞而不受。现在你却要杀害我？

伍子胥敢对吴王说这样的话，可想而知他的心情多么复杂，懊悔、惋惜、痛苦、无奈、愤怒……特别最后一句话（然今若听谀臣言以杀长者），生死之间，他没有以功臣的身份向夫差求生，而是选择以长辈的身份指责夫差亲佞远贤昏庸无道，直言吴国将灭，可见其心已死，哀莫大于心死，活着又有何用？

由此引出他的第二段话，这段话是说给舍人听的，当然在我看来，也是说给世人听的，他要世人为他作证，看他的预言是否准确。这段话慷慨悲凉：我死以后，请在我的墓前种上梓树，将来给吴国的国君做棺材用，把我的眼珠剜出来悬于都城的东门上，我要亲眼看到越国灭掉吴国。

这是伍子胥的肺腑之言，丝毫没有一点儿遮掩，但是细细品味，我以为这话并不完全是气话，而是死谏——他至死仍然坚持自己的主张，灭掉越国。他在以一种极端的方式为吴国的前途拼死一搏做最后的努力，尽管就是他为之努力奋斗的国家即将把他送上不归路，他也没有表现出丝毫的悲伤和怯懦，毕竟这个国家曾经帮助他报了家仇，毕竟这个国家给过他一个宽广的舞台，毕竟他一生中最难忘的记忆都与这个国家有关，诚然这个国家没有养育过他或者说仅仅是他人生的一个驿站，但是他爱着它，他希望看到这个国家前途一片光明，这就是伍子胥生命最后一刻所表现出来的大义，正因如此，无论后人对其如何品评（司马贞言其"抉眼弃德"，王若虚评价他是"勇而无礼，为而不顾，既自贼其君，又贼人之君，员真小人也哉"），我想人们都应该对他保持起码的敬意，因为他的气节带给人希望和力量，对一国来说，有什么比希望和力量更可贵的呢？

夫差放弃获得希望和力量的机会，但是吴国人没有放弃，他们以伍子胥的名字给一座山命名——这是对死者的最高礼遇。

有气节的人，犹如青山常在，万古长青。

利剑入喉，血溅梵天。伍子胥倒地的那一刻，想起当年脱离险境跨入吴国的那天，他拔出宝剑，仰天而歌，一个声音在耳畔久久回荡。

剑光灿灿兮出清风，仰天长歌兮震长空。

拾

《苏秦列传》

战国007的人生梦想

「从学渣到学霸」

> （苏秦）出游数岁，大困而归。兄弟嫂妹妻妾窃皆笑之，曰："周人之俗，治产业，力工商，逐什二以为务。今子释本而事口舌，困，不亦宜乎！"苏秦闻之而惭，自伤，乃闭室不出，出其书遍观之。曰："夫士业已屈首受书，而不能以取尊荣，虽多亦奚以为！"
>
> 《史记·苏秦列传》

小时候，大人教育我们努力学习，经常对我们说要拿出"头悬梁、锥刺股"的劲头儿。这个学习不要命的故事讲的就是苏秦。

有人一生靠力气吃饭，有人一生靠头脑吃饭，还有人一生靠嘴巴吃饭……尽管在很多人看来，靠嘴巴吃饭的人不一定靠得住，但是历史上就有那么一群人不管别人怎么看，一门心思就要在这一行当里闯出点儿名堂，哪怕处处碰壁头破血流也不后悔，苏秦即为典型。

俗话说，坚持不一定会成功，但不坚持一定不会成功。苏秦属于大器晚成型，当然干他们这一行的大多很晚才取得成就，这很好理解，靠嘴巴吃饭的人总是会给人一种"嘴上无毛，办事不牢"的感觉，不会轻易得到关注和信任，与嘴巴有关的成语有不少是贬义词，什么油嘴滑舌、耍嘴皮子、信口胡说、口是心非……所以靠嘴巴去建功立业真具有挑战性，简直太难了，而且还是高危职业，因为说一句话而脑袋搬家的事常发生。

《战国策》中记载，苏秦在成名之前也遭受了一番挫折——那时，他还是个踌躇满志的知识分子（注意我对其当时身份的界定），胸怀远大理想，去秦国游说，在秦惠王面前一顿神侃，秦惠王压根儿就没搭理他，一句"改天再说吧！"把他打发了（今先生俨然不远千里而庭教之，愿以异日）。

既然秦国高层对他的态度如此，那下层也不会给他好脸色。踌躇满志的知识分子变成处处碰壁的无业游民，结果帽儿破、鞋儿破、身上的衣服破，钱也花个精光，走投无路之下，他踏上回乡之路。此时的苏秦又黑又瘦，垂头丧气，脚穿一双草鞋，腿上缠着绑腿布，肩上挑着装满书籍和行李的担子，步履蹒跚地行走着，一副穷困潦倒的loser形象。

一路颠沛，苏秦回到当时的国际化大都市、他的家乡东周洛阳。

失败者走到哪儿都不招人待见，苏秦遭了不少白眼儿，特别是东周重商，周人以经商为立身之本（周人之俗，治产业，力工商，逐什二以为务），苏秦放着好好的世界五百强CEO不当，疯疯癫癫到处散布歪理邪说，关键是还没产生经济效益，连兄弟嫂妹妻妾都瞧不起他，经常挖苦讽刺打击他。

但是即便世界抛弃了苏秦，即便所有的人与他为敌，苏秦仍然没有自暴自弃，虽然他确实产生过疑问——这条路到底适合不适合他？他那一套理论会不会有老板接受？

人被逼到绝境往往会有两个选择，一个是放弃理想原路返回，去走别人走过的路，这是最稳妥的，当然付出的代价也是最大的——之前所做的努力归零，一切重新开始，走向平庸；另一个是坚持本心，沉下心来，积蓄力量，把自己变得更强大——这样做会有风险，但是高风险，高回报，卷土重来未可知，很可能一步登天，走向辉煌。

苏秦在这两个选择中苦苦挣扎。最后，强烈的自尊心使原本就不甘寂寞的他果断选择后者——想要得到骏马，不着急去追逐，而是用追马的时间耕种草场。待来年草长莺飞时，自有骏马来等你挑选。

悲观者的眼中，绝境是穷途末路，但在奋斗者眼中，绝境却是另外一个世界的开始。

沉下心，苏秦开始了大门不出二门不迈的宅男生活。他头悬梁、锥刺股，博览群书埋头苦读，其中很多书他甚至反反复复读了一遍又一遍。

读书百遍，其义自见。一时读书一时爽，一直读书一直爽。苏秦在一直爽中逐渐悟出一个道理——如果不能靠学到的东西取得尊贵荣宠的地位，那么书读得再多也没有用。"夫士业已屈首受书，而不能以取尊荣，虽多亦奚以为！"当然，这话有点功利性，但是不能因此就责怪他觉悟低，这种论调在古代社会是很有市场的。

如果我们再深思一层，在"不能靠学到的东西"和"取得尊贵荣宠的地位"之间加一句话，"解决实践当中遇到的问题"，那不正是伟大的王守仁（王阳明）先生穷极一生所悟——知行合一嘛？

苏秦思想的困惑终于得到解决。

一个人思想上的困惑一旦得到解决，那么行动上所遇到的困难就称不上困难了，因为他已经掌握了战胜困难的武器！

那一夜，四周静谧无声，唯有窗外的风声和自己的呼吸声交织。苏秦心中涌起无尽感慨，泪水夺眶而出，那是激动的泪水，因为他找到开启成功之门的钥匙……

「将忽悠进行到底」

> 臣（苏秦）闻鄙谚曰："宁为鸡口，无为牛后。"今西面交臂而臣事秦，何异于牛后乎？夫以大王之贤，挟强韩之兵，而有牛后之名，臣窃为大王羞之。
>
> 《史记·苏秦列传》

苏秦一生引以为豪壮的是他构建了战国最大"朋友圈"，完成合纵大任。

起初，苏秦并没有想串联六国搞合纵——一切拜该死的秦国所赐。

事情经过是这样的：在苏秦同学的不懈努力下，他终于学有所成，特别是在深造期间，他获得一本绝世秘籍《太公阴符》，通过对此书的认真研读，他打通任督二脉，功力大增，自信可以凭借此书再入江湖（此可以说当世之君）。

于是，怀着对崇高理想的追求，苏秦来到周显王面前，可是周显王身边的大臣斜着眼睛瞧他，一脸鄙夷。苏秦又一路西行，风尘仆仆赶到秦国，求见秦惠王，他提出连横的主张，建议秦国依靠地理优势，"吞天下，称帝而治"，秦惠王的态度十分冷淡，苏秦碰了一鼻子灰。

在此，我们先来探讨一个问题——苏秦到底去过几次秦国？这个问题貌似不是问题，鲜有人关注，史料中的记载也语焉不详。在帛书《战国纵横家书》中没有苏秦说秦失败的记载。《战国策》中载，苏秦先入秦求职，未果，后回家复读，到各国搞串联，成就大业。而《史记》中说，苏秦"出游数岁，大困而归"，进而"闭室不出，出其书遍观之"，学成后入秦，秦惠王"弗用"，于是游列国。《战国策》是《史记》的重要参考文献（《苏秦列传》中的很多文字几乎直接照搬《战国策》），司马迁参考史料态度审慎，苏秦是一次入秦、还是两次入秦，司马迁应有所关注，并且他敏锐地把握住了这一历史细节对苏秦性格的影响。陈鹏羽在其论文《苏秦研究》中对此问题深入论证，"苏秦学习《太公阴符》的一年时间放到游说秦惠王之后则会较为合理"，"苏秦游说秦惠王失败的事迹却很有可能真实发生过"。[①] 基于已有研究成果，我推断太史公应该更倾向苏秦两次入秦，旨在凸显刻苦学习的经历对苏秦性格产生的影响，为其塑造人物形象服务。这段经历，磨砺了苏秦的意志，导致后面的事情发生。

苏秦两次入秦，一次以知识分子的身份，一次以政治家的身份。第一次失败促成了他人生的转折，第二次失败使他迎来了高光时刻。

把各怀鬼胎的六个企业忽悠到一起，联合抗击更大的企业，打破一家独大的

---

① 陈鹏羽. 苏秦研究［D］. 郑州：郑州大学，2019.

垄断局面，这是一件不容易办到的事儿，但是苏秦凭借三寸不烂之舌办到了。

苏秦完成角色转换，他不再是曾经那个仅凭一腔热血就试图执掌乾坤的年轻人。失败也不会再将他打垮，只能使他越挫越勇。在周、秦求职遭拒以后，苏秦深刻反思，再去游说六国，他改变策略。

首先，更注重劝说的实效性。他向六个老板说明联合抗秦的重要性，先从地缘角度对企业各自所处的地理位置进行分析（地缘政治论的先驱），指出不同的地理位置给各个企业所带来的好处和弊端，这就好比一篇高质量的调研报告，以先进理论为指导，有对现实情况的客观分析，有详尽的数据支撑，有生动的案例作说明，使人不得不信服。

其次，更加注重劝说的针对性。国家利益高于一切，这是亘古不变的道理，如果没有利益的诱惑，六大家族的老板是不会坐下来听苏秦满嘴跑火车的，苏秦每到一个国家，针对这个国家当前面临的亟须解决的问题（利导思维），摆出一副主人翁的姿态，从保证领土完整、社会经济发展、百姓安居乐业的角度阐述联合抗秦的必要性，通过合纵战略，建立六国命运共同体，实现彼此利益最大化，这种为国家长远做打算的建议，不得不引起各位大佬的重视——你们考虑到的，我考虑到了；你们考虑不到的，我替你考虑到了。

最后，更加注重劝说的实操性。打仗非纸上谈兵，苏秦提出的每一个应对秦国进犯的策略都可操作，且成本最低，因此，六大家族才会对他那一套理论产生浓厚兴趣，特别是他为六国设计的合纵抗秦的具体方案，分别针对秦攻楚、秦攻韩魏、秦攻齐、秦攻燕、秦攻赵等几种情况对各国要采取的行动提出具体意见，简直说到了六个国君的心坎儿上。

当然，在此过程中，针对六个老板不同的性格特点、脾气秉性，乃至眼界格局，苏秦还适当地运用了一些小技巧，比如，激将法——他在劝说韩宣惠王的时候，强调韩国地理位置优越，有固可守，有险可依；装备武器精良，最先进的弓弩都是韩国制造的；士兵能打胜仗，可以以一当百，战斗力爆棚。如此强盛的国家却要向秦国俯首称臣着实可笑。他在这里用了一句"宁为鸡口、无为牛后"的农谚，指出如果君主贤能、军队强大，最后落了一个牛屁股的名声，他都感到害臊。相同的话，他忽悠齐宣王的时候也说了。当然，还有投其所好、欲擒故纵、换位思考、循循善诱、适时示弱、正话反说、同心共情、自问自答，等等，但技巧终归是技巧，大的劝说要义始终不变，因为正是这个要义才使六大家族走到一起。

这个要义只有八个字：合则共赢，斗则俱伤。

「我太难了」

> 去游燕，岁余而后得见。说燕文侯曰："燕东有朝鲜、辽东，北有林胡、楼烦，西有云中、九原，南有滹沱、易水，地方二千余里，带甲数十万，车六百乘，骑六千匹，粟支数年。南有碣石、雁门之饶，北有枣栗之利，民虽不佃作而足于枣栗矣。此所谓天府者也。"
>
> 《史记·苏秦列传》

苏秦先来到赵国，赵国的奉阳君将他拒之门外。

他又转至燕国，在这个后来改变其命运的国家，他足足被晾了一年，终于见到燕文侯。

一顿忽悠，燕文侯决定与赵国建立战略伙伴关系。

随后，苏秦马不停蹄回到赵国，在赵肃侯（奉阳君已死）面前，苏大忽悠又是一番慷慨激昂的演说，赵肃侯彻底被苏秦征服，喝下他藏好的"毒"，再也无法挣脱他的束缚，乃至最后对他"敬以国从"。

紧接着，苏秦又游说韩、魏、齐、楚，他先后摆平了以韩宣王、魏襄王、齐宣王、楚威王为首的四大家族——瞧苏秦面对的都是些什么人。

这个男人实在太难了！

上文我们分析苏秦说话的技巧，接下来，我们聊聊他说话的艺术。

苏秦见到每个老板都先是一段套路式的开场白，颇有阿谀奉承之嫌。

他夸赞燕国富庶，潜台词全在燕文侯的英明领导。

他把赵肃侯和奉阳君作比较，反衬赵肃侯仁厚爱民，乃是明君。

他声称以韩宣王之贤，韩国完全可以和秦有一拼。

他直言在魏襄王的领导下，魏国实力跟楚国不相上下。

他分析凭借齐宣王的贤和齐国的强，天下没有能与齐国抗衡的。

他见到楚威王说的第一句话就是，楚强王贤，秦最惧楚。

苏秦毕恭毕敬说这些话的时候，估计自己都感到肉麻，辞藻华丽，而且还自相矛盾（说齐楚都用了"天下莫能当"这句话）。

起初，我也觉得苏秦所言不过一些阿谀奉承华而不实的假大空套，没啥实际内容，但是你品，你细品，这里面隐藏着大学问！

那些貌似华而不实的开场白，绝不是废话，而是增进人与人之间感情、缩短彼此距离的暖心话、知心话，谁不愿意听、谁又不想继续听呢？这是高情商的表现，与学养有关，但无必然关系。

苏秦所面对的人身份特殊——国君，这就相当于你去给老板提意见，诚然要实事求是，要开诚布公，要有理有据，但你要有身份的概念，说大点儿就是伦理观念，得从现实中人的角度去考虑问题，如果不讲究方式方法，我行我素，随心所欲，很可能好心办坏事。试想如果苏秦每到一个国家，见到国君以后，像教师爷一样，开门见山把自己的政治主张和盘托出，劈头盖脸对强秦一顿臭骂，最后颐指气使地告诉对方应该怎样做，恐怕没有一个国家会待见他——哪儿凉快哪儿待着去，谁要你指手画脚。

这样的人在我们身边不是没有，而且还很多。与人交谈的时候，从不顾及别人感受，径自一个人表演了，口若悬河，滔滔不绝，对听者的反应视而不见，给人提建议也不讲分寸，哪壶不开提哪壶，揭短处，戳痛处，言语中尽显自己有先见之明，总试图把个人意愿强加给对方，更别提什么换位思考，无形中使自己一身戾气，甚至有时候一句话就把大好的气氛破坏掉了，搞得人人厌烦，何必呢？何苦呢？

再看看苏秦与君主对话时的出色表现。恭恭敬敬，小心翼翼，态度谦卑，上来先是一番溢美之词，极力避免有意无意对人造成的伤害，关键其所言以事实为依据，有材料、有见识、有机智，简直就是"议论风生"的典范（关于"议论风生"的解释可参见朱自清先生的杂文《论说话的多少》）。

燕国，他谓之天府，以舌尖上的枣栗为题，称赞燕国是美食之都、希望之国。燕文侯听了倍感亲切——赶紧上枣栗让先生尝尝！

他强调赵国的强大，露骨地说秦国最为忌惮。赵肃侯深感责任重大——赵地两千余里，军队数十万，战车马匹数不胜数，说起对抗秦国，维护世界和平，舍我其谁？

他吹捧韩国军队战斗力之强，配备了最先进的杀伤性武器（弓弩），这种武器能像机关枪一样，可以连发，厚重的铠甲都能被射穿。韩宣王扬扬自得——国之重器，谁与争锋？

他承认魏国虽小，但不必妄自菲薄，放眼望去，密密麻麻的房舍，熙熙攘攘的人群，来往商贾日夜不绝的商道，一派欣欣向荣的景象。魏襄王格外感动——先生这是在夸赞我的德行！

他把齐国国都临淄列为国际化大都市，生动地描绘出一幅繁荣喧闹的美好画卷。估计齐宣王心里乐开了花——走！我带先生去城里浪一圈。

他指出楚国军事力量的强大，从领土面积、军队数量、粮草储备等方面详细说明，声称楚国不称霸，天理难容！楚威王瞬间信心爆棚——先生快给我讲讲称霸之道。

这些话有利于苏秦达到团结六国的目的，更有利于建立六国命运共同体，怎么能说是阿谀奉承华而不实的假大空套呢？

庸人善于说话变成喉舌之争，高人则把说话变成艺术。

「最温暖的路是回家的路」

初，苏秦之燕，贷人百钱为资，及得富贵，以百金偿之。遍报诸所尝见德者。其从者有一人独未得报，乃前自言。苏秦

曰："我非忘子。子之与我至燕，再三欲去我易水之上，方
是时，我困，故望子深，是以后子。子今亦得矣。"

《史记·苏秦列传》

成功游说六国，使六国达成共识，力促六国关系升级为全面战略同盟，苏
秦做到了，他走向人生巅峰。

苏秦北上向赵王复命。他的豪华车队，浩浩荡荡，遮天蔽日，一眼望不到
尽头，所到之处，人们诚惶诚恐，无不匍匐跪拜。

途经洛阳，苏秦特意回了一趟老家。

上一次，他是大困而归，当时狼狈不堪，人们对他避而远之。

这一次，他佩戴六国相印，车还没到家，迎接他的队伍就已经把道路堵得
水泄不通。

对于此次苏秦回乡，众多史料都作了描述，那一句"使我有洛阳负郭田二
顷，吾岂能佩六国相印乎"的感慨，不同的人也作出了不一样的解读。

我有自己的想象，这是一次感恩之旅——基于苏秦取得的成就。

一个人的胸怀越宽广，他取得的成就越大，苏秦能取得那么大的成就，说
明他绝不是一个心胸狭窄的人，之所以选择回到家乡，并非源于炫耀的心理，
而是他有一颗感恩的心，他要亲自去报答那些曾经帮助过他的人。

日月明，自从容，云天万里人间冷暖情。曾经，我一败涂地，这个世界抛
弃了我。如今，我功成名就，我不会伤害这个世界。

谦卑的举止往往比咄咄的气势更令人心折。面对熟悉的面孔，苏秦找回
曾经的自己。他礼貌地跟每个人打着招呼，即便见到曾经对自己傲慢无礼的嫂
嫂，他也是毕恭毕敬以礼相待，没有流露一点儿怨恨之意。

说到这里，必须提一句成语，前倨后恭。

苏秦的嫂嫂见到"季子"（《集解》谯周云：苏秦字季子，《索隐》中解
释为小叔子，因存疑待考，故援引季子之说），一副诚惶诚恐的样子，跪在地
上，莫敢仰视。苏秦笑问，何以前倨后恭？她匍匐在地，像蛇一样爬行，埋头

说道，因为你现在地位高贵，富甲一方。

苏秦深叹一口气，望着辽阔的天空，感慨万千。人富贵，亲人都敬畏；人贫贱，没人瞧得起。亲人尚且如此，何况一般人？当初，我要真是在洛阳城边有二顷良田，现在充其量不过是一个地产商，能佩六国相印吗？

苏秦陷入沉思，他对人生产生了新的感悟。

人们对苏秦这句话的普遍解读是，人的成功是逼出来的。而我的理解是，这句话并非苏秦所言（《战国纵横家书》载，苏秦从未同时佩挂六国相印，史学家唐兰先生也曾说司马迁《苏秦传》等于后世的传奇小说，且在相同的情境下，《战国策》《史记》所载苏秦言截然不同），太史公很可能借苏秦之口，抒发己志：假如一个人安于现状，不思进取，怎能取得成就？联系太史公的悲惨遭遇，我们可以理解成他自勉的话。学者聂洁彬、龚英高等人曾在《苏秦新论》一文中对苏秦功利之徒的论调作了反驳，认为其功利观实则是人趋利性的正常表现，并且高度赞扬了苏秦"坚强个性、敢于奋斗"的精神品质——这正是太史公的品质。[1]

还有人猜测，此时苏秦应该是一种"昨天你对我爱搭不理，今天我让你高攀不起"的心态，所以其彼时的表情应该是欠扁的。我觉得这也实在是误解。所谓投桃报李，苏秦的态度一目了然：那些在我需要的时候施恩于我的人，我一直记在心里，现在我有身份有地位，但是无论身份多么显赫，地位多么高贵，都因为有你们的帮助，才成就了今天的我，如果我不报答你们，那我的书真是读到狗肚子里去了。读书为何？不就是为了明理知事学做人嘛。所以他"散千金以赐宗族朋友"。

这里又有两个细节值得玩味。

一为苏秦入燕之前曾得到一人的资助，此人给其一百钱。这次回来，苏秦特意拿出一百金去偿还他，可见他的感恩之举不是为了摆拍炒作、给路边社提供素材，他是真心实意要去回报那些恩情，这一情节被司马迁描写得惟妙惟

---

[1]　聂洁彬，龚英高. 苏秦新论［J］. 安徽教育学院学报（社会科学版），1988（4）：52-55.

肖，展示了苏秦的人格魅力，令人感动。学者李帅在《〈史记〉报恩故事与中华民族报恩观念》中说苏秦此举是"小恩大报"，我觉得这符合我们中国人的情感认知——受人滴水之恩，必当涌泉相报。①

另一为苏秦"遍报诸所尝见德者"，但是有一人却迟迟没有得到赏赐，此人心里不平衡，上前申诉，把不满之意表达了出来，苏秦的回答颇为有趣：我没忘记你，你与我去燕国，三番五次要离我而去，当时正值我困顿之时，所以对你，我一直有意见，此时也就表现得稍显怠慢，现在你也可以得到赏赐了。

我不会因为你曾经想抛弃我而怀恨在心，但是我要让你明白我也是有棱角的，该给你的我还会给你（子今亦得矣）。

宽容且有原则的人，往往有大海般的格局，不要以今日世俗之心去揣度昔日古人之意，苏秦回家，恐怕真不是为炫耀——他就是想回家了！

「为梦想而奋斗」

> 苏秦曰："孝如曾参，义不离其亲一宿于外，王又安能使之步行千里而事弱燕之危王哉？廉如伯夷，义不为孤竹君之嗣，不肯为武王臣，不受封侯而饿死首阳山下。有廉如此，王又安能使之步行千里而行进取于齐哉？信如尾生，与女子期于梁下，女子不来，水至不去，抱柱而死。有信如此，王又安能使之步行千里却齐之强兵哉？臣所谓以忠信得罪于上者也。"
>
> 《史记·苏秦列传》

合纵大业完成，苏秦被封为武安君（武功治世、威信安邦）。苏秦上任以后干的第一件事，就是派人给秦国送去请柬：合纵同盟建立，欢迎秦王来参加典礼，共襄盛举。

---

① 李帅. 《史记》报恩故事与中华民族报恩观念［J］. 渭南师范学院学报，2020, 35（3）：23-29.

聪明的人善于把敌人变成朋友，愚蠢的人总是把朋友变成敌人。

当初你打我的脸，现在我要还一巴掌回去。我不是报复，我是要证明自己的价值——你从未意识到的价值。

据说，秦国十五年不敢出函谷关。

张大可先生在《史记全本新注》中分析，这一信息是可靠的——据《六国年表》，苏秦说燕是在燕文公二十八年，公元前334年。东方六国第一次合纵攻秦在燕王哙三年，公元前318年。此役楚、赵、魏、韩、燕五国之师攻秦至函谷关败还，从约解。其间十七年，秦兵东出的大战只有公元前331年的秦魏雕阴之战，可见秦兵十五年不敢东出是可信的。十七年而言十五年，因苏秦死于公元前320年，挂六国相印为十五年。[①]

有人联合，势必有人要破坏。六大家族建立合纵联盟，这是要把秦国搞死的模式。秦国怎能不有所作为？于是搞破坏的人从秦国出发了……

先是齐国，然后是魏国，两大家族被成功瓦解，他们联合起来，攻打赵国。

一场游戏一场梦，赵王的心碎成一片，他对苏秦怒目而视——说好的相亲相爱一家人呢？

既然有人不讲规则，那必须让他付出代价，苏秦指天而誓。他要求出使燕国，去寻求帮助。

合纵联盟荡然无存。

当时，燕国恰逢燕文侯去世，燕易王继位，趁新政权尚不稳定，齐国又突然发兵攻打燕国，夺取十座城池。

这场侵略战争使刚刚继位的燕易王大为惊恐，燕易王赶紧找来苏秦，你呀，天天喊着要我们团结一致共同抗秦，我老爹听信你的话，跟其他几个国家签订协议，建立战略合作伙伴关系，本以为大家成了相亲相爱的一家人，一荣俱荣，一损俱损，谁承想无耻齐国就没拿我们当家人，先打赵，又攻燕，使两个国家受到侮辱，沦为天下笑柄。现在你能把我们失去的土地拿回来吗？

---

① 张大可. 史记全本新注（三）[M]. 西安：三秦出版社，1992：1390.

苏秦的脸一下子红到脖子根儿，无耻齐国，坏我大业，一世英名，毁于你手，好吧！我代表正义消灭你。

苏秦主动提出申请，出使齐国，为燕国讨回被夺的十座城池。

来到齐国，苏秦见到齐王。出乎意料的是，他见到齐王以后，并非怒目而视，声讨齐国不义，而是笑呵呵地先对齐王表示祝贺。

将欲取之必先与之。又是老一套！

突然，苏秦一副很悲痛的样子，连连向齐王表示哀悼，搞得齐王丈二的和尚——摸不着头脑，这家伙怎么变脸比翻书还快？

苏秦开始演讲，题为《论侵略燕国给齐国带来的灾难》，指出秦燕两国是翁婿之国（燕易王的老婆是秦惠王的女儿），齐国贪图十座城邑的蝇头小利益，与秦国结怨。如果燕国为前锋，秦军必紧随其后，其他诸侯国也会跟着一同攻打齐国，这对齐国来说不是灾难又是什么呢？

齐王一副恍然大悟的样子，连忙把十座城池归还给燕国。

未动一兵一卒为燕国讨回十座城池，避免了一场不知会使多少人死于非命的战争，当苏秦还沉浸在胜利的喜悦中时，却突然被告知有人在燕王面前抹黑他，毁谤他是乱臣贼子（将作乱）。

苏秦的心情一下子不美丽了。他必须尽快赶回燕国，他必须面见燕王，他必须把一颗滚烫的红心掏出来给燕王瞧瞧。

来到燕王面前，苏秦看到的是一张写满不信任的脸。他知道自己接下来说的话关乎生死，如何在最短的时间里向燕王尽表忠心，获取燕王的信任，他要迅速找一个准确的切入点，而且要有吸引力。

苏秦又开始第二场演讲，题为《孝悌忠信之我见》。他选择忠信作为切入点，采用的是讲故事的方式（有吸引力）。

对于忠信，苏秦自有己见，他不赞同草率盲目的忠信，忠信固然要讲原则，但更要懂得顺势而为，否则就是一根筋的忠，缺心眼的信，他以三个人为例，分别是孝的代表曾参、忠的代表伯夷、信的代表尾生，苏秦逆常理而论，从一个独特的视角向燕王说明如果原则讲过了头，那么孝就是小孝，忠就是愚忠，信就是盲信，没一个能帮助国家解决实际问题，甚至还有可能害了这个国家。

最后苏秦以一个婚外情的故事升华主题：女子与人私通，丈夫回来后，女子恐丑行暴露，欲用毒酒害夫，小妾得知此事，本着维护家庭安定团结的目的，故意跌倒把酒打翻，结果既使男主人免于一死，又使女主人得以活命，而自己委屈地白白挨了一顿鞭子。

苏秦自比故事中的小妾，点明主题，表明他对君王是"一片冰心在玉壶"，同时又诉说了自己"可以荐嘉客，奈何阻重深"的委屈无奈，我都被这老兄的话感动了！

燕王很高兴，不仅恢复了苏秦的职位，还对他更加优待。

人有梦想不难，难的是坚持梦想，为梦想而奋斗。后人评价苏秦所为是为报答燕国的知遇之恩，我不以为然，从起初推动合纵大业到后来从事间谍活动，苏秦始终斡旋在几个国家之间，无论哪个国家的君主，本质上都是相同的，这一点苏秦不会不清楚。因为他们，这个男人经历了太多的猜忌、误解、诋毁、诽谤，而他，想必在孤单清冷的夜晚，也有过伤心、迷茫、焦虑、彷徨，但最终他还是选择坚持，坚持继续走下去，即便可以预知前方道阻且长，迎接他的是死亡。

为梦想而战，死得其所，苏秦时刻准备着。

「我的人生没有遗憾」

> 苏秦且死，乃谓齐王曰："臣即死，车裂臣以徇于市，曰'苏秦为燕作乱于齐'，如此则臣之贼必得矣。"于是如其言，而杀苏秦者果自出，齐王因而诛之。
>
> 《史记·苏秦列传》

特工，一个特殊的群体，优秀的特工，为人所憎恨，包括敌人、朋友，甚至亲人，他们敢常人所不敢，能常人所不能，为常人所不愿，忍常人所不能忍，甚至行常人所不齿，做常人所不屑。

生命的最后，苏秦把全部时间和精力都用在了搞垮齐国上，优秀特工的潜质在他身上得到充分体现。

其间，一起桃色新闻一度占据《战国日报》的头版头条。关于这起桃色事件，《史记》中作了记载，说苏秦和燕文侯的妻子（燕易王之母）建立了肉体和灵魂上的友谊（易王母，文侯夫人，与苏秦私通）。

燕国的惊天丑闻！

可诡异的是，明明此事对燕易王的个人形象造成了极大损害，他却非但没有生气，反而对待苏秦更好了。

事出反常必有妖，燕王的暧昧引起苏秦的警惕，书上说他"恐诛"，于是主动请求去齐国搞破坏，燕易王同意，于是二人上演了一场苦肉计，苏秦成功打入齐国内部，开始他的特工生涯。

苏秦在齐国充分发挥他的聪明才智，本着"毁你没商量"的原则，把齐国搞得乌烟瘴气、鸡犬不宁。对此，《战国纵横家书》中作了更为详细的记载。苏秦极力破坏齐国与其他国家之间的关系，把齐国的注意力成功转移到宋国，导演了一场"五国伐齐"的年度大戏，最终彻底拖垮齐国，而他也以死间（此说法出自《孙子兵法》）的方式完成了自己的使命。

苏秦之死扑朔迷离，史家众说纷纭，即便是《史记》中的记载也有矛盾的地方，综合《战国策》《史记》《战国纵横家书》等史料，大体说法如下：一种说法是苏秦的间谍身份暴露，齐湣王大怒，将他处以极刑，车裂于市；另一种说法是因齐国的大臣嫉恨苏秦，于是派人刺杀他，苏秦身受重伤，刺客逃逸，苏秦临死前泪流满面地握着齐王的手说，他死后，将他的尸体车裂，然后放出风去，对外宣称苏秦是燕国的间谍，杀苏秦者乃有功之臣，这样刺客就会自动现身。按照后一种说法，苏秦死后，齐湣王依计，果然抓到凶手，为苏秦报了仇。学者郑杰文还在《由帛书〈战国纵横家书〉说苏秦死因》中提出苏秦是因为在间齐过程中由为燕间齐转向真心为齐国服务，故而被燕王将计就计借齐湣王之手处死。[1]

在此，我要对太史公说"不"了，因为我倾向第一种说法。《史记》中的记载虽然情节跌宕、生动刺激，但仔细品，显然充满文学色彩，太史公为了展现苏秦"其智有过人者"，达到"毋令独蒙恶声"的创作目的，很可能以史实为依据，据坊间传闻，对事件进行了加工处理。齐湣王大可不必劳师动众车裂苏秦的尸体，他只要昭告天下，杀苏秦者有功，即可以达到目的。从苏秦方面来讲，即便他真的有此计谋，也不必选择车裂这种极端刑罚——把自己的头和四肢分别绑在五辆车上，套上马匹，向不同的方向拉，将身体硬生生撕裂为五块，这样的刑罚想想都觉得可怖。事实上，在《苏秦列传》一文的结尾，司马迁也承认，世人谈论苏秦，说法不一，不同时期和苏秦相类似的事迹，都附会到苏秦身上。由此可见，太史公本人对苏秦的某些经历也持怀疑态度。

相对苏秦的死因，我更在意的是他面对死亡的态度——死而无悔，一切以梦想的实现为前提。

苏秦一生中最得意的两笔即为完成合纵、凭一己之力颠覆一国，前者为外交上所取得的巨大成就，后者为谍报工作这一隐秘而伟大的事业树立了光辉典范。学者储道立、熊剑平曾在《苏秦间谍案述评》中对苏秦谍战生涯给予高度评价，谓其"上智"者，分析其素质和才干"已经远远超出了对于一般意义上的间谍的要求，而是集谍报经营、战略分析、谋略运用和军事外交于一身"。[2]

优秀的特工可以对死亡感到恐惧（人性使然），但是他有直面的勇气——梦想赋予的勇气。

君如虎，对苏秦而言，齐湣王是比老虎更可怕的存在，因为他做的一切都是为颠覆齐国，一旦身份暴露，等待他的只有一死，对此他心里清楚，所以在齐国的每一分每一秒，他都仿佛行走在刀锋上。

但是当真正的死亡如期而至时，想必苏秦的表现反倒令人惊叹。

一切即将伴随朝阳升起而结束，他完成了使命，齐国这棵大树的根须已经

①　郑杰文. 由帛书《战国纵横家书》说苏秦死因［J］. 文学前沿，2000（1）：64-75.
②　储道立，熊剑平. 苏秦间谍案述评［J］. 军事历史研究，2003（4）：117-123.

被他彻底腐蚀，当这棵大树轰然倒塌的那一刻，历史将把他载入史册，死亡只会使记录他的那一笔显得更加悲壮。所以，转身离去的那一刻，他仰天大笑，向因愤怒而面部扭曲的齐湣王投去不屑的一瞥。

"你还有什么遗憾吗？"齐湣王不无惋惜地问道，毕竟他曾经一度把苏秦视为人生知己。

"我的人生没有遗憾。"苏秦的回答毫不犹豫——他从未把齐湣王视作知己。

拾 壹

《孟尝君列传》

黑老大的悲剧人生

「最佳辩手」

> 文顿首，因曰："君所以不举五月子者，何故？"婴曰："五月子者，长与户齐，将不利其父母。"文曰："人生受命于天乎？将受命于户邪？"婴默然。文曰："必受命于天，君何忧焉。必受命于户，则可高其户耳，谁能至者！"婴曰："子休矣。"
>
> 《史记·孟尝君列传》

《礼记·月令》中载："是月也，日长至，阴阳争，死生分。君子齐戒，处必掩身，毋躁。止声色，毋或进。薄滋味，毋致和。节者欲，定心气，百官静事毋刑，以定晏阴之所成。"[①]

对先秦人而言，农历五月是一年当中最不吉利的月份，也被称为"恶月"，而五月五日这一天尤甚，迷信的古人把这一天与恶和毒联系起来，于是这天就有了一些为人所惧怕的禁忌。

活该倒霉，田文恰恰出生在此日。之前，他那个颇懂女人心的父亲田婴料

---

① 礼记［M］. 胡平生，张萌，译注. 北京：中华书局，2017：320.

到自己将在五月五日得到一个孩子，所以已经有了四十多个孩子的他果断要求自己的女人去医院把孩子做掉，以免影响他升官发财。

伟大的母爱就像强劲的秋风，可以扫除一切落在地上的枯枝败叶，虽然《史记》中记载的这个女人被称作"贱妾"，但并不妨碍她在复杂的环境中对人生大事作出理智的决断，比如养儿防老一事——这是我的瞎猜。她深知在一个人心浮动波诡云谲的时代，肚子里的孩子是她活下去的唯一希望，将来谁都有可能将她抛弃，只有自己的孩子不会。何况那个名叫田婴的男人身边最不缺的就是女人，真等到她人老珠黄的一天，他还会像今天一样在花前月下叫她小甜甜而不是牛夫人吗？她可以放弃生命，但是不能放弃希望，于是她背着丈夫偷偷生下田文并把他抚养成人。

多年以后，她战战兢兢地把田文领到田婴面前。

田婴听完女人声泪俱下的陈述，怒不可遏，可是木已成舟，使用家庭暴力除了给自己徒增恶名，又能改变什么呢？

面对眼前天真地望着他露出缺心眼儿似的傻笑的儿子，联想到上古流传下来的可怕传说，田婴深深叹口气，对未来充满莫名的担心和恐惧。

少年田文了解父亲的心思，他走上前去，一本正经地问父亲："老爸，五月出生的孩子怎么啦？难道罪大恶极不成？"

田婴回答，五月出生的孩子长大以后和门户一样高，将对父母不利。

听听这话，没文化，没素质，没人性，相对自己那个"贱妾"身份的母亲，这个父亲显得多么无知和愚昧！

我欣赏田文接下来说的话，因为他接下来的话说明他不相信天在掌握他的命运，他的命运掌握在自己的手中。

针对男人的无知和愚昧，田文从两个关键点切入展开论述：天命和门户——男人困惑的根源所在，提出问题的解决办法。

把问题想明白，问题就解决了一半——想当年，我初涉江湖，魏青松先生向我传授江湖经验，其中一条就是，遇到问题，一定要想，反复去想。刚开始我不以为然，等到行走江湖多年挨了数刀以后，才深得精髓。

　　怎样想，想什么呢？用逆向思维去想，以辩证的眼光从问题的相反方向出发去寻找答案：你说我们要遵从天命，是吧？那好，人的出生非个人意志决定的，而是偶然事件，所谓相请不如偶遇，一切顺其自然，是最好的安排，我出生在五月五日，这是天意，一年里，只有在这一天老爸才能搞搞娱乐，吃粽子、看龙舟、系五彩绳、佩戴香囊、饮雄黄酒，这不就是我给老爸带来的好运吗？可见，"五月初五恶毒日"之说分明是伪命题。另外，老爸您说五月出生的孩子"长与户齐，将不利其父母"，也就是说孩子不高于门户，父母就会得利，那好办！何不根据我的身高，重立门户，这样问题不就迎刃而解了吗？

　　田婴哑口无言，这小兔崽子想问题还真有一套啊！

　　田文的辩词，体现出一种高级的思维方式——辩证看待问题。学者文学平在《论马克思的问题辩证法》中对问题的定义是"人们想要解答的事物的矛盾"，而问题又分为真问题和伪问题，伪问题即"前提有误的问题，或解答条件预设有误的问题"，那么伪问题如何解答？"对于伪问题而言，问题分析就是问题批判，否定问题就是问题的答案。"[①]田婴不假思考，依据世俗观念，想当然地提出一个伪问题，田文抓住这个伪问题的本质，揭露问题自相矛盾的地方，因为存在矛盾，所以答案无解，而无解又为世俗观念根深蒂固的田婴所不能接受，所以田文要对这个问题进行批判，批判即为他分析问题的过程，通过对问题的批判进而否定问题，最终推翻田婴的论断。

　　思想是武器，能说是火力，强大的武器配上猛烈的火力，不怕战胜不了你的无知和愚昧——老爹也不惯着。

「开始即结束」

> 文曰："君用事相齐，至今三王矣，齐不加广而君私家富累万金，门下不见一贤者。文闻将门必有将，相门必有相。今

---

① 文学平. 论马克思的问题辩证法［J］. 学术研究，2020（7）：23-29.

君后宫蹈绮縠而士不得短褐，仆妾余粱肉而士不厌糟糠。今君又尚厚积余藏，欲以遗所不知何人，而忘公家之事日损，文窃怪之。"于是婴乃礼文，使主家待宾客。

《史记·孟尝君列传》

一个人要想成事，不能等待机会，而是要去创造机会。

经过一番思想上的碰撞、一场心贴心的交流，田婴对计划生育之外的这个儿子转变态度，他发现田文天赋异禀，跟其他孩子不一样，他的思维别致、思想前卫、思路清晰、思绪万千……

那一天，田文来到父亲面前。

每次这个问题少年的出现，都会令田婴感到心头一紧。我高中的时候，每次上物理课，老师看到我举手，脸上会划过一丝不安，他不知道下一秒我会问出什么稀奇古怪的问题，他曾经捂着胸口说，我令他肝儿颤。

果不其然，田文先向老爹表示问候，紧接着发问了，而且这个问题显然还是个陷阱：老爸，您知道自己的后世子孙什么样吗？

热衷搞封建迷信活动的田婴当然回答不知道——问谁谁知道？

随后，田文围绕父亲的回答展开论述：既然您不知道后世子孙是什么样子，那您为何还要把积存的资财留给他们呢？也许他们是一群不肖子孙呢？您现在声名显赫腰缠万贯，是齐国大名鼎鼎的政府首脑、首屈一指的金融大亨，可是您身边一个贤能之人都没有，倒是您的妻妾颇受优待，真是细思极恐啊！

田婴一听，如当头一棒，大吃一惊，小小年纪想问题居然这么有远见，真是潜力股啊！

通过这次哲学之问，田婴主动让贤，指定他为接班人，并郑重其事地把家务大权交给他。

田文欣然接受。这是他为自己争取来的机会。

这个后来犯下无数大案要案的黑社会头目，以此为起点一步一步走上战国舞台，开始他跌宕起伏精彩纷呈的一生。

无名的田文成为顶流的孟尝君。

孟尝君在历史上以不拘一格广纳贤才而闻名，这是正史记载的他第一次在公开场合表达自己的人才观，不要说发生在先秦时代，就是几千年以后的今天，这样的观念也不过时。

孟尝君没有直接表明立场，大谈人才多么重要，在对话中使用的语言也相当朴素，但是道理不言自明，耐人寻味。

一方面，他为什么会把人才和妻妾仆人摆在一起？因为这是身份截然相反的两种人，没有对比没有伤害，他要通过强烈的反差来启发田婴，也正是通过对比，人才的重要性被凸显出来：别看老爹今天笑得欢，就怕将来拉清单。当你在名利场上遭受挫折真遇到困难的时候，妻妾仆人救不了你，只有那些有才能的人才能救你。单凭这一点，你还不重视他们吗？

另一方面，为什么要把关于人才待遇的问题提上议事日程？通过巨大的反差提出当下亟须解决的问题：后宫生活条件优越，而士人呢？连粗布衣服都穿不上，你当大哥的，要逼他们裸奔吗？下人尚且能在残羹冷炙里找到一口肉吃，而士人呢？糟糠入口还常常填不饱肚子，你忍心吗？连基本的温饱都保障不了，五险一金也不给人家交，那人家还会死心塌地跟你吃着火锅唱着歌喝着啤酒勇闯天涯吗？他指出了笼络人才的关键，即优待他们，甚至给他们的待遇超过妻妾，让他们过上富足的日子。

有学者因为孟尝君的这段论述指出，孟尝君具备了成熟的人才观。但是我认为这样说夸大其词，所谓成熟，孟尝君还差得远——他的思想本身存在问题，事实证明，在这样的思想支配下，他后来所组建起来的不是聚拢人才的团队，而是由社会闲散人员组成的具有黑社会性质的团伙，这样的利益集团不仅成不了事，还会对社会产生危害：孟尝君强调以物质利益吸引人才，忽视他们的精神需求，他内心深处对人才没有给予充分尊重，缺乏正确的价值引导，他做的一切仅仅以求全为底线，而于国无益处，即便他已经认识到国家危机（公家之事日损）。后来发生的事也印证了这点，无论是鸡鸣狗盗之徒，还是为后世所称道的冯谖，这些人干的事儿我们可以谓之机智，但归根结底目的只是保护孟尝君。

《鬼谷子·谋篇》中说，相益则亲，相损则疏。靠利益建立起来的关系是最靠不住的。

孟尝君的结局，从开始已经注定。

「多一些真诚，少一些演技」

> 孟尝君在薛，招致诸侯宾客及亡人有罪者，皆归孟尝君。孟尝君舍业厚遇之，以故倾天下之士。食客数千人，无贵贱一与文等。孟尝君待客坐语，而屏风后常有侍史，主记君所与客语，问亲戚居处。客去，孟尝君已使使存问，献遗其亲戚。
>
> 《史记·孟尝君列传》

如果给孟尝君画像，他应该被描画成叼雪茄、戴墨镜、粗脖子上挂金链、胸前文一对皮皮虾、眼神中透着几分刁钻诡诈的黑帮大佬的形象。

孟尝君在薛地建立起一个庞大的黑色帝国，在各大网站发布招聘信息，通过多种手段，招兵买马，培植个人势力，他的招聘没有条件限制，不设最低门槛，本着多多益善、来者不拒的原则，对那些前来投奔的人，不分贵贱，不问出身，照单全收，甚至犯罪逃亡的通缉犯，他也毫不忌讳，以此可以看出，此人可能真的极度缺乏安全感。学者唐中云在《父母请给孩子一个充满安全感的童年》中大胆分析："孟尝君的童年是一个没有受过良好教育的被抛弃的缺乏安全感的童年……他的过分逐利行为除了人的本性的因素外，跟他童年被弃的经历也有关。"[①]

孟尝君招人，手段无所不用其极，特别是他在招聘过程中所展现出的高超演技，简直到了炉火纯青的地步。

---

① 唐中云. 父母请给孩子一个充满安全感的童年：读《史记·孟尝君列传》［J］. 中小学心理健康教育，2018（2）：78-79.

此人仗义疏财，但绝不是家里有矿的傻大款，他对门客不仅以优厚的礼遇相待，更是把"追求女生，先把她身边人搞定"的恋爱招数移花接木，用到应聘者身上，屡试不爽！

据说每次面试，孟尝君都会安排秘书在屏风后面，记录他与宾客之间的谈话内容，随后派人到宾客家中进行家访，并送上一份厚礼。我不禁想起多年前热播的警匪剧《征服》里面的桥段，黑势力头目刘华强找来杀手金宝和王大鹏，见到二人，刘华强从抽屉里取出一沓钱，交给手下，让手下把钱寄给金宝和王大鹏的家人，二人被这点儿眼前利益蒙蔽，切断了所有退路，拍着胸脯对天发誓，他们哥俩儿的命以后是强哥的了。想必高群书导演在拍摄这段的时候受到了孟尝君的启发。

大佬田演技更出彩的是他在收买人心过程中刻意展现出的对平等理念的追求，他与手下有衣同穿、有饭同食、有车同坐、有钱同使，显得没一点儿大哥架子，颇有亲和力。司马迁讲了这么一件事：孟尝君与宾客在一起用餐，因为光线问题，一宾客看不清摆在孟尝君面前的饭菜，心生不满，疯狂吐槽，遇到这种情况，换成别人，可能一声令下把他轰出去，但是你看人家孟尝君的反应，他赶紧起身恭恭敬敬把饭菜端到宾客面前，宾客一看，孟尝君吃的是和他一样的饭菜，顿时羞愧难当，二话没说，拔剑就把自己结果了。

按后退键，慢镜头回放，通过孟尝君的举动，我们分析他是不是真的在追求平等：孟尝君身为大佬，能与小弟共同进餐，而不是吃小灶，从表面上看，我们可以理解为其与宾客建立了一种平等关系。面对小弟无理取闹，他非但没有恼怒，反而马上摆出谦恭的姿态，把饭菜主动端到小弟面前（孟尝君起，自持其饭比之）。此举好像又说明这个人心胸宽广，有容人之量，请观众朋友们不要被这些表象所迷惑，接下来才是重点。既然他已经通过自己的实际行动消除了小弟的误解，那么接下来，他理应通过一种相对自然的方式化解彼此的尴尬，比如哈哈一笑，轻描淡写地开个玩笑，然后好像什么事儿也没有发生过一样回去继续用餐。即便这时小弟拔剑做出轻生之举，他也完全可以趁势阻拦，好言相劝，我想此人会感激涕零，日后对他更加死心塌地。这才是朋友间的平等相处之道。而孟尝君呢？历史没有记载，但是我想他的表现应该是冷漠的：宾客从拔剑到自刎，不会是一气呵成无缝衔接，孟尝君也不会连一秒钟的反应时间也没有，只有他不想或者说不愿意做出反应，才会导致一个结果——一条鲜活的生命白白葬送。学者谢元鲤在《齐国罪人孟尝君》中，将此事中的自杀者喻为"贪图蝇头小利而不识大体的无知蠢才"，指出"孟尝君表面上与门客同居共食，实际上门客们不过是他豢养的鹰犬"，"这种强烈的人生依附关系，是后代黑社会的一大特色"。[①] 因此在我看来，孟尝君所制造的平等，不过是形式上的平等，谈不上尊重、包容，所以他是刻意而为，实质上炫的是演技。

凭借精湛的演技，孟尝君征服门人，而这些人后来集体将他背叛。

俗语常说"人生如戏，全靠演技"，孟尝君听到这话，不知道会作何感想，至少经历了后来的变故，我敢说他不会苟同。

人生非戏，不靠演技，多点真诚，少点套路，世界才会变得美好——孟尝君的人生本应美好。

被误读的鸡鸣狗盗

> 始孟尝君列此二人于宾客，宾客尽羞之，及孟尝君有秦难，卒此二人拔之。自是之后，客皆服。
>
> 《史记·孟尝君列传》

孟尝君这个大佬当得太优秀了，出入车马随从，前呼后拥，俨然一副流量明星的派头，远在秦国的秦昭王作为他的粉丝，哭着喊着请他去秦国潇洒走一回，甚至甘愿将泾阳君送到齐国作人质。

孟尝君心潮澎湃，欲满足粉丝的愿望，手下的小弟纷纷劝他不要上当，最后还是苏代把他说服，赴秦一事遂作罢。

---

① 谢元鲤. 齐国罪人孟尝君［J］. 管子学刊，1991（3）：44-46.

邻里之间还经常要串门呢，国与国之间不能不走动，孟尝君终究作为齐国的代表被派出使秦国，偶像和粉丝终于得以见面。秦昭王对偶像显得无比大方，居然准备委托他为秦相。

秦王糊涂，臣子可不糊涂，有听说过为了美人而放弃江山的，没听说过为了追星而放弃江山的，这分明是把秦国往火坑里推！于是，秦昭王听到这样的话：孟尝君再厉害，终归是齐国人，让他当秦相，他首先要维护的是齐国的利益，这无异于引狼入室，秦国危在旦夕啦！

秦昭王崇拜孟尝君，但是还没到骨灰级粉丝的地步，这样的话使他如梦初醒，不能因为一个孟尝君而葬送秦人世代基业。于是，孟尝君被投入监狱——昨天还在给他疯狂刷礼物的粉丝，今天就拿刀准备将他干掉。秦王这小风抽得实在有些荒谬。

于是，"鸡鸣狗盗"这句成语应运而生：孟尝君被扣留，一门客夜入秦宫，装成狗，偷出已经送给秦王的狐裘，转送秦王的宠姬，使她说服秦王，孟尝君得以脱身。一群人匆匆行至函谷关，天色尚早，城门紧闭，又一门客装成鸡，此鸡堪称公鸡中的战斗机，叫声一起，群鸡响应，遂骗开城门，最终逃回齐国。鸡鸣狗盗之徒着实厉害，关键时刻救了孟尝君的命，小弟们纷纷竖起大拇指，啧啧称赞，"还是大哥有眼光"，一改之前对二人的轻慢之态。

当年鸡鸣狗盗之徒前来投奔孟尝君，其他宾客都感觉是对他们的侮辱，反对的声音不绝于耳，但是正如前文所述，孟尝君招揽人才的原则是多多益善、来者不拒，他坚守没节操没底线的原则，力排众议，聘用了二人。

我相信孟尝君不具备未卜先知的能力，换言之，他当时不可能预料到后面将发生的事情，他只是出于自我保护的本能：万一有一天用得上呢？

能有这样未雨绸缪的想法，说明孟尝君有眼光，从辩证的角度来看，这也是他不讲原则招揽人才为数不多值得点赞的地方：给草根阶层的人提供逆袭的机会和平台。如果没有机会和平台，诸如鸡鸣狗盗之徒很可能一辈子都不会出现在历史的榜单上。

鸡鸣狗盗之徒也不可能想到有一天他们会成为孟尝君的救命恩人，也许他们当时只是抱着试试看的心态找到孟尝君——能不能进球，先踢一脚再说。没想到这一脚他们踢得很准，也正是因为这一脚，他们给自己踢出个未来，在历史的光荣榜上留下了浓墨重彩的一笔。

时至今日人们仍然对鸡鸣狗盗之徒持贬斥的态度，这句成语在当代汉语中的含义极不优雅，比喻低贱卑下的技能或行为，亦指具有这种技能或行为的人，这样的比喻实在是对人的轻辱。我想至少他们投奔孟尝君的动因是值得肯定的：寻找机会，实现自己的价值。纵然在别人看来，他们的价值虚无缥缈。而当有一天，他们真的依靠自己的本领成为这条街最靓的仔时，理应获得别人的尊重和喝彩，毕竟他们使我们看到一种追求向上的人生姿态。

自此以后，所有的宾客都对孟尝君竖起大拇指（自是之后，客皆服），还是老大看得长远，佩服！

宾客们的话也很有意思。我们可以推断，在此之前，孟尝君所带领的队伍是自由散漫的，小弟们对老大看法不一，其中不乏投机分子，孟尝君要做的一项重要工作就是服众，确立他的权威，这需要机会。恰好鸡鸣狗盗之徒给他送上机会，所以太史公讲完鸡鸣狗盗的故事，加上这么一句看似可有可无的话实在意味深长。

苏格拉底说，每个人身上都有太阳，主要是如何让它发光。

「公子还是奸雄」

> 孟尝君过赵，赵平原君客之。赵人闻孟尝君贤，出观之，皆笑曰："始以薛公为魁然也，今视之，乃眇小丈夫耳。"孟尝君闻之，怒。客与俱者下，斫击杀数百人，遂灭一县以去……后齐湣王灭宋，益骄，欲去孟尝君。孟尝君恐，乃如魏。魏昭王以为相，西合于秦、赵，与燕共伐破齐。齐湣王亡在莒，遂死焉。
>
> 《史记·孟尝君列传》

人若无悲悯之情，即便受到拥戴，充其量也不过是一个黑帮大佬——我对孟尝君的定位即建立在这个观点上。

从两件事可以看出这家伙心有多黑，手段有多残忍，对人的生命有多漠视，还有最重要的一点是，缺少悲悯的情怀，简直呈现给世人一个包藏祸心的乱臣贼子的形象，对此，司马光曾在《资治通鉴》中有过精辟论断。

先说第一件事。这件事充分暴露了田文一伙的黑恶本质。

孟尝君途经赵国，平原君赵胜设宴款待他。

赵人耳闻孟尝君大名，都想一睹明星风采。

广大粉丝失望了，孟尝君看上去并非一副宇宙无敌帅气一笑还有俩小酒窝的好大哥形象，反而长得好像着急了点儿，于是，笑言他是"小丈夫"。

因为一句无伤大雅的玩笑话，孟尝君伙同门客抡起西瓜刀"斫击杀数百人""灭一县以去"，手段特别残忍，情节特别恶劣，后果特别严重，社会危害性极大，这是多么荒唐变态的举动啊！

翻看历史，又有几次因为一句玩笑话而引发的屠城事件呢？所以这事儿孟尝君干得很不地道，可能是赵人的那个"小"字刺痛了他的某根神经吧！

细思极恐的是，在本次大规模屠杀平民的过程中，明知这种行为实非义举，左右居然无一人站出来阻止孟尝君，遂造成一县被灭的惨剧，再次印证了孟尝君所养非士以及该团伙的黑社会本质（组织严密性、行为暴力性、势力猖獗性、袭击报复性）。王安石对孟尝君的鄙视直截了当，"嗟乎！孟尝君特鸡鸣狗盗之雄耳，岂足以言得士？"[1] 张大可先生在《史记全本新注》中也对"客与俱者下"批注：孟尝君非长者，其客亦不识道义。[2]

再说第二件事。勾结外敌，这也是黑社会的一个重要特性。

孟尝君背叛齐国，竟借秦兵以破齐，这种行为是最令人不齿的。

齐国大夫田甲作乱，劫持齐湣王未遂。齐湣王怀疑孟尝君是幕后主使，孟尝君无奈出走齐国。虽然后来真相查明，这起事件和孟尝君没有关系，齐湣王

① 王安石. 读《孟尝君传》[J]. 中文自修，2002（9）：50-51.
② 张大可. 史记全本新注（三）[M]. 西安：三秦出版社，1992：1452.

还要召回孟尝君，但是经此一事，二人之间毕竟有了嫌隙，孟尝君称病请辞，回到薛地老巢（他回去也没闲着，一会儿准备联合韩国、魏国攻打秦国，一会儿又怂恿秦国出兵齐国）。

后来，齐湣王灭掉宋国，日渐骄横，打算干掉孟尝君。孟尝君预感危机来临，慌忙逃到魏国，魏昭王貌似也是孟尝君的粉丝，任命他为相。

上任以后，孟尝君没点三把火，而是直接烧起一把大火——组建燕、赵、韩、魏、秦五国联军共同讨伐齐国，齐湣王逃至莒，后来惨死在那个地方。齐国差一点被灭掉。这就是历史上著名的五国伐齐事件。

齐湣王死后，齐襄王继任，因害怕孟尝君的势力，便极力与他搞好关系，可见以田文为首的黑恶势力犯罪集团已经左右了国家政权。

为得到君主宠信而不惜背叛自己的国家，孟尝君不仅极度缺乏安全感，而且压根儿没有家国情怀，此人一直在意的只是个人地位是否稳固，平素所追求的也不过是做大做强个人势力，建立垄断帝国，五国伐齐一事，完全是孟尝君因为安全感得不到保障、个人利益得不到满足而导演的一场悲剧。齐湣王固然可恨，但至少他是齐国名义上的法人，孟尝君即使有一万个理由也无法掩盖他叛国弑君的事实，其反动行径让我们看到了他身上的道德污点和性格缺陷，司马光在《四豪论》中这样评价孟尝君："至其晚节，遂挟仇敌以覆宗国，保薛中立，自比诸侯，臣而不臣，孰甚于此！"[1]

我们把以上两件事乃至孟尝君一生所为串联起来，会发现一个清晰的主旨，太史公不吝笔墨去写孟尝君养士的故事，就是在批判孟尝君过度的私欲和狭隘的格局。

即便是盛开在"黑社会"的一朵奇葩，终究也还是"黑社会"的一员，其品性实在不值得颂扬。司马光在《资治通鉴》中总结："孟尝君之养士也，不恤智愚，不择臧否，盗其君之禄，以立私党、张虚誉，上以侮其君，下以蠹其

---

[1]　司马光. 知人论[EB/OL].（2017-04-14）[2024-10-22].https://weibo.com/ttarticle/p/show?id=2309404096464547652246.

民，是奸人之雄也。"①

战国F4中，孟尝君是人品最值得怀疑的一位，所以他到底应不应该位列其中，历来有争议——想必孟尝君自己也无法给出答案。

冯大白呼的套路

> 酒酣，乃持券如前合之，能与息者，与为期；贫不能与息者，取其券而烧之。曰："孟尝君所以贷钱者，为民之无者以为本业也；所以求息者，为无以奉客也。今富给者以要期，贫穷者燔券书以捐之。诸君强饮食。有君如此，岂可负哉！"坐者皆起，再拜。
>
> 《史记·孟尝君列传》

有人想在孟尝君门下混口饭吃。

孟尝君面试的时候问他有什么爱好、特长——挖鼻屎也算。

他回答得挺干脆，都没有。

别人说他是疯子，孟尝君却说，我很欣赏他，最后收留了他。可下面人都看不起他，给他吃的饭菜也没有一点儿油水。

过一段时间，这人倚门弹剑哼唱："长剑长剑，我们回去吧！吃饭没有鱼。"

孟尝君手一挥："给他上松鼠鱼！"

又过一段时间，这人故技重施，唱道："长剑长剑，我们回去吧！出门没有车。"

孟尝君打个响指："安排！"

没过多久，这人又弹剑唱道："长剑长剑，我们回去吧！没有钱养我家。"孟尝君派人给他家中的老母亲送去食用物资（这段情节载于《战国

---

① （北宋）司马光. 资治通鉴［M］. （元）胡三省，音注. 北京：中华书局，2013：62.

策》），但是内心已"不悦"。

这个寻衅滋事者就是成语"狡兔三窟"的发明人冯谖，又名冯大白呼。

不得不承认，冯谖把气质这一块拿捏得死死的。至此故事还未结束，下面我们来到故事的高潮部分。

为了给小弟们开工资，孟尝君在薛邑放下不少高利贷（又是黑社会的典型特征），恰逢凶年恶岁，欠债的人还不上利息，于是孟尝君派冯谖去讨债。

冯谖来到薛邑，把欠债的人召集到一起，杀牛置酒，举办了一场盛大的轰趴，酒至酣处，大家不再遮掩，开始推杯换盏，称兄道弟，冯谖借机拿出借据跟欠债者一一核对，并详细了解每个人的情况，对能按时偿还利息的，他敬对方一杯酒，约定偿还期限，对实在无力偿还利息的，他索性把借据当场焚毁，意思是这账一笔勾销。

冯谖端起酒，拍着胸脯说道："这可是我们大哥的盼咐，乡亲们，有这样仁义的大佬，你们可不要辜负他呀！"

在场的人连忙站起来，感恩戴德，作揖行礼。

孟尝君得知此事，气得直吐血，差人把冯谖找回来，冯谖一脸淡定，他向孟尝君陈述这样做的理由，看上去自己烧毁的是有价的借据，但是买回来的却是无价的大义，身为老大，你应该奖励我啊！

孟尝君不知道是真明白，还是假装明白了，总之表现出一副大彻大悟的样子，连忙向冯谖道谢。

虽然冯谖本质上是为了维护黑老大的利益，但是具体到办事儿环节，也有值得我们学习借鉴的地方。

一是审时度势，顺势而为，具体问题具体分析，不能不分主次一概而论——他讨债之前经过了周密细致的调查研究，并且是以"轰趴"这种群众喜闻乐见的方式进行调研，通过喝酒猜拳的形式与群众深入沟通交流，拉近了彼此之间的距离，从而确保他掌握的数据详实，收集到的信息有效可靠，然后再根据实际情况有针对性地做出处理，对能还款的约定期限，日后按时上门收取；对家庭贫困无力还款的，当场焚毁借据。他很清楚高利贷意味着什么，随着时间的推移，像滚雪球一样，利息只会越来越多，今天借贷者都还不上利息，那就更不要指望将来能还上了，倒不如卖个顺水人情，把人心给大佬买回去。

二是该担当的时候就要有担当，用发展的眼光看待问题，很多人为什么不能成事儿？关键时刻推诿扯皮，不敢担当，不善作为，鼠目寸光，不用发展的眼光看待问题。冯谖在做这件事的时候没有向老板汇报，擅自做主，这可犯了职场大忌啊！搞不好是要丢工作的。但冯谖有担当，他之所以敢这么做是因为以他的价值观判断，这样做是对的，并能预见到这样做会带来的价值——钱没了，可以再挣，人心失去了，就真的什么都没了。损失既然已经无法挽回，不如兑换成人心存储起来，以后一定能派上用场，我这是为大佬的发展奠基铺路，何错之有？

据《战国策》记载，齐王受到秦楚两国谣言的蛊惑，罢免了孟尝君。孟尝君返薛，薛地的百姓扶老携幼，在路旁迎接孟尝君到来。孟尝君大为感动，对冯谖说道，我终于见到先生为我买的"义"了。而奇怪的是，太史公在取材的时候，好像忽略了这一情节，《孟尝君列传》中压根儿没提孟尝君返薛百姓夹道欢迎的场景，而此前冯谖滋事、冯谖义市等内容，太史公可以说都进行了引用，这又是为什么呢？

太史公对义有考量。

在《战国策》中，关于孟尝君放高利贷一事，几乎一笔带过，而太史公在《孟尝君列传》中对孟尝君为什么要放高利贷，又为什么要冯谖去催债都作了详细说明：孟尝君的小弟多达三千，他要养活这些人，所以在薛放高利贷，然而"岁余不入，贷钱者多不能与其息，客俸奉将不给"，说白了，他给小弟开不出工资了，所以指派冯谖前去收债。这好像本来就不是光彩的事儿，跟我们在影视剧里常看到的黑老大派小弟去收保护费如出一辙。

想必在太史公看来，冯谖之举虽然充满智慧，但是还谈不上义，而义也不是通过喝一顿大酒、焚毁几张借据就可以买来的，归根结底，义是不能买卖的，冯谖所导演的终究是一场收买人心的闹剧，又是满满的套路啊！

「扫黑除恶，永远在路上」

> 太史公曰：吾尝过薛，其俗间里率多暴桀子弟，与邹、鲁殊。问其故，曰："孟尝君招致天下任侠，奸人入薛中盖六万余家矣。"世之传孟尝君好客自喜，名不虚矣。
>
> 《史记·孟尝君列传》

　　把孟尝君称为黑老大的，历史上不乏其人。

　　历史学家李侃先生曾在《严峻的历史和史学的虚实》中说："原则不是研究历史的出发点，但不等于研究历史可以没有原则和不要原则。"[①] 所以学者谢元鲤本着爱国主义的原则，在其文《齐国罪人孟尝君》[②]、《谈评价孟尝君的角度与歧点》[③] 中，评价孟尝君为"黑社会的祖师爷"。当然，有必要解释一下，这里提到的爱国主义是特定历史视域下的一个专属名词，即战国时代的爱国主义，历史学家邓广铭先生等在《略论爱国主义和民族英雄》中精辟阐述："同时并存的诸侯国间，既然常常互相兼并、互相挞伐……，总要判定某方为正义的，而另一方为非正义的……把属于正义的一方，而又全心全意致力于维护其本方主权和利益的称为爱国者，把反其道而行的称为卖国贼，当然也就是恰当的和合适的了。"[④]

　　依据史实而论，与战国F4中的其他三人相比，孟尝君的事迹的确拿不出手——信陵君以国家利益为重，有窃符救赵的大义之举；平原君当政虽有失误，但毕竟忠于赵国，又得毛遂等贤士相助，曾力促合纵盟约，救赵国于危难间；春申君智退秦师，并使两个超级大国签订友好互助条约，楚国得以免于祸患。

---

① 李侃. 李侃史学随笔选 [M]. 北京：中华书局，2008：7.
② 谢元鲤. 谈评价孟尝君的角度与歧点 [J]. 管子学刊，1994（2）：71-74，96.
③ 谢元鲤. 齐国罪人孟尝君 [J]. 管子学刊，1991（3）：44-46.
④ 红旗杂志社哲学历史编辑室. 略论爱国主义和民族英雄 [C]. 北京：红旗出版社，1983：208.

反观孟尝君呢？除了拉帮结派，搞分裂割据，设立国中之国，好像真没有什么亮眼的地方了。

回顾黑老大孟尝君的一生，有为人诟病的地方，也有属于他的高光荣耀时刻。他的一生精彩传奇，又颇具争议。这个出身名门的黑社会大哥带领一群小弟在战国的江湖上肆意妄为，最后在暗淡的落日余晖中，走向生命的尽头。

世事一场大梦，人生几度秋凉？

孟尝君没有想到自己死后，那些不肖子孙为了争权夺位而大打出手，最后随着他一生钟情的薛邑被齐魏所灭，自己也落了一个绝嗣无后的悲惨下场。

应验了他曾经对田婴说的话，其悲也夫！

司马迁为孟尝君立传，重点写养士（我们尊重太史公的意思，姑且称其所养为"士"）。孟尝君在这方面的作为博人眼球，具有一定代表性。

养士，是好事，也是坏事。

说好事，是因为这种潮流体现了社会的包容性，间接推动了阶层的流动，通过社会组织形式的演进，升级文明形态，进而推动文明进步——一些草根阶层的人凭借自身才能拿到大公司的offer，得以进入权力中心，施展才华，建功立业，青史留名，成就精彩人生；说坏事，是因为这种潮流多悖人性，极不利于国家治理，特别是拉帮结派，搞团团伙伙、山头主义，破坏了政治生态，危害社会公德，腐蚀社会风气，为主流意识形态所不容。

几起流血事件令人惊恐：门客因误解孟尝君而当即"自刭"；孟尝君遭受诬陷，曾被其门客魏子假借其名义资助过的人，也"自刭宫门"以向齐湣王证明孟尝君的清白；因为几个平民一句玩笑话，孟尝君伙同宾客"斫击杀数百人""灭一县"；孟尝君养士，致使薛邑民风暴戾，社会治理成为一大难题……

毫无意义的自杀行为，随心所欲剥夺他人生命，暴露了受这种风气影响，人们生命伦理意识的扭曲以及善恶不分、是非不辨的事实，总结一句话：不把自己当人，更不把别人当人。

为一己私利而养士，肆意破坏国家法制，上不效忠君主维护领袖权威，下不体恤黎民为百姓谋福祉，甚至还里通外国，颠覆国家政权（韩兆琦先生在

《史记选注集说》中谴责孟尝君"一切为图谋私利，甚至不惜勾结敌兵，自伐其国"[①]），孟尝君的教训发人深省。

以利相交，利尽则散；以势相交，势去则倾。当年，孟尝君被罢免，鸡鸣狗盗之徒纷纷弃他而去。后来，孟尝君官复原职，站在家门口，眼前的萧条和曾经的喧闹形成鲜明对比，他感慨世态炎凉，发誓与不义者决裂。

孟尝君一生执迷，但是那一刻，当所有曾疯狂过的都散了，所有风光过的都退了，他是清醒的。

---

① 韩兆琦. 史记选注集说［M］. 南昌：江西人民出版社，1982：212.

《廉颇蔺相如列传》

豪华抗秦阵容

「蔺相如的公心」

> "臣（缪贤）尝有罪，窃计欲亡走燕……相如谓臣曰：'夫
> 赵强而燕弱，而君幸于赵王，故燕王欲结于君。今君乃亡赵
> 走燕，燕畏赵，其势必不敢留君，而束君归赵矣。君不如肉
> 袒伏斧质请罪，则幸得脱矣。'臣从其计，大王亦幸赦臣。
> 臣窃以为其人勇士，有智谋，宜可使。"
>
> 《史记·廉颇蔺相如列传》

　　身为战国时期出色的政治家、外交家，蔺相如一生干了三件青史留名的事：完璧归赵，为赵国的文物保护事业作出重大贡献；渑池会盟，维护了赵惠文王的名誉权威；将相和，为赵国的发展凝聚了人心力量。

　　这三件事分别体现出成事者三个普遍特征：善用谋略、沉着果敢、大局意识。

　　善用谋略就是凡事动脑子。伪收藏家秦昭王要用十五座城池换取赵国的一号国宝和氏璧，赵惠文王左右为难，蔺相如请求赴秦，保证如秦王失信，他会完璧归赵。至秦，蔺相如将和氏璧呈秦王，秦王顾自赏玉，对十五座城的事儿闭口不谈，蔺相如借口玉有瑕疵，把和氏璧要回来，凛然告曰，如秦违约，他头玉俱碎。秦王假意拿出地图指给蔺相如要割的十五座城池，蔺相如看出秦

王没诚意，找个理由返回驿馆，偷偷派人把和氏璧带回了赵国。秦王知晓此事，大发雷霆，想发兵攻打赵国，但是赵国在军事上作了防备，最后只好放蔺相如回到赵国。学者张新科在主编的《史记导读》中，通过这段情节的分析，深探蔺相如的内心变化，指出司马迁分别用"持""立""倚""怒""睨"等几个表动作的字眼，将蔺相如的内心变化表现得淋漓尽致……刻画了蔺相如临危不乱的机智和敢于藐视秦王的勇毅。[①] 秦王诈骗为实，如果蔺相如没有作为，那么他不仅完不成任务，可能连性命也会丢掉，这实在是一次成功的危机公关。也有学者运用"反事实假设思维法"，评判蔺相如的"完璧归赵"令人后怕，是一次失败的外交活动。对此，我不以为然。历史是已发生的事实，不是假设的事实，假设的运用是教人用辩证的眼光看待问题，学习一种思维方法，提高处理实际问题的能力，但讨论确凿的历史事件，毫无意义，历史不容假设，成功即成功，失败即失败，没有如果。

沉着果敢就是关键时刻不掉链子。秦攻赵，拔石城，次年再攻，斩两万人。秦王挟余威向赵王提出于渑池小聚。聚会上，秦王有意刁难赵王。这个伪摇滚发烧友让赵王鼓瑟，还令史官把此事告知媒体。见此情形，蔺相如上前要秦王击缶，秦王怒。蔺相如从容应对，声称五步之内，血溅秦王（自杀还是刺杀，学界持争议，但按照张大可先生注"以死相请"可谓事实[②]）。秦王被迫为赵王击缶。蔺相如也令赵国史官将秦王为赵王击缶一事向媒体公布。学者徐丽娟在《蔺相如"得以颈血溅大王"注商》中论证，"秦昭王之所以屈服为赵王击缶，所害怕的并不是蔺相如'颈血溅大王'之勇，而是害怕蔺相如自杀所带来的一系列政治后果，这是他权衡之后的无奈之举。而蔺相如正是因为洞悉了这一切，才敢于在秦王面前以死相逼。这一出'颈血溅大王'不但是写蔺相如之勇，司马迁更是借此表现其人之智。"[③] 学者王丽霞也在《蔺相如：先秦"士"阶层的成功突围者》中论述渑池之会秦国

---

① 张新科. 史记导读［M］. 北京：高等教育出版社，2015：141.
② 张大可. 史记全本新注（三）［M］. 西安：三秦出版社，1992：1523.
③ 徐丽娟. 蔺相如"得以颈血溅大王"注商［J］. 时代教育（教育教学），2010（9）：47，53.

"目的是为了安抚赵国，为进攻楚国做准备，因此，秦国不会轻易与赵国交恶"，"相如此刻敢于这样逼迫秦王，应是有自己的准确把握的"[①]，能对现实准确把握，又具备非凡的勇气，关键时刻，蔺相如没掉链子，渑池护主，实际上维护了赵国的大国形象。

有大局意识就是善于抓住主要矛盾和矛盾的主要方面。蔺相如建功，廉颇不服气，扬言要羞辱他。蔺相如听到廉颇的话，有意不与廉颇见面。他公开表示，廉颇于国忠心，他俩的矛盾是人民内部矛盾，通过批评和自我批评的方式就能解决，当务之急是处理好赵国与秦国以及其他几个国家之间的矛盾，他和廉颇分别是赵国文臣和武臣的形象代言人，如果二人有嫌隙，会给敌国可乘之机，最后倒霉的是赵国。这话传到廉颇的耳朵里，廉颇恨不得找个地缝钻进去，他光着膀子，背负荆条到蔺相如面前请罪，二人结好。廉颇挑衅，蔺相如选择回避而非硬刚（与他对秦王的态度相反），他清楚自己和廉颇之间矛盾的性质，这是以大局为重，在国家利益面前，不谈私利，更不要为了私利做无谓的争斗，内耗只会两败俱伤，合作共赢才是王道。后来的长平之战，赵国中了秦国的反间计，赵括代廉颇成主帅，蔺相如坚决反对，评价赵括"徒能读其父书传，不知合变也"，再次印证其格局，故太史公称其"威信敌国，退而让颇，名重泰山，其处智勇，可谓兼之矣"，精辟！

善用谋略、沉着果敢、有大局意识，这些只能说明蔺相如的个人能力强，通过这些经历，我们会发现真正成就他的是他始终秉持公心，一切以国家利益为重，难怪他成为后世政治家、外交家学习的典范，这样的人"活该"青史留名。

都是腹泻惹的祸

廉颇者，赵之良将也。赵惠文王十六年，廉颇为赵将伐齐，

[①]　王丽霞. 蔺相如：先秦"士"阶层的成功突围者［J］. 中学语文教学参考，2021（24）：49-50，2.

大破之，取阳晋，拜为上卿，以勇气闻于诸侯。

《史记·廉颇蔺相如列传》

宋宁宗开禧元年，时任镇江知府、已六十六岁高龄的辛弃疾，满怀悲愤，写下了著名的《永遇乐·京口北固亭怀古》，在无限感慨中，词人以一句"廉颇老矣，尚能饭否？"结束全词，时不我待、壮志未酬的无奈令人唏嘘不已，彼时彼刻，因为共同的际遇，两个伟大的人穿越时空相遇，互相倾诉人生的遗憾。

历史的巧合总是在不经意间出现。

廉颇抱憾而终——本以为还能发挥余热，服务赵国，但造化弄人，他未曾辜负赵国，但是赵国最终将他抛弃。

邪不胜正是真理，但是二者交手，开始往往前者占据上风。邪恶不受束缚，对这厮来说，法律条文是一纸空文；道德伦理，形同虚设。正义则不然——吾日三省吾身：为人谋而不忠乎？与朋友交而不信乎？传不习乎？——处处掣肘。

何况嬴老爷子（廉颇，嬴姓)不仅是坚守正义的君子，还是作风硬朗的职业军人。耿直的性格和军人的职业素养决定了他在耍阴谋诡计方面，压根儿不是郭开的对手。

司马迁谓廉颇"赵之良将""以勇气闻于诸侯"，"良"说明这个人品质优秀，"勇"是后人对他的普遍印象，故其与白起、王翦、李牧并称"战国四大天王"。

廉颇戎马一生，打过胜仗，也吃过败仗（有人说廉颇一生未曾有败绩，这不准确），身为一代名将，他有着优秀的军人所共有的品质——爱国、忠贞、坚毅。胜，不妄骄，因为他知道后面还有很多仗要打，有更长的路要走；败，不慌馁，因为兵道，不以成败论英雄，只要能在战场上活下来，日后就有胜利的希望。

廉颇始终保持着战斗的激情。

起初，廉颇率赵军伐齐，破齐军，占阳晋，被赵王拜为上卿。

后来，廉颇率赵军南下，伐魏，又取得胜利。其间，还多次击败了来犯的秦国。

再后来，因为韩国上党郡太守冯亭的一波骚操作，秦赵之间发生了著名的长平之战，前期廉颇任主帅。虽然此战最后以赵国大败告终，但主责不在廉颇，毕竟前期他凭借正确的战斗方针抵挡住了秦军的进攻，只不过后期赵王中了秦人的反间计，临阵换将，任用了纸上谈兵的赵括，由此使局面逆转，最终赵国被完虐。

这里我想插一句。有人说，廉颇想跟秦国打持久战，拼消耗，但不是秦的对手，因为秦自商鞅变法后，国力大增，后方给养源源不断运往前线，有能力耗死赵国，所以长平之战中，如果廉颇继续担任主帅，失败也是注定的。这样的说法，我认为有失偏颇。秦赵国力确有差距，但没差到哪儿去，特别是自赵武灵王"胡服骑射"改革后，赵国建立起以骑兵为主体的强大军队，国力大增，成为战国后期唯一可与秦抗衡的强国。秦的后方给养固然充足，但是客场作战是事实，作为主攻一方，禁不住长时间、长距离、大体量的消耗（地主家也没余粮），廉颇抓住这一点，采取坚守之策，可谓上策（至少可以跟秦军战平）。后来，秦国绞尽脑汁动用各种手段诱使赵国更换主帅主动出击，并且偷偷将主帅换成名将白起，大有孤注一掷的架势。所以长平之战的失败原因是赵国顶层决策失误，不能让廉颇背锅。

长平之战后，赵国元气大伤，毫无节操的燕国趁火打劫想发笔横财，以六十万兵力大举进攻赵国，鄗代之战爆发。廉颇毅然执锐披坚。果然，他只要略微出手，就已知这个分段的极限，那年他双手插兜，不知道什么叫作对手，凭借十三万（一说二十五万）在长平之战中活下来的老弱残兵，一路开挂，势如破竹，斩杀燕主帅、教唆犯栗腹（攻打赵国的馊主意就是他出的），包围了燕都，最终迫使对方不得不割让五城以求和。经此一役，赵王封赏廉颇（信平君），让他代行相国之权。

鄗代之战是中国历史上以少胜多的著名战例，也是廉颇一生浴血荣光的精彩一笔。

但是无论廉颇的战功多么卓著、声名多么显赫，在深不可测的人心面前，也显得微不足道，无可奈何。

赵孝成王去世，其子赵悼襄王继位。赵悼襄王一上台便解除廉颇的军职，派乐乘代替在外领兵的廉颇。

一生耿直的廉颇哪受得了这气，于是转而攻打乐乘，乐乘败逃。

廉颇被迫投奔到魏国旳大梁。

那段身在异国的时光没有动摇老军人的初心，廉颇始终想着有朝一日能够回到赵国，继续为赵国南征北战。可悲的是，他到死也没弄明白，为什么自己一餐吃下一斗米、十斤肉还是没能获得再次为国效力的机会。

长平之战虽以秦国的胜利告终，但是赵国不灭，秦国难安。赵王显然是被打怕了，国乱思良将，他打算返聘廉颇，于是派使者去跟廉颇联络感情。

为国效力的机会来了，可想而知，廉颇的心情有多激动，他特意当着使者的面扮演了一回美食博主的角色，吃播表演后，他还做了一项跳马运动（被甲上马），以示自己身体倍儿棒吃嘛嘛香，骁勇不减当年，工龄至少还能再往后延三十年。

使者因为收了奸臣郭开的贿赂，回到赵国，对赵王说，老将军饭量尚可，只是一会儿工夫，出去拉了三泡屎。这种典型的腹泻症状使赵王认为廉颇已老，一个人连自己的屎尿都无法驾驭，还怎么能带兵打仗呢？于是放弃再任用他的想法。

楚国听说廉颇在魏国，暗中派人迎接他入楚。廉颇担任楚将后，毫无建树，终死寿春。

有此一生，千年以后，廉颇得以与辛弃疾相遇。

窗外阴风怒号，大雨倾盆，雨点噼里啪啦打在玻璃上，发出清脆的响声，仿佛古人哀怨的倾诉。我坐在电脑前敲打这段文字，内心激愤，为古人惋惜，但间或还有些许庆幸。

有时候，人不知道真相要比知道真相更好。

廉颇临死前，还在念叨"我思用赵人"，黑色幽默！

不会打仗的公务员算不上好将军

秦伐韩，军于阏与。王召廉颇而问曰："可救不？"对曰："道远险狭，难救。"又召乐乘而问焉，乐乘对如廉颇言。又召问赵奢，奢对曰："其道远险狭，譬之犹两鼠斗于穴中，将勇者胜。"王乃令赵奢将，救之。

《史记·廉颇蔺相如列传》

阏与之战，赵奢一战封神。

不得不说，这的确是置之死地而后生的一战。学者魏建震在《战国赵国军事思想与战争指挥艺术》中盛赞："阏与之战，赵奢首先使用虚者实之，实者虚之的策略，用假象迷惑敌人，然后使用反间计，进一步迷惑敌军。然后出其不意，抢得战势先机。在战争指挥艺术史上，阏与之战可谓经典战例。"[①]

秦国进攻赵国的战略重地阏与。赵王找来廉颇和乐乘，问他们能不能出兵救援。二人不约而同回答，难救。阏与距离邯郸路途遥远，地势狭窄，补给压力大，即便主场作战，也无必胜的把握。

赵王无奈找来赵奢。

赵奢早年经历，我们无从知晓。只知道在带兵打仗之前，他在赵国担任田部吏，负责征收田赋。

别看官儿不大，赵奢尽忠职守。

有一回，赵奢到平原君家收税，几个管家仗着平原君的权势，对他态度轻慢，甚至恶语相向。

赵奢专治各种不服（大将潜质），当下就把几个管事的人头要了去，一记耳光结结实实打在平原君的脸上。

平原君找来赵奢，赵奢面色坦然，一番精彩的脱口秀表演将平原君征服：

---

① 魏建震. 战国赵国军事思想与战争指挥艺术［J］. 邯郸学院学报，2011，21（1）：30-33.

"您是赵国的流量明星，地位显赫（君于赵为贵公子），如果我曲意逢迎，不向您征税，就是纵容您偷税漏税，您必然走上违法犯罪的道路，那么国法的尊严何在？国法都没了，国家势必陷于危难之中，敌国就会乘虚而入的。"

把一件小事上升到国家战略的高度，平原君眼睛一亮："狠人啊！有思想觉悟，有底线意识，有担当情怀，这样的人才应该到更重要的岗位上去发挥作用。"

于是，赵奢被推荐给赵惠文王，负责管理全国赋税。

从此，赵国国库充盈，实力飙升。

廉颇和乐乘退却，赵王把最后的希望寄托在赵奢的身上，可见他对赵奢的信任。学者马善田等在《赵奢为赵武灵王之子考辩》中推论，赵奢是赵武灵王之子。[①] 当然，这一论断需要历史考证，但紧要关头，赵惠文王对赵奢表现出来的信任似乎可作论据。

赵王期待的眼神使赵奢勇气爆棚。他承认从客观上讲，这场战役难打，但不是不能打，随即指出决胜关键在勇气，使用比喻（犹两鼠斗于穴中），强调狭路相逢勇者胜！

赵奢带领他的士兵出发了。

临危受命，明知不可为而为之，正体现出赵奢的勇。因为有勇，我们才得以有机会领略到他有谋的一面——这就是赵奢带兵打仗的艺术，勇为先决条件，谋为制胜法宝。

廉颇和乐乘说得对吗？没错！秦军已经占领有利地形，以逸待劳，居高临下，又善用弓弩，可谓稳操胜券。而赵军长途奔波，士兵疲惫，又拥挤于狭窄地带，好像活靶子，不占丝毫优势。这时候，因为信任，赵王找来赵奢，如果赵奢再提出异议，那不仅是打赵王的脸，更是对自己的否定。何况此战必须要打，晚打不如早打，小打不如大打，因为秦军的战略意图明显：阏与是赵国西北部的一道险关，经阏与南下，再向东，就是赵都邯郸的西大门武安，一旦失去阏与—武安一线的防御纵深，那么赵国腹地将完全暴露于秦军的铁蹄下。

---

① 马善田，蔺朝国. 赵奢为赵武灵王之子考辩 [J]. 邯郸职业技术学院学报，2005（1）：18-20.

正因如此，秦军还专门派出一支队伍攻打武安。可以说，秦军的局布得精妙，怎么看都无法破解（这恐怕也是廉颇和乐乘退却的原因）。

赵奢一上来，不讲战术，而是先谈勇，实际上是在回应赵王的关切。他清楚这场战役并非靠勇取胜，但是勇能激励士气，这是此时赵王最想听到的。

从赵王来讲，听到这话，也一定非常高兴，两军作战，士气最重要，既然你赵奢有这样的决心，那怎么打是你的事，我只要结果。

接下来，我们再看看这一仗，赵奢是如何打的。

赵奢带兵出发，在距离邯郸三十里的地方驻扎，与包围武安的秦军隔山相望。

秦军经常是锣鼓喧天，鞭炮齐鸣，摇旗呐喊，寻衅滋事。你赵奢说勇，那对方出来约架，你该主动出击才是。可赵奢一改常态，对秦军那边的情况不闻不问，一心加固防线，给人的感觉是"兄弟我就在这沙家浜扎下去了"，一副誓与邯郸共存亡的架势。

过了一些日子，秦间谍混进来，赵奢居然还特意为他开party，酒足饭饱后，用豪车大张旗鼓地把他送回秦营。

秦将得知赵奢是这态度，大喜，看来阏与已经到手啦！这是此战第一阶段。赵奢没有拼勇气，而是拼耐力——看谁沉得住气。

秦间谍刚走，赵奢马上命令全军丢掉辎重，轻装前行，仅用两天一夜就来到距离阏与五十里的地方，在此期间，他按照许历的建议，抢占有利地形，做好了战斗准备。这是此战第二阶段。同样没有拼勇气，而是拼判断力——看谁抢占先机。

秦将大惊失色，慌忙增援阏与，但是晚到一步，赵军以逸待劳，从山上向秦军发动攻击，秦军大败。这是此战第三阶段。仍然没有拼勇气，而是拼地利——看谁先占领制高点。

作为优秀将领，我们可以看出赵奢至少具备了三个品质。

一是沉着冷静。这是优秀的军事将领必须具备的素质，临大事有静气，不然仗还没有打，自己先乱了阵脚，很容易作出错误决断。秦军打阏与，围武安，同频共振，到底先救谁？此时的赵奢必须沉住气，探清虚实，然后再作出判断。这一沉就是二十八天，赵奢摸清了秦军的战略意图。

二是雷厉风行。机会稍纵即逝，一个优秀的将领在机会面前绝对不会犹豫不决，而是一定在第一时间抓住机会，马上付诸行动。围武安的秦军整天叫嚣，却没有实际行动，明摆着是牵制赵奢，使他不能增援阏与，摸清秦军的战略意图，赵奢率军，直奔阏与。

三是未雨绸缪。一个优秀的将领从来不打无准备之仗，而且懂得以逸待劳，否则，英勇顽强的举动就会变成毫无意义的流血牺牲。赵奢没选择直接增援阏与，因为赵军长途跋涉，阏与的秦军和从武安追击而来的秦军很可能对其形成夹击之势。赵奢选择距离阏与五十里的地方停下来，给秦军造成压力，这是变被动为主动。在此期间，他率军抢占制高点，做好充分的战斗准备，硬是把一道看似无解的题解开了。

故事到此并未结束，从结局上看，秦军的确被打败了。但是战争有战争的法则，从长远上看，没有人能成为常胜者，只有此消彼长、各领风骚，阏与之战的失利，使秦军认识到，大兵团作战，必须要有战略定力，摒除轻敌侥幸心理，稳扎稳打，步步为营，建构坚固的战略纵深。

秦军的过失将在血与火的天平之战中得到弥补……

「赵括值得被尊重」

> 七年，秦与赵兵相距长平，时赵奢已死，而蔺相如病笃，赵使廉颇将攻秦，秦数败赵军，赵军固壁不战。秦数挑战，廉颇不肯。赵王信秦之间。秦之间言曰："秦之所恶，独畏马服君赵奢之子赵括为将耳。"赵王因以括为将，代廉颇。
>
> 《史记·廉颇蔺相如列传》

长平之战是战国局势的重要转折点。

经此一战，秦国打败最后的强敌，满血升级，从此傲视群雄。这一战的起因，我们后面还会讲到，本篇仅介绍赵括——一个风一样的美男子。

风，来也匆匆，去也匆匆。美男子赵括仿佛风一般，匆匆走上战国的舞台，在预先没有彩排的情况下，拼尽全力进行了一场走秀式的表演，最后在一片狼藉中草草收场，给历史贡献了一个成语：纸上谈兵。

赵括，演讲的高手。放在今天，他完全可以参加主持人大赛，或许还能得个金话筒奖，但是放在战场上就糟糕了，因为那里不是靠嘴巴赢人的地方，毕竟舌头取代不了戈矛，再动听的语言也无法改变战局。

秦赵两军长平PK，赵王派廉颇率军抗秦。

长平是通往赵国的咽喉要道，守住长平，邯郸高枕无忧；失去长平，邯郸高处不胜寒。

起初，秦军攻势猛烈，赵军被打得怀疑人生，但姜还是老的辣，身为"战国四大天王"之一的廉颇，迅速调整思路，避免跟秦军硬刚，他充分利用有利地形，建立起空仓岭防线（前哨）、丹河防线（主阵地），依托最后百里石长城（后防），准备诱敌深入，把秦军拖垮。《喋血长平：从军事地理学的角度看长平之战》一文，作者通过对长平战场地形地貌的分析指出，"长平战场对于赵军防守部队的优势很大，廉颇选择此地可谓当时状况下最好的选择"。[①]

廉颇的战术迟滞了秦军的进攻节奏，他以躺平的姿态面对穷凶极恶的秦军，任凭秦军在阵前挨个问候他的家人，他就是避而不出。

老爷子沉得住气！

秦军不扶墙，独服廉颇。怎么办？发扬传统使阴招：到赵国散布谣言，说秦军无惧廉颇，怕的是赵奢的儿子赵括。可见他们之前做过功课，对赵括进行了深入了解，并掌握了赵括的一手资料。

赵括，男，战略导师，缺乏实战经验，但是名将之后，自幼熟读兵书，理论功底深厚，谈论兵法滔滔不绝，经常把人忽悠得一愣一愣的。这样的人最容易蒙蔽国君，受到重用——此人简直为秦国而生。

---

① 邻猫生子.喋血长平：从军事地理学的角度看长平之战[EB/OL].（2022-04-17）[2023-10-15].https://baijiahao.baidu.com/s?id=1730357463512473886&wfr=spider&for=pc.

一心翻盘的赵王受到蛊惑，全然不顾蔺相如和赵括母亲的劝阻，坚决换掉廉颇，任命赵括为主帅。

后来发生的事情我们都知道了，赵括没有辜负秦人对他的信任，一到前线便开始栩栩如生的表演，游戏规则被彻底打乱（悉更约束），已经积累了丰富战斗经验的将领被换掉（易置军吏），他干得那么纯粹，连对手都叹为观止，把用兵大忌统统犯一遍，他是怎么做到的？

对秦军来说，这是什么行为？毫不利己、专门利人的行为。

秦国干了一件更绝的事儿，偷偷（注意这个词）把"战国四大天王"之首白起派到前线，并且动员全国十五岁以上的男子都奔赴前线作战（赐民爵各一级，发年十五以上悉诣长平）。

"他来了他来了，他带着礼物走来了"，人屠白起给赵人带来的礼物不是香气四溢的西凤美酒，而是冰冷的铠甲和锋利的屠刀。

针对赵括的弱点，白起采取佯败后退、诱敌脱离阵地，进而分割包围、切断赵军粮道，予以全歼的作战方针，重点在最后，全歼（只是将年幼者240余人放回以震慑赵人之心），这是白起的作战风格，搞团灭，一个不留！

这一场战役下来，赵国前后损失了四十五万兵力［《史记》载，白起坑杀赵军降卒四十万，前后共斩首四十五万。关于坑杀的数目，学界一直持争议，朱熹曾质疑道，"长平坑杀四十万人，史迁言不足信。败则有之，若谓之尽坑四十万人，将几多所在！又赵卒都是百战之士，岂有四十万人肯束手受死？决不可信"（语见《朱子语类》卷一百三十四）。但是依据现有资料，白起坑杀四十万降卒的说法也无法彻底被推翻，还需要学界进一步考证，这里不探讨］。

兵败如山倒，赵军损失惨重，赵括于混战中被射死，为他的演艺生涯画上了一个悲壮的句号，也给历史留下了一个毛骨悚然的惊叹号！

有关赵括其人，后世存在争议，不乏为其平反者，在《名将赵括的千古奇冤》中，作者指出，"长平之战，赵王因为国力不济，不能再使用廉颇的固守之计，此时的赵王只能以赵括代替廉颇。而赵括的主动出击却因粮草、兵力等不足，才无力回天。因此要赵括为长平之战的失败负责，实在是一种苛求。要是换了别人，恐怕也无法做得比他更好"①。

学者侯英梅等在《评长平之战中赵括的启用及赵国的决策得失》中，也有"赵括的启用是赵国迫于难以支撑持久战的巨大消耗而欲谋速战的需要""赵括忠心耿耿，勇气可嘉，但指挥确有失误"的论断。②

窥一斑知全豹，为赵括平反，认为赵括是背锅侠——赵王换将属无奈之举，他从廉颇身上看不到胜利的希望，加之赵军缺乏粮草，给养不足，选择少壮派赵括担任主帅是孤注一掷跟命运赌明天，他把全部的赌注押在赵括身上，希望赵括能翻盘。而这个设想最终落空，从结果上看，原因归结为两点：一来赵括的确缺乏实战经验，二来对手太过强大。

事实果真如此吗？赵国到底缺不缺给养、廉颇的战略思想是否正确——这是我们探讨假设长平之战赵国取胜的两个关键点，也是判定赵括主责的重要依据。

《长平之战：朝堂实力决定输赢》中阐述了赵国不缺粮草给养的事实（所谓赵国向齐国借粮一事，发生在后来的邯郸之战，人们常常把两场战役混为一谈），并且恰恰因为赵军粮道畅通，白起一项重要的战略部署才是用计切断赵军的粮道（赵军被困四十余日，并发生人相食的惨剧，固然是缺乏给养的表现，但并非赵军供不上给养，而是由于粮道被切断所致）。该文又推断，秦军一定是缺粮的，所以才想方设法使赵军更换主帅，因为秦人意识到自己可能是拖不下去的一方。基于赵国给养充足的前提，廉颇才会利用主场优势，有意把战线拉长，通过打消耗战，拖垮秦军，最后赵军一鼓作气全线出击，胜负真未可知。可见，廉颇抗秦策略大抵正确。③ 学者侯英梅等人也认为，"让赵括代替廉颇指挥大兵团作战，是不合适的"，"赵王如用廉颇虽不能说必胜，但最

① 卷枕神州. 名将赵括的千古奇冤［J］. 科学大观园，2014（2）：54-55.

② 侯英梅，温耀刚. 评长平之战中赵括的启用及赵国的决策得失［J］. 河北建筑科技学院学报（社会科学版），2006（1）：72，77.

③ 浅谈青史. 长平之战：朝堂实力决定输赢[EB/OL]. （2021-04-03）[2023-12-20]. https://ms.mbd.com/r/InDwWPRPO5G？f=cp&rs=1128042123&ruk=XAojof4ksw/nrqs_1UQ9LUQ&u,3d94019fc9884e80.

起码不会把老本赔光"①。

总结赵括一生，说他是赵国的罪人也好，说他是悲情英雄也罢，我想这个年轻人都值得我们尊重——国之将破，临危受命，我们实在不应苛责于他。决策层欲速战速决，而实际情况是速战易，速决难，即便赵括只会空谈理论，从彼时战况来看，这明摆着的事实，他不会料想不到，但他还是毅然领命，明知不可为而为之，大勇。

及至后来，赵军被困，眼见不敌，赵括没有卑躬屈膝选择投降，而是披坚执锐，奋勇作战，直至最后被杀，身为军人，战死沙场，马革裹尸，这是他为自己争取到的最高荣誉，捐躯赴国难，视死忽如归，弥天大勇。

传说白起战后遍寻赵括尸首不得，只找到了赵括的铠甲和佩剑，伤心不已的白起将赵括的铠甲厚葬，取赵括剑自用。

时势造英雄，英雄惜英雄，恐怕在白起的心中，那个风一样的翩翩少年的确是一个值得尊重的对手。

「女人，你若不坚强，谁来替你扛」

> 赵括自少时学兵法，言兵事，以天下莫能当。尝与其父奢言兵事，奢不能难，然不谓善。括母问奢其故，奢曰："兵，死地也，而括易言之。使赵不将括即已，若必将之，破赵军者必括也。"
>
> 《史记·廉颇蔺相如列传》

为什么要写赵括的母亲（赵奢妻）？《史记》中连这个女人叫什么名字都没记载。

因为这个女人拥有大地的品格——母亲的品格。《列女传·仁智传·赵将

---

① 侯英梅，温耀刚. 评长平之战中赵括的启用及赵国的决策得失［J］. 河北建筑科技学院学报（社会科学版），2006（1）：77.

括母》中记载："孝成用括，代颇距秦，括母献书，知其覆军，愿止不得，请罪止身，括死长平，妻子得存。"

身为人母，能客观评价自己的孩子，这非常难得，今天如此，古代也一样。多少家长因为不能摆正孩子的位置，而耽误了孩子的一生。最糟糕的是，古往今来，少有人认识到这一点，所以悲剧像打不破的魔咒，一直在上演。

赵王中了秦国的反间计，任命赵括到长平前线接替廉颇，担任主帅。

一时间，赵国的朋友圈都在疯传这条消息。

赵括的母亲得知此事，顿时感到大事不妙——赵军要完！于是，她马上拜见赵王，陈述"括不可使将"的理由。

陈述从漫长的回忆开始：赵括自幼研习兵法，谈起军事，滔滔不绝，头头是道，并且认为天下人没有谁能比得上他。

有一次，赵奢与少年赵括谈用兵之道，对于赵奢提出的问题，赵括竟然对答如流。

孩子表现如此优秀，这是要上清北的节奏，按理说，身为父亲，应该高兴才是。可是，赵奢非但没有表现出开心的样子，相反，他的表情逐渐变得凝重起来。

联想到自己的身份，赵括的自负带给他不祥的预感，他的每一个问题都是自己在战场上亲身经历的，在解决那些问题的过程中，他付出了艰苦卓绝的努力，甚至牺牲了无数生命，而赵括回答得竟然那么轻松，诚然，他引经据典，每一条论述都能在兵书上找到依据，但是书本上的知识毕竟是死的，而实际上，残酷的真相从来不会出现在书本上。

赵括担当不起维护世界和平、拯救宇宙的重任。

赵奢忧心忡忡地说："战争是关系千万人生死存亡的大事，这小子却说得如此轻松。将来赵国不用他为将则已，如果真用了他，那就惨了。"

接着，为印证赵奢的话，赵括的母亲把父子二人进行了一番对比。

赵奢身为大将军的时候，对待属下是什么态度？像亲兄弟一般，而且把从国君那里得到的赏赐全部拿出来分给士族谋臣享用，在他眼里，兄弟比金钱更重要！赵奢每次一接到出征的命令，便不再过问家事，一心去研究军事，这样的将领不打胜仗才怪。

再看看赵括刚一上任都干了一些什么吧！端着架子，插双翅膀都能飞上天与太阳肩并肩了，属下竟然连抬头看他一眼的勇气都没有。而君主给他的赏赐，他又用来做什么呢？不是跟属下大碗喝酒、大口吃肉、大秤分金银，而是想着霸占隔壁吴老二家那一亩三分地，投资房地产。

老妈妈的话着实有水平，伤害不大，污辱性极强，特别是通过典型对比，说明赵括当个理论导师可以，但是带兵打仗还是算了吧！

一个女人说出这样的话，令人感动。哪个母亲不渴望自己的孩子驰骋疆场、建功立业，更何况古人讲究"妻以夫荣，母以子贵"，但是她能够主动放弃私欲，把国家大义摆在首位，实事求是看待问题，这真不是一般人能做到的。

不过，赌徒一般的赵王最终没有采纳良言，还是坚持把赵括派往长平战场。面对执迷不悟的君主，赵括的母亲又一次展现出她睿智非凡的一面。

她向赵王要一个承诺，一旦赵括兵败，不能搞连坐。

不知是出于对已故老将军的尊重，还是想尽快结束这场不愉快的谈话，赵王最终答应了她的请求。

太阳从东方的山脊上挣脱一般爬向天空，玫瑰色的霞晖在山野间弥漫荡漾，分别的时刻终于如期而至。

赵括的母亲穿戴整整齐齐，头发梳得一丝不乱，仿佛参加一场盛大的仪式。

赵括牵着一匹漂亮的白马，那匹马和他一样高大剽悍，光滑整齐的鬃毛犹如一面铜镜，光泽灿烂。他英姿挺拔，豪情万丈，自信自负一如既往，他扬言不久的将来，就会从长平的战场上传来赵军胜利的消息，他将为赵国创造新的辉煌。

母亲闻听此言，泪流满面。

赵括天真地以为母亲的泪水源于即将来临的分别，他忍不住拥抱母亲，以胜利者的姿态让她等他回来。

老人清楚泪水的含义。

这是她与儿子最后一次相见，擦干泪水，让她这个母亲再多看一眼自己的孩子吧！

苍茫大地，千树萧瑟，朔风渐起，金黄色的云块在天空中奔腾驰骋，寒流滚滚，正酝酿着一场大风暴。赵括跨上战马，飞驰而去，消失在氤氲中……

老人心如刀绞，肝肠寸断，她心里默默地说，孩子，我再也收不到你的消息了，因为你将要去的地方，叫死无葬身之地！

李牧到底有多强

> 李牧者，赵之北边良将也。常居代雁门，备匈奴。以便宜置吏，市租皆输入莫府，为士卒费。日击数牛飨士，习射骑，谨烽火，多间谍，厚遇战士。为约曰："匈奴即入盗，急入收保，有敢捕虏者斩。"匈奴每入，烽火谨，辄入收保，不敢战。
>
> 《史记·廉颇蔺相如列传》

李牧并非出道即巅峰，但是死后却封神。在长平之战和邯郸之战中，都没有见到李牧的身影，他当时正在北方抵御匈奴。

邯郸之战后，赵国是真的被打残了，再加上后来廉颇离开，国破思良将，抗击匈奴并取得重大胜利的李牧被赵王倚重，逐渐成为赵国的中流砥柱。

历史人物可以分成三种：一种是对历史走向没有什么影响的；一种是在特定时间里，影响历史走向的；还有一种，是能凭借一己之力，直接决定历史走向的。李牧显然属于第三种。

李牧活着的时候，赵人恐怕感受不深，而他死之后，赵国就像一只迟暮的股票，迅速跌至谷底，直至灭亡。这样一个人，无论后世给出多么高的评价，都不为过——不存在勉强，李牧绝对配得上任何美誉。

据说李牧一生从未打过败仗，一直保持战绩满分的纪录，是当之无愧的常胜将军，所以当同为"战国四大天王"之一的王翦带领大军进攻赵国，了解到赵国派出的将领是李牧和司马尚时，心里马上犯了嘀咕，遇上个狠人，这仗该怎么打？通衢大道看来是走不成了，只能走歪门邪道。

秦国又一次无耻地使用了他们惯常的伎俩：离间。

秦人以金钱开道，贿赂了赵王的宠臣、曾陷害过廉颇的郭开，郭开有着"拿人钱财替人消灾"的良好信誉，收到钱以后，他马上办事，开始不厌其烦地在赵王面前说李牧的坏话，日久天长，赵王把假话当成真话，收回李牧的兵权，并暗中派人干掉了他。

秦国扫除了障碍，一路开挂，没过多久，赵国顺理成章纳入秦国的版图。

实际上，李牧的成名之战是雁门之战。

李牧早年戍守赵国北部边境，他的主要工作是抗击匈奴，这项任务艰巨，因为匈奴的确不好打，他们以灵活机动的骑兵为主，遵循的作战方针是，打得过就抢，打不过就跑，没有任何道德负罪感，赵国则擅长步兵作战（骑兵主要打配合），双方在平原上对决，骑兵占绝对优势——他们浪花一般呼啸而来，树叶一样随风而去。他们策马奔驰，挥舞着兵器，发出狼一样的叫声，看上去狂野剽悍，步兵拿他们一点儿办法没有。

论速度，两条腿和四条腿就不在一个量级上，所以，李牧抗击匈奴，在羽翼未丰的情况下，一直采取保守的防御策略（坚壁清野之术）。不过他貌似消极抵抗的做法的确给人一种胆小怯懦的感觉，包括赵王也这么认为，但是李牧是谁说都不为所动，依然我行我素，作风如故，甚至在军中颁布了一条法令，匈奴来袭，麻利儿给我回营区，不要与匈奴发生正面冲突，如果有人敢擅自离开营地去捕捉敌人的，就地正法（有敢捕虏者斩）。

赵王坐不住了，命人把李牧替换回来。

李牧暂时下岗，赋闲在家，也没再就业。

新任命的将领一到任，急于立功，主动出击，每次匈奴来犯，都积极迎战，可以说屡战屡败，屡败屡战，如此循环，伤亡惨重。

士兵们不干了，纷纷要求老领导回来主持大局，赵王得知消息，认识到李牧在边疆治兵的确有一套，便让他复出。

这时，李牧开始耍小性子，以有病为借口明确表示拒绝，赵王无奈，对李牧来了个软磨硬泡，李牧眼看戏已做足，就坡下驴，声称上前线可以，但是还要按照自己老一套法子治兵，不然，"您看着办吧！"赵王被搞得没脾气，"全听您的，您高兴就好！"

想必君臣之间的嫌隙在这时已经生成。

事实上，李牧在边疆一直没闲着：一方面他抓紧练兵备战，特别重视骑马和射箭技术，而且加大力度培养谍战人员（通过情报战，掌握匈奴高层的动态），并建立了一套完备的预警系统，这样一旦匈奴来袭，他就能在第一时间得到消息，并做好应战准备；另一方面他持续抓好精神文明建设，丰富官兵们的业余生活，尤其在饮食上，据说他的军营一天要杀几头牛，不是祭祀，而是犒劳士兵们。此举营造出拴心留人的良好氛围。拿钱拿到手软，吃肉吃到胃胀，士兵们情绪高涨，当兵打仗，天经地义，将领如此体恤下属，大家当然愿拼命一战以报国恩。

李牧见时机成熟，打响了反击匈奴的第一枪。

在这场战役中，李牧将《孙子兵法》的智慧发挥到极致。

他亲自挑选一千三百辆战车，一万三千骑兵，五万步兵，十万射手，并全部加以编组，布列战阵，开始进行多兵种联合作战演练。

准备就绪，他让老百姓漫山遍野去放牧，引诱匈奴，匈奴以小股部队入侵，李牧派小部队迎战，假装败退，匈奴抢夺了不少物资。

单于听到这个消息，可乐坏了，这老家伙守关，我们多少年没开张了，这回要干票大的。

于是，单于亲率大军进攻赵国边境。

李牧出奇兵，一举杀掉十几万匈奴精锐（据史学家估计，当时整个匈奴加起来也就只有百万人左右，甚至可能还不到百万人。所以李牧这一仗，等于是打掉了匈奴的大部分可战之兵），连单于都差点丧命。这一战打出了十几年的和平，其间，匈奴也没有再来侵扰赵国的边境。

孙子曰：昔之善战者，先为不可胜，以待敌之可胜。不可胜在己，可胜在敌。故善战者，能为不可胜，不能使敌之必可胜。故曰：胜可知，而不可为。[①]

学者魏建震在《战国赵国军事思想与战争指挥艺术》中分析，李牧破匈奴之战将战争指挥艺术发挥得淋漓尽致。以步兵大兵团（准确说是步、骑、车兵协同作战）全歼骑兵大兵团，这一战堪称经典，李牧创造的一整套步兵对战骑兵的战略战术，打破了步兵无法击溃骑兵的神话，对后世产生了重要影响，特别是为日后汉政权与匈奴作战提供了可资借鉴的范本。[②]

古往今来，中原王朝对抗游牧民族最大的难点不在于正面厮杀，因为中原王朝在武器、补给、单兵素养方面都具有游牧民族所不具备的优势，而真正的难点在于如何找到游牧民族的主力，给其致命一击。

李牧煞费苦心，又是装弱势群体，又是摆出不与匈奴正面冲突的架势，目的就是迷惑敌人、积蓄力量、等待时机，而一旦时机成熟，他就像黑曼巴一样果断出击，锋利的牙齿刺入猎物的咽喉，致命的毒液注入猎物的身体，紧紧缠绕住猎物，最后一口一口把猎物吞掉。

大漠长空，落日孤烟，匈奴遁逃。古战场上，硝烟弥漫，旌旗猎猎，寒鸦哀鸣。满腔热血的李牧立于广袤的天地间，久久地注视着邯郸的方向。

日后，他将在那里创造新的辉煌，也将在那里迎接死亡……

「 "战神" 郭开 」

> 赵王迁七年，秦使王翦攻赵，赵使李牧、司马尚御之。秦多与赵王宠臣郭开金，为反间，言李牧、司马尚欲反。赵王乃使赵葱及齐将颜聚代李牧。李牧不受命，赵使人微捕得李牧，斩之。废司马尚。后三月，王翦因急击赵，大破杀赵葱，虏赵王迁及其将颜聚，遂灭赵。
>
> 《史记·廉颇蔺相如列传》

---

① 华杉. 华杉讲透《孙子兵法》［M］. 南京：江苏凤凰文艺出版社，2015：108
② 魏建震. 战国赵国军事思想与战争指挥艺术［J］. 邯郸学院学报，2011，21（1）：30-33.

在电视剧《大秦赋》中扮演郭开的演员一夜之间火遍网络，他精湛的演技把郭开的贪腐、阴险、油滑、狡诈演绎得淋漓尽致，虽看似浮夸，但实际上历史上的郭开真是这样一个人——只有更坏，没有最坏。

郭开，著名三无产品——无德、无情、无义。

"战国四大天王"（白起、王翦、廉颇、李牧）合起来也干不过他一个人。

四个战神级别的人物没有谁把谁干掉的记录，而郭开却凭一己之力就把廉颇和李牧彻底干翻，战斗力逆天。

同样凭借一己之力，他把赵国灭亡的时间提前了至少十年，真可谓秦国的神助攻、六国一统的加速器。

打击贪腐，是社会永恒的主题。为什么？因为贪腐分子像蛀虫，啃食国家柱梁，危害国家安全，一旦蛀虫多了，国家就危险了，当然也并不一定蛀虫增多，国家才危险，像郭开这样的超级无敌大蛀虫，只要有一个，国家马上完蛋。

战国七雄，我最喜欢的不是赵国，但最惋惜的是赵国，这个国家从起初的建立到最后的灭亡，一路走来，充满悲壮。

三家分晋，赵国的位置极为尴尬，西边是虎视眈眈的强秦，东边是富甲一方的齐国，北边是燕国，南边是韩国和魏国。处于夹缝的位置上，可想而知，赵国的生存多么艰难。

赵国的强大离不开一个著名的历史人物——第六任国君赵武灵王赵雍，他在任期间，干了一件对赵国的强盛极为重要的事儿，推行"胡服骑射"，著名历史学家翦伯赞先生曾诗赞，"骑射胡服捍北疆，英雄不愧武灵王"。众所周知，赵国与北方的游牧民族是死对头，赵国经常被虐。然而，赵武灵王的改革灵感，即来源于游牧民族——在战争中学习战争，向优秀的对手学习。学者张润泽在《试论赵武灵王》中阐述，"战国时代，中原人宽袍大袖，上衣下裳，脚履鞋子，战车笨重，行动极其迟缓。在战场上拖泥带水，无疑等于自杀。当时打仗，仍以战车为主，战车用马拉牵，三人驾车，运转迟钝，无论进退，都不灵活，而且只宜于平原作战。赵武灵王改穿胡服，着短衣短袖，皮带皮靴，头戴羽冠，抛弃战车，改骑战马，近用刀枪，远用弓箭，奔驰快，转动灵活……"[①] 简言之，赵武灵王不过是解决了士兵着装的问题，但就是这样一个小小的改革，使赵国的军事实力大增，赵国军队的战斗力显著增强，一跃成为与秦比肩的军事强国。所以秦国一直视赵国为劲敌。

在最后的较量中，赵国迫使秦国付出了惨重代价，究其根本，我认为军事原因是其次，还是人的主导作用占第一位——赵国有一批诸如蔺相如、赵奢、廉颇、李牧这样的忠臣良将。

极具戏剧性的是，这些忠臣良将鲜有善终者，或被陷害致死，或逃到国外，还有的被废掉官职，反而郭开这样的大蛀虫一路顺风得意，历史上演的荒诞一幕发人深省。

更荒诞的是，郭开起初不过是赵王的伴读。

接下来，见证奇迹的时刻到了。郭开怎样凭一己之力干掉两大天王、引领赵国走向灭亡，我们拭目以待。

第一回合，灭廉颇。鉴于廉颇在对燕国作战中的出色表现，赵王封廉颇为信平君，廉颇在赵国的人气一路飙升，郭开的嫉妒如洪水般泛滥开来。而廉颇一方呢？我们前面聊过，此人生性耿直，骨子里压根儿瞧不起郭开这样的人，私下里一定没少羞辱他（从廉颇和蔺相如之间的嫌隙我们可以推测），于是郭开略施小计，就把廉颇办了，廉颇被迫出逃。后来，赵国危难之际，赵王想再用廉颇，派使节去看望他。郭开故技重施，贿赂使节，成功阻止了廉颇返回赵国，廉颇的军事生涯终结。

第二回合，灭李牧。赵王迁七年，秦派王翦攻赵，赵国派李牧和司马尚领军抗秦。秦军知道有这哥俩儿在，拿下赵国是个未知数，即便能拿下，时间也会向后推迟，于是他们重金贿赂郭开，试图通过郭开把李牧和司马尚换掉。郭开收了黑钱，不仅"出色"地完成了秦国交给他的任务，还送上了额外福利——借刀杀了李牧。又是老一套，郭开向赵王告黑状，诬陷李牧要谋反。赵王于是命赵葱和颜聚代替李牧和司马尚，并诛杀李牧，将司马尚免职。最终秦

---

① 张润泽. 试论赵武灵王［J］. 邯郸师专学报，1996（z1）：30.

灭赵。

在卖国求财这件事上，郭开秉持的是"将无耻进行到底"的原则，他彻底放飞了自我。

忠臣良将的心思始终放在国事上，而佞臣贼子的心思始终放在私事上，这决定了前者没空儿考虑个人的事儿，乃至被陷害都不知道是谁在背后搞鬼；而后者一心想着怎么祸害他看着不爽的人，什么国家利益、主权尊严、荣誉使命，统统不值一提。

郭开对自己的将来早已做好打算，因此亡国之日，他没有感到一丝恐惧惊慌，在他看来，不过是离职跳槽换个公司而已。

没有家国情怀，做事没有底线，利欲蒙蔽双眼，道德品质败坏，这样的人，必然不会善终。

虽然正史中对郭开之死无明确记载，给我们留下了些许遗憾，但好在有《东周列国志》这样优秀的历史演义小说为我们弥补遗憾——投靠秦国以后，郭开回赵都搬运家中财物，途中被盗贼所杀。

小说的作者冯梦龙是懂读者的，这样的结局符合人们对坏人命运的期待——天道好轮回，苍天饶过谁。我们要相信不仅苍天存在，而且是有眼的。

《屈原贾生列传》

失意的人生光耀千年

「伟大的灵魂」

屈原者，名平，楚之同姓也。

《史记·屈原贾生列传》

屈原身为楚国贵族应该是芈姓熊氏，芈姓属于其母一方，熊氏属于其父一方，按现在的伦理关系来讲，他应该姓熊，因为其祖先被封到了屈邑，照当时的习俗，要跟国姓，应该改姓屈，于是屈原就有了屈这个姓，而原是他的字，平才是他的名字。屈原本名熊平。

无论熊平这个名字在当时的楚国叫得多么响亮，今天的人们只记住了屈原这一个名字——伟大的名字。

袁行霈先生主编的《中国文学史（第一卷）》中，有一个章节是专门介绍屈原与楚辞的：楚辞在中国文学史上有着特殊的意义，和《诗经》共同构成中国诗歌史的源头，楚国特殊的美学特质，以及屈原不同寻常的政治经历和卓异的个人品质，造就了光辉灿烂的楚辞文学，并使屈原成为中国文学史上第一位伟大的诗人。①

---

① 袁行霈. 中国文学史：第一卷［M］. 天津：高等教育出版社，2004：129.

　　游国恩先生主编的《中国文学史》中，介绍屈原是我国文学史上第一个伟大的爱国诗人，他开启了诗人从集体歌唱到个人独立创作的新时代。屈原以他爱祖国、爱人民的高贵品格，以他创作的光辉灿烂的诗篇，对中国人民的精神面貌，对我国文学优秀传统的形成都产生了极大的影响，在我国文学的发展史中有着崇高的地位。[1]

　　学者们从中国文学发展的角度谈屈原的伟大历史贡献，而作为一个创作者，我更加关注屈原作为一个人，作为一个生命个体，所具有的魅力：将生命融于艺术，用对信仰的忠贞去挑战一个纷繁杂芜的世界；将痛苦化作歌唱，创造出生命跨越式的价值，构成了独特的浪漫主义生命情怀，并以强烈的生命意志完成对死亡的超越，使纯粹的道德之美化作永恒。

　　时间治愈一切，物换星移几度秋，伟大的灵魂在历史的风尘中已烟消云散，年轻的司马迁伫立汨罗江怅望千秋之时，想必抛下了两行深情的热泪。

　　活在今天的人必须感谢司马迁，因为他挥舞如椽之笔，用文字编织一张巨网，从深沉的汨罗江里为我们打捞上来一个伟大的灵魂。

　　即便近百年来，学界关于这个灵魂的质疑和争论沸反盈天从未停止：有人认为中国历史上并没有屈原其人（清末学者廖平）[2]；有人认为屈原的美政理想和爱国主义精神不具有推动社会发展的进步性，没有什么值得肯定和赞扬之处（学者刘金明《对屈原爱国主义的再认识》）[3]；还有人说屈原以死殉国由其宗国意识所决定……屈原是爱国主义者，是超社会超历史的（学者郭杰《先秦国家观念与屈原的宗国意识》）[4]；甚至连鲁迅先生对屈原也颇有微词，拿他和

---

[1]　游国恩，王起，萧涤非，等. 中国文学史（修订本）［M］. 北京，人民文学出版社，2004：106.

[2]　张静宇. 1949年前屈原否定论研究述评［C］//中国屈原学会，漳州师范学院，东山县人民政府. 中国楚辞学（第十九辑）：2011年楚辞学国际学术讨论会暨中国屈原学会第十四届年会论文集. 漳州师范学院中文系，2011：5.

[3]　刘金明. 对屈原爱国主义的再认识［J］. 绥化师专学报，1988（4）：11-16.

[4]　郭杰. 先秦国家观念与屈原的宗国意识［J］. 东北师大学报（哲学社会科学版），1989（4）：80-84.

《红楼梦》贾府中的焦大作比（《伪自由书·言论自由的界限》）……

但是一切纠结与争论都不妨碍这个伟大的灵魂成为中国文人的精神图腾和思想寄托——中国文人或多或少都有一些屈原情结，这是不争的事实，甚至在中国人的集体认知里，屈原已然成为一种"普遍的民族精神"，正如学者张新科主编的《史记导读》中赞誉，"千百年来，中国人民在反抗侵略、反对强暴、维护正义、保卫国家利益和国家尊严的斗争中，从屈原身上得到鼓舞获得力量"。①

这个先秦时期的伟人不会想到，在他怀抱巨石迈着沉重的步伐走向汨罗江以后的两千多年里，追求理想、信念、真理、正义的人们始终在跟随他的脚步求索问道，他的精神如石刻一般，镌刻在一个民族的心灵深处，在每年农历五月初五这一天，华夏子孙以各种各样的方式祭奠他、怀念他、歌颂他，他为追求国家富强、坚守高尚情操而不畏艰险、虽九死其犹未悔的壮志豪情成为千百代志士仁人磨砺自我、不断前行的强大精神支撑，一个伟大而孤独的灵魂为这个古老的民族筑起了一座不朽的丰碑。

屈原以莫大的勇气给了生命体面的终结。他始终保持着高尚的品格和忠贞的节操，而且越是身处逆境，他的精神品质越发闪耀。长太息以掩涕兮，哀民生之多艰——他忧国忧民，对人民遭受的苦难深切同情；路漫漫其修远兮，吾将上下而求索——他追求真理，尽管道路荆棘，但他始终坚守信念，并付诸行动；何灵魂之信直兮，人之心不与吾心同——他刚正不阿，抨击黑暗腐朽不留一点情面……

"其衣被词人，非一代也""屈平辞赋悬日月，楚王台榭空山丘""窃攀屈宋宜方驾，恐与齐梁作后尘"……不必惊讶，这些穿越时空熠熠生辉的诗句皆属屈原，他受之无愧。

作为精神图腾和思想寄托，每当文人们在现实中寸步难行时，都会情不自禁去屈原那里寻找自己心灵的回声。

---

① 张新科. 史记导读［M］. 北京：高等教育出版社，2015：103.

　　贾谊被贬，遂作《吊屈原赋》。

　　司马迁受宫刑，联想"屈原放逐，乃著《离骚》"，遂著《史记》。

　　陆游慨叹年华老去，一腔热血为报国，于是对月当空脱口而出"离骚未尽灵均恨，志士千秋泪满裳"。

　　一世狂傲的李太白视屈原为偶像，称赞"屈平辞赋悬日月"。

　　哪里有文人的悲泣之声，哪里就有屈原的身影。

　　上天注定你会集聚整个世界的韶光，成为那个时代里最高大的人。

　　命运使然，将你投入一波三折的生涯，让你在最低迷的岁月里奏响最华美的乐章。

　　汨罗江畔，一袭青衫，遗世独立，怨愤的声音在滚滚江流上渐行渐远，悲而弥壮……

　　滔滔不绝的江水啊，两千多年前，你淹没的是一个羸弱的躯体，但是你掀起的浪花却将躯体包裹的灵魂抛向了历史的天空，变成一道绚丽夺目的彩虹，那里成为文人最温馨和最牢固的精神家园。

　　安能以浩浩之白而蒙世俗之尘埃？让我们怀着敬畏之心去迎接伟大的灵魂回家。

「小人误我」

　　（屈平）为楚怀王左徒。博闻强志，明于治乱，娴于辞令。入则与王图议国事，以出号令；出则接遇宾客，应对诸侯。王甚任之。

　　怀王欲行。屈平曰："秦虎狼之国，不可信，不如毋行。"怀王稚子子兰劝王行："奈何绝秦欢！"怀王卒行。入武关，秦伏兵绝其后，因留怀王，以求割地。怀王怒，不听。亡走赵，赵不内。复之秦，竟死于秦而归葬。

　　　　　　　　　　　　　　　　　　　　　　　《史记·屈原贾生列传》

忠诚，正直，这两个词合起来，代表一种高贵的品质。

大限将至，命不久矣，楚怀王前所未有地清醒，他对"忠直"这个词有了痛彻心扉的感悟，他明白了屈原的良苦用心，但一切似乎太晚了。

举头望明月，低头思故乡。站在异国冰冷的土地上，抬头望去，皎洁的明月挂在淡蓝色的天空中，月光像流水一样倾泻而下，大地仿佛铺了一层厚厚的盐，楚怀王不禁流下悔恨的泪水……

这个楚国最高权力拥有者没有为自己即将客死秦国而感到遗憾，而是为自己不能再见到屈原，并对他说声抱歉深感惋惜，看着处于飞行模式的手机屏幕，他陷入沉思……

早知如此，他当初即便不听妈妈的话也要听屈原的话。

昔日的时光一帧帧浮现在眼前，欢乐的、痛苦的、美好的、丑恶的，交相辉映，栩栩如生。过去的，真的再也回不来了。

我的忠臣，那时的你是青年才俊，风华正茂，对楚国一往情深，我对你多么信任。在内，我们彼此相知，一起商量着办国家大事，你为我发布政令。对外，我们配合默契，你代表我接待各国使节，帮助我处理国与国之间的关系。有你在，我对楚国的前途充满信心。可是，明天和意外，永远不知道谁会先到，一切都因为一个人的出现而改变。

那天，上官大夫（后人把上官大夫和后面出现的靳尚混同一人，实为历史误会[1]）屁颠儿屁颠儿来到我面前说你的坏话，我居然没有意识到，楚国的末日由此降临。

世人皆知，你当时担任左徒一职，博闻强识，政治经验丰富，我命你制定法令，他宣称你每制定完一条法令，都会四处卖弄，跟人说这是你一个人的功劳，楚国离了你，全得歇菜。

当时我太自负，多么拙劣的谎言，如果冷静下来仔细想一想，一个有思想、

---

[1]　靳望舒. 靳尚与上官大夫的关系之辨析［J］. 新西部（理论版），2016（12）：74~75.

有文化、有内涵、有道德的"四有"新人，怎么会当众说出如此没水准的话？

而我呢？不管别人信不信，反正我信了，从此厌恶你、疏远你，最终将你罢免，但你对我、对楚国，依然忠诚如昨。

后来我才知道，你们结怨，完全是因为他嫉妒你的才能（争宠而心害其能），他想要你起草的法令，你不给他，所以他编造谎言欺骗我，目的是搞垮你。

对你严守国家机密的行为，我非但没有提出表扬，反而对他的越权之行表示默许，身为一国之君，我昏庸过头，真是小人误我啊！

还有张仪那件事，如果我听你的话，即便让我现在就死，也毫无怨言。

在对抗秦国这件事上，你向来主张"合纵"，与齐国结盟。

事实证明，齐楚联盟，对楚国来说，确有百利无一害，甚至按照你设计的蓝图，凭我楚国的实力，一统天下也不无可能（《战国策》中有"横则秦帝，纵则楚王"之说）。

在与诸国的"蜜月期"里，我大楚国凭借幅员辽阔、文化灿烂，获得空前威望，我这个王着实风光了一把。

可是，人容易被胜利冲昏头脑，高光时刻刚到，我又开始作妖——秦欲攻齐，畏齐楚之盟，于是派张仪来游说我。

张仪小人许以六百里秦地作为交换条件，忽悠我同齐国断交。

我动心了，并且利令智昏马上同齐国断绝往来，为了表示跟齐国断交的决心，我还组织水军，网暴了齐王。

得到的有恃无恐，得不到的永远在骚动。骚动的我抓紧派人去秦国接收土地，秦人出尔反尔，坚称当初承诺割让六里而非六百里土地，一副有恃无恐的样子。

秦人耍我！我当下意气用事，在没有充分准备的情况下贸然攻秦（丹阳、蓝田之战），结果损兵折将，大败而归。

第二年，秦国说愿归还汉中之地，这本来是一个收复失地的大好机会，我又要上阔小姐脾气，扬言只要能让我杀了张仪，宁可不要失地。

我早应该想到张仪答应来楚的那一刻，他便已经想好对策。

果不其然，张仪一到楚国，马上拉拢腐蚀我身边的人，特别是我宠爱的郑袖，收受贿赂，和大臣靳尚相互勾结，不停地做我思想工作，给我吹枕边风，我被这群小人蒙蔽，又把张仪放了。

那时，我已经疏远你，你刚被派到齐国，回来以后，听到这个消息，质问我为何不杀张仪？我再派人去追张仪，已经来不及。

放虎归山，又是小人误我啊！

我最后悔的就是参加这次武关会盟，你早就看清秦人的心肝脾肺肾，你知道这不是一次温暖的旅程：我当政的第二十个年头（公元前309年），楚齐再结盟，韩、赵、魏、燕也加入进来，共襄抗秦大业。

为打破以齐楚为核心的合纵联盟，刚刚即位的秦昭王开始讨好我，其手段拙劣，无非还是金钱美女。

我被糖衣炮弹裹挟，再次跟齐国断交，与秦国在黄棘签订盟约。

齐、韩和魏因为我的背叛，联手伐楚。无奈之下，我派太子到秦国当人质，向秦求援，才得以解围。但是合纵大业毁于一旦。

再后来，在秦国做人质的太子因犯故意杀人罪而逃回楚国，灾难即由此开始——秦国联合诸国一起来攻打楚国，楚已然成为秦吊打的对象，在这种情况下，我又派太子到齐国当人质，希望重修齐楚之好。

秦得知此事，马上给我来信，声称黄棘之盟犹在，秦楚亲如袍泽，楚太子在秦国犯罪，连个招呼也不打就跑回楚国，为维护法律权威，秦国不得已才攻打楚国（坏人做坏事总是有理由，而且听上去总是那么高大上）。现在楚国派太子到齐国做人质，想到秦楚本是姻亲之国，亲人之间，有什么疙瘩解不开呢？秦王提议武关相会，共谋大业。

这不是天大的笑话吗？当时秦楚实力已经明朗，秦国占据压倒性优势，不久前他们还夺取我八座城池，这时候秦王居然要搞高端会盟，跟我平起平坐友好协商两国大事，好比屠杀之前，屠夫要和待宰的羔羊聊聊天谈谈心，听听它的心路历程，这不是笑话吗？

你极力阻我赴秦，但我没有采纳，我这个老子听了儿子的话，贸然赴秦。

一进武关，我们即遭绑票，看来这回我真的要死在异国了，终究还是小人误我啊！

小人误我，而我误的是楚国。

灾难使人清醒。忠直之士，我一生愧对于你，今生我们不得相见，让明月带去我的忏悔之情吧！

「人间清醒」

> 渔父曰："夫圣人者，不凝滞于物而能与世推移。举世混浊，何不随其流而扬其波？众人皆醉，何不哺其糟而啜其醨？何故怀瑾握瑜而自令见放为？"屈原曰："吾闻之，新沐者必弹冠，新浴者必振衣，人又谁能以身之察察受物之汶汶者乎！宁赴常流而葬乎于江鱼腹中耳，又安能以皓皓之白而蒙世俗之温蠖乎！"
>
> 《史记·屈原贾生列传》

月如残玦，孤寂地挂在黑色的天幕中。

阴风怒号，吹得人不寒而栗……

正当被绑票儿的楚怀王在秦国对月空悲叹进行自我检讨的时候，楚国已经紧锣密鼓开始张罗拥立新主了，楚国新CEO就是怀王的长子顷襄王。

顷襄王即位，怀王的二儿子子兰任令尹。

屈原跟子兰的关系好似水火，两人一直不对付。

因为子兰，怀王不听屈原的劝告颠儿颠儿去了秦国，现在肉包子打狗——有去无回。

屈原愤怒。

楚国地大，齐国富庶，屈原主张"强强联合"，以对抗更为强大的秦国，实践是检验真理的唯一标准，后来的事实证明，这个战略方针无比正确，而子兰却对秦国钟爱有加，极力撺掇自己的老子跟秦国联合，楚怀王在天有灵，一定会为他当年一时冲动，跟孩儿他妈要了这么个东西而后悔。

屈原更加愤怒。

面对因自己而愤怒的屈原，子兰当上令尹以后，怎么能不给屈原一些"特殊待遇"呢？

卑鄙者获得权力，对某些人来说是机遇，对某些人来说却是灾难。人性中最大的恶是在获得权力以后，无所不用其极地去打击报复他所憎恶的人。利用权力，打击报复排除异己，这是以子兰为代表的一批楚国官员崇尚的事业。

于是，屈原再次被贬。

这次放逐显然不如上次那般平静，因为命运之神正在将他抛弃。

那一天，蝉虫嘶鸣，艾草疯长，汨罗江水汹涌澎湃，拍击水岸，也在激烈地拍击一个伟大的灵魂。

神情憔悴面如枯槁的屈原跟跟跄跄来到汨罗江畔，一个声音从江上传来，声音的发出者拥有渔夫的身份，但他更像命运之神的化身。

烈日炙烤着汨罗江，虽然历经人生大起大落，屈原被折磨得面目全非，渔夫还是一眼就认出这个楚国的全民偶像。接下来，二人开始了一段伟大的对话。

渔夫问三闾大夫何至于此？

屈原放声大笑，指着遥远的天空，控诉一般说道，你看这污浊的世界啊！人们仿佛喝醉了一般，唯独我一个人是清醒的，古往今来，清醒的人最寂寞，所以我来到这里。

山河破碎风飘絮，身世浮沉雨打萍。

渔夫又问三闾大夫为何不随波逐流，当今世上的人不都是这样吗？

屈原望着老者，沉思片刻，他用了一个形象的比喻：洗完头以后，要先把帽子上面的灰弹去再戴；洗完澡以后，要先把衣服上的浮尘掸去再穿，我怎能以清洁之身，接受外界污秽之物，不如葬身鱼腹，永葆贞洁。

言闭，屈原朝楚国郢都的方向投去深情一瞥，毅然抱石走向汨罗江深处。

留正气于天地，遗清白在人间。

我有自己的政治理想和精神追求，为什么要随波逐流呢？我内心憎恶误国误民的昏君和逢迎献媚的奸臣，为什么要去讨好他们呢？我始终不放弃对高洁品性的追求，为什么要在意不理解我的人呢？我一直所坚持的，依照我的价值观判断，是正确的。我知道这样死去，自己这一世的身份将无法挽回地定格在罪犯上，但是有什么关系呢？怀情抱质兮，独无匹兮。这一世人不理解我，后世总会有我的知己。

屈原殒身，楚国迎来落幕时刻。

那一天，秦军攻破楚都寿春，楚国开始走入生命的倒计时。

我最欣赏楚国：因为这个国家有种迷人的气质，当秦国惧怕被诸侯视为蛮夷，千方百计融入中原文化圈的时候，楚人的先祖公开宣称，自己乃蛮夷之邦（我蛮夷也，不与中国之号谥），正是这种特立独行的气质，使我们得以领略瑰力奇幻，探秘神鬼怪谈，在楚国这片神奇的土地上拥有天马行空的想象，放荡不羁的自由，更有令人心醉痴迷的浪漫与优雅。如果你是热衷奇幻的冒险家，那楚国是必须打卡之地。

历史学家范文澜先生在《中国通史简编》中指出："七国土地楚最大，人口楚最多。"[1] 楚国八百年，历史上第一段长城、第一个县、第一支毛笔，甚至第一把铁剑，都与它息息相关。智纲智库创始人王志纲先生在《大国大民》一书中说道："楚国的强大让秦国都心怀忌惮，并将其视为称霸天下的主要对手。应该说在战国的很长一段时期内，论地盘、人口、综合国力，秦、楚是最有可能统一天下的双雄。"[2]

自立国到灭国，楚国历经四十几代君王，其中不乏雄才大略的英主，他们也如秦王嬴政一般，始终为建设一个大一统的国家而奋斗着。

楚武王深谋远虑，铁腕治国，江汉平原富饶安宁，国家机器初具规模，楚之强盛自此而始。

诸侯虎视眈眈，争霸天下，楚国危机四伏，楚成王广施恩德，结盟诸侯，开疆拓土，泓水一战，败宋扬威，称雄中原。

楚庄王少年老成，韬光养晦，三年不鸣，一鸣惊人，终饮马黄河，成一代霸主。

楚灵王骄奢暴虐（楚王好细腰，宫中多饿死），开启潘多拉魔盒，楚国霸业一落千丈。吴国伺机而动，大军攻入郢都，楚国遭遇历史上最大的危机，亡国灭族之际，楚人团结一致，爆发出惊人的力量，全民皆兵，竭力死战，一举击碎吴人意图灭楚的阴谋。

昭王惠王反省自躬，励精图治，楚国重振雄风，进入中兴时代。

宣王威王拓土开疆，推动文化繁荣，楚国重登盛世顶峰。

楚悼王任用吴起施行变法，裁冗削禄，改政移风，奖励耕战，楚国再一次威震诸侯。

及至商鞅变法，秦国崛起，虎狼时代再次到来，历史魔法师又交给楚国一次机会，屈原登上舞台，令人遗憾的是，楚国没有把握住这次机会，楚怀王在利益的诱惑下迷失自我，楚国在屈辱中卷入历史魔法师早已设置好的黑洞。

楚亡，楚文化却遗留下来，代代相传，生生不息。

在浴火洗礼中，古老的楚文化淬炼出惊人的生命力。

楚辞丰富的想象力，至今令人心醉神迷。青铜器的厚重，冲击着一代又一代人的视觉神经。刺绣品、漆器、美术和音乐……这些精美绝艳的工艺与乐舞，都让我们感受到浓烈的自由和浪漫气息。楚文化遗存早已融入华夏民族的文脉之中，甚至成为中华优秀传统文化的重要标识。

屈原，你的生命已经变成另一种形式存在于这天地之间，与日月同辉！

「只有屈原配叫屈原」

渔父见而问之，曰："子非三闾大夫欤？何故而至此？"屈原曰："举世混浊而我独清，众人皆醉而我独醒，是以见放。"

《史记·屈原贾生列传》

身为楚国上流社会的一员，如果没有责任感、使命感、道德感、正义感这些东西的束缚，以屈原的名望和实力，他双手插兜，一生可以过得很潇洒、很嚣张，即便后来他被上官大夫诬陷，楚怀王疏远他，被子兰"穿小鞋"，遭到顷襄王的驱逐，也不必害怕，以他的才能，完全可以迅速转变态度，换一副面孔，果断站到新的队伍里，重新选择自己的人生道路。

识时务者为俊杰，自古以来，这句话不一直都被广大投机分子奉为人生处世准则嘛！

按照《百家讲坛》主讲人王立群先生的分析，我们看到起码有三条以上的人生之路可供屈原选择。

一条当然是选择跟上官大夫、郑袖、子兰这些无节操无底线无原则的"三无"产品妥协：原谅我年少轻狂不自知，以后的日子就跟着诸位混啦！这是改变自身境遇最简单最有效的办法，但也是背弃初心最完全最彻底的做法，古代宫廷斗争复杂残酷，很多人在失利以后往往会选择跟对手妥协，从此变成自己曾经讨厌的模样，失去理想，丧失自我，沦于平庸，成为历史的过客。

另一条是原地躺平，当个与世无争的"佛系"青年，隐居山野：江湖上虽然有我的传说，但是我已不再属于江湖。从此淹没于历史的长河中，躲进小楼成一统，彻底跟自己的理想说再也不见。

第三条是向其他国家投简历，拿到offer以后，选择移民，到其他国家寻求发展，这是那个时代很多人的普遍选择：此处不留爷，自有留爷处，千里马终会遇到伯乐，总有一个国家适合自己。可这样做同样要付出代价，在一个群雄逐鹿的时代，选择到别国发展就意味着会威胁到母国利益，搞不好要被老百姓戳脊梁骨。

以上三条道路，屈原最终都没选，一旦他选了，那他就不是我们心中的屈原了。

他不能因为要再次回到统治集团的核心而出卖灵魂，背离初心，与黑恶势力为伍。革命信仰大于天，他把政治理想看得比生命还要重要，他谨持着理想的绝对纯洁。

　　他也不能因为遭遇一点儿挫折即原地躺平，选择逃避，改革不可能一帆风顺，不能说放弃就放弃，梦想终究是要有的，万一实现了呢？

　　他更不能因为要施展自己的政治抱负，移民他国寻求发展。屈子精神的核心要义就是伟大的爱国主义精神，学者田贵华在《屈原爱国主义的内涵、价值及其传扬》中更是指出，"屈原是爱国主义的标志性人物，是中国有史以来第一个伟大的爱国诗人"[①]。屈原的爱国情感在以后的两千多年里对中华民族集体意识的形成产生了深远影响，这种感情无法使他做出与爱国相悖的举动，如果硬要他选的话，只有舍生取义。

　　高尚者付出，往往不追求名利、不想要回报、更不苛求谁的理解，那是一种公而忘己、大而无私的行为，所以当高尚者离开以后，人们回想他的事迹，总结能够概括他们一生的词汇，想必有且仅有高尚一词。

　　学者方铭在《屈原精神的现代价值》中指出，屈原的悲剧结局为中国士人矗立了一个可以仰视的人生坐标。两千多年里，历代文人墨客对此人生涯和作品不断解读，使屈原存在的意义远远超过一个失意文人本身，而屈原的名字对我们来说更为神圣，后人用对这个名字的祭奠来浇自己胸中的块垒，一如《九歌·国殇》中所言："诚既勇兮又以武，终刚强兮不可凌。身既死兮神以灵，魂魄毅兮为鬼雄。"

　　艾萧太盛椒兰少，一跃冲向万里涛。

　　相对深谙世故的人，屈原的执拗可能显得苍白迂腐，但在漫长的历史长河里，在人类文明的进程中，在人类追求正义和真理的道路上，正是无数像屈原一样的同道者，以看似迂腐的坚持，笃行不怠，奋勇搏击，最终迎来人类的光明。

　　每个人的人生都是历史长河中的一瞬，一切荣辱转瞬即逝，唯有那些为理想付出生命的人，才值得被人们永久记忆。

---

① 田贵华. 屈原爱国主义的内涵、价值及其传扬［J］. 学校党建与思想教育，2020（17）：10-14.

「中国文学家的老祖宗」

世既莫吾知兮，人心不可谓兮。怀情抱质兮，独无匹兮。伯乐既殁兮，骥将焉程兮？人生禀命兮，各有所错兮。定心广志，余何畏惧兮？曾伤爰哀，永叹喟兮。世溷不吾知，心不可谓兮。知死不可让兮，愿勿爱兮。明以告君子兮，吾将以为类兮。

《史记·屈原贾生列传》

斯人已逝，余音不绝，一个代表独特个体而向黑暗不公宣战的最伟大最惨绝人寰的战士慷慨赴死，澄澈了一江流水，完成对生命本身的超越。

相比屈原饱受争议的一生，其作品却是毫无争议的存在，由此成就了中国第一位以诗歌创作留名青史的诗人。

"像水银泻地，像丽日当空，像春天之于花卉，像火炬之于黑暗的无星之夜，永远在启发着、激动着无数的后代的作家们。"这是郑振铎先生在《屈原作品在中国文学史上的影响》[1]中给予《楚辞》的评价。

一向恃才傲物的苏东坡，在屈原面前，也低头承认："吾文终其身企慕而不能及万一者，惟屈子一人耳。"[2]

梁启超将屈原誉为中国文学家的老祖宗[3]，恐怕不会有人反对。

香草美人、傲岸高洁、执着无悔、遗世独立……这些熠熠生辉的词汇映照屈原的一生，也成为影响中国文人的精神内核。

今人念屈原，大体想到两点，一为传统的端午节，一为他的诗歌作品。

相对妇孺皆知的端午节，可能后者的影响力略显逊色，但并不说明后者

---

[1]　郑振铎. 屈原作品在中国文学史上的影响 [J]. 文艺报，1953（17）.

[2]　何新文. 论苏轼对屈原贾谊的评论及其"适中""处穷"的人生智慧 [J]. 长江大学学报（社会科学版），2021，44（6）：61-67.

[3]　梁启超. 饮冰室合集5 [M]. 北京：中华书局，1989：49.

地位轻于前者——恰恰相反，端午节古已有之，屈子事迹不过是赋予端午节一个特殊的文化意象，而他留下的诗歌（开辟的文学新境界）却影响了整个中国文学，甚至他在创作中所体现出的对传统观念的大胆怀疑和追求真理的科学精神，影响的是全世界。

1953年，我们这个先祖与波兰哥白尼、法国拉伯雷、古巴何塞·马蒂成为世界和平理事会决定纪念的世界四大文化名人。

后世取"风骚"一词泛指文学。

风骚本为《诗经·国风》和《楚辞·离骚》的并称，被公认为中国诗歌发展的源流，《诗经》是集体创作的结果，而《楚辞》却是屈原一个人的创作结晶，所以我们可以这样理解，诗者凭一己之力，把诗歌乃至中国文学的发展推到一个全新的高度，开启中国文学的新纪元，这样的人被称为文学之祖，实至名归。

屈原这一生，也许在世俗意义上是彻底失败的，但是他用生命的抗争、绝世的才华、不屈的思想和坚定的意志，照亮了后世文人前进的道路，如黑夜中悬挂在天幕中的孤星，为我们守护着千年的文学梦想，供人间仰望。

屈原故事的结尾，太史公引用了其临死前作的《怀沙》（此诗写作时间大约可以定位至屈原临死前，被认为是诗人的绝命词，亦有学者认为此诗是屈原流放中怀念长沙的诗作）。全诗通篇都在讲自己，自己的忧思、自己的愤懑、自己对高尚的追求、自己对理想的忠贞……诗人的情感像猛烈的岩浆不可抑制地冲破地壳喷涌而出，内心没有一点保留，他汪洋恣肆的文字回答了文学的终极问题——文学是什么。

是啊！我这么热爱文学，文学是什么啊！

文学是人学。人，我们可以理解为自己，也可以理解为他人，可以为生理意义上的人，也可以为精神意象上的人，它以语言或者文字为载体，以人的需要为归旨，让我们探窥内心深处的光明，见证生命的奇光异彩。它要表达对生命的敬畏，对美好未来的向往，建立我们与无穷的远方和无数的人们之间的关系——如果连文学都不能给生命以起码的尊重，那生命的存在真是卑微可怜的；如果连文学都对美好的未来避而不谈，那这个文学真是糟糕透顶的；当我们感觉不到远方所发生的一切故事与我们作为人的牵绊时，说明我们正在麻木或堕落，文学也变得无意义[①]。

知死不可让，愿勿爱兮。明告君子，吾将以为类兮。决不能因为自己行将死去而悲痛至放弃毕生追求的理想，唯有以己身之一死而殉崇高理想，才是最完美、最圆满的结局。

想必当屈原抱石走向汨罗江深处的时候，他感受到的是一生未曾有过的幸福。

自己终将死去，但是理想却不会消亡。

有人问梁漱溟先生，这个世界会好吗？

先生回答，世界是一天一天往好里去的。

「天才小子」

> 贾生名谊，洛阳人也。年十八，以能诵诗属书闻于郡中。吴廷尉为河南守，闻其秀才，召置门下，甚幸爱。孝文皇帝初立，闻河南守吴公治平为天下第一，故与李斯同邑而常学事焉，乃征为廷尉。廷尉乃言贾生年少，颇通诸子百家之书。文帝召以为博士。
>
> 《史记·屈原贾生列传》

太史公将他与屈原并论。

鲁迅称他的文章是"西汉鸿文"。

毛泽东评价他的《治安策》是"西汉一代最好的政论"。

王勃在千古名篇《滕王阁序》为他发出"嗟乎！时运不齐，命途多舛"的

---

① 陈彦. 半棵树与星星［M］. 北京：人民文学出版社，2023：707.

感慨。

李商隐更是为他一生遭遇的不公鸣不平，留下了"可怜夜半虚前席，不问苍生问鬼神"的传世佳句。

有人生命长久，却似流星掠过；有人生命短暂，更像恒星耀空。贾谊属于后者。

在《屈原贾生列传》中，太史公对天赋型政治明星贾谊少年得志的一段描写可谓精彩绝伦。天才少年贾谊乃洛阳人，他十八岁的时候，已经是当地的学术超男了，特别是作为文学青年，此人经常在人头攒动的中心广场公开发表演讲：我有一个梦想……他最受欢迎的节目是朗诵自己创作的作品，他的文章说理透辟，逻辑严密，感情充沛，气势非凡，为他收获不少粉丝。

贾谊成为洛阳当之无愧的流量明星。

因为名气太大，地方行政长官吴公把他招至门下，并且十分器重。

贾谊犹如波浪一般跌宕起伏的一生正式开启。

千里马果然没有令伯乐失望，在贾谊的辅助下，在地方官员政绩考核大比武中，吴公成绩优异，表现突出，受到汉文帝嘉奖，官升廷尉。

这时，作为贾谊的老领导，吴公心里一直装着贾谊这匹千里马，于是在汉文帝面前整天说贾谊的好话，说这个年轻人多厉害，学识多渊博，特别是一句"颇通诸子百家之书"，简直说到汉文帝心坎儿上了。

汉文帝此时刚刚即位，雄心壮志，摩拳擦掌，准备大干一番，国家有这么优秀的人才，怎么能不兴奋，怎么能放过他？

贾谊被破格提拔为博士，当时的博士跟今天的博士不一样，"掌管图书，通古今以备顾问"，在某种意义上说，是皇帝的人才储备库，够格出任这一职务的，大都是饱读诗书、德高望重的耆老，而那一年，贾谊不过二十出头，小鲜肉一枚，是当时最年轻的博士。

更高的起点成就更加精彩的人生。站到更高的起点上，贾谊的才能得到进一步施展，皇帝每下一道诏令，找一群博士来研讨时，这小伙子都能娓娓道来、理据分明地说出其中道理，而这些道理正是那些老先生冥思苦想、搜肠刮肚想要表达的。

贾谊得到了同事们的普遍认可、皇帝的青睐，被火箭提拔（超迁），一年之内升至太中大夫。

为什么这一段精彩绝伦？因为太史公寥寥数语即把贾谊的政治天赋和进入统治集团的过程讲得清清楚楚，并且给人们留下一片很大的想象空间。

一个人有才能固然重要，但是表现自己的才能更重要，只有把自己的才能表现出来，才有机会获得别人的关注，这需要合适的平台，还要有好的机遇。可见年轻人经常参加选秀，不是坏事，有条件要上，没有条件创造条件也要上，像贾谊一样，眼看十八岁了（孙权十八岁执掌江东），如果还不能"以能诵诗属书闻于郡中"，那他学的东西就真的没有用武之地了——贾谊天生就明白"出名要趁早"的道理。

读书重要，但把书读活更重要。

年纪轻轻即"颇通诸子百家之书"，可见贾谊理论功底深厚，在地方工作的时候，能帮助吴公把当地治理得井井有条，后来调到中央，能辅佐文帝，耐心细致地做好国家政策的宣传解释工作，最令人钦佩的是他的解释还得到了一群皓首穷经的老学究们的认可和赞许，能令这群鸡蛋里面挑骨头的老家伙信服，说明贾谊不是思想上的巨人、行动上的矮子，他能够做到融会贯通，并且擅长把理论转化为实践，他真不见得比老先生们读的书多，但是一定比他们会读书。

不过永远不要被表面所迷惑，这段精彩的叙述仅仅是在赞美贾谊吗？

想必没那么简单，结合他后来的不幸遭遇，太史公是不是在为其君臣二人最终的结局埋伏笔呢？

文帝初立，急需黄金搭档跟他配合治理国家，当才华爆棚的贾谊出现的时候，他表现兴奋，在情感上可以理解，但兴奋之余，应保持冷静，毕竟暗地里一双双眼睛在注视着他。

要命的是，汉文帝没有意识到这一点，他对贾谊的过分倾爱，注定他将为自己的年轻冲动付出代价。

而贾谊呢？想成就事业终究是好的，但前提是不能操之过急，"治大国，若烹小鲜"，各种配料要放得恰到好处，关键还要掌握好火候儿，该文火慢煨的时候不能大火爆炒，不然再高端的食材也做不出珍馐美味。

两个冲动的年轻人走到一起，结果只能是一边哭泣一边歌唱，歌名叫《冲动的惩罚》。

「有遗憾，更有欣慰」

> 贾生以为汉兴至孝文二十余年，天下和洽，而固当改正朔，易服色，法制度，定官名，兴礼乐，乃悉草具其事仪法，色尚黄，数用五，为官名，悉更秦之法。孝文帝初即位，谦让未遑也。
>
> 《史记·屈原贾生列传》

天才永远走在时代的前沿，他们思想超前，极富预见性，很多想法虽然不被当世人所认可理解，但时间会给出答案。

马克思说："随着每一次社会秩序的巨大历史变革，人们的观点和观念也会发生变革。"[①] 也就是说，不存在抽象的、超越历史的、一成不变的价值观，一种社会形态的存在，必须要有同这种社会形态相符合相适应的价值观，以回应特殊的时代问题，表现一定时代人们的需要和利益诉求，反映特定的时代精神，我们说这种价值观叫核心价值观。

汉初的休养生息使这个新兴的国家似乎有了一些生气，但是与一个富庶丰饶繁荣兴盛的宏大帝国还相去甚远。

学者杨鸣杰在《试论贾谊与西汉政治合法性建构之关系》中论述，"贾谊所处的年代正好是汉初'休养生息'政策初见成效之时，但是，社会的逐步恢复并没有给劳动人民带来多少的实际利益"[②]。现在，这个国家表面上一片祥和，但

---

① 马克思，恩格斯. 马克思恩格斯全集：第10卷［M］. 北京：人民出版社，2009：253.
② 杨鸣杰. 试论贾谊与西汉政治合法性建构之关系［J］. 名家名作，2018（8）：116-121.

是活着的人曾目睹过苛政的残酷、战争的无情，文明被践踏的结果是社会价值体系崩塌，心灵饱受创伤的人们对这个新的国家还没有形成普遍认同。

贾谊向汉文帝提议，咱不应该再沿袭秦制了。

他似乎抓住了问题的关键：尚无一套与当下社会形态、社会性质相适应、主导当下社会思想观念体系的核心价值观。

贾谊紧锣密鼓开展一系列创造性工作，比如草拟各种行事的法令，建议将国家崇尚的颜色定为黄色，尊崇五行之说，设定官职名称等，他要让人们从阴影中走出来。

这项工程系统而庞大，学者们多称，贾谊此举为论证新王朝的合法性，我以为，此举还意在建立一套专属于汉朝的核心价值体系，以统一意志、凝聚力量、形成共识，为新王朝奠定一个共同的思想道德基础。

人思想上的困惑得不到解决，缺乏一个共同的价值理念，那么这个国家表面上再祥和，也是不稳定的。而这项工作本应在汉朝刚一建立之初完成，也就是刘邦刚上位的时候，因为刘老三本人出身低微，加上又是汉帝国的首任CEO，他有责任把新旧朝代的差异向民众加以解释，让民众不仅在思想上认识到，而且要在实际中感受到新的朝代已经建立，大汉子民应该具备独特的精神气质。

然而刘CEO始终没有开展这项工作，情有可原，因为他一直忙于处理总公司和子公司之间的关系（平叛），抽空还要处理一下与匈奴的关系，没空儿想这事儿，再加上刘CEO本身文化水平不高，思想有局限，对这个事关意识形态的根本问题认识不到位。张良、萧何、陈平这些职业经理人呢？他们毕竟都非秦朝统治阶级权力核心成员，缺乏解决这一重大问题的知识结构、理论素养、战略眼光。

惠帝即位，倒是热血沸腾地干了几年正经事，但性格强势且扭曲的吕后一直把持朝政，统治集团内部斗争始终没有停止，所以这事儿一直处于搁置状态。

让我为你们老刘家操这份心吧！

涉及意识形态方面的问题必须尽早尽快尽全力解决，否则汉朝基业不稳。

对此，一要改正朔（正指正月，朔指初一，改正朔即改正月初一，修改历法，重新确定哪一天是新国家的正月初一），唐经学家孔颖达言，"改正朔者，正，谓年始；朔，谓月初，言王者得政示从我始，改故用新"。这就相当于给新的王朝确定了正统性，以示天命所归。

二要易服色（不仅改变衣服的颜色，款式、纹样，还有节日的穿戴样式也进行更换和统一），秦朝崇尚黑色，汉朝也要有自己崇尚的颜色，展现新王朝的新气象。

三要法制度，前朝法律，当朝不能照搬照抄，要批判继承，建立一个符合时代潮流的法治体系，此乃定国安邦之本。

四要定官名，参考学者程慧敏《汉初贾谊的儒学意识形态化建构研究》[①]一文，我认为此举是明晰君臣间的尊卑秩序，本质上搞的是阶层文化建设。

五要行礼乐，前朝法度严苛，玩火自焚，当朝应吸取教训，打造礼仪之邦，以礼治国，达到对社会与人心的教化。

当然，先进的理念并非面市即畅销，关键还要看买家的态度。想必起初汉文帝也是激动万分的，他又要冲动！但是这次他注意到了暗地里那一双双阴郁的眼睛，他低下头，陷入沉思……

遥想当年，高祖去世，吕后临朝，惠帝早逝，诸吕掌权。

吕后死，吕氏集团覆灭，在周勃等一群老臣的拥护下，他来到京城，成为这个国家新的主人。

此前宫廷内上演的权力之争，使他对自己的皇帝身份重新作了定位——每个人都有需求，皇室的人有需求，老臣们也有需求，他要满足这些人的需求，更要维护皇室、老臣之间的权力平衡。好比请一桌人喝酒，有人喝啤酒，有人喝白酒，还有人喝红酒，作为东道主，他要协调好，让这些人都喝满意，否则喝大了的结果就是抡起酒瓶开干！

政治的本质是平衡。汉文帝是一个合格的政治家。

---

① 程慧敏. 汉初贾谊的儒学意识形态化建构研究［J］. 牡丹江教育学院学报，2020（12）：19-22，58.

史载，对于贾谊的提议，文帝因为谦虚退让而没有采纳，后世学人多为贾谊鸣不平，但是我想这恰恰体现出他的聪慧——理想丰满，现实骨感，稳定压倒一切，什么新朝合法、核心价值观，暂缓！李开元先生在著作中也强调，"（文帝）继位之初，政治上的最大课题就是以宫廷为本……求得政治平衡和政权的安定"①。

贾谊先进的治国理念最终没能付诸实践，没有关系，他已经把一条通向中兴的道路为这个刚站上起跑线的国家铺好，多年以后，一个名叫董仲舒的人完成他的凤愿，把汉帝国推向辉煌的顶峰。

先进的理念一旦被提出，即便付诸实践的过程中困难重重，最终也一定会实现。因为历史的法则是，文明大势不可逆转，只是时间早晚的问题。

生前的事，令贾谊遗憾；死后的事，他应该欣慰！

「不能说的秘密」

> 诸律令所更定，及列侯悉就国，其说皆自贾生发之。于是天子议以为贾生任公卿之位。绛、灌、东阳侯、冯敬之属尽害之，乃短贾生曰："洛阳之人，年少初学，专欲擅权，纷乱诸事。"于是天子后亦疏之，不用其议，乃以贾生为长沙王太傅。
>
> 《史记·屈原贾生列传》

人的一生总会遇到几个转折点，譬如政治上的转折点，事业上的转折点，个人生活上的转折点，走错一步，可以影响人生的一个时期，也可以影响一生。这句话出自柳青先生的《创业史》。

经典之言，对谁都适用，包括贾谊。

---

① 李开元. 汉帝国的建立与刘邦集团：军功受益阶层研究［M］. 北京：生活·读书·新知三联书店，2000：217.

贾谊政治上的转折点缘于他和汉文帝的一次谈话，那次谈话改变了他的一生。

谈话内容关于"列侯之国"的问题。

这个大雷还是刘邦埋下的。

汉初封国，分王国和侯国两类。前者针对诸侯王（如韩信等），后者针对列侯（如周勃等）。

刘CEO所封列侯，按军功论（非功不能封侯）。在汉初的统治集团，列侯辅佐刘CEO夺天下、治国家，地位仅次于诸侯王，其所封侯国为独立行政单位，列侯在封国内享有"食租税"之权，且有世袭特权（国以永宁，爰及苗裔）。后来的一段时期里，列侯集团对维护汉朝中央集权、稳定政治局面确实起到了重要作用，尤其诛灭吕氏、迎立文帝，列侯集团功不可没。但是塞翁失马，焉知非福，列侯集团之功再大也使其不得不陷入一种尴尬局面，如学者吴仰湘在《汉初"诛吕安刘"之真相辨》中所论，"无论功臣列侯们怎么污蔑吕氏'谋为乱，欲危刘氏'，也改变不了这是一场由功臣列侯集团阴谋发动政变的事实……诸吕不过是阴谋政治的无辜牺牲品"[①]。

列侯集团常年留居京师，汉文帝的一举一动，他们尽收眼底。有诸吕的前车之鉴，瓦解这个集团，势在必行。

贾谊思量许久，他深知这是棘手的事，但是不能因为难就不做。有志者，必从难事做起，何况文帝对他那么信任。

贾谊把想法向汉文帝和盘托出。

可以想象当时的情景：听完贾谊的提议，文帝心潮澎湃，他紧紧握着贾谊的手，激动地说："兄弟，你真说到我的心坎儿上了！"

贾谊再次被火线提拔，但是他不知道自己的命运即将发生转折。

这是一次新旧势力之间的PK，新势力的代表是汉文帝、贾谊，旧势力的代表是周勃、灌婴。

---

① 吴仰湘. 汉初"诛吕安刘"之真相辨［J］. 湖南师范大学社会科学学报，1998（1）：123-128.

皇帝诏令，各位大佬在京城，封地的赋税收益以长途运输的方式送到长安，纯属资源浪费，不如回封地去，必须留下的，就让儿子回去，总之，甭找空闲，甭找时间，带上孩子，回家看看——别再回来了！

这个理由冠冕堂皇，无懈可击。

但是旧势力的手段更老辣。他们清楚，自己一旦远离政治中心，势必失去话语权，到时候成编外人员，将任由人摆布。可是皇帝的面子总是要给的，虽然他是个外来户。于是他们一招移花接木，转嫁矛盾，把枪口对准贾谊：洛阳的小兔崽子，年纪轻轻，妄想独断专权，野心昭然，这是要搞乱天下的节奏！

这话够狠！

《苏秦列传》中提到，洛阳是个商贾互市之地，贪婪浮夸之风盛行，功臣拿贾谊的出生地说事儿，暗指贾谊是追名逐利之徒。

所谓年少初学，这话更狠！年少，没阅历；初学，没资历，这样的人何以担重任？下面的员工能服气？

专欲擅权，纷乱诸事。可谓杀人诛心之语。直接给他定性，祸乱朝纲，逆臣贼子。

文帝清楚，这些话表面上说贾谊，实际上是说给他听的。按照学者王伟光在《"令列侯之国"政策与汉文时期政局》中的分析，"贾谊当时只是一个小小的太中大夫，'专欲擅权'的罪名怎么都轮不到他来背……实际上指责'专欲擅权'的对象是文帝，擅权意味着皇帝集权，而'令列侯之国'政策正是基于此而出台的"[①]。

一切没有想象中的顺利。

老臣们激烈的言辞，使汉文帝陷入沉思，他又想起了那段往事。

诸吕覆灭，他被拥立。那一天，他赴京上位，行至渭桥，群臣拜遏，周勃上前声称要跟他单独聊聊（原请间言），面对如此轻蔑皇权之举，他摆出姿态：派宋昌传话，公事公开说，私事没兴趣！这一反击，令周勃颜面扫地。

① 王伟光. "令列侯之国"政策与汉文时期政局［J］. 长江师范学院学报，2018（6）：66.

更加过分的事发生在当天夜里，他要进入未央宫，居然有人持戟阻拦，最终还是周勃传令，阻拦者才离开。毫无疑问，军功集团显然在通过这些小伎俩向他宣示：你能上位，是我们的功劳！

思来想去，文帝还是决定这件事先放一放。

有人指责文帝此举懦弱，而我认为这正是他的强大。

没有天生的弱者，只有不断变强的强者，而强者最利的武器是示弱——换位思考，理解对方，反躬自省，适当妥协，等待力量蓄满，时机成熟，一举翻盘。

以后的日子里，无论对曾经诛杀吕氏一族挽狂澜于既倒的周勃，还是刘邦深信不疑的灌婴，文帝像过去一样，以礼相待，绝口不提"列侯就国"一事。

同时，他意识到贾谊需要保护。

昨天还是知无不言的小伙伴，今天突然形同陌路。文帝开始疏远贾谊，把他调离京城，派去给长沙王当老师。

后世认为文帝此举是弃车保帅，以此讨好功臣集团，平息怒火，还有人说贾谊是政治斗争的牺牲品，文帝此举极不地道。我却认为文帝用心良苦，他是在保护自己的战友。

贾谊离京那天，文帝坐在偌大的宫殿里，望着远方，心里默默地说：我要布一个更大的局，只有你贾谊能帮我完成，你会帮我吗？

此时，贾谊的车队刚出城门。他招呼车队停下来，走下车，站在城门前，一副成竹在胸的样子：我知道你要布什么局，你不说，我不说，这是我们的秘密，我会帮你完成的。

「春天花会开」

后岁余，贾生征见。孝文帝方受釐，坐宣室。上因感鬼神事，而问鬼神之本。贾生因具道所以然之状。至夜半，文帝前席。既罢，曰："吾久不见贾生，自以为过之，今不及也。"居顷之，拜贾生为梁怀王太傅。梁怀王，文帝之少子，爱，而好书，故令贾生傅之。

《史记·屈原贾生列传》

壮志未酬身先死，长使英雄泪满襟。三十三岁，正是一个男人建功之时，贾谊的生命却在此终结，难道真是天妒英才？

为了配合文帝，贾谊必须要当一个好演员。

在去往长沙的途中，及渡湘水，贾谊触景生情，作《吊屈原赋》一文。

贾谊毫不遮掩对屈原的同情，同样他笔下所描绘的是一个善恶不分是非混淆的世界，并且对这样的世界进行了强烈控诉。

文章被各大文学网站疯转，老臣们露出满意的笑容：贾谊变成愤青，看来他和文帝的君臣关系是彻底破裂了。

在长沙改造期间，有一天，一只鵩鸟飞进宅院，贾谊逢场作戏，谓之不祥之兆，遂作《鵩鸟赋》，"祸兮福所倚，福兮祸所伏"，颇有世外之人的韵致，仿佛他已经看透人间生死福祸。

这篇文章再次被老臣们看到，他们终于放弃之前的想法：此人已无棱角，何必取其性命？

花开花落，时光如梭，被流放的贾谊又得到一个回京面见文帝的机会。

这注定是一次特殊的会面，他和汉文帝的心情一样复杂，二人见面，促膝长谈，奇怪的是讨论的话题不再如当年一般激进，他们彼此心照不宣，你一言，我一语，张口闭口皆鬼神之事。

史载，二人相谈甚欢，文帝听得入神，不断向前移动座席，最后两个人甚至快抱到一起了。

谈话直到深夜，文帝当众慨叹，本以为自己的水平已然超过贾谊，现在看来，差得远呢！

此情此景，老臣们会作何感想？恐怕他们不会再有想法：一个装神弄鬼的人，不足挂齿。

李商隐后来气得直跺脚，大骂道，可怜夜半虚前席，不问苍生问鬼神。

诡异的是这事儿过去不久，贾谊成为梁怀王的老师。

我们仔细想一想这整个过程中发生的事情，再联系梁怀王刘揖在父亲文帝心中的地位，就会发现贾谊的演技太精湛，文帝和他的配合太默契。

表面上看，文帝疏远了贾谊，并把他派往长沙，但是那些老臣不是三岁小孩儿，就此信以为真，他们对贾谊仍然顾虑重重，贾谊必须要打消他们的顾虑，怎么办？一定要让他们觉得他不再是威胁。所以他必须当个愤青，看上去一副意志消沉、对现实不满的样子。文帝主动与他划清界限，他也作出相应的姿态，以配合文帝。于是《吊屈原赋》《鹏鸟赋》应运而生，这两篇文章表现出贾谊的姿态是，不再跟随文帝，远离朝堂纷扰。

时隔多年，汉文帝突然召见贾谊，这对功臣集团来说是危险的信号，大家有理由认为文帝和贾谊又凑到一起，一定会重操旧业，继续搞事，那么贾谊必然再次陷入危险当中，对此文帝清楚，贾谊更加清楚。

敏感话题不能谈！一旦谈了，将前功尽弃。

于是也就有了一场载入史册的封建迷信活动。

在别人看来，这一君一臣干的尽是些不务正业的事儿，再加上之前贾谊的表演已经成功将政敌迷惑，他们会放松警惕，再次打消干掉他的念头。

只有人们忘记贾谊的存在，汉文帝的计划才有可能进入实质性的阶段。

那么，汉文帝到底有什么计划呢？

西汉时期，长沙属荒凉之地，且长沙王是异姓诸侯，起初派贾谊去那里改造，给人的感觉的确是在惩罚贾谊，间接向世人宣示，我刘恒不再信任贾谊，大家别惦记他了。

贾谊配合文帝，通过自己的文章向世人控诉世事不公，善恶混淆，加深了人们的印象，看来这君臣二人离心离德，友谊的小船彻底翻了。

多年以后，文帝和贾谊的会谈，表面上看是一场论及鬼神的封建迷信活动，实际上是文帝对贾谊的考核——离京这么多年，你还是当年那个一心为我们老刘家着想的满腹经纶的贾谊吗？

考核的结果是令他满意的（自以为过之，今不及也），此人可继续担当重任。

于是，贾谊从长沙派往梁国，去给刘揖当老师。

刘揖虽然是刘恒的小儿子，但是深得刘恒喜爱。在《梁孝王世家》中，司马迁介绍刘揖，说了一段意味深长的话，"怀王最少子，爱幸异于他子"，《汉书》中又补充道，刘揖好诗书，所以刘恒对他的喜爱程度超过诸子，综合分析，刘揖也是被刘恒作为继承者重点培养的。

世人皆知，如果没有意外，长子刘启（后来的汉景帝）将成为这个帝国新的继承人。请注意，这里说"没有意外"，那么一旦有意外呢？比如说后来发生的七国之乱。刘启如果遭遇不测，刘揖必然顺理成章接过权杖成为帝国新的继承人，这一点他感同身受，因为他就是哥哥权力的继承者（他的前两任继承者、汉惠帝刘盈之子也的确无一例外因"意外"而亡）。

文帝为什么不直接让贾谊给刘启当老师呢？那他的布局就太明显了。傻子都能看出来，何况是功臣集团那群老狐狸！这个国家会再次陷入动荡的状态。

而文帝给刘启安排的老师是谁呢？著名的晁错，此人推行的政策比贾谊更加激进，直接导致后来的七国之乱。

可见文帝真不是一个弱势的人，他是铁了心要搞掉这个集团——我这一代解决不了的问题，我下一代人一定要解决，只要留下火种，就不怕烧不尽枯草——文帝给帝国上了个"双保险"。

更可况贾谊还那么年轻，年轻是最大的政治资本。

很可惜，造化弄人，人算不如天算，后来刘揖因为坠马而亡，贾谊陷入深深的自责之中，史载他积郁成疾，最后郁闷死了。

刘恒是什么心情，我们不得而知，但是他和贾谊的共同梦想却没有因为贾谊身死而消灭。

梦想只要坚持，一定有实现的一天。历经文景之治，到了汉武帝时期，这个梦想终于得以实现。

贾谊栽下的理论之花的种子于早春破土而出，结果遭遇寒潮而枯萎，但是美丽的花朵终究还要绽放。

一如文明进程不可阻挡，花一定会开，春天一定会来。

《淮阴侯列传》

霸楚终结者

「成功的起点」

> 淮阴侯韩信者，淮阴人也。始为布衣时，贫无行，不得推择为吏，又不能治生商贾，常从人寄食饮，人多厌之者。常数从其下乡南昌亭长寄食，数月，亭长妻患之，乃晨炊蓐食。食时信往，不为具食。信亦知其意，怒，竟绝去。
>
> 《史记·淮阴侯列传》

少年恃险若平地，独倚长剑凌清秋。

淮阴街头，一个少年从远处缓缓走来。他衣衫褴褛，蓬头垢面但是表情桀骜，眼神凌厉，身后背一把长剑格外醒目。

这是终结者的出场方式，与T-800唯一不同的是，韩信没有露点。

《史记》中，有人出场即巅峰，有人出场很狼狈。韩信属于后者：家庭贫困，又放荡不羁，整日游手好闲，常常混迹街头。进，他当不了官儿；退，他不是经商的料。

怎么解决生存的问题？韩信的办法简单粗暴，未经主人邀请，主动到人家家里做客，与主人一家共同用餐，吃完，一抹嘴巴，抬腿走人，一副"你看不惯我又干不掉我"的样子。所以只要韩信一出现，大家都仿佛看见怪物来了，唯恐避之不及。

有一次，韩信一连几个月赖在当地的一个官员家蹭饭吃，官员媳妇烦了，"真把我们当长期饭票了"，于是想出办法，每天天不亮便把早饭做好，趁韩信没来，快吃快藏，不留下一粒粮食，等韩信一来，见厨房里面清锅冷灶凉盆，顿时火冒三丈，从此跟他们断绝往来。

这小子还挺有志气！

还有一次，韩信到河边钓鱼，遇见一群正在洗衣服的老婆婆（漂母），其中一人见他可怜，拿出自己的饭给他吃，这样一连持续好多天。韩信对老人说，等我日后发达了，一定重重报答您！老婆婆没给他面子，直接回嘴，我是可怜你，谁要你报答。

更奇葩的是，当年韩信母亲去世，虽然家中一贫如洗，但韩信坚持选择一块既宽敞又明亮的地方安葬母亲，坟墓旁边可以安置万户人家，给人的感觉将来这里会是繁华之地。

不理解，人们真的不理解——天才总是有缺陷且不被理解的。

真正使韩信名声大噪的是那一次受辱的经历。

时至今日，胯下之辱的故事，仍然时常被人们谈起，告诫年轻人，能忍者，方成大事！

身后永远背着一柄长剑，这是韩信标志性的装束，像T-800手中永远持有一把温彻斯特M1887霰弹枪。

佩剑是贵族身份的象征，无论辉煌抑或没落时，佩剑都是最后的坚守。古代对功臣的赏赐中有一项即为"剑履上殿"，可谓至高荣耀。

韩信落魄时，依然坚持佩剑，传递了两个信息——此人可能是贵族出身，并且信念坚定。李开元先生在《本是王孙》一文中推测，韩信大约是韩国的王族。漂母饭信之时，称其"王孙"，也可以看出韩信确有贵族血统。[1]

有一天，当地的无赖拦住向韩信，向他挑衅，你整天背把剑招摇过市，那

---

① 李开元. 楚亡：从项羽到韩信［M］. 北京：生活·读书·新知三联书店，2020：7.

你敢杀死我吗？不敢的话，你就从我裤裆下爬过去。

这是对男人莫大的侮辱。韩信会作何选择？

手起刀落，砍下无赖的人头？自己的一生也提前谢幕。

按照无赖的要求，从他裤裆下面爬过去？会被人耻笑一生。

不予理睬，转身走人，这样他不仅会被人耻笑，接下来的日子也不会好过到哪去。

这时，司马迁的描写特别生动，孰视之，韩信盯着无赖看了半天，这说明韩信思想斗争激烈，他在想怎么解决这个问题。

最后众目睽睽之下，他作出选择：嘿嘿一笑（我认为这应该是韩信当时的表情），低头匍匐在地，向着无赖的裤裆爬去。

见此情景，围观的吃瓜群众哄堂大笑。

司马迁的笔刁钻，因为我从中既读出了悲凉之情，又似乎嗅到一股豪迈之气。

悲凉，虎落平阳，难免承受现实的屈辱。

豪壮，英雄能忍受屈辱，并将屈辱化作自强不息的动力。

拿破仑说："世界上只有两种力量——利剑和精神。从长远看，精神总能征服利剑。"

如果韩信选择杀死古惑仔，就是苏轼笔下的匹夫（人情有所不能忍者，匹夫见辱，拔剑而起，挺身而斗，此不足为勇也）。如果不假思索即从无赖的裤裆下面钻过去，那是地地道道的傻瓜。

孰视之——韩信在思想的挣扎中作出抉择，联想到这个军事天才辉煌的一生，他当下的行为显然无比悲壮。

效小节者不能行大威，恶小耻者不能立荣名。受到侮辱的时候，发怒是最笨的方法。坏人作恶，是欺负你的弱小，把愤怒储存起来，擦干泪水负重前行，努力成长起来，做一个让坏人都敬畏的人，才是真正的强者。

如果胯下之辱的故事到此结束，那么司马迁算不上伟大的作家。因为韩信是强者，强者能够承受屈辱，但是当时机成熟，他会奋力一击，把曾经失去的东西拿回来，包括尊严。

　　许多年以后，韩信衣锦还乡，特意找来曾经侮辱他的无赖，并且委以重任。

　　人们纷纷竖起大拇指，称赞韩信心胸宽广、不计前嫌。韩兆琦先生却分析，韩信的行为是一种报复，并且相当高级——如果他真的不计前嫌，以他的身份，完全没必要演这么一出儿戏，他之所以把人家找来，并且故意对身边人说，此人是一条好汉，这本身就说明他对这件事刻骨铭心。[①]大庭广众之下，旧事重提，以人们意想不到的方式去对待此人，显然给韩信带来良好的声誉，也给予仇者致命一击——你的命运掌握在我手中——还有什么比自己的命运掌握在别人手中更恐怖的呢？

　　韩信匍匐在地，缓缓向前爬去，当身体即将穿过无赖的裤裆，那一刻，韩信嘴角上扬，笑着对自己说："韩信，你现在还没有实力，那就放下你可怜的自尊，等到明天你统领百万雄师，再拿回属于你的尊严。"

「你给我平台，我还你未来」

> "……大王之入武关，秋毫无所害，除秦苛法，与秦民约，法三章耳，秦民无不欲得大王王秦者。于诸侯之约，大王当王关中，关中民咸知之。大王失职入汉中，秦民无不恨者。今大王举而东，三秦可传檄而定也。"于是汉王大喜，自以为得信晚。遂听信计，部署诸将所击。
>
> 《史记·淮阴侯列传》

　　少年心事当拏云，谁念幽寒坐呜呃。当你身处困顿的时候，有谁会在意怜惜你？没有。千万不要自以为是，在他人的世界里，你轻如鸿毛。唯有自强自立，才能实现自救。

　　大成者，必经苦难，方成正果。

---

① 韩兆琦. 韩兆琦《史记》新读［M］. 北京：燕山出版社，2007：135.

韩信刚开始的从军之路走得并不顺利，这么厉害的人，在加盟刘邦集团之前，居然没人赏识，而即便是刘CEO，作为优秀的团队领导者，起初也不看好他。

韩信上位还是蹭萧何的脸（吾为公以为将），这对韩信是莫大的侮辱。

大成者，必自强自立，从不妄自菲薄。

身处逆境终不言弃，韩信一直在路上，不曾沮丧颓废，也没有烦躁不安，像蜜蜂一样，寻找着属于自己的花朵。

开始韩信跟随项梁，"仗剑从之"，与落魄之人走投无路选择当兵有本质区别，他怀远大理想参军，自带杀伤性武器，一看就打算在军队里面干一番事业。

可惜好景不长，项梁兵败被杀，韩信又跟了项羽。

项羽这个家伙压根儿没把韩信放在眼里，韩信多次主动向他献计，"羽不用"，这对韩信打击非常大。项羽不给他任何表现的机会。

大成者，从不等待机会的降临，而是主动去寻找机会。

韩信转而投靠刘邦。刘老板刚开始也没把韩信当盘菜，韩信担任粮仓管理员期间，还因为触犯法令，差点被杀头。

这时候，对韩信一生产生重要影响的两个人出现，夏侯婴和萧何。前者给他第二次生命，后者给他远大前程。

韩信被拉上断头台，眼见人头落地，恰巧夏侯婴路过，韩信叫喊道，大王取天下，为何杀英雄？

夏侯婴闻言，将他救下。

通过交谈，夏侯婴发现此人深谙用兵之道，一激动，指着韩信笑道，你竟然还是个天才！于是韩信被举荐给刘邦，但是仍未受重用，仅仅是职位升了一格（上拜以为治粟都尉）。

韩信终究上了一个平台，在这个平台上，他结识了萧何。

人生的路还是要脚踏实地一步一个脚印去走，世上没有一步登天的事。我想韩信正是因为这次提拔，负责军队粮草事宜，才得以接触到萧何（刘CEO的运输大队长）。因为二人密切接触，萧何才得以发现韩信的军事才能，这又引出萧何追韩信的故事。

萧何多次向刘CEO举荐韩信，刘CEO选择无视，韩信索性跑路了。

萧何得知此事，来不及向刘邦请示，径自去追韩信。

刘邦听说萧何跑了，大怒，如失左右手（可见萧何在他心中地位之重）。

没过几天，萧何回来了。刘邦的态度怎样？且怒且喜。萧何把事情的经过跟刘邦一说，刘邦大手一挥，不耐烦地说，看你老萧的面子，就封那个姓韩的小子做个将军吧！

萧何深知此事的严重性，要求刘邦对韩信以礼相待，郑重其事举办仪式，如此才能彻底收服韩信。

萧何追到韩信以后，对韩信说了什么？历史没有记载。虽然史料中都未记载二人说了什么，但是我想男人与男人之间的对话，不会很长。

韩信知道萧何的来意，想必会开门见山地问道，给我个理由。

萧何不是轻浮之人，他会思索片刻，静静答道，因为你是韩信。

韩信一惊，他之前对萧何要对他说的话有过种种猜测，并且做好了充分的应对准备，每一句话他都有十足的理由反驳，就是没有想到萧何会说这话，而且只说了这一句话。

韩信的心融化了：生死一知己。知我者，丞相也！

英雄惜英雄，韩信没有再说什么，掉转马头，跟随萧何走向来时的路。

刘邦按照萧何的建议，顶住压力，封韩信为将。

典礼结束，刘CEO终于肯坐下来，认认真真地跟这个职业经理人作一次深入交谈了。

这段对话实在精彩。

韩信上来就问刘CEO，大王跟项羽比谁牛？这个问题好。如果刘CEO大大咧咧回答，当然是我比他牛！这是人们的一贯思维——谁会承认自己不如竞争对手呢？真这样的话，那谈话完全没必要再进行下去，用兵之道贵在自知，一个不自知的人去打仗，结局可想而知。

好在，刘老板有自知之明。他沉思许久（默然良久），惭愧地说，兄弟我哪方面都比不上项羽。

"对了！这就是我想要的回答。"韩信心里暗喜。

优秀的团队，老板对待员工的态度永远是谦卑真诚的。

韩信根据他对项羽的了解，分析了项羽注定失败的原因：项羽之勇是匹夫之勇，仁是妇人之仁，威是暴虐之威。

随后指出刘邦只要避免项羽犯下的错误，亲近爱民，广施仁德，一定可以取得最后的胜利。

他提出具体的斗争策略：任用贤能，不避亲；不吝啬封赏，以天下城邑分封有功之人；利用起义军关东士兵思念东归的心理，挥师向东而争霸。

刘邦听后，大喜过望，拉着韩信的手大喊，你他娘的还真是个天才！！

韩信此番话的魅力何在？不假，不空，不大，也不套路，直言不讳地揭露问题本质，即得人心者得天下。

战争到最后都是人心之战，仁义无敌，仁者必胜，现在项羽正在失去人心，也不再仁义，那么必然失败。围绕问题的根本，从汉军的实际情况出发，提出问题解决之道，没有一句废话，一下子说到刘邦的心坎儿上。明代唐顺之赞扬道："孔明之初见昭烈论三国，亦不能过。予故曰'淮阴者非特将略也'。"

大成者，必然要认清自己，找寻适合自己的平台，这个过程中会遭遇挫折，但是艰难困苦玉汝于成，弯路和挫折就像红地毯一样，都是在为你走上那个适合自己的人生舞台做铺垫，一个人只有在适合自己的平台上才能更好地展现自己。

受过胯下之辱，经历死亡的洗礼，韩信涅槃重生。

茫茫青山如海，残阳光华如血。站在封将台上，面对即将统领的千军万马，韩信百感交集，他从下面那些士兵的眼神中可以看出，他们对他不服气，几个士兵交头接耳，窃窃私语，话传进他的耳朵："这小子能打仗吗？"

韩信会心一笑："战争会给你们答案！"

「心理战的高手」

> 诸将效首虏，毕贺，因问信曰："兵法右倍山陵，前左水泽，
> 今者将军令臣等反背水陈，曰破赵会食，臣等不服。然竟以
> 胜，此何术也？"信曰："此在兵法，顾诸君不察耳。兵法不
> 曰'陷之死地而后生，置之亡地而后存'？且信非得素拊循士
> 大夫也，此所谓'驱市人而战之'，其势非置之死地，使人人
> 自为战；今予之生地，皆走，宁尚可得而用之乎！"
>
> 《史记·淮阴侯列传》

韩信一生打过很多漂亮仗，要说其中最著名的，非井陉之战莫属。

那是一场艰苦卓绝的战役，战役结束以后，将士们对韩信的军事才能彻底服气。

韩信一战封神，创造了中国古代战争史上的奇迹。

进入刘氏集团的领导核心以后，韩信开始帮助刘老板打天下。

起初，他领兵击败魏国，接下来的目标是代国、赵国和燕国。此三国均求自保，没有联合抗敌意识，韩信抓住这个弱点，向刘邦提议开辟北方战场，消灭代、燕和赵，以此达到钳制楚国之目的。

随后，韩信率兵越过太行山对赵国发动进攻，而要攻赵必须拿下易守难攻的井陉口。此地是一条狭窄驿道，乃太行山有名的八大隘口之一。当时赵军听闻汉军已经兵至井陉口，于是立即派陈余前来迎敌。

赵军占据有利地势，陈余手下副将广武君李左车非常有战略眼光，他向陈余建议采取截断汉军的后勤给养、拖延时间、前后夹击一举歼灭汉军的策略，这个策略很高明，但是不怕神一样的对手，就怕猪一样的队友，主将陈余以不符合道德规范为由果断拒绝了。

一个主将不学兵法，学上思想道德修养了。

韩信驻兵后，考虑到兵力相差甚远、赵军占据有利地势因素，制定了周密

的作战计划。他指挥部队在离井陉口三十公里远的地方安营扎寨，到了夜半时分他调兵遣将开始表演。

韩信打仗从来不按套路出牌，他喜欢用逆向思维解决问题，令敌人捉摸不定，这和《亮剑》中的李云龙很像。

那场战役韩信只带一万两千人马，灭掉了赵王的二十万大军（这个数字可能有水分）。

起初谁都不看好韩信，敌我力量悬殊，又不占地利。韩信先让一队士兵人手拿一面红色小旗，从偏僻的小路迂回到赵军大营两边的山头上潜伏下来，然后等待号令袭击赵军大营。

另一边，他率领一万士兵打前锋，趁月黑风高，越过井陉口，到达绵河一带，他们背靠着河水排兵布阵等待时机，以此迷惑赵军。赵军看到汉军如此排兵布阵绝断后路都笑弯了腰，因为古代排兵布阵讲究"右倍山陵，前左水泽"，赵军由此滋长了轻敌情绪。

准备就绪，韩信率军向赵军大营发起攻击。

赵军志在必胜，双方厮杀一阵，汉军佯装败逃，向绵河一带撤去。韩信带队来到绵河一带与这里的部队会合，随即赵军也追杀过来，双方在此又展开激战。

汉军将士们看到前有赵军，后无退路，求生的欲望战胜了对死亡的怯懦，他们奋勇杀敌，很快扭转战局，赵军气势大减。此时潜伏在赵军大营左右山头的汉军趁赵军防卫松懈立即攻占赵军大营并在营内插满红旗。

赵军回来，看到漫山遍野的红旗，以为营地已经被汉军占领，顿时惊恐万分，士兵纷纷弃甲而逃。

最后，占领赵军大营的汉军和韩信率领的汉军一起合围消灭了赵军残余势力。陈余也被韩信斩杀。

我们看这一战，韩信这个不正常的家伙是怎样将逆向思维在战场上发挥到极致的：背水作战是大忌，将领们对此深表疑惑，韩信给出的解释是"陷之死地而后生，置之亡地而后存"。在大家认为应该进攻的时候，他选择防守，在大家认为应该速战速决的时候，他又选择打拉锯战。

汉军人数远少于赵军，而且士兵也不是什么精兵强将，缺乏战斗素养，相当于一群乌合之众，用韩信自己的话说，"驱市人而战之"，所以汉军理应选择就地防守——但是韩信偏要一万兵力作先头部队向敌军发起进攻。

汉军佯装败退，把赵军引诱到绵河边上。此时的赵军相当于钻进汉军的口袋，汉军应该选择进攻了，因为他们不占优势，所以最好的办法是迅速解决战斗——可韩信又改变打法，双方居然打上了拉锯战，看上去的确令人匪夷所思。

实际上，韩信这样做不难理解，联想到此前他派出两千精兵准备奇袭敌军大营，其目的不言自明。一方面他是尽可能为那两千精兵争取时间，另一方面他要尽量消耗敌人的力量。两千精兵不辱使命，迅速冲入敌军大营，把敌人的旗子换成汉旗，当敌军返回，看到大本营居然插满了汉旗，自然阵脚大乱，由此井陉之战汉军完胜。

所谓奇袭，不过是逆向思维的结果罢了。井陉之战，韩信着实是打了一场心理战。

相对于陈余，李左车的运气好多了，毕竟此人有些本事。韩信对待李左车的态度相当暖心——赵军大败，韩信下令，对李左车，勿杀；抓到李左车的人，有赏。

于是，李左车被五花大绑押到韩信面前。

这时，韩信一改战场上的强势，亲自给李左车松绑，请其上座（文中称信乃解缚，东向坐，西向对。古以东向为尊，故客位东向，主位西向），李左车受宠若惊，对韩信下面的问题，当然有问必答。

韩信向李左车寻求破燕、齐之策。李左车的建议是乘胜之威，休兵整队，给燕齐施压，达到不战而屈人之兵的目的。

韩信采纳李左车的建议，果然燕国不战而降。

劝降李左车，韩信又打了一场心理战。

后世有人评价韩信的军事素养高，情商极低。这样的评价恐怕有失偏颇。暂不论韩信在为人处世中懂得知恩图报这一点，单从井陉之战中，韩信打的这两场心理战来看，此人情商真的不低。

「不长记性的龙且」

> 信引兵东，未渡平原，闻汉王使郦食其已说下齐，韩信欲止。范阳辩士蒯通说信曰："将军受诏击齐，而汉独发间使下齐，宁有诏止将军乎？何以得毋行也！且郦生一士，伏轼掉三寸之舌，下齐七十馀城，将军将数万众，岁余乃下赵五十余城，为将数岁，反不如一竖儒之功乎？"于是信然之，从其计，遂渡河。
>
> 《史记·淮阴侯列传》

老板给A安排一项工作，但是这项工作被B先完成了，按照正常逻辑，这时老板应该要求A停止这项工作。可有的老板偏偏不按逻辑行事，比如刘邦。因为刘老板不按逻辑行事，导致郦食其被杀，引发潍水之战。韩信的又一杰作。

韩信灭赵，汉军声威大振，郦食其赴齐国谈判，挟威劝齐王降汉。

一番忽悠，齐王同意加盟刘氏集团。

这时候，韩信趁齐王麻痹大意，突然对齐发起进攻，齐王知道这小子的厉害，赶忙请郦食其去和韩信联络感情——咱都是一家人了，还打什么？

郦食其却变了脸色，拒绝为齐国求情。于是，他被齐王活活煮了。

接下来，我们回顾整起案件，揭秘刘老板不按逻辑行事的逻辑。

楚汉激战呈胶着之态，齐国成为双方争夺的关键，所以郦食其主动向刘老板申请去游说齐国。

在齐国，郦食其充分展现了一个最佳辩手的素养，他没有上来即兜售自己的观点，而是说要追随天下人心所向才能保全齐国，这个理由听起来多么高大上。

齐王询问谁是民心所向，郦食其回答必然是刘邦，并且以例证说明汉王比楚王更得民心，得天下者必刘邦。

齐王听后，感觉这家伙说得有道理，于是刀枪入库，马放南山，撤除防御，一副跟着刘老板干了的架势，每天与郦食其饮酒作乐，愉快玩耍。

郦食其成功策反齐王的消息被韩信得知，他准备停止进攻齐国。而此前，刘邦对他的指示是全力攻打齐国，务必拿下齐国。韩信放弃攻齐的消息被谋士蒯通知道了，他赶紧跑来给韩信做思想工作，郦食其凭一张嘴夺取七十多座城池，这让您这个每天出生入死在刀尖上行走的壮士情何以堪？脸往哪里搁？以后您在圈里还怎么混？再说您受命攻打齐国，现在大王命令您停止进攻了吗？

韩信恍然大悟，按照原定计划，继续攻齐，好像郦食其劝服齐王这件事压根儿没发生一样。

齐王加盟刘氏集团的消息，刘邦肯定比韩信先获悉，作为汉军最高统帅，他理应命令韩信停止攻齐，而他没有下这道命令，理由只可能是，他觉得这事儿不靠谱儿！特别是当韩信出兵齐国，刘邦非但不阻止，似乎沉默中还有一些赞许的意味，可见他更信任韩信、更依赖韩信，唯有靠武力取得的胜利才是真正的胜利，其他都是扯淡。

刘邦为什么有这样的逻辑？出身决定思维。刘邦布衣出身，向来瞧不起儒生，如果在儒者的温文尔雅和武夫的粗犷暴戾之间做选择，他必然倾向后者。所以，郦食其出使齐国注定是一场有去无回的悲剧。换言之，他利用郦食其也不是没有可能——为韩信争取时间和战机。

郦食其被齐王所杀，韩信攻下齐国，刘邦既没有为郦食其举行盛大的祭奠仪式，也没有责怪韩信，这事儿成了一笔糊涂账。

郦食其的死，谁来负责？天知道。

后来，刘邦得天下，大赏功臣，表现出一副思念郦食其的样子，是胜利者的真心悔罪？是收买人心的逢场作戏？天知道。可怜郦食其到死还对刘老板死心塌地，同样是出身决定思维——知识分子，太执拗。

自此，潍水之战拉开序幕。

齐军兵败，项羽派大将龙且率号称二十万的大军救齐（学者聂传平等对这个数字存在质疑，在《论潍水之战对楚汉战争进程的影响》[①]中推测，齐楚联

---

① 聂传平，牟晓忠. 论潍水之战对楚汉战争进程的影响［J］. 德州学院学报，2011，27（1）：85-89.

军不足二十万，龙且所部楚军不会超过十万，齐军当有几万）。

战前，有人向龙且献计，汉军远道而来，求速战速决，所以，主场作战的我们应坚壁清野，让齐王派出使者到齐国已经沦陷的地区做宣传，当齐人知道齐王仍在顽强抵抗，并且楚军来援，必然会起来反抗汉军，这样我们动手，汉军不攻自破。

这个计策高明不高明？高明。感觉熟悉不熟悉？熟悉。这不就是井陉之战中，李左车给陈余出的主意吗？二十万大军，占据有利地形，汉军远道而来疲惫不堪……这些情况和井陉之战何其相似。

有井陉之战作参考，龙且本应吸取教训，谨小慎微，采用以逸待劳之策对付汉军。但是，他的表现是一脸无所谓的样子，不屑地说，韩信这小子，容易对付。然后又补充道，现在我来救齐，不打仗，何功之有？况且我打败韩信，齐国一半土地可以收入囊中，为什么不硬碰硬地跟他干一场呢？

龙且的逻辑匪夷所思，枉称名将。当然，对于龙且此举，也有不同的见解，比如学者徐业龙在《略论韩信潍水之战及其影响》中分析，龙且此举是因为有政治因素的考量，"龙且来援救齐国不仅仅是为了解决汉军迂回到自己后方的战略危机，而是为了在齐国的土地上开辟新的战场，对汉军从侧翼发动的进攻给予强有力的回击……如果龙且坚守不战，而使齐人反汉，令汉军无粮而败，其结果必然是田氏的旧势力重新掌握齐国，龙且不但威信大失，更重要的是将会失去控制齐国的机会，那么楚军开辟新战场反攻汉军的大计就泡汤了"[①]。

楚汉两军在潍水两岸排兵布阵，又是乘夜深人静之时，韩信派人带一万多条口袋，偷偷摸到潍水上游，用装满沙土的口袋在潍水中筑起一道堤坝，将上游的水阻断，致使两军对峙处，露出河床。又是韩信率军，越过河床，主动向对岸的龙且发起进攻。两军交战，韩信又是佯败后撤，楚军追击。楚军一半人马越过潍水的时候，上游的汉军拆除堤坝，大水倾泻而下，把楚军拦腰截断，汉军趁势反击，楚军被打得落花流水，龙且被杀，齐灭。

---

① 徐业龙. 略论韩信潍水之战及其影响［J］. 渭南师范学院学报，2017，32（5）：16-20.

因为这三个"又是"，战后一定有人问韩信，你凭什么复制井陉之战的打法去打潍水之战？

韩信的回答应该和黑格尔说的一样："因为我知道历史给人的唯一教训，就是人们从未在历史中吸取过任何教训。"

「你伤害了我，我不会让你一笑而过」

> 韩信谢（武涉）曰："臣事项王，官不过郎中，位不过执戟，言不听，画不用，故倍楚而归汉。汉王授我上将军印，予我数万众，解衣衣我，推食食我，言听计用，故吾得以至于此。夫人深亲信我，我倍之不祥，虽死不易。幸为信谢项王！"
>
> 《史记·淮阴侯列传》

武涉是韩信的贵人，所谓贵人不一定身份多么尊贵，但却能在人生的道路上为你拨云去雾指点迷津，特别是在某些关键时刻。每个人的一生都需要这样的人，他们或许是你的长辈，或许是你的朋辈，甚至还有可能是跟你素不相识的陌生人，总之这样的人可遇不可求，既取决于你的运气，更要看你的品性（德行）。

韩信却没把这个贵人当回事儿，原因是武涉不大会说话。

潍水之战成为项老板和刘老板较量的重要转折点，此战扭转了两大集团对峙的根本态势。

灭齐，好比断楚一臂，汉军迂回到楚的大后方，自此，韩信占据魏、代、赵、燕、齐之地，自北向东，汉军实现了对楚军的战略包围。

想不到昔日的手下，日后会成为自己人生的最大威胁。

项羽陷入沉思：当年，我就看这小子不顺眼。他的志向，不在我之下，这一点从他给我出的那些计谋就可以看出。是的！一山岂容二虎，我嫉妒他，所以打压他、排挤他，不给他升职加薪，不给他房车土地。我不承认"兵以诈立"，他的那些手段，我不过不屑使用罢了。但是，毕竟这小子现在是决定这场战争的关键，我必须先稳住他，不能任由他再疯狂下去了。

韩信，等我收拾完刘邦，回过头再收拾你。

韩信，我开始瞧不起你，现在瞧不起你，永远瞧不起你，等着吧！

于是武涉被派去忽悠韩信。

武涉对韩信的策反演说实在差劲，使韩信更加坚定了灭楚的决心。在这里，我们可以作为反面典型给大家讲一讲。

武涉说，刘老板贪婪啊！秦灭，项老板按功分封，现在刘老板兴兵向东，占人房屋夺人田，还攻打项老板，看来他不灭掉各路诸侯，不会罢休，人怎能这样不知足呢？

武涉说，刘老板无耻啊！仁慈的项老板几次没有杀他，而他恩将仇报，背弃君子协定，分分钟想置项老板于死地，人不能无耻到这种地步。

武涉说，刘老板自私啊！现在你韩信助汉，楚亡；助楚，汉亡。不过，如果楚亡，以刘老板的个性，接下来他收拾的可就是你了。

武涉说，现在将军要么反戈一击，背汉降楚；要么拥军自立，与楚汉平分天下。将军有资格，更具备实力。

韩信默不作声。

武涉之言，句句不入韩信耳。

韩信赞成刘邦灭掉各路诸侯，并且是策划者和积极执行者，于是他在中国战争史上第一次提出正面持久防御同侧翼大举进攻相结合，最后夺取全局胜利的迂回战略方针（参见徐业龙《略论韩信潍水之战及其影响》一文）。项羽不想置刘邦于死地，这不是骗三岁小孩儿吗？那他还跟刘邦争个屁。项羽和韩信有交情，更搞笑了，武涉是哪壶不开提哪壶，他不提这茬儿还好，说这话简直是在揭韩信的伤疤，当年韩信身在楚营，项羽正眼瞧过他吗？

韩信盯着武涉看了半天，笑着对武涉说：刘老板有恩于我，我誓死效忠刘老板，麻烦先生替我转达对项王的谢意。

韩信的回答实在有趣。

一方面，他以报恩为由，这无懈可击，谁都无可厚非，有人说这个理由冠冕堂皇，韩信是在演戏，我却觉得韩信情真意切，符合其性格——一粥一饭、一丝一缕之恩，韩信尚铭记于心，刘老板给他提供那么大的舞台供他纵横驰骋，他怎能不感恩戴德。

另一方面，最后这话，"幸为信谢项王"，韩信明显在嘲笑项羽，换言之，他当下所为何尝不是对项羽的报复——因为此人鄙视自己。请注意，此人身份有别于那个侮辱韩信的无赖，韩信可以原谅无赖，因为他骨子里的高傲，但是他无法说服自己原谅这个人，因为他们是同一类人。

我不跟无赖计较，因为我们不在同一量级上；项羽，我必须跟你死磕到底，因为你我皆为人杰。曾经，我委身于你，你给我安排的什么工作？保安队队长。我绞尽脑汁，想出制敌之策，你是什么态度？从不采纳。你心里清楚，我乃将才，我给你出的计策，你也深感奇正，可你偏是嘴硬，不承认。同为英雄，你对我的嫉妒，全写在了脸上，你让我怎么原谅你？

"官不过郎中，位不过执戟，言不听，画不用"，这是韩信拒绝武涉说的第一句话，开口第一句往往是下意识的，最能表露一个人真实想法，可见项羽对韩信心灵的伤害，始终是他走不出的阴影，他选择与项羽死磕到底，是在证明自己，也是在打项羽的脸。

你曾经伤害了我，我不会让你一笑而过。

我灭你，不会使你痛苦，因为你承认我的强大。只有我帮助被你称作瘪三的人灭你，你才会真感到痛苦。

对高手，最高级的套路是真诚

> 韩信犹豫不忍倍汉，又自以为功多，汉终不夺我齐，遂谢蒯
> 通。蒯通说不听，已详狂为巫。
>
> 《史记·淮阴侯列传》

又一个建议韩信拥兵自立的人出现，此人不是敌人，而是韩信的心腹、杀

害郦食其的凶手，蒯通。

相比武涉，蒯通的劝言可谓居高临下，统揽全局，切中要害，说到了韩信的心坎儿上。

蒯通的话在《淮阴侯列传》占据很大篇幅，后来班固将蒯通的话单独抽出，为他立传，意味深长。

韩兆琦先生在《〈史记〉新读》一书中指出，司马迁此举的目的就是以此表明韩信不想背叛刘邦，反证日后给韩信加以"造反"的罪名是冤枉的。[①]

凡说之难：在知所说之心，可以吾说当之。对于韩非子的这句话，蒯通深得精髓。

蒯通比武涉讲策略，此人长期热衷封建迷信活动，他结合专长，以最拿手的相面为切入点，先吊起韩信的胃口，然后引出自己的观点。

"将军，看您面相，不过封侯，而且还有大灾。而您的背相，贵而不可言啊！"蒯通的话一下子使韩信来了兴趣。

"此话怎讲？"韩信问道。

蒯通对韩信是一顿猛忽悠："楚汉大战，三年之久，哀鸿遍野，黎庶涂炭。楚人彭城起事，转战四方，兵至荥阳，威震天下。奈何楚人在荥阳一线被阻三年而不得进，汉王统领数十万军队，虽凭天险阻击楚人，却无尺寸之功，接连失败，疲于奔命。纵观天下大势，一个拯救世界维护和平的人是时候出现了，而这个人，非将军莫属。"

这彩虹屁夸得韩信心花怒放，红光满面。

蒯通接着说："此时，将军助楚则楚胜，助汉则汉胜，但臣以为，这都不是最好的选择，最好的办法是与楚汉三分天下，鼎足而立，大家势均力敌，谁也不敢轻举妄动，这是顺应民意，天下之人对将军会感恩戴德，等到那时候，诸侯必然会争相到您统治的齐国朝拜。"

最后，蒯通为了使自己的话更有说服力，使用一招激将法，撂下一句狠

① 韩兆琦. 韩兆琦《史记》新读［M］. 北京：燕山出版社，2007：137.

话："上天给予的，你不接受，会受到惩罚；时机到了，不采取行动，反而要遭祸殃。将军看着办吧！"

实际上，蒯通表达的意思和武涉一样，都是劝韩信反，韩信给出的答复如出一辙，刘老板对我有恩，我不能背叛他！但是这里面又有个细节差异：韩信拒绝武涉，口气强硬，直截了当，最后似乎还有些调侃的意思（幸为信谢项王）。但是给蒯通的回复，最后却使用了反问句：吾岂可以向利背义乎——我要是背叛汉王，是不是不讲武德？

可见，韩信对于这个问题并非没有考虑，他背负的是道德的枷锁，这符合韩信的个性。

眼见韩信因为背负道德枷锁而犹豫不决，蒯通接下来要帮他打碎枷锁，下定决心，于是他不再遮遮掩掩，也不假装算命先生了，直接说出心里话："论私人关系，张耳和陈余的关系好吧？友谊的巨轮，还是说翻就翻；论忠臣关系，文种对句践可谓忠心吧？句践功成之日，文种自裁之时。将军现在功高盖主，试想如果天下大定，刘老板能放过您吗？"

韩信此时表现出困倦之意，对蒯通摆摆手："先生让我考虑考虑吧！"这又是一个耐人寻味的细节。

过了数日，见韩信没回信，蒯通决定最后再给韩信做一次思想工作："大丈夫行事，切忌犹豫不决。做事果断，这是真正的智慧。时机，一旦失去，不会重来，请将军三思。"

韩信此时具体说了什么，我们不得而知，文中只说他犹豫而不肯背汉，认为自己劳苦功高，刘老板再无情，也不会"夺我齐"。

韩信此言表明他没有一统天下的想法，他只想安安静静当个齐王。张大可先生在《史记全本新注》中也有不同的观点，他分析，"韩信当时主要是没有占得地理上的均势，居高以临彭城，他若与项羽联合，迫使刘邦西归，项羽必来争齐。加之韩信以诈取齐，人民不附。且部下如曹参、灌婴等皆刘邦心腹，韩信欲叛，焉能如意。因此种种，韩信未从蒯通之计"[①]。

---

① 张大可. 史记全本新注（三）[M]. 西安：三秦出版社，1992：1672.

总之，韩信最终都没有选择背叛刘邦，拥兵自立。

此时的蒯通不寒而栗，眼前成千上万头羊驼飞奔而过，他突然意识到犯下大错，他煞费苦心为韩信所做的一切不过是给自己挖下一座坟墓——郦食其游说齐国，齐国已经打算降汉，他极力怂恿韩信继续进攻，为什么？齐国地大富庶，韩信只有占领齐国，才有和刘项抗衡的资本。韩信攻下齐国，威逼刘老板封他为齐王，以郦食其的才智，不会猜不到刘邦的反应，但是他没阻止韩信，为什么？他认为迟早有一天，韩信要与刘、项平分天下，他不怕韩信得罪刘邦，甚至他会助韩灭刘。

现在看来，自己苦心经营，所做的一切不过是一厢情愿，韩信太感情用事，非帝王之才。

于是，众目睽睽之下，蒯通嘴巴一歪，披头散发，宽衣解带，自称神仙附体，开始在众人面前跳起街舞（已详狂为巫）。幸好人们知道他喜欢搞封建迷信那一套，所以也就见怪不怪了。

难为蒯通，他不得不这样做。他的思想，韩信了解得一清二楚。蒯通预见到韩信的结局，也就预见到这个队友日后会将他出卖。

果然，刘邦平定天下，韩信因罪被贬为淮阴侯，又因谋反而被处死，临死前，他叹息道："我真后悔当初没有听蒯通的话！"于是刘邦把蒯通找来，以煽动叛乱罪欲将他烹杀。

面对高高在上、冷若冰霜的刘邦，蒯通不再装疯卖傻了，也不跟玉皇大帝对话了，他表现得异常冷静，像个绅士一样对着刘邦深鞠一躬。

基于自己对人性的深刻洞察，蒯通知道面对聪明人，最好不要说假话。特别是刘邦，不仅是聪明人，还是狠人。说假话，只会让他死得更快一些。

狗总是要对自己主人以外的人狂吠。那时候，我只知道有齐王韩信，并不知道有您汉王。况且秦朝丧失帝位，天下之人你争我抢，有才能的人首先得到。乾坤震荡，人们争先恐后地去做您所做的事，只是能力不够而已，您能把他们都杀尽吗？

刘邦闻听此言，沉默不语，思忖良久，最终摆摆手，赦免了他。

蒯通的话使刘邦无法对他痛下杀手，是啊！谁忍心去伤害一个真诚的人呢？

「归来仍是少年」

> （韩信）使人言汉王曰："齐伪诈多变，反覆之国也，南边楚，不为假王以镇之，其势不定。原为假王便。"当是时，楚方急围汉王于荥阳，韩信使者至，发书，汉王大怒，骂曰："吾困于此，旦暮望若来佐我，乃欲自立为王！"
>
> 《史记·淮阴侯列传》

垓下一战，为韩信的军事生涯画上了圆满的句号。

终于能跟值得尊重的对手见面了，韩信百感交集。

强者不会被情绪干扰。无论韩信身处什么境地，一旦投入战斗状态，所有的成败荣辱是非得失都不再重要，他的目标有且仅有一个——胜利，完全彻底的胜利！！

此时，汉军的兵力占绝对优势，家大业大的韩信可以像李云龙打平安县城一样，放开打，没有助攻，全是主攻。

可是韩信没有。毕竟项羽是他尊重的对手。

出于对项羽的尊重，在决战之前，韩信对阵法作了精心布置。项羽作战勇猛，打仗的时候，一般都会带领先头部队冲在最前面，所以这支队伍极具冲击力，韩信自己亲率大军，正面迎敌。孔熙一部为左翼。陈贺一部为右翼。刘邦率主力为中阵，尾随韩信。周勃一部断后。

韩信倾其所有，集结全部的聪明才智，给项羽最后送上一份厚礼——独创的五军阵法。

项羽死前，能够亲历如此精妙的阵法，应当感到欣慰。

决战开始，勇敢的项羽果然带军从正面向汉军发起猛烈攻击，韩信率部迎敌佯装败退，两翼部队趁势从侧面向楚军发起进攻，楚军受到重创，汉军借机完成对楚军的彻底合围。

入夜，韩信又玩儿起心理战，在汉军的营地里，举办楚歌争霸赛，四面楚歌响起，楚军军心动摇，意志被彻底击毁。后来，项羽率残余部队实现突围，汉军紧追不舍，最终一代霸王自刎于乌江。

是日，士兵们来到韩信面前，将项羽的人头残肢呈上，韩信禁不住泪流满面，将残肢断臂拼接起来，昔日霸王的形象得以重现，韩信当即对其深深一拜——虽然你死于我手，但是你永远值得我尊重。

营帐外面，汉军庆祝胜利的声音如山呼海啸一般，韩信此时有些茫然。

战争结束了。

章邯、魏豹、陈余、赵歇、田广、龙且、项羽……韩信默念着这些人的名字，像大病初愈似的走出营帐，他望向远处的群山，最终目光落到最高的那座山峰上，他感到自己置身其上。

夕阳西下，天空一片血红。既已登顶，那接下来是不是该下山了。

下山的时间由刘老板来定。

项羽既死，刘老板马上夺了韩信的兵权（高祖袭夺齐王军）。

袭夺，令人骇然！

随后，韩信由齐王变为楚王，封至楚地。

刘老板对韩信的怀疑只有进行时，没有完成时。后来，他接到"韩信要谋反"的举报，依陈平的"伪游云梦"之计，逮捕韩信，将其降为淮阴侯，并软禁于自己身边。

在生命的最后一段时光里，韩信是郁闷的。

刘老板没有对韩信下手——残存良知告诉他，即便他想韩信死，也不能亲自动手。

刘老板的媳妇儿责无旁贷地帮助他完成了心愿。

吕后私下让人诬告韩信谋反，又通过萧何把韩信骗至长乐宫，一代战神惨遭毒手。

对韩信的死，刘老板且喜且怜——所谓韩信谋反，他自己都觉得荒诞。

韩信，用他短暂的一生给后人留下了无尽的财富和永无休止的争议。

有人说韩信情商低。此人知恩图报，功成名就以后，他一一回馈那些帮助过他的人，即便对南昌亭长，依然给予赏赐，他的那句话（公，小人也，为德不卒），在我看来，不过一句调侃，仿佛久别重逢的老友，见面先要贬损一番。对刘邦的知遇之恩，韩信更是以命相报，至死方休。所谓情商低，大多是功利主义者以己度人之念。

有人说韩信确有反叛之心。司马迁在《淮阴侯列传》的最后的确像煞有介事地描写了韩信和陈豨谋反的经过，但是如此重要的一起事件却寥寥数语，这与此前武涉蒯通策反韩信的情节描写形成鲜明对比，我想不是出于政治目的，太史公绝不会犯自相矛盾的低级错误。学者徐业龙在《苍黄钟室叹良弓——韩信的军功战绩及其"谋反"冤案评析》中列举18条理由作了精辟的论断，得出"正是因为韩信从来没有动过'谋反'的心思，《淮阴侯列传》关于韩信'谋反'的记载才会有那么多不可解答的疑问存在"的结论。[①]

有人说韩信是依附型人格。说到底，刘邦与韩信还是领导和被领导的关系，由此导致表面上看韩信对刘邦存在依附，这很正常，跟人格扯不上关系，甚至单就人格而论，很可能韩信内心是瞧不上刘老板的，所以在跟随刘老板创业的过程中，他偶尔流露出论武功和智慧，他都比刘老板高出一点点的意思，这一点从他当着刘邦的面嘲讽刘邦带兵不过十万自己则多多益善可窥一斑。

还有人说韩信傲慢自大、追求功名利禄、缺乏政治头脑……对于这些评价，我想韩信都不会计较，他会报以轻蔑的一笑，一如当年蒙受胯下之辱时的表情。

据说，刘老板曾许诺韩信："见天不杀、见地不杀、见刀不杀！"当然，这个解释权在刘老板（这一桥段未见正史记载，传闻载于《西汉演义》笔者也未找到，故推测民间传说的可能性更大）。

吕后谨遵刘老板教诲，她命人把韩信吊在未央宫的钟室，四周用布遮挡，

---

① 徐业龙. 苍黄钟室叹良弓：韩信的军功战绩及其"谋反"冤案评析［J］. 渭南师范学院学报，2017，32（13）：47-54.

最终用竹片将他刺死。

民间传说，韩信死后，头颅滚落，燃起大火，从未央宫一直滚到灞河边。这里有个吕家寨，是吕后的娘家，韩信的亡魂为找吕后复仇，火烧十三村。龙王可怜百姓遭此横祸，即令韩信停止复仇行为，并施法降雨，浇灭大火。村民修建太白庙祭祀龙王，韩信也听从龙王的劝阻，安息村头，于是也就有了西安的韩信墓。

《关中胜迹图志》等史书对韩信墓作了记载："汉淮阴侯韩信墓在长安城东三十里新店，墓前有庙。"[①]

传说荒诞不经，但是故事倒也符合韩信的性格。《西汉演义》中描述，韩信被杀那天，大地昏暗，日月晦明，愁云黑雾，一昼夜不散，长安满城人尽皆嗟叹。

完成使命后，T-800不顾小约翰·康纳的劝阻毅然投入翻滚的铁水，将自己终结。战争已经结束，当阳光无法再射入钟室，当被束缚的躯体缓缓脱离地面，当风姿卓越的宫女亮出竹签，韩信缓缓闭上双眼，露出不屑的笑容，坦然接受命运的安排——他至死都是那个仗剑天涯的少年，从没有一丝丝改变……

---

① 白来勤. 韩信墓［N］. 西安晚报，2020-07-19（6）.

《李将军列传》
老李到底有多难封

「自负的将军」

> 匈奴大入上郡，天子使中贵人从广勒习兵击匈奴。中贵人将骑数十纵，见匈奴三人，与战。三人还射，伤中贵人，杀其骑且尽。中贵人走广。广曰："是必射雕者也。"广乃遂从百骑往驰三人。
>
> 《史记·李将军列传》

北风卷地白草折，胡天八月即飞雪。边塞的风疏狂而凛冽，一阵一阵，呼啸而过，似乎讲述着一个戍边人的愁苦往事……

历史上李广享有很高的声誉，但事实上这个硬汉是个悲情人物，一生郁郁不得志，所谓"李广难封"说的就是这个意思，李广成为后世郁郁不得志者的偶像。

李广出身名门，其先祖是秦朝名将李信。

《白起王翦列传》中记载："秦将李信者，年少壮勇，尝以兵数千逐燕太子丹至于衍水中，卒破得丹，始皇以为贤勇。"当年，秦王政率兵攻燕，占蓟城。李信率兵追赶燕军，至辽东，燕王喜斩太子丹向秦求和。秦王政对李信竖起大拇指，称他是有勇有谋的将领。后来秦王政攻楚，问计于李信和王翦，李信说20万兵力足矣，王翦说非60万不可，于是派李信率兵攻楚。破楚一战，李信铩羽而归，后王翦率兵60万，灭楚。但是此战不力，非李信能力不足。起初，李信攻势猛烈，捷报频传，没承想，昌平君起兵反秦，抄了李信的后路，由此直接导致了李信兵败，也正因如此，秦王虽然很生气，但也没有追究李信的责任，对他仍然委以重任。李信为秦国立下汗马功劳，被封为陇西侯，常年驻守边疆。

李家世代传习骑射之术。这在当时可谓高精尖的技艺，神枪手都是子弹喂出来的，神箭手可不仅仅是靠箭喂出来的。

首先，他必须家境殷实，骑射骑射，顾名思义，先要有马，还要有箭，全是易耗品，好比今天家里有辆名车，不仅要经常加油，还要定期保养，李家具备这个条件。

其次，要有私教指导，李广出身名将世家，也不缺这方面的师资力量。

另外，还要有好的学习环境，李家从秦朝那一辈开始，就负责镇守边疆，天天与游牧民族打交道，这也为李广的学习提供了便利条件和更多实战机会。

以上这些条件最终成就了李广善骑射的技能。李广凭借高超的技能，斩杀敌人无数，迅速在军中脱颖而出，进入汉文帝视野。

后来，李广被调到皇帝身边，他的才能得到进一步施展。他常随文帝出行，冲锋陷阵，奋勇杀敌，文帝肯定他能力的同时，说了一句意味深长的话："可惜你老李生不逢时，你要是跟着我先祖，封万户侯不在话下。"

通过以上这些介绍，我们发现，李广单兵作战能力没得说，敢打敢拼，连负责少数民族事务（典属国）的官员公孙昆邪都不无担忧地说："这老李，天下无双，但有些自负，喜欢与敌人肉搏，真怕会失去他。"但是他好像没有指挥过大兵团作战，司马迁特意强调，李广是"皆以力战为名"，不吝赞美的同时，是否有其深意，我们留作盲盒，后面拆解。

李广这人超自信。自信要有资本，当然李广具备资本。但是自信过头就是自负。李广自恃武功高强，自信得就有点儿过头，以致几次差点丢掉性命，暴露了其性格短板。

有一次，皇帝派一个宦官到李广的部队见习，宦官把这次见习当成了公费旅游。

既然是旅游，那必须玩惊险刺激的游戏，不搞出点事儿来不罢休——这好像是旅游者的通病。这天，他带几十名骑兵来到野外寻求刺激。

他们真的寻求到了刺激，因为他们遇到了匈奴骑兵，虽然不多（三人），但是就这三个人几乎杀光了宦官带的所有随从，宦官也中箭负伤。

太刺激啦！一行人来不及回味刺激，便惊慌失措地逃回大营。

身为一军主帅，李广见状，没有第一时间问责，而是凭借经验断言他们遇到的是匈奴的射雕能手，这个主帅接下来的举动令人大跌眼镜。他翻身上马，叫上一百多个兄弟，像风一样绝尘而去，压根儿没有向上级请示。

李广追上匈奴人，射杀两人，生擒一人。一打听，果然是匈奴的射雕手。

当李广正准备骄傲地对周围人炫耀，咋样，咱老李厉害吧！只见远处尘沙飞扬，匈奴的骑兵团突然出现。

不愧是出色的将领，李广此时表现出超群的指挥才能，他面如平湖，异常冷静，当即命令所有士兵下马卸甲，原地休息，甚至还开起演唱会。

匈奴大军一下子蒙了。这是在跟我们搞联欢吗？

如此场景你是否似曾相识？没错！后来诸葛亮面对司马懿大军兵临城下时，玩儿的也是这一套。

在此期间，匈奴的一名将领自以为很帅地飞奔过来打了个招呼，李广毫不犹豫迅速出击果断将他射杀，之后又从容地回到士兵们中间继续唱歌跳舞。

敌人最终认为这是汉军的诱敌之计，入夜便撤军了。

第二天一早，李广带着人马回到大营——其他将领这才知道了主帅的去向。也就是说在李广出去的这段时间里，群龙无首，整个军队处于放养状态（故弗从），想想多可怕啊！

作为军事主帅，因为一时冲动，擅离职守，如果匈奴恰好选在这个时候发起进攻，后果不堪设想。

作为军事主帅，即便要去追杀敌人，也理应把军中的事情安排妥当，起码与班子其他成员通通气，安排一下工作。

而现实呢？"大军不知广所之，故弗从"，要知道李广驻守的可是茫茫戈壁啊，那里飞沙走石，荒无人烟，别人想去找他都不知道去哪里找。因此，学者张桂霞、陈红霞在《浅析〈李将军列传〉语句的潜台词和丰富意蕴》中分析，"司马迁平静叙述下包含对李将军的否定，否定的是作为将领的冒险和冲动"[①]。

还有，作为军事主帅，考虑问题要全面周密，不打无准备之仗，不能意气用事，但通过以上分析，我们可以看出李广决定去追三个匈奴人可能仅仅是出于印证自己的判断，有点随心所欲我想干吗就干吗的意思，由此差点引来杀身之祸，这实在不是一名高级将领应该犯的错误。

老李，冲动是魔鬼，悲剧的幕布正因为你的自负而缓缓拉开……

「我待士兵如初恋」

> 广廉，得赏赐辄分其麾下，饮食与士共之。终广之身，为二千石四十余年，家无余财，终不言家产事。广为人长，猿臂，其善射亦天性也，虽其子孙他人学者，莫能及广。广讷口少言，与人居则画地为军陈，射阔狭以饮。专以射为戏，竟死。广之将兵，乏绝之处，见水，士卒不尽饮，广不近水，士卒不尽食，广不尝食。
>
> 《史记·李将军列传》

《孙子兵法·地形篇》中言："视卒如婴儿，故可与之赴深溪；视卒如爱子，故可与之俱死。"

有人私下里说，老李带兵不咋地，将没有将的风度，兵没有兵的样子，李广盛名之下其实难副。

老李听后，嘿嘿一笑："扯淡。"

---

① 张桂霞，陈红霞. 浅析《李将军列传》语句的潜台词和丰富意蕴［J］. 山东青年，2016（7）：148.

乍一看，老李带兵，确实有问题——有组织无纪律。

老李带兵，不讲规矩，不成方圆，他的军队在行进过程中，士兵不是按照建制排布，大家仿佛逛自由市场一般，走位风骚。他选择靠近水草丰茂的地方安营扎寨，士兵们感觉怎么舒服怎么休息，没有严格的纪律。老李安排值班，从不搞七步一岗五步一哨那一套，只是远远布置少许哨兵。特别是老李这人，身边没有文秘，更没有女文秘，所谓公文写作，上传下达，一切从简。

如此带兵之道，常常为人诟病。但是，当我们审视老李身处的环境，还有他的作战对象，会发现他这么做，不仅有道理，还颇有智慧。什么智慧？做事情不教条，懂得顺势而为。按照王立群先生的说法，老李这叫才将带兵。

一方面，老李在边关值守，自然环境恶劣，物质条件匮乏，士兵们的心情必然压抑，如果再用严苛的纪律去约束他们，很容易生出事端。老李在职权范围内，不违反原则的前提下，以人为本，顺应人的需要，尽量提供给士兵们一个宽松舒适的环境，给士兵们以心灵上的慰藉。这得益于老李丰富的从军经历，他也是从士兵到将领一路走来（广以良家子从军击胡）的，懂得换位思考，站在士兵角度考虑问题，所以受到士兵拥戴，这是老李的带兵之道。

另一方面，从建制上来说，老李的作战风格跟匈奴人的作战风格相似，这是一种灵活机动的作战风格，更适应对匈奴人的作战，作家李硕在《南北战争三百年：中国4—6世纪的军事与政权》中指出，在与匈奴对战中，老李太注重发挥自己的骑射专长，而把骑兵的冲击战术仅作为一种鼓舞士气的举措。他带的队伍军纪较为散漫，不重视阵列的严整，也源于骑射危险性小于血腥的冲锋肉搏，从而不需要太过严苛的军纪，灵活的阵型反而更能增强骑兵的机动性。[①]

老李不仅在军制设计上懂得顺势而为，在与士兵相处的过程中，他更是身先士卒，身体力行，做到平等相待。所以，王立群先生赞誉李广为，"中国历史上第一个做到官兵一致的将军"。

老李咋做的？他与士兵同吃同住，同甘共苦，特别是在面临绝境等一些极

---

① 李硕. 南北战争三百年：中国4—6世纪的军事与政权［M］. 上海：上海人民出版社，2018：49.

端的条件下，见到水的话，如果士兵们不喝尽兴（尽饮），他绝不去触碰；有食物的话，如果士兵们不吃饱（尽食），他绝不动口。

多么高尚的风范，多么坚强的意志，与"战士军前半死生，美人帐下犹歌舞"的霍去病形成鲜明的对比。据说，霍去病出征，几十辆车专门用来拉供他享用的肉类等食品，这家伙吃不完就扔掉。即便边塞条件艰苦，士兵们饥寒交迫，霍去病仍然命令他们为他平整球场供他踢球娱乐。司马迁最后评价李广的时候，引用了《论语》中的话："其身正，不令而行。"

人世间最伟大的力量不是源于战争机器，而是发自内心的爱。

还有值得称道的是，老李这人清正廉洁，没有作风问题，没有经济污点。

清正廉洁的表现不仅是个人不贪婪、不把自己的利益摆在第一位，还有对别人慷慨相助、把别人的利益当成自己的利益，"得赏赐辄分其麾下"，每当李广得到赏赐以后，不是用来买田置地，想着给子孙后代留下多少财富，而是马上拿出来分给下面的士兵，以至于他死的时候，"家无余财"，对子孙也是"终不言家产事"，这样的品行着实令人敬佩。

领导者如此，不用大张旗鼓地广而告之，人们会争抢着加入他的团队，谁不喜欢人性化的领导呢？

还有人说，老李情商低。我们看看老李是怎么搞团队建设的：老李这人不善言辞，语言表达能力不行，所以平时很少上台发表演讲，更没听他说过什么大话空话套话，但是这不妨碍他跟士兵们打成一片。边塞的生活单调乏味，老李没有条件创造条件，充分发挥自己的专业特长，经常跟士兵在一起比赛射箭，我们千万不要小看这项娱乐活动，尤其在艰苦的环境中，在人性遭受压抑的情况下，这样一项小活动的确能够起到增强团队凝聚力的大作用。特别是老李在进行此项娱乐活动的时候，还自掏腰包，设置奖励，把酒作为一种奖罚激励手段。由此，我们也可以看出老李虽然不善言辞，但是心思缜密，颇有内秀，这样的将领必然具有人格魅力，所谓情商低的评价，不攻自破。

一说他有人格魅力，老李又嘿嘿一笑，咱哪有啥人格魅力，人心都是肉长的，咱不过是把人当人罢了。

「命该如此」

> 广尝与望气王朔燕语，曰："自汉击匈奴而广未尝不在其
> 中，而诸部校尉以下，才能不及中人，然以击胡军功取侯者
> 数十人，而广不为后人，然无尺寸之功以得封邑者，何也？
> 岂吾相不当侯邪？且固命也？"
>
> 《史记·李将军列传》

卫青不败由天幸，李广无功缘数奇。

《李将军列传》通篇在讲老李的"数奇"，所谓"数奇"是说李广虽然具备优秀的军事才能，但是他一生命运多舛，遇事多不利（古代占法以偶为吉，以奇为凶）。

李广本人也特别郁闷，"咱老李也不比别人差啊？要军功有军功，要人缘有人缘，要德行有德行，打起仗来也不含糊，到头来怎么就封不了侯呢？那些不如咱老李的一个个都上去了，他们使枪那两下子还是咱老李手把手教的呢，难道真像别人说的，咱老李天生点儿背就这命吗？"

为此，老李特意找到当时有名的阴阳学家（算命先生）王朔给自己占卜。

王朔问他，做过什么亏心事没有？

李广说当年羌族反叛，他奉命去平叛，他用计使羌人投降，但事后他把他们全给杀了。

王朔说此即问题根源所在，对一个将领来说，没有什么比杀死已经投降的敌人更严重的了。

这恐怕是李广一生唯一的道德瑕疵吧！

因为数奇而一生难封，人们把责任归于当时的政府和领导，也有人从老李本身寻找原因，虽然这个话题被无数人讨论过，这里我们再加以探讨，梳理分析老李不能封侯的必然。

《李将军列传》开篇讲李广辅佐汉文帝，他武艺高强，作战勇猛，常作为

文帝的随从外出狩猎，由此可以看出，老李常跟随领导左右，升职加薪的条件得天独厚。

有一次，老李与野兽搏斗的情景被文帝看到，于是，文帝说了那句著名的话（惜乎，子不遇时！如令子当高帝时，万户侯岂足道哉），这里重点在前半句：可惜，你老李生不逢时。金口玉言，相当于给老李宣判死刑，他几乎没有建功的可能（非有军功不得封侯）。文帝似乎在对老李说，和平发展是主流，稳定压倒一切，老李，你别整天满脑子想打打杀杀的事了！当时汉朝和匈奴正处于蜜月期，大形势不允许老李建功。

好不容易，熬到景帝，终于迎来立功的机会，这次老李真立了大功，但是他又未得封赏。

景帝继位以后，发生吴楚七国之乱，李广作为周亚夫的手下，参与平叛，大获全胜，关键是老李还在昌邑城上拔了敌人的军旗，巨牛，李广一战成名，这么大的功劳，结果上头居然"赏不行"，原因是梁王私自把印信授予李广，令汉景帝颇为不爽。当时梁王和汉景帝是名义上的兄弟，实质上的政敌，对梁王，景帝一直持戒备之心，但是表面上又不好说什么，由此李广错失封侯的机会。

后人对此评价，这是老李政治幼稚的表现，但是这样的说法也有失偏颇，因为据《魏其武安侯列传》中载，当时汉景帝有过要传位于梁王的承诺。如果景帝兑现诺言，那凭借梁王的赏识，老李以后的政治生涯一定是一片光明，很可惜，对皇帝的话不能认真，一认真就容易站错队，老李是在不该认真的时候认真，从而站错了队。总而言之，无论是政治幼稚，还是站错队，朝堂之上复杂的政治斗争不允许老李建功。

还有指挥大兵团作战的能力。这是对老李带兵水平的最大争议。

老李的单兵作战能力毋庸置疑，打一些小规模的局部战争，也完全能够胜任，可是在大兵团作战或者是遭遇战方面，就显得捉襟见肘了。

当年，汉军试图用马邑城诱捕匈奴单于，老李为骁骑将军，与公孙贺、王恢、李息等几位名将协同作战，但是这次诱捕行动功败垂成，有人说此战老李计划不周，眼见单于已经钻进汉军的口袋里了，居然让他逃了，这实在不是一个优秀的将领应该犯的错误。四年后，老李带军出雁门关击匈奴，兵败被俘，因为匈奴人要活捉老李，就把他置于两马间的网兜里。行至十余里，老李假装死去，他偷偷看到身边一匈奴少年骑着一匹好马，于是突然纵身上马，趁势把少年踹下去，夺其弓箭，边打边逃，终得归汉，李广花钱赎罪，削职为民。至后来，出定襄无功，出右北平几乎全军覆没，无赏，这些都是数奇的表现。最后，一代英雄没有实现战死沙场马革裹尸的夙愿，而是以自杀的方式结束其充满争议的一生，这样的结局不禁令人唏嘘。

分析这些战役的性质，我们会发现，大都是汉军主动出击寻找匈奴主力，意图打歼灭战，属于大兵团作战，李广皆以失败而告终，一次两次是巧合，那三次恐怕就是注定了。而此前戍边时，老李打的大多是阵地战，以防御为主，而且以小规模局部战役居多，老李凭"力战"取胜，司马迁在李广打的几场胜仗中，均刻意使用了这个词，可见这些战役确实缺乏大兵团作战的技术含量，更多强调官兵团结一致，奋勇杀敌，足以说明老李在指挥大兵团作战方面，还是短板。

如果这些仍然不能说明老李不足以封侯的话，那么漠北的终极之战，将会给出最终的答案。

「最后的战役」

> 广谓其麾下曰："广结发与匈奴大小七十余战，今幸从大将军出接单于兵，而大将军又徙广部行回远，而又迷失道，岂非天哉！且广年六十余矣，终不能复对刀笔之吏。"遂引刀自刭。
>
> 《史记·李将军列传》

大漠沙如雪，燕山月似钩。塞外，这样的场景已司空见惯。

此次漠北决战，汉武帝是铁了心要跟单于来一次巅峰对决，灭掉匈奴，他志在必得。

卫青和霍去病各带五万兵马，兵分两路，走向大漠深处……

老李原本可以不用参战，但是他知道生命留给他的时间已经不多，这是杀敌报国建功立业的最后机会。于是，他一再向汉武帝申请随军出征（这样的过激行为已犯职场大忌），起初汉武帝不答应，可奈何他"数自请行"，才勉强同意让他跟随卫青作战，但是保险起见，汉武帝让卫青不能任用李广为主将，并且偷偷对卫青交代，李广年龄大了，命数又不好，别让他跟单于正面对决。

卫青任命老李为前将军，即先锋官。

恰在此时，战争出现重要转折点。

汉军俘虏一个匈奴人，并且从他口中得知单于所在。卫青突然下令，把李广调至右路军，同右将军赵食其会合，从东路出击。东路迂回绕远，且缺少补给，于对敌作战极不利。

老李的火暴脾气又被点燃，他叫嚷着自己必须去，而且要一马当先打前锋，跟单于决一死战。

老李的口气强硬，好像不是请命，而是在给卫青下达命令。再犯大忌——战前抗命。

卫青特意安排自己的亲信公孙敖打前锋，因为公孙敖对他有救命之恩，公孙敖不久前犯错，急需立功赎罪的机会，再加上汉武帝的授意，卫青自然不会答应老李的请求。

最终，胳膊拗不过大腿，老李不得不服从命令，但是老李本色不改，跟卫青连招呼都没打，愤然而别，带兵去与赵食其的队伍会合。

往往不出意外的话意外即将发生。李赵两军会合后，由于没有向导迷失道路，误了和大将军卫青会合的期限，按照军规，误期当斩。

卫青跟李广重新会合以后，派人向李广了解迷失道路的情况，并准备报告汉武帝。

老李拒绝回答，卫青下令让老李到大帐中去录口供，老李悲愤至极，一番慷慨陈词，最终以自杀的方式结束一生。

最令人感动的是老李临死前的话。

　　这个命运多舛的人表情凝重，因为性格使然，不善言辞，他说出的话短促但极具冲击力：咱老李一生要的就是跟匈奴单于决一死战的机会，现在机会来了，大将军却硬把咱老李调走，还安排一条绕远的路，致使部队行进中迷失方向，这难道不是上天的安排吗？算了，咱老李一个舞枪弄棒的粗人，说不过那些卖弄风雅的白面书生。

　　说完，老李拔剑自刎。

　　悲剧原本可以避免，老李可以像此前一样通过花钱的方式赎罪，他最终没有这么做。这个六十多岁的老人已经被命运折磨得疲惫不堪，他在去受审之前，把所有责任都揽到自己身上：将士们没错，错都在我身上（诸校尉无罪，乃我自失道）。这是一个优秀的将领应有的责任与担当，哪怕一死，也要保护自己的士兵。

　　率真的李广用手中斩杀敌人的剑结束了自己的一生。读到这里，感动之余，对李广难封一说，我最终释然——性格决定命运，以老李率真的性格，他大抵终究不能封侯。

　　虽然对李广来说，他一生未得封侯是遗憾，但是对后人来说，这也许并不是坏事，因为他的终生未封，让我们见识到真正的人生一定是不完满的——不完满的人生才是最完满的人生。功过是非，都将过去，唯有美好的品德会冲破时空的禁锢，永驻世间，滋养后人。

　　老李没有逃过英雄末路的结局，但是他美好的品德保留下来，于是才有了司马迁不吝笔墨对他人格的一番赞美，甚至不惜借匈奴之名对其进行夸饰（匈奴称李广为飞将军），正因如此，学者张禄轩在《"立德"以留名——浅析〈李将军列传〉创作初衷》中提出观点："司马迁将李广记入'列传'其创作初衷及中心思想是为李广将军'立德'以留名、突显历史中个体的生命价值。"[1]

　　历史是冰冷的，个体的生命却是热气腾腾的。

　　桃树和李树从来不主动招引人，但人们都争相来欣赏它们开出的鲜花，采

---

[1]　张禄轩. "立德"以留名：浅析《李将军列传》创作初衷［J］. 卷宗，2018（18）：258.

摘它们结出的果实，树下自然而然被踏出了一条幽深小路。

大漠孤烟直，长河落日圆。在苍茫的戈壁与荒漠之间，戍边人的呐喊声久久回荡，亘古悠长……

《游侠列传》

道义联盟

「灵与肉」

> 今游侠，其行虽不轨于正义，然其言必信，其行必果，已诺
> 必诚，不爱其躯，赴士之厄困，既已存亡死生矣，而不矜其
> 能，羞伐其德，盖亦有足多者焉。
>
> 《史记·游侠列传》

少年侠气，交结五都雄。肝胆洞，毛发耸。立谈中，死生同。一诺千金重。推翘勇，矜豪纵。

我自小就有个侠客梦，行走江湖，四海为家，打抱不平，伸张正义，维护世界和平，身边最好有一个红颜知己相伴，关键时刻，挺身而出，为我挡剑，用她的鲜血染红我的衣襟，最后死在我怀中，成就一段神雕侠侣的佳话——可是真正的侠客世界，没有我们想象中的浪漫，只有我们意想不到的浪荡。

郭靖说："我辈练功学武，所为何事？行侠仗义、济人困厄固然乃是本分，但这只是侠之小者。江湖上所以尊称我一声'郭大侠'，实因敬我为国为民、奋不顾身地助守襄阳。然我才力有限，不能为民解困，实在愧当'大侠'两字。你聪明智慧过我十倍，将来成就定然远胜于我，这是不消说的。只盼你心头牢牢记着'为国为民，侠之大者'这八个字，日后名扬天下，成为受万民

敬仰的真正大侠。"

有人评价，金庸先生借郭靖之口为侠作了定义。我觉得有失偏颇——关于侠的定义古已有之，哪怕是司马迁，也不过是根据古人对侠的理解，对侠的内涵深挖了一层。正如学者张桂萍在《论〈史记〉刺客、游侠传的仁义主旨及其多维视角》中所言，"司马迁通过为布衣立传及对布衣之义的阐扬，把游侠、刺客、儒者从精神品格上统一起来，试图从中发掘一种民族共同追求的理想人格"。[①] 先生把侠划为小侠和大侠两类，谓小侠是行侠仗义、济人困厄；大侠是为国为民、奋不顾身，想必多少受到太史公的启发，从某种意义上使侠的境界得到进步和升华。

司马迁为游侠立传，实乃壮举。

因为此前此后，侠的名声都不好。

法家自言"侠以武犯禁"，语意饱含贬斥。

《汉书》作者班固则认为，天下动荡，法治缺失，游侠遂生，这些人目无法纪，肆无忌惮，搞权钱交易，培植个人势力，结成利益集团，成为地方豪强，摆出与政府对抗之势，严重威胁到统治阶级利益。故游侠者，乃社会不安定因素。

对游侠之士的看法如此简单粗暴，太史公表示反对。既然他的野心是成一家之言，那么对游侠的介绍自要有他的IP，不仅做到前无古人，更要做到后无来者。

那么问题来了，前无古人好理解，毕竟司马迁的思想不是源于法家，他自然不接受"侠以武犯禁"那一套理论。那后无来者呢？班固的时代相距司马迁的时代并不遥远，二者又处于相同的政治体制下，对待游侠的态度却形成了强烈反差，着实匪夷所思，是班固超越了司马迁，还是不及司马迁？学者有过探讨。

究其本源，我想恐怕还是二者不同的成长经历、人生遭遇乃至智识水平、思维方式，促使他们形成了不同的历史观，他们站在各自立场上创作，难分伯

---

① 张桂萍. 论《史记》刺客、游侠传的仁义主旨及其多维视角［J］. 西南大学学报（社会科学版），2017，43（1）：122-133.

仲，谁也没超越谁，如果像武功一样硬要分个高低，那要看谁的记述更真实更有趣。

真实、有趣，我认为这是秉持学术态度进行历史题材文艺创作最重要的。真实，就是要以史料为依据，带领读者走进历史现场，纠正谬误，还原历史的本来面目。有趣，则是要对抗平庸。生命的繁冗容易让人趋于平庸，只有有趣，能让你突破现实的拘囿，让灵魂摆脱世俗的束缚。

我们首先承认，班固对游侠的记述，大体上说，是客观冷峻且值得称道的。比如，学者袁梅在《从〈汉书·游侠传〉看班固游侠观的进步性》中提出，班固较于司马迁有三点进步，"对游侠认识的全面性和客观性""从儒家思想视角看游侠""对游侠儒士的思考"。① 但是相比较而言，司马迁的记述确实更有意思和深意——这还与他的遭遇有关，他在身心上受到过比班固更为惨烈的伤害，由此心智比班固更加圆润成熟。先被打入地狱，然后获得重生，继而发愤著书，司马迁经历了真正的文人应该经历的一切，甚至还更严重，故此他身上的人间烟火味道更为浓烈，他比班固更能容忍和理解游侠的所作所为，甚至称赞超过批判，字里行间弥漫着英雄惜英雄式的愁惋气息——迁儿本身带侠气。

想想这些人出身草根，因为丛林法则，他们有顽劣凶悍的一面（行不轨于正义），但是缺点有多明显，优点就有多突出：信守诺言，有契约精神；行事果敢，答应别人的事情，一定会竭尽全力去完成；甚至不惜舍弃性命，救人于水火。虽然历经生死考验，但从不居功自傲，低调务实不张扬，如此率性纯粹的人难道不值得称赞吗？

《游侠列传》中，对素有西汉江湖最后一个大佬之称的游侠郭解，司马迁更是做了浓墨重彩的描写，此人一生经历传奇，最终被汉武帝所杀。如果我们按照敌人的敌人即是朋友这样的逻辑，结合司马迁一生的悲惨的遭遇，以及那个造成他人生悲剧的凶手，再去分析司马迁创作《游侠列传》的初衷，作深层

---

① 袁梅. 从《汉书·游侠传》看班固游侠观的进步性［J］. 牡丹江师范学院学报（哲学社会科学版），2015（3）：49-52.

思考，是否会得出这样的结论：歌颂高尚，必然是因为高尚缺失；向往光明，必然是身处黑暗。颂扬这样一群饱受争议之人，太史公是在向强权示威——江山是你的，江湖是我的，强权终会末路，文字可以永恒，我不仅要把那些你试图抹杀的留下，而且我要让他们光芒万丈，刺瞎你的眼。

当然，如果据此极端情绪，你对司马迁笔下游侠形象的真实性产生怀疑，那大可不必——恐怕他的记录更为真实可靠，因为他大概率亲身接触过那些人物，而班固本身于时空上不具备这样的条件。

司马迁二十几岁仗剑天涯。大好的青春年华，正是大碗喝酒、大口吃肉、大散金银、广交豪杰的时候，连他自己都毫不避讳地说跟郭解是哥们儿（历史学家吴晗先生在《历史的镜子》一书中分析，司马迁是夏阳人，郭解也曾经逃亡到夏阳住过一个时期，因此，司马迁认识了解郭解；[①] 学者王紫微认为，按照年龄推测，跟郭解有过交集的应该是司马迁的父亲司马谈[②]）。

写熟悉的人和写虚构的人，给人的感觉必然不一样。真实的人物，具有灵与肉。

「侠的标准我来定」

> 鲁人皆以儒教，而朱家用侠闻。所藏活豪士以百数，其余庸人不可胜言。然终不伐其能，歆其德，诸所尝施，唯恐见之。振人不赡，先从贫贱始。家无余财，衣不完采，食不重味，乘不过𫘝牛。
>
> 吴楚反时，条侯为太尉，乘传车将至河南，得剧孟，喜曰："吴楚举大事而不求孟，吾知其无能为已矣。"天下骚动，宰相得之若得一敌国云。
>
> 《史记·游侠列传》

---

① 吴晗. 历史的镜子［M］. 北京：中国华侨出版社，2023：164.
② 王紫微. 经纬天人：《史记》精解［M］. 武汉：华中科技大学出版社，2018：6.

　　能被司马迁归为游侠一类，要达到他定的标准，也就是说这些人有共性，所谓共性，主要指行事方式。并非随便杀一只鸡或者常常有杀人这种想法，即能获取游侠资格。好比老板给员工定下考核标准，只有通过考核，才能拿到年终奖。

　　据说，鲁国人深受儒家影响，而朱家却因侠而闻名。洛阳人以经商为贵，而剧孟却凭借行义举声显诸侯。

　　太史公作为老板，把朱家和剧孟放在一起奖励——这哥儿俩的行为方式和性格品质实在相像（剧孟行大类朱家）。

　　作为司马迁史记集团游侠分公司的优秀员工，朱家和剧孟的品质一样鲜明——喜欢打抱不平、扶弱济贫、仗义疏财，帮助别人从不求回报，皆以人格魅力闻名于诸侯，被媒体点赞，圈粉无数。

　　朱家谦逊，如此低调使他看起来压根儿不像黑社会头目，他救下的有名的豪杰之士达数百人之多，而曾受过他庇护的无名之辈，更是多如牛毛数不胜数，真是乐于助人的向上好青年啊！

　　朱家济困先从贫贱始（不看人下菜碟）。这说明朱家有原则有底线，不像利己主义者，帮助别人的时候，先想对自己有什么好处。

　　朱家乐善好施，以至于他自己的家中居然无余财，穿的衣服褪了色，一日三餐没什么油水，出门也不坐豪车，不过是小牛拉的车罢了！这与我们想象中"大佬出行，香车美女前呼后拥"的喧嚣聒噪场面截然相反。

　　如此谦虚低调、内敛朴素的人，在帮助别人以后从来不向人家索取什么，当年他暗中帮助季布将军摆脱穷困危急的处境，日后将军地位显赫，朱家居然躲藏起来，"终身不见也"，真应了《朱子家训》中的那句话，"施惠勿念，受恩莫忘"。

　　剧孟，一个不穿名牌但仍不走寻常路的人。李白在《结客少年场行》中这样表达自己对偶像的崇拜之情："托交从剧孟，买醉入新丰。"

　　每个时代都不乏这种人，他们思想独立，特立独行，总是显得与周围人格格不入，比如在剧孟当时生活的洛阳，人们皆以经商营生，在大家看来争当世界首富，是人生终极目标，再正常不过了，但是剧孟偏偏不按照剧本演，他以"任侠显诸侯"，他粉丝量有多大？七国叛乱时，周亚夫被任命为太尉，他到洛阳，首先做的就是把剧孟请来，看到他还在洛阳，周亚夫如释重负，哈哈大笑着说，七国叛乱不求助于剧孟，分明是一群臭鱼烂虾，不会掀起大风大浪。

对此，司马迁有一个颇为生动的说法，天下大乱，周亚夫得到剧孟等于得到了一个国家，足见其号召力。

果然，周亚夫后来只用很短时间就平定了叛乱。

据说，剧孟的母亲去世时，四面八方前来送葬的马车有上千辆。而到了剧孟死的时候，家中存款少得可怜。

朱家、剧孟，受到司马迁的青睐，不是因为他们有多帅，而是因为他们皆重义。"义"正是司马迁呈现侠情的突破点①。

义又源于什么呢？

人生，多苦；世事，难料；命运，无常——义的出现，即源于这些人生充满的未知和不定。

虞舜、伊尹、傅说、吕尚、管夷吾、百里奚、孔仲尼……圣人尚且不能避免灾祸，常常深陷危难，普通人苟延残喘于乱世，此中艰辛，更不必说。圣人于危难之时，不乏慧眼识珠者慷慨解囊伸出援手，那么普通人呢？谁又来救他们呢？恐怕只有朱家、剧孟这样的人吧！

"寒江孤影，江湖故人，相逢何必曾相识。"陋室枯灯下，寒风刺骨中，拖着抱恙的残躯，司马迁颤颤巍巍地在竹简上写下一个"侠"字。顿时，泪水模糊了他的双眼，呼啸的寒风把他的思绪引向黑暗……

我身陷李陵之祸，左右亲近不为一言，世态炎凉，秋草人情，人生何等凄苦，如果有朱家、剧孟这样的人站出来，仗义执言，救我于水火，即便后来身遭不测，我也不会像今天这样痛苦——至少我在这人世间得到过温暖。

---

① 田蔚. 《史记·游侠列传》的侠情特质论［J］. 华南师范大学学报（社会科学版），2014（5）：140-144，164.

「超越自我」

> 解姊子负解之势，与人饮，使之嚼，非其任，强必灌之。人怒，拔刀刺杀解姊子，亡去。解姊怒曰："以翁伯之义，人杀吾子，贼不得。"弃其尸于道，弗葬，欲以辱解。
>
> 《史记·游侠列传》

郭解本大侠，睚眦杀人威。

把郭解称为"西汉江湖最后的大佬"，按照司马迁的说法，是因为郭解死后，虽然游侠身份的人很多，但大都提不上串，有些勉强上榜，但论综合素质和影响力（我想更多指道德影响）也跟郭解差一大截。说到底，他们都没有通过司马迁的考核。

郭解的一生，始于令人战栗的惊叹号，结束于令人遗憾的省略号……

郭解有一个十分有名的外祖母，名叫许负，乃奇女子。据说，此人精通看相，凡是被她相过面的人，都称赞她比B超机还准。

许负曾经给汉文帝的母亲薄太后看过相，那时薄太后还是小宫女，许负当即预言将来这姑娘生的孩子会当天子。平定七国之乱的名将周亚夫也找许负看过相，许负预言周亚夫将来会饿死，果然周亚夫最终是在监狱里绝食而亡。依靠这门技艺，许负在贵族圈中享有很高的声望。

据说，郭解的老爸也非善类，天生好勇斗狠不安分守己的主儿，不过可惜的是在孝文帝的时候被诛杀——能死在孝文帝的手下，说明他的罪责真的很严重。

我一直认为，人骨子里的反叛基因多是遗传。外祖母是奇女子，老爸是反动分子，注定郭解骨子里的反叛。

郭解从小就表现出大佬潜质，别看他身材短小，肤黑貌丑，但狠毒凶悍，战斗力极强，在年少有为不自卑的日子里，郭解犯下不少命案，"所杀甚重"，是不折不扣的杀人犯。

别人是一言不合就尬舞，而郭解一言不合便拔刀，"照顾好我七舅姥爷和他三外甥女"，闲暇之余，这家伙还经常干一些窝藏人犯、打家劫舍、挖坟掘墓的勾当，如此十恶不赦之徒，却总交狗屎运，每次犯事儿后，要么侥幸逃脱，要么逢天下大赦，所以他一直逍遥法外，成为西汉头号通缉犯。

郭解稍大一些，对世事的态度发生转变，不仅行为有所收敛，而且办事儿还越来越稳重，我们可以谓之成熟，但是我更喜欢用道儿上的话——人变讲究了！

这里有例为证，我认为这件事的处理方法是郭解走向成熟的重要标志，对他的一生具有转折意义。

郭解的外甥，也就是他姐姐的孩子，仗着舅舅在江湖上的声望和地位，横行乡里，特别是这小子没酒德，人家不跟他干杯，他就强行给人灌酒，于是对方只能用刀剑招呼他了。

儿子死于非命，凶手逃之夭夭，郭解的姐姐为逼郭解替她报仇，像个泼妇一样，故意把儿子的尸体撂在马路上——你不是一呼百应的大哥吗？连自己外甥都保护不了，我看你脸往哪儿搁。

后来，凶手走投无路，主动找到郭解，把这件事的前因后果向郭解说明，没想到郭解拍拍他的肩膀，颇有大将风度地说，兄弟，你没错，错在我家那个小崽子，不讲酒德之人，该杀。

郭解把责任归于外甥，并赶紧找人把尸体埋葬了。

这件事过后，人们对郭解大加赞赏，认为郭解心胸宽广，办事儿敞亮，对他更加信服。

我们回过头再看这起杀人事件，我在前面说这是对郭解一生具有转折意义的事，之所以作出这样的论断，是因为从整起事件的处理来看，郭解已经具备了理性思考明辨是非的能力，而不再是一个一言不合即拔刀的混小子，就是说他开始不讲武力讲道理了，要成为一个服众的人，讲道理是关键。

一时之强弱在力，千古之胜负在理。武力征服不了人心，永远非解决问题的根本。能够讲道理，则意味着对人追求的满足——公平、正义是人的普遍追求，只有坚持公平和正义，才能征服人——问题从根本上得到解决。

智者，永远是能动口绝不动手。

经此一役，郭解实现了从流量明星到实力派演员的华丽转身，奠定了他在江湖上的地位，于是也就有了后来发生的故事。

理性最难战胜感性，因为理性由感性而来。人一旦做到用理性战胜感性，那这个人即实现了对自我的超越。

「这个大佬太优秀」

> 解出入，人皆避之。有一人独箕踞视之，解遣人问其名姓。客欲杀之。解曰："居邑屋至不见敬，是吾德不修也，彼何罪！"……洛阳人有相仇者，邑中贤豪居间者以十数，终不听。客乃见郭解。解夜见仇家，仇家曲听解。解乃谓仇家曰："吾闻洛阳诸公在此间，多不听者。今子幸而听解，解奈何乃从他县夺人邑中贤大夫权乎！"
>
> 《史记·游侠列传》

大佬讲道理已经很优秀了，但是作为西汉江湖最优秀的大佬，郭解不仅讲道理，还有更突出的地方，所谓"郭解之后，再无游侠"，这话不无道理。

郭解出行，众人回避。

一人见郭解，非但不避，还以一种欠揍的表情瞪着他。

你瞅啥？

瞅你咋地！

再瞅一个试试？

试试就试试！

哟嗬，出来个不要命的。郭解的小兴趣被吊起来。

大哥，杀鸡焉用牛刀。郭解的小弟站出来，露胳膊挽袖子，扬言要替大哥干掉这个不识抬举的家伙。

郭解摆摆手，看来是我德行还没修炼到家，难怪别人不尊重我，跟他没关系。

这事儿到此还没完，郭解暗中交代当地官员，我很看好这个年轻人，轮到他服役时，高抬贵手，给他免了吧！

于是以后每到服役时，地方的官吏都没再找过这个人。

这个家伙很奇怪，自己并非富二代，长得也不帅，这是为什么呢？后来才知道原来是郭解暗中帮忙，于是，他光着膀子来到郭解面前谢罪。

大哥，得罪了。你瞅我吧！我让你瞅个够。

这件事儿在乡里传开以后，广大年轻人更加仰慕郭解。

这个优点真要命——有自知，能容人。

一个人不自知，很容易对自身能力作出错误判断，路人对自己唯恐避之不及，如果换成别人，也许会油然而生出一种舍我其谁的傲骄感，但是在郭解看来，这是自己无德的表现。容人亦难得。《道德经》中说："知常容，容乃公，公乃全，全乃天，天乃道，道乃久，没身不殆。"宽容为何如此重要？因为只有做到宽容，才能正视听。假如换作别的大佬，面对态度傲慢无礼之人，直接甩开膀子开干。比如黑老大孟尝君，面对讥笑自己的平民，带领众小弟，刀劈斧砍，大开杀戒。这是伪游侠之举。郭解是真游侠，他能做到不以不善而废其善（王安石语），从过去的睚眦必报到如今以德服人，郭解的格局着实上升一格。

郭解另一个要命的优点是不居功自傲，具备同理心。

传说洛阳两家人发生矛盾，此前当地的大佬前去调解均以失败告终，据说参与调解的大佬前前后后有"十数人"，于是无奈之下，郭解被请去。

果然，郭解凭借他的江湖声望和地位，一出面即把事情摆平，尽管可能是矛盾双方畏惧郭解，勉强和解，但终究问题在面上解决了。

接下来郭解给当事人作出安排：之前洛阳同行来处理你们的事，均无果，现在我一个外乡人来了，你们给我面子，问题得到解决，这让洛阳同行的脸往哪儿放？你们暂时不要听我的，等我离开后，让洛阳兄弟们再来调停，你们假装是因为听他们劝告而和解的。

说完，郭解一顿饭没吃、一口酒没喝，连夜赶回家，甚至好像这件事压根儿没发生过。

随着年龄的增长，郭解行事越发稳重，待人接物也是越来越显得恭敬。他从不乘坐私人豪车去官府办事，他受人之托忠人之事，能办成的事情，一定尽心竭力完成，能力不及办不成的事情，也会尽力协调，直到各方面都满意为止。只有这样，才敢去喝酒吃饭。大家特别尊重他，争相为他效力。城中少年及周边县城的贤人豪杰，半夜上门拜访郭解的常常有十多辆车子，争先恐后把郭解家的门客接回自家供养。

我们不得不佩服郭解的高情商。两家人仇恨之深，当地大佬多次出马，都没能说和，而被他一个素昧平生的外乡人轻轻松松给解决了，可见郭解的影响力之大。而他本来可以顺水推舟，坦然受功，戏至此结束，可郭解加了一场戏。后人猜测郭解是成人之美。我想除此之外，郭解还有更周全的考量。

两家人和解并非本意，实际上这个问题没有彻底解决，况且洛阳大佬们在瞧着，郭解真贪此功，打的是洛阳大佬们的脸。出于同理心，他必须彻底了结这场恩怨，给洛阳大佬们找回丢失的面子。于是这场加戏成为必然——当事双方如再生冲突，必得罪郭解，郭解完全可以不必出面，洛阳大佬首先不会让他们好过。实际上，郭解导演的是一场收买人心的戏，他把洛阳大佬们对他的怨恨巧妙地化为感激之情，又使问题得到圆满解决，皆大欢喜。

如此优秀的大佬，难怪连卫青都是他的铁粉。

「轮回生死几千生，这回大死方今活」

> 及徙豪富茂陵也，解家贫，不中訾，吏恐，不敢不徙。卫将军为言："郭解家贫不中徙。"上曰："布衣权至使将军为言，此其家不贫。"解家遂徙。
>
> 《史记·游侠列传》

优秀的大佬最后只有死路一条——盛世以法治的威严为保障，挑战法治权威者必不为当权者所容忍。学者冯军在《汉代游侠郭解事迹考证》中分析，郭解的后半生赶上了时代的大转折，在中央集权日益强化的形势下，他的巨大名声给他带来了可悲的杀身之祸……他最终因儒生公孙弘的几句话而丧命，是中央集权发展趋势的必然。①

汉武帝下令全国家财够一定标准的富豪都要迁到茂陵邑（陵邑是汉朝为守护帝王陵园所置的邑地，是县级行政单位，通过迁徙大量人口聚居在陵墓旁形成），当地官员趁机将郭解报了上去，但实际上郭解的家财不够迁移标准。

这时候，突然发生了一件匪夷所思的事儿。卫青居然站出来为其求情，声称郭解不够迁移标准，希望汉武帝网开一面。

对于卫青替郭解求情，后世有不同的猜测。

网友脑洞大开的猜测是，"卫青为郭解求情，很可能是卫青故意而为之的，卫青是想借此事来打击郭解势力。如果卫青和郭解过往甚密，反而会劝郭解选择服从，隐藏自己的锋芒"。而学者冯军查阅史料指出，"卫青之所以能建功立业，是需要有一批能人奇士为其服务的，郭解正是这样的人……郭解的交游范围远至山西北部太原一带，而这一带正是卫青率领汉朝军队与匈奴作战的前沿阵地，可以推测，郭解在卫青攻打匈奴的过程中应该做出了一定的贡献"。对于卫青的动机，这是两种截然相反的看法，我们不排除这些可能性，但本人更倾向于是人的情感因素使然，因为人们往往忽视了，男人之间还有一种天然的情愫——英雄惜英雄。

"师傅，他是疯子。"

"可是，我一看到他，就很欣赏他。"

卫青不站出来还好，他一站出来，善变多疑的汉武帝立马开动脑筋，一个公然跟朝廷叫板的钉子户，连你卫青都站出来替他说话，看来这人影响力不小，那就更要公事公办了。

郭解一家最终被强行迁往茂陵。

---

① 冯军. 汉代游侠郭解事迹考证［J］. 兰台世界，2012（21）：71-72.

　　临行前，郭解回望他曾经战斗过的地方，表情有些惆怅。当地豪侠纷纷来为郭解送行，并给他凑了一笔数目不小的经费。郭解安慰大家，他还会再回来的，大家还有机会再见。

　　后来发生的事证明，所谓"后会有期"的确是一句安慰人的客套话——郭解有去无回。

　　郭解的粉丝们一直想为偶像讨个说法，其中包括郭解的侄子。流血事件不可避免，郭解的侄子杀掉了当地杨姓官吏，杨家人把状告到皇帝那里，从此郭解开启了亡命生涯。

　　好在郭解名声在外，每逃至一地，自报家门，总有人慷慨解囊，为他提供食宿，甚至还为他逃跑无偿提供帮助。我严重怀疑，施耐庵在写《水浒传》的时候，从这段情节中受到了启发，因为宋江在逃亡的日子里，也是每到一地，报出名号，英雄好汉纳头便拜，并且倾尽所有为他提供帮助，不惜舍弃性命。学者罗立群、余聪在《〈水浒传〉宋江形象的性格特征及其渊源》中更是把郭解和宋江从"体貌特征""侠义特征""亡命经历""江湖声誉"四个方面作了详细对比，指出"宋江形象的侠义精神源自游侠郭解"。[1]

　　郭解逃亡期间，有个叫籍少公的骨灰级粉丝，他不认识郭解，但还是帮助郭解逃脱过一劫，并以自杀的极端方式掘断线索。

　　又过了很久，郭解才被官兵抓到。

　　至此，西汉最后一个江湖大佬归案。

　　然而故事没有结束。给郭解定罪成为难事，因为能置他于死地的命案大多发生在天下大赦前，所以案件一拖再拖。

　　办案人员一筹莫展之际，压死骆驼的最后一根稻草飘落下来。

　　郭解的小弟犯下命案，还割掉受害人的舌头，手段残忍触目惊心，原因仅仅是受害人当着他的面说了郭解几句坏话。

　　这起案件正好授人以柄——即便凶手抓不到，这事儿也是因你郭解而起，

① 罗立群，余聪. 《水浒传》宋江形象的性格特征及其渊源［J］. 厦门广播电视大学学报，2018，21（3）：7-14.

你郭解无论如何都脱不了干系。

负责此案的大臣公孙弘把这件事向汉武帝作了报告，并提出意见：什么狗屁大佬，不过是个村霸，他以行侠仗义为借口拉帮结派，迷惑无知群众，一点儿口舌之争便拔刀相向，这起案件他嘴上说不知道，谁知道他心里怎么想的，没准在等着看我们的笑话呢，这比他亲自动手杀人还卑鄙、还恶劣，建议以大逆不道之罪论处。

英雄末路，郭解最终被满门抄斩。

痛饮狂歌空度日，飞扬跋扈为谁雄。

那一天，刑场上的风很大很大……枷锁束缚了郭解的手脚，但是却没有捆绑住他的灵魂，叛逆的血液依然在体内奔腾，桀骜不驯的表情令行刑人感到脊背发凉。

郭解瞪着双眼环顾四周，相识的和不相识的人都来送他最后一程。

人们为他送行，苍天为他悲泣，大地为他哀鸣，这世间还有道义，死得其所，快哉快哉。

来吧！刀光剑影天涯路，侠风义骨照江湖。爷体内流的血热辣滚烫，今天释放出来，溅到你们各位身上，留作纪念。十八年后，又是一条好汉。记住，我叫郭解，郭解的郭，郭解的解。

《滑稽列传》

谁是幽默一哥

「淳于髡的特殊待遇」

齐威王之时喜隐，好为淫乐长夜之饮，沈湎不治，委政卿大夫。百官荒乱，诸侯并侵，国且危亡，在于旦暮，左右莫敢谏。淳于髡说之以隐曰："国中有大鸟，止王之庭，三年不蜚又不鸣，王知此鸟何也？"王曰："此鸟不飞则已，一飞冲天；不鸣则已，一鸣惊人。"于是乃朝诸县令长七十二人，赏一人，诛一人，奋兵而出。诸侯振惊，皆还齐侵地。

《史记·滑稽列传》

身体残疾，不等于精神残疾和智力障碍。身体残疾的确不幸，但不可怕，因为人的精神可以弥补这种缺陷——天行健，君子以自强不息。

淳于髡，我们大体可以判定他是残体，至于依据，后面会说到。此人身上发生过很多有趣的事儿，而且这些有趣的事儿源自他的机智幽默，机智代表智商，幽默代表情商，淳于髡既机智又幽默，智商情商"双高"，说明这个人虽然身体有残疾，但是智力健全、精神强大。

淳于髡干的每一件事情都像他的名字一样超凡脱俗。

髡，古代刑罚，把犯人头发剃光。今天来看没啥大不了的，干净利落，没电的时候还能充当电灯泡用，但是在先秦时代，讲究身体发肤受之父母，头发是父母给的，特别成年人的头发不是随随便便说剃就可以剃的。头可断，血可流，发型不能乱。受髡刑对人的身心是极大伤害，淳于髡以此为名，可见此人社会地位卑贱，却勇气非凡，思维方式与众不同。

还有他的身份样貌。"齐之赘婿。长不满七尺，滑稽多辩，数使诸侯，未尝屈辱"，"赘婿"一词源于齐国，按照习俗，长女不能出嫁，要留在家里主持祭祀，所以长女若是要成亲，只能招男人入赘（上门女婿）。学者陈礼贤在《他们身上闪耀着生命尊严的光辉——〈史记〉里的残疾人》中指出，"从先秦到汉代，赘婿不仅社会地位很低，还在法律上受到公开的歧视和摧残，他们与罪犯、逃亡者和商贾一样，是社会的末等公民，经常被征发到边远地区服役或守戍。如果不是经济特别贫困，无力娶妻，通常是不会入赘的"①。紧随其后，是一个要命的缺点——长不满七尺。陈礼贤考证，"周朝时，一尺约当今之六寸，淳于髡'长不满七尺'，那么他的身高只有一百三十几厘米，算是侏儒了"。

身材矮小，其貌不扬，既不是达官显贵，又非颜值担当，但就是这样一个人，却一路逆袭，在风起云涌的时代混得风生水起，得到齐国国君的赏识和器重，妥妥的励志典型。

《孟子荀卿列传》中记载，淳于髡是稷下学宫的学霸。稷下学宫是什么地方？世界上最早的官办高等学府，是当时的社科院，学校的天花板，孟子、邹子、慎子、荀子等一批杰出学者皆出此门，淳于髡堪称学霸中的学霸。

起初，淳于髡被引荐给梁惠王，两次会面，淳于髡像个哑巴，默不作声。梁惠王纳闷儿怎么回事，淳于髡说，大王的心思在马和音乐上，所以他默然。

梁惠王大惊，牛人啊！

齐威王继位以后，三年不理朝政，过着声色犬马的糜烂生活，一时间朝堂之上乌烟瘴气，一片混乱，国家也是危在旦夕，但是左右没有人敢向这位新君进谏。

---

① 陈礼贤. 他们身上闪耀着生命尊严的光辉：《史记》里的残疾人［N］. 巴中日报，2012-07-24（A2）.

此时，淳于髡站出来，他用他的幽默提醒齐威王，你这货再玩儿下去，齐国就真玩儿完啦！

淳于髡劝谏的方式是使用隐语，这种独特的交流方式，更有内涵，更能考验人的悟性。

面对齐威王，淳于髡脸上写满疑问。

齐威王心说，这么大的学问家，还有什么事情能把他难住吗？

淳于髡问道，大王，咱们国家有一只大鸟，栖息在大殿之上已经三年了，这三年里鸟不飞，也不叫，您可知道为什么吗？

齐威王悟性极高，不然他也不会在后宫玩儿出那么多花样。

他一听这话，马上明白了淳于髡的心思。

齐威王心想，寡人之志你不知，说出来吓死你，你看我整天在后宫玩耍，其实我是韬光养晦，接下来我证明给你看。

于是，他用同样的方式回应道，这鸟不飞则已，一飞冲天。不鸣则已，一鸣惊人。

齐威王开始变法图强，召集各地方负责人来向他述职，奖一个考核优秀的，杀一个政绩差劲的，整饬内政，严肃军威，准备迎战诸侯。

哪有一鸣惊人，不过是厚积薄发。

各诸侯国纷纷傻眼了，原来齐国新上来的国君另一个名字叫不好惹，于是争先恐后归还侵占齐国的土地。齐国由此实现大乱到大治的转变。

遭受髡刑，又为赘婿，关键身体还有致命的残疾，司马迁好像是有意在向读者传递这些信息，以显示淳于髡出身的低微乃至卑贱。但是他又把此人置于《滑稽列传》的开篇，以行文之势，使其力压群雄，何为？我想这是特殊的礼遇，展示出太史公对淳于髡的尊重——对一个人发自内心的尊重，不是看他的颜值、资本，还有他曾经的遭遇，而是看他的人品、才能，还有他为国家做了什么。

人，首先应当被看见——淳于髡完全配得上司马迁给的地位。

「学习切忌盲目」

> 威王八年，楚大发兵加齐。齐王使淳于髡之赵请救兵，赍金百斤，车马十驷。淳于髡仰天大笑，冠缨索绝。
>
> 《史记·滑稽列传》

看过一本讲成功学的书（当时我还年轻，迷信成功可以复制），其中有一节专门教人忽悠人，引用了淳于髡忽悠齐威王的两件事儿，狂赞淳于髡会说话，并且作为经典案例教育读者把古人的讽谏艺术用在职场上去忽悠老板。

我觉得这本书叫《职场速毁秘籍》更合适。案例体现了淳于髡的聪慧，但并不适用于今天的职场。当时，淳于髡凭借他的聪慧达到了劝服效果，但是具体问题具体分析，如果放在今天，你按照淳于髡的方式去劝说决策者，大概率会翻车。

楚国攻打齐国，齐威王派淳于髡去赵国搬救兵，当然去搬救兵的话，肯定不能空着手，中国自古以来就是人情社会，求人办事带点鸡蛋花生之类的土特产很正常，何况求人办的还是生死攸关的大事。

齐威王这个吝啬鬼给了淳于髡黄金百斤，驷马战车十辆——就让他带着这么点儿东西去赵国搬救兵。淳于髡回赠齐威王一个白眼儿：这么点东西还不够塞牙缝的，想着让人家出兵来救咱们，没门儿！但是淳于髡没有把真实想法表达出来，他仰天大笑，笑到什么程度呢，"冠缨索绝"，用来系帽子的绳带都撑断了。

当着老板的面，举动如此浮夸，显然不符合淳于髡稷下学宫优等生的身份。当时齐国危在旦夕，齐威王可能也顾不上什么面子了，没有追究淳于髡大不敬的罪过。

齐威王问他笑什么。

淳于髡答非所问，他看到一个人拿一只猪蹄和一杯酒向上天祷告，希望五谷丰登六畜兴旺，难道不可笑吗？

这就好比拿着开烧饼店的本钱去加盟世界五百强的企业，齐威王秒懂其意，加码——黄金千镒、白璧十对、驷马车百辆。

淳于髡以外交官的身份带着这些礼去了赵国，后来赵国派兵救齐，楚国连夜退兵。

这件事，表面上看淳于髡的讽谏颇具艺术性，但实际上不讨喜。齐威王嘴上不说，心里一定有一万只羊驼飘过。决策者给你交办一项任务，你有意见，不好意思说，以一种极不礼貌的方式表达不满，尽显对决策者的轻蔑，这不合适。他完全可以开诚布公表达观点，况且他的观点有理有据，特别在团队生死时刻，我想没有哪个决策者会听不进去，更不会记恨。齐威王爱才，不会记恨，他的宠爱直接导致淳于髡接下来更为冒险的讽谏。

齐威王在后宫设置酒肴，召见淳于髡，赐他酒喝，问他酒量怎样。

淳于髡的回答有意思，一斗能醉，一石也能醉。

齐威王不解其意。

淳于髡解释道，喝酒分场合，跟大王喝酒，喝不了一斗便醉了；尊贵的客人来家里，喝不到两斗；好朋友久未谋面，聚到一起，一下子能喝五六斗酒；至于乡里之间的聚会，男女杂坐，彼此敬酒，即便喝上八斗酒也不过两三分醉意；如果男女同席，鞋子木屐混杂在一起，杯盘狼藉，堂上蜡烛熄灭，主人单留住我，把别的客人送走，女人解开衣襟，阵阵体香传来，爷们儿能喝下一石酒。所以酒喝多易生乱，乐到极致易生悲。

这一番话如醍醐灌顶使威王停止彻夜欢饮，还任用淳于髡为宾礼官。

淳于髡的话对吗？没错。喝酒分人，而且看场合。但是宴会上，当着君王面，这番话是否显得不合时宜？在君王面前以男女之事讽谏，是不是低级趣味，甚至有流于恶俗之嫌？显然这更不符合淳于髡稷下学宫优等生的身份。最最重要的是你跟大王才能喝一斗酒，跟美女却能喝一石酒，大王在你心中的地位难道还不如美女高吗？这话谁听了会高兴？好在齐威王听懂了淳于髡的言外之意，但是内心一定像吃了一只苍蝇，绝不美丽。

如果淳于髡遇到的是一个听不懂隐语的老板，那么他的行为会造成什么样的严重后果，我们不敢想象。

对于古代牛人匪夷所思的行为，我们可以从中学习智慧，但是不能盲目效仿，更不能奉为所谓速成的秘籍。批判性继承，有取舍地借鉴，创造性转化，避免陷入对古人的迷信，才是真正的智慧。

「绑架楚王」

> 昔者，齐王使淳于髡献鹄于楚。出邑门，道飞其鹄，徒揭空笼，造诈成辞，往见楚王曰："齐王使臣来献鹄，过于水上，不忍鹄之渴，出而饮之，去我飞亡。吾欲刺腹绞颈而死，恐人之议吾王以鸟兽之故令士自伤杀也。鹄，毛物，多相类者，吾欲买而代之，是不信而欺吾王也。欲赴佗国奔亡，痛吾两主使不通。故来服过，叩头受罪大王。"楚王曰："善，齐王有信士若此哉！"厚赐之，财倍鹄在也。
>
> 《史记·滑稽列传》

千里送鹅毛，礼轻情意重。这两句讲的是唐朝贞观年间，西域回纥使者缅伯高受命向大唐进贡白天鹅的故事。进贡的途中，缅伯高怕白天鹅口渴而死，所以在湖边打开笼子喂它水喝，不承想一不留神，天鹅飞走了。缅伯高无奈，捧着从该死的天鹅身上落下来的一根羽毛，来到长安献与太宗，还赋诗一首说明事情经过并深刻检讨："天鹅贡唐朝，山重路更遥。沔阳河失宝，回纥情难抛。上奉唐天子，请罪缅伯高。物轻人意重，千里送鹅毛！"结果太宗最后非但没有怪罪，反而重赏了缅伯高，成就一段佳话，至今被人称颂。

这个精彩绝伦的故事，最早的版权属于淳于髡。

有一次，淳于髡代表齐国去楚国联络感情，带的礼物是一只美丽的天鹅，就是那只挨千刀的天鹅，险些要了他的命，好在淳于髡机智善辩，天鹅飞走以后，他迅速冷静下来，调整心态，精心准备了一篇稿子，这篇稿子要理有理，要情有情，要义有义，堪称绝世经典，楚王被忽悠得无言以对，非但没有降罪于他，还重重赏赐了他。

淳于髡的演技真的无可挑剔。

他跪在楚王面前，一边涕泪横流，一遍捶胸顿足进行自我批评：大王呀大王，我代表齐王来向您进献天鹅，到了半路上，我想给天鹅喝点水！其实我原本可以一路不给它喝水，但是我想让它吃饱喝足，以饱满的精神面貌来见大王，我这一番好心反倒弄巧成拙，那天鹅趁喝水的间隙，趁我不备，飞上天去了。

瞧他编的这套说辞，明明是鬼话，但是听上去却让人感觉很舒服，既体现出他作为一个动物保护主义者的爱心，又暗示他对楚王深怀敬意。

然后他指天而誓：大王呀大王，此时的我想出三个办法。

一个办法是我干脆找棵树用裤腰带以死谢罪，但就在准备上吊的那一刻，我想到了大王您的声誉，您贵为天选之子，我死了，老百姓怎么评价您，家禽界又怎么说您，天子为了畜生而使士人自杀，大王的脸往哪里搁？

我又想到一个办法，鸟这东西，长相差不多，就像我们看外国人都一个样儿，我再买一只鸟来蒙您，可正当我准备付钱的那一刻，我想到了大王您的威严，我用假冒伪劣商品欺骗您，我的良心被狗吃了呀！我怕3·15晚会曝光呀！

我还想到一个办法，干脆一不做二不休，我逃吧！逃到别的国家去，但是我突然想到了齐楚两国深厚的万古长青的友谊，因为我的失误而使两国反目成仇，我愧对两国人民啊！

所以，我来找您磕头认罪，希望大王您治我的罪，赐我一死是您对我最好的惩罚。

瞧他想的这三个解决问题的方案多荒诞可笑，但荒诞不代表没有内涵，可笑不说明没有寓意：他是一个动物保护主义者，说明这个人有仁爱；他敢于以自杀的方式赎罪，说明这个人有勇气；他不拿假冒伪劣商品蒙骗君王，说明这个人有诚信；他不因为个人的失误而使两国交恶，说明这个人有大局观；最后他敢于承认错误，直面自己的问题，而不强调诸如天鹅不服从命令、天气预报不准、自己没有翅膀之类的客观理由，说明这个人有担当。

有仁爱之心，又勇敢，还讲诚信，大局观念那么强，待人厚道，仅仅一百多个字的一段话，包含了烧脑的信息量。一个具备这些品质的人，如果被君王杀掉，那君王的脸真没处放了，即便当时楚王的心里一百个不爽，但表面上还是和颜悦色地说："齐国有你这样的忠信仁义之士，幸甚！"

淳于髡匍匐在地，已经是两股战战汗流浃背，幸亏他个头矮小，蜷缩成一团，不易被察觉，否则一定会引起楚王的怀疑。

逃过一劫，淳于髡没有感到自己有多么幸运，反而压力山大，因为他知道自己的那些话经不起推敲，稍加思索，便能发现其中的破绽。但是他又坚信楚王不会把他怎么样，因为他已经占领了道义的制高点，成功将楚王绑架。

懂幽默的好演员

> 优孟，故楚之乐人也。长八尺，多辩，常以谈笑讽谏。
>
> 《史记·滑稽列传》

在《滑稽列传》中，优孟是仅次于淳于髡的角色。

优孟不姓优，他是楚国宫廷艺人，以优伶为业（古时以乐舞戏谑为业的艺人），名孟，由此得名。

今天，人们把优孟奉为梨园行的祖师爷。

优孟同样以讽谏著称，他讽谏的对象是楚庄王。

关于他的第一个故事，与一匹马有关，这匹马是楚庄王的至爱。

楚庄王爱马疯狂至极，给它穿鲜艳的衣服，喂养在金碧辉煌的房子里，让它睡柔软的床垫，用进贡来的枣脯喂养。

这种荒唐无比的事在我们今天看来有些不可思议，但是的的确确在当时的楚国发生了——假如历史上压根没有这事儿的话，那我们不得不称赞司马迁的想象和讽喻，他简直是超先锋作家。

遗憾的是马并不喜欢这种纸醉金迷的生活，它只想睡在脏乱的马圈里，吃拌盐的草料，拉正常的粪便，但即便这点儿小小的心愿都成了奢望，于是天长日久，它心生抑郁，食不下咽，夜不能寐，最终一命呜呼。

楚庄王痛彻心扉，哭得声嘶力竭，决定厚葬他的爱马，并且不允许任何人在他面前说三道四，他铁了心要给马办一场轰动世界的豪华葬礼。

这时候不怕死的优孟来到楚王面前，抱着楚王的大腿声嘶力竭仰天大哭（真是一个好演员）。

楚王问他为什么如此悲痛。

优孟伤心地说，我们楚国是超级大国，没有什么事情是办不到的，大王如此喜欢这匹马，何必用大夫之礼来葬它，以君王之礼不是更显大国风范吗？

紧接着他对如何以君王之礼厚葬这匹马作出详细说明：用雕刻的美玉做棺材，用上等的梓木做外椁，拿樟木作装饰，再派几千名士兵挖掘坟墓，老人和孩子背土筑坟，让齐国和赵国的使节在前面陪祭，韩国和魏国的使节在后面护卫。安葬完毕之后，再为它建立祠庙，用猪、牛、羊各一千头的太牢礼来祭祀它，并且安排一万户的城邑进行供奉。诸侯各国如果听说大王这样厚待马匹，都会知道大王把人看得低贱，却把马看得贵重——我从未见过如此厚颜无耻之人。

楚王认识到自己犯下的错误，立即批准他的解决方案——按六畜的礼遇处置它，灶为椁，锅为棺，加上作料生火祭祀，把它安葬在大家的肚子里——既保护环境，又得到五星好评——它将永远活在人们心中。

关于这老哥的第二个故事，与一个死人有关。

楚相孙叔敖生前为官清廉，死后家中的日子过得极为艰难，他的孩子找到优孟，希望父亲生前的老伙计拉他一把。

于是优孟耗时一年多回忆模仿孙叔敖的仪态举止，然后在楚王面前表演了一场真人模仿秀，成功勾起楚庄王对孙叔敖的美好回忆，提出让他接替孙叔敖担任楚相。优孟以孙叔敖后人的境遇悲惨为由表示拒绝，楚庄王恍然大悟，重赏了孙叔敖的子孙。

前一个故事。优孟欲擒故纵——你狠，我比你还要狠；你作我比你还能作，尤其是对如何厚葬马的一段陈述，精彩绝伦，令人忍俊不禁，讽刺性极强——这不正是幽默的真谛吗？

后一个故事。优孟角色扮演，特别是肯用一年的时间学习孙叔敖的举止仪态以达到讽谏目的，充分体现了一个优秀演员的基本素质——这不就是好演员的标准吗？

林语堂先生说："凡善于幽默的人，其谐趣必愈幽隐，而善于鉴赏幽默的人，其欣赏尤在于内心静默的理会，大有不可与外人道之滋味。"

优孟是好演员，他是真懂幽默的。

相声界的祖师爷

> 朔行殿中，郎谓之曰："人皆以先生为狂。"朔曰："如朔等，所谓避世于朝廷间者也。古之人，乃避世于深山中。"
>
> 《史记·滑稽列传》

三百六十行，每个行业都有自己的祖师爷，东方朔被视为偷盗和相声行业的鼻祖。

说东方朔是偷盗行业的祖师爷有点儿扯。民间传说，汉武帝过生日，西王母下凡来贺寿，当时由东方朔侍奉，西王母给汉武帝带五颗仙桃，但是被东方朔偷偷藏了两个。汉武帝品尝仙桃，连说味道"嘹咋咧"（陕西方言），便想把这桃核种下去，将来桃树长成，可以日日享用果实。西王母说仙桃三千年才成熟一次，凡间土地贫瘠，不适合种仙桃，她瞧了一眼东方朔，对汉武帝嘀咕，这家伙偷了我三次仙桃。汉武帝一惊，心想仙桃三千年一熟，偷三次，那就是历经九千年。从此之后，人们都说东方朔是神仙。《西游记》中，也有东方朔偷桃的描述：孙悟空偷食参果，惹出祸端，上天求助，路遇东方朔，猴子称东方朔是小贼，东方朔骂猴子是老贼。

说东方朔是相声行业的祖师爷还真靠谱儿，因为《滑稽列传》中对此人经历作了比较全面的记录——这哥们儿伶牙俐齿，诙谐幽默，举止浮夸，经常把汉武帝逗得哈哈大笑，深得汉武帝宠爱。

后人把东方朔誉为"智圣"，说明这个人的幽默里面是藏有智慧的，并非毫无意义的嘻嘻哈哈插科打诨，也不是一味追求俗不可耐的低级趣味。

东方朔学识渊博，喜读古书，学养丰厚（多所博观外家之语），这对他性格形成起到了重要作用。难怪一位相声演员说，相声拼到最后拼的是文化！此言不虚。

往往迷信一家之言的人很难具备幽默的气质，因为迷信一家之言等于给自己戴上紧箍咒，"相声演员的肚是杂货铺"，只有什么人都接触，什么知识都学习，什么行业都了解，这样才能做到博闻强识，触类旁通，所以千万不要小瞧幽默，靠一张嘴把不同的人逗乐，让人开心，这里有大学问。

东方朔是出色的相声演员，他能进入仕途全因他年轻时导演的一部作品，这部作品使他一举成名。

当时，汉武帝刚刚继位，招聘贤能之士，广大知识分子纷纷欲借此机会进入仕途，东方朔也不例外，但是要想从这些人中脱颖而出不容易，于是他自导自演了一部公车上书的大戏，他的应聘简历使用了三千片竹简，汉武帝耗费两个月的时间才读完。

暂且不论竹简里面的内容怎样，单说这体量，足以使人吐血。而汉武帝强忍肩颈疼痛，肯花两个月的时间去阅读一个素未谋面的年轻人的简历，说明东方朔文笔不俗，给汉武帝留下了深刻印象。

东方朔入朝后，依然保持率真本性，由此做出很多荒唐事儿，汉武帝身边的郎吏称他"狂人"，汉武帝却不这样认为，用他的话说，如果东方朔不行荒唐之事，那你们谁也赶不上他。

而东方朔听到别人对他的评价，哈哈一笑，说了一句非常有名的话——你们不是哥，所以不懂哥，哥就是所谓隐居在朝廷中的人。

古时的隐者，大都隐居在深山里，而东方朔却另辟蹊径，隐居于朝堂之上。刺激不刺激？惊喜不惊喜？这就是"小隐隐于野，大隐隐于朝"的由来。

有一次，朝廷举办宴会，酒过三巡，菜过五味，东方朔四仰八叉，席地而坐，旁若无人地哼唱起来，歌词大意为隐居世俗中，避世金马门，宫殿里可以隐居避世，保全自身，何必隐居在深山中的茅草屋里面活受罪。这就是著名的《据地歌》。

从这首歌中，我们可以看出东方朔的处世心态，朝堂之上本来是威严庄重的地方，而东方朔却把这里当作隐居避难之所，既然如此，那他完全没有必要在这里伪装自己，他表现出来的是真性情，不是假作为。

当人们都在极力伪装自己，突然看到一个率真通透的人，难免会说他另类，殊不知另类的其实是他们自己。

「被贬的神仙也是神仙」

> 至老，朔且死时，谏曰："诗云'营营青蝇，止于蕃。恺悌君子，无信谗言。谗言罔极，交乱四国'。愿陛下远巧佞，退谗言。"
>
> 《史记·滑稽列传》

世人不识东方朔，大隐金门是谪仙。李白在《玉壶吟》中定义东方朔为"谪仙"，即因犯错误被贬下凡间的神仙。

东方朔真像他自己说的那样，是一个超然物外、把朝堂当作隐居避难之所的隐士吗？

显然不是。所谓隐只是这哥们儿的表，真正的东方朔内心世界极为丰富——他怀揣远大的理想与抱负，大隐于朝，始终遵循天道行事，顽强地守护着那个真实的自己。虽然在汉武帝看来，他不过是一个弄臣。

这哥们儿曾经与一群高级知识分子有过一番论战，举止怪异的人容易招来非议，被很多人看不顺眼，高知们频频向东方朔发难：听说苏秦张仪都是居于卿相之位，恩泽后世，而你东方朔呢，虽然才华横溢，满腹经纶，精通治国御臣之术，熟记诸子百家之言，但是官位如何？他们说了一句伤人自尊的话，"官不过侍郎，位不过执戟"，你有没有检讨过自己的言行？这是什么原因呢？

东方朔接下来的回答非常精彩。他说时过境迁，战乱的历史和如今的太平盛世怎能同日而语？诸侯争雄，人才的重要性不言而喻，得人才者得天下，所以士人才得以身居高位，恩泽后世。而今"天下平均""合为一家"，四海升平，明君治世，贤能和不贤能的人有什么区别？在这样一个和平发展为主流的时代，哪怕是圣贤也没有用武之地啊！然后他进一步阐述了君子在这样的情况下为什么还要修身以及怎么样去修身。东方朔的回击有理有据，结构严谨，他的话把责难他的人臊得脸通红。

这就是著名的《答客难》。通过这样一段论述可以看出，东方朔并不像他所说是隐于朝堂的隐士，更不屑于做一个弄臣，恐怕怀才不遇这个词儿更适合他。

如果我们把《答客难》看成是东方朔在立言上的作为，那么在立德上，他做的事儿就更多了。这些事儿在《汉书》《资治通鉴》中有详细记载。

比如，汉武帝为满足个人私欲，准备大肆征地，扩建上林苑，对此劳民伤财之举，东方朔一反玩世不恭的常态，表现出诤臣应有的风骨，极力反对，并且冒死进言劝阻，于是有了《谏除上林苑》一文。学者叶文举在《直言切谏 合于大道》中对此文作了精彩赏析，从"内容平实""说理充分""脉络清晰""灵动有力"四个特点作出概括。

再比如，昭平君是汉武帝姐姐隆虑公主的儿子。隆虑公主死前预料到自己这个飞扬跋扈的儿子将来会生事惹祸，于是拿出一笔钱请求为昭平君赎罪。汉武帝答应了她的请求。后来，昭平君果然因杀人入狱。虽然汉武帝不忍心，但仍按照律法将昭平君处死。正在汉武帝陷入悲痛的时候，左右大臣故作悲泣，东方朔居然公开为汉武帝拍手点赞，可见此人刚正。

还有，汉武帝的姑妈窦太主养了一个名叫董偃的小白脸儿，汉武帝明知此人身份不堪，还经常亲近他，一时间，董偃在朝堂之上呼风唤雨，乱臣贼子的形象暴露无遗。东方朔（只有东方朔）进谏，说董偃败坏朝纲、乱搞男女关系、带坏皇帝，死罪难逃，最后汉武帝幡然醒悟，避免了一场祸患。

如果以上这些事例还不够的话，那我们看看东方朔的临终遗嘱。别人死前是交代银行卡藏哪儿、谁还欠我钱、我还有多少遗产之类的事儿，但东方朔呢？他引《诗经》中的话，"营营青蝇，止于蕃。恺悌君子，无信谗言。谗言罔极，交乱四国"，这就不能说他是在装了。

不管是插科打诨，还是玩世不恭，抑或追求恬静，大隐于朝，这些不过是东方朔的伪装，揭开披在他身上的那层纱，我们看到的是一个胸怀韬略却怀才不遇的智者。

古往今来，不乏批判者，称东方朔徒有其名，一生未建功勋，难负盛名。我只能说，作为言官，东方朔能够做到立言、立德已属难得，至于立功，肉食者谋之，不是他想办能办到的，毕竟游戏规则不由他定——我们不必苛责古人。

「荒诞派的艺术大师」

> 魏文侯时，西门豹为邺令。豹往到邺，会长老，问之民所疾苦。长老曰："苦为河伯娶妇，以故贫。"
>
> 《史记·滑稽列传》

西门豹，战国时期魏国人，魏文侯时，他担任邺令（今河北省邯郸市临漳县一带）。

西门豹有诸多身份，其中以水利专家最著名，今天我们讲西门豹治邺的故事，主要说的就是他在兴修水利方面作出的卓越贡献。

主持修建十二条水渠，引黄河水灌溉农田，是西门豹的发明专利。2023年6月出版的《河南水利与南水北调》刊文《西门豹修建的漳水十二渠发挥了怎样的作用？》讲述西门豹治理漳河水患的历史，指出十二条渠道，引河水灌溉农田，发展农业，使邺城一跃成为富庶之地，是中国多首制引水工程的始创，影响深远。①

---

① 西门豹修建的漳水十二渠发挥了怎样的作用？［J］. 河南水利与南水北调，2023，52（6）：13.

因为治邺有功，西门豹还被定义为政治家。但是水利家和政治家之称都不足以突出此人奇葩。实际上，他是荒诞派的艺术大师。

初到邺城，西门豹遇到一件麻烦事儿。

本来压根儿不叫事儿，换作别人，睁只眼闭只眼就过去了，之前的几任官员可能都是这么做的，甚至还可能是既得利益者。但是西门豹眼睛里不容沙子，他是一个坚定的无神论者、有理想的政治家，他要改一改当地的陋习，因为人的生命不容漠视，况且陋习不破，他的施政理想无法实现。

邺县的政治生态特别恶劣，官府每年要向百姓征收大量钱财为河神娶媳妇，所谓娶媳妇不过是借口，实际上操纵此事的三老、廷掾、祝巫私下里早把钱分了。

这里，我们简单介绍一下三老、廷掾、祝巫三股反动势力。学者王新利在《西门豹"巧"治邺县及其鉴示》中指出，这三股反动势力代表奴隶主利益，三老作为地方豪强的代言人，把持着邺县的文化教育事业；"祝巫"是神职人员，掌握着神权；"廷掾"作为县府的主管，掌管钱粮赋税。他们是奴隶主吮吸人民血汗的帮凶。这三股反动势力相互勾结，狼狈为奸，以"河伯娶妇"为名，不断敲诈勒索人民。[①]

每到河伯娶妇之日，祝巫会物色一个穷苦人家的漂亮女子充当河神的媳妇，并且像嫁女儿一样，举办仪式，煞有介事地把女子绑在精心装饰好的床席上，使床漂浮于河中，这样漂上几十里，女子便同床席一起沉没。当地的老百姓都担心自己的女儿被河神"娶"走，很多选择背井离乡。

荒诞不荒诞？像不像《西游记》里的情节？但现实中这一幕真的上演了。果然如作家余华所言，"与现实的荒诞相比，小说的荒诞真是小巫见大巫"。

对如何处理这件事，西门豹没觉得多么棘手，因为他是荒诞派的艺术大师。于是在下一次为河神迎娶新娘的时候，西门豹主动提出当司仪主持婚礼庆典。身为荒诞剧的著名导演，他要小刀划屁股——让那些伪艺术家开开眼，见

①　王新利. 西门豹"巧"治邺县及其鉴示［J］. 行政科学论坛，2019（6）：58-61.

识见识什么是真正的荒诞派艺术！

那天，现场人山人海，"三老、官属、豪长者、里父老皆会"。庆典在一片喧嚣声中开始，西门豹假模假式地提出要看看新娘子，新娘子来到西门豹面前，哆哆嗦嗦，泣不成声，哭成泪人，从她的眼神里，西门豹看出她对活下去的渴望。

西门豹叹一口气，头摇得像拨浪鼓，说这个女孩不够靓丽，还是麻烦巫婆去报告河神，等另找到漂亮女子再给他送过去，让他少安勿躁，请他放心，邺县将举全民之力给他找一个闭月羞花的媳妇儿。

"咕咚"一声，巫婆还没反应过来，即被差人抬起来投入河中。

现场一阵躁动，西门豹摆摆手："大家不要着急，我们静候佳音。"

过了半天不见动静，西门豹又转向巫婆的弟子们，彬彬有礼地做出一个请的动作，要他们去河里看看，为什么巫婆还不上来。

"咕咚""咕咚""咕咚"，巫婆的三个弟子相继被投入河中。

西门豹又向人群摆摆手："大家千万不要着急，相信我们会得到满意的答复。"

又一个半天过去，还是没有动静。

西门豹以巫婆级别不够为由，恭请三老去向河神禀报。于是三老也被投进河中。

最后，当西门豹借口找巫婆和三老，准备把廷掾、豪长投入水中的时候，在场的官吏纷纷跪下，磕头如捣蒜，面色如死灰。

此刻，如果西门豹当众戳穿盛行邺城多年的谎言，义正词严痛斥下跪的官吏，给他们上一堂唯物主义哲学课的话，那这个故事的精彩程度便大打折扣，此人也不足以被称为荒诞派的艺术大师。好在西门豹没这么做，他只是轻描淡写地说，"壮河伯留客之久，若皆罢去归矣。"大概河伯留他们在家喝酒呢，喝完酒他们肯定还要打打麻将，搞搞娱乐活动，不一定什么时间回来，大家回去吧，等有了消息再来也不迟。

一部经典的荒诞剧最大的看点在哪里？不是揭示对立和虚无，而是告诉观者如何去完美地对抗荒诞。

《刺客列传》

杀人者的精致

「最优秀的刺客」

> 聂政直入，上阶刺杀侠累，左右大乱。聂政大呼，所击杀者
> 数十人，因自皮面决眼，自屠出肠，遂以死。
>
> 《史记·刺客列传》

人生中有太多时间和机会交到狐朋狗友，遇到知己，实在难得。所以知己出现，哪怕肝脑涂地，也要成人之美，与利无关，完全出于道义，人之本能——这是杀人者信奉的哲学。

想必司马迁遭遇横祸身陷囹圄之时，左右亲近不为一言，使他对所谓的友情有了更加痛彻的感悟和思考，于是愤然为刺客作传，告诉人们他所理解的友情。

聂政是冷面杀手，在刺客行当里，他地位崇高。

韩国大夫严仲子受丞相侠累迫害流亡他国。他游历各地，遍寻为自己报仇雪恨、刺杀侠累的勇士。听说有个叫聂政的硬汉因杀人避仇，携母及姐隐迹于齐国，做屠狗生意（仗义每多屠狗辈）。此人侠肝义胆，武艺高强，为人正派，敢于担当。

严仲子数次登门拜访聂政，并赠聂母黄金百镒。聂政坚持不受，但是已把严仲子视为知己。

后来，聂母辞世，聂政服母丧三年，待其姐出阁，了却后顾之忧，聂政找到严仲子，问得其仇家信息，准备为他去报仇。

严仲子提出要给他提供一支敢死队援助，聂政断然拒绝——机事不密则害成！

于是，孤胆英雄只身上路，前往韩国履行他对严仲子的承诺。

刺杀任务完成以后，聂政以一种极端残忍的方式结束了自己的生命。

与曹沫、专诸、豫让和荆轲等其他杀人者不同，在聂政身上所表现出来的不仅有慷慨赴死的勇，还有寸草春晖的孝，甚至读完他的故事以后，人们对他孝的印象更加深刻。

聂政的孝符合人伦之道，给杀人者的世界注入一丝温情。

他的孝专注于两个人，母亲和姐姐。

《礼记》中说："孝子不服暗，不登危，惧辱亲也。父母存，不许友以死。"因为母亲尚在人世，不能导演白发人送黑发人的悲剧，这是大孝，所以聂政没有冒然答应严仲子的请求，可是他却把严仲子的情谊记在了心中；想到不能因自己的行为连累姐姐，所以在刺杀行动取得成功以后，他做出的举动可怖：把自己的眼珠子抠出来，给自己开膛破肚，内脏像泛滥的江水汹涌而出，把土地染红一片。

聂政的容颜被他自己亲手毁掉，幕后真凶无从查起，这时韩国军方干了一件违反人伦的事儿，把聂政的尸体摆放在热闹的集市中央，重金悬赏，期望得到这个人的身份信息。

故事到这里还没结束，又一个重要人物登场，聂政的姐姐。

女人趴在弟弟的尸体上失声痛哭的情景无法不使在场者动容。查案的官吏得知杀手名叫聂政，而哭泣者正是他的姐姐，他们倍感惊奇：明知你弟弟是杀人凶手，为什么还要来跟他相认？

故事的高潮在不经意间来到。

很难想象，一个柔弱女子能说出下面的话：没谁比我更了解聂政，母亲在世，我尚未出嫁，他为保全我们，忍辱负重，没有接受刺杀任务，现在母亲不在了，他又为不连累我而毁掉容颜，我岂能因为贪生埋没弟弟的名节呢？

女子仰天大叫三声以后，死在了聂政的身旁。

真相大白，人们交头接耳：还是严仲子会看人呀！

严仲子是否识人，我不感兴趣，为一己私利牺牲朋友性命，我觉得这种行为过于自私，身为权贵，从头到尾，他都是在用金钱和权势铺路，目的是找到能帮他报仇的杀手。所以，站在他的立场，可能聂政仅仅是他雇佣的一个杀手。对此，学者陈颀在《复仇与礼法——以聂政的复仇叙事为例》中也有过分析，"作为富且贵的上位者（严仲子），他乐意为聂政奉养母亲，背后隐藏着用金钱交换聂政的高强武艺乃至性命的意图"[1]。

事实上，我更为在意或者说感动的是聂政姐姐关于"士固为知己者死"的慷慨陈词。

为知己赴死，恐怕是当时所崇尚的一种价值观潮流。今天我们反观聂政所为，极端、原始、粗野、恶劣，典型的违法犯罪行为，不值得提倡，但如果将其置于道德伦理层面重新审视，这种道德行为所体现出的精神品质值得深思。

穿越千年，当历史的指针指向民族危难时刻，聂政的英雄形象重现人间，一部伟大的历史剧《棠棣之花》诞生。

郭沫若先生这样赞叹道："不愿久偷生，但愿轰烈死。愿将一己命，救彼苍生起。"

人和人的差距终究在境界

> 豫让曰："臣闻明主不掩人之美，而忠臣有死名之义。前君已宽赦臣，天下莫不称君之贤。今日之事，臣固伏诛，然愿请君之衣而击之，焉以致报仇之意，则虽死不恨。非所敢望也，敢布腹心！"
>
> 《史记·刺客列传》

---

① 陈颀. 复仇与礼法：以聂政的复仇叙事为例［J］. 探索与争鸣，2017（3）：95-103.

豫让是晋国人，他既是杀手又是歌手："三家分晋"开启战国时代，豫让的壮举为即将到来的乱世唱响了一曲慷慨悲歌。

豫让最初是范氏家臣，后又给中行氏打工，默默无闻，直到跳槽遇到老板智伯以后，他的人生才有所起色。

智伯非常尊重豫让（甚尊宠之）。

当时，晋国虽为大国，但是王权衰微，实际权力由六卿把持，除了智氏和前面提到的范氏和中行氏，还有韩氏、魏氏、赵氏。六大集团以智氏一家独大，在弱肉强食的时代，范氏和中行氏早早退出历史舞台，智氏成四卿之首。

卧榻之侧岂容他人鼾睡，智氏集团的野心和实力决定他迟早要灭掉韩赵魏三大集团，于是智伯向三家求地，韩魏妥协割地，赵拒绝。智伯胁迫韩魏讨伐赵襄子。晋阳之战爆发。关键时刻，以赵襄子为首的赵氏集团果断采取斩首行动，通过离间策略，使韩魏倒戈，最终智氏兵败，智氏一族被灭。

因为仇恨智伯，赵襄子把智伯的头骨做成酒器供其使用。

优秀员工豫让逃至山林，他发誓要为老板报仇，行刺赵襄子的行动随即展开。

豫让的行为在今天的我们看来有些不可思议，从未见过如此执拗之人，智伯已死，还值得他去卖命吗？

豫让回答道，"士为知己者死，女为说①己者容。今智伯知我，我必为报仇而死，以报智伯，则吾魂魄不愧矣"。

不为别的，只为智伯认可我。豫让给出的理由就是这么简单、纯洁。学者赵改燕在《走进"士"的精神世界——〈史记·刺客列传〉中的豫让故事品读》中说，"对豫让来说，他不会有哈姆雷特关于继续还是放弃的纠结，生命不息，复仇不止"②。

豫让先后两次行刺赵襄子，这两次行刺之前他都对自己进行了一番乔装打扮。第一次行刺他扮演的是厕所清洁工的角色，这次刺杀行动豫让虽然自认为

---

① 说，通"悦"。
② 赵改燕. 走进"士"的精神世界：《史记·刺客列传》中的豫让故事品读［J］. 名作欣赏，2023（11）：26-28，76.

百无一失，但神经敏感的赵襄子在如厕时还是认出了他，正当小弟们准备上前结果豫让的时候，赵襄子出乎意料地说，把他放了吧！

赵襄子的理由显示胜利者的姿态，"智伯亡无后"，他的员工却想着替他报仇，这可是贤人啊！言外之意，圣贤之人不可杀。

第二次刺杀行动，豫让扮演乞丐的角色，为全身心投入角色中去，豫让对自己的身体进行了近乎疯狂的破坏，把漆涂满全身，使肌肤溃烂，吞下黑炭，使嗓音变沙哑，他以这样一副面容沿街乞讨，连他的妻子也没认出来，最后还是朋友认出了他。朋友对豫让的执拗非常不解，泪流满面地问他为什么要这样做，凭他的聪明才智，去辅佐赵襄子的话，赵襄子一定会重用他的，那时他再下手的话不是易如反掌吗？何苦糟蹋自己呢？

这个策略对不对？当然对！但是豫让断然拒绝。所以，今天有人评价豫让，他的刺杀行动不讲策略，是不智之举——典型的思维置换。[①]

豫让的回答惊天地泣鬼神："怀着异心侍奉君主，这和我的价值观相左，我之所以这样做就是让后世的乱臣贼子感到羞愧。"

最后，他这次精心策划的刺杀行动还是以失败告终。

正当我们为豫让必死的结局扼腕的时候，高潮悄然而至。

豫让对赵襄子提出荒诞的请求，他希望赵襄子脱下衣服，让他刺上几剑，以此报答智伯知遇之恩。

"赵襄子大义之"，真的宽衣解带，把衣服交给豫让。

豫让仰天长叹，"拔剑三跃而击之"。衣服被抛掷空中，当它降落到地面的时候，已变成碎片。豫让完成使命，坦然赴死。

英雄，通过这种具有仪式感的死亡方式，完成对自己的交代，据说，赵国的有志之士无不落泪。

今天有人评判豫让迂腐。而依我看来，古人自有考量，他们依据他们所信奉的价值作出人生抉择，如果有什么能让他们舍得放弃生命，想必是因为他们

---

① 即用现代人的思维方式去评判古人的行为正确与否。

认为那是比生命更崇高的存在。

人与人的差距永远在境界上，绝非情感和理智。当年，达摩祖师和梁武帝对话，梁武帝炫耀自己修建寺庙供养僧人的功德。达摩祖师坦然回答您无功德。梁武帝又问世上有无佛？达摩祖师回答没有。梁武帝愤愤地说那你知道自己是谁吗？达摩祖师回答不知。谈话不欢而散，梁武帝拂袖而去。

多年以后，梁武帝幡然醒悟，原来达摩祖师已经到了无我之境——超越人的认知，与宇宙万物融为一体。

「文学青年太子丹」

> （太子丹）"……诚得劫秦王，使悉反诸侯侵地，若曹沫之与齐桓公，则大善矣；则不可，因而刺杀之。彼秦大将擅兵于外而内有乱，则君臣相疑，以其间诸侯得合从，其破秦必矣。此丹之上愿，而不知所委命，唯荆卿留意焉。"
>
> 《史记·刺客列传》

秦国灭掉韩国，又灭了赵国，紧接着挥师北上，剑指燕国。

燕国太子丹急得像热锅上的蚂蚁，他赶紧找来荆轲商量对策。

太子丹和秦王政有旧交，两人曾经共同从事过一项伟大的事业：在赵国做人质。二人可谓患难之交。相对于秦王政，太子丹算资深人质，因为太子丹成年后又到秦国做人质，按照常理，秦王政还得管太子丹叫一声大哥，但就是这个小弟，要对大哥痛下杀手，在秦国做职业人质期间，秦王政对太子丹表现得形同陌路（不善）。太子丹终于清楚，他跟秦王政压根儿不是朋友。

猎手和猎物能友好相处，前提是双方面临共同的敌人，彼此存在共同利益，当共同的敌人和利益不复存在，猎手必将消灭猎物，他是不会念旧情的——根本没有旧情。

太子丹的心拔凉拔凉的。他要保全燕国，他想到的办法不是助力国家发展生产、增强国力，而是寻觅一个杀手，通过刺杀秦王政的方式，达到求全之目的。

他高薪聘请的刺客，便是大名鼎鼎的荆轲。

后来发生的大事件天下皆知。荆轲拿着樊於期（原为秦将，因叛秦被秦国通缉，逃到燕国，荆轲以共谋复仇大业之名劝服他自杀）的人头和一卷里面藏有匕首的地图，和队友秦舞阳一起来到秦国刺杀秦王政。在大殿之上，作为见面礼，荆轲把樊於期的人头交给秦王政，骗取了他的信任，从而得到接近他的机会，接着图穷匕见，荆轲刺向秦王政，最后刺杀行动失败，荆轲被秦王政反杀。

历史学家吴晗先生在《历史的镜子》中分析，荆轲刺杀秦始皇现场，目击者有秦始皇的侍医夏无且，司马迁父亲的朋友公孙季功、董生都曾和夏无且交游，《史记》这部分记载看来就是司马迁从父亲那儿听来的，所以写得非常生动、精彩。①

在中国，荆轲刺秦王的故事家喻户晓，但是很多人误会了荆轲的举动，实际上荆轲的刺杀之举不是要杀死嬴政，而是要劫持他。

这个结论从何而来？临行前，太子丹对荆轲交代的话。

太子丹想象的结果是荆轲劫持嬴政，逼迫嬴政把侵占诸侯的土地全部归还，像曹沫劫持齐桓公一样。杀掉嬴政则是不得已而为之，乃下下策。一旦成功，秦国国内必定乱成一团，而秦国那些能征善战的大将此时都在国外，君臣之间必生嫌隙。借此机会，诸侯再度联手，打败秦国不过是分分钟的事啦！

文学青年太子丹的想法大胆而浪漫刺激，他的想象力像大海一样不着边际。

作为主谋，太子丹对荆轲的指令注定了刺杀行动最终的失败——他的指令好像雾里看花，充满朦胧美。

事实上，行刺失败以后，荆轲也承认因为想要活捉嬴政，迫使他把诸侯土地归还以回报太子丹，由此导致他行动失败。作为杀人者，荆轲的辩解同样飘忽不定，因为太子丹的命令里，有在不得已的情况下杀掉嬴政的指示，荆轲却

---

① 吴晗. 历史的镜子［M］. 北京：中国华侨出版社，2023：164.

闭口不提，实在有点儿为自己找借口的嫌疑。

如果荆轲真如太子丹在剧本里面的设定挟持了嬴政，结果怎样？我们可以想象。

第一种结果最理想，嬴政求饶，归还各国的土地，荆轲圆满完成任务，全身而退，回国复命，皆大欢喜。

第二种结果次理想，嬴政屈服，但拒绝归还各国的土地，还给荆轲做思想工作，希望这老兄反水，效命秦国。

第三种结果最坏，嬴政既不屈服，也拒绝归还诸侯土地，荆轲无奈，不得不杀掉嬴政，自己死于非命。

剥茧抽丝，我们看这三种结果发生的概率。

第一种结果不会发生，拼死夺来的土地，岂有再送回去的道理？如果这样做了，那么对有虎狼之称的秦国来说，简直是奇耻大辱。秦王政怎么向秦人交代？秦国也绝不会让荆轲全身而退，身在秦国的朝堂之上，劫持的是秦国最高军事统帅，摆在他面前的只有死路一条。

第二种结果更不会发生，荆轲是一个有着职业操守的刺客，不是朝秦暮楚的政客，在他的价值观里，义重于生命，让他为秦国卖命，有悖他的初心，以他的性格，他绝不可能向秦国低头，最后荆轲被嬴政刺伤倒地，又是向嬴政投刺匕首，又是破口大骂，也印证这点。

第三种结果可能发生，但秦国可以迅速推举新人，继续完成嬴政没有完成的大业，吞并六国，一统天下，这是宏图伟业，无论谁来完成，都将留名千古。况且天下大势分久必合，没人能够阻挡得住历史的车轮，所以这样的结果，也无法改变燕国命运。

《易经》中有言，"君不密则失臣，臣不密则失身，几事不密则害成"。这实在是一次漏洞百出的刺杀行动。

当仇恨蒙蔽心智，想象力就会像岩浆一样迸发出来，这对文学创作是件好事，但是对诸如行刺之类的事儿来说却是坏事，太子丹的文学思维用错了地方。

「谜一样的男人」

> 轲既取图奏之秦王，发图，图穷而匕首见。因左手把秦王
> 之袖，而右手持匕首揕之。未至身，秦王惊，自引而起，袖
> 绝。拔剑，剑长，操其室。时惶急，剑坚，故不可立拔。荆轲
> 逐秦王，秦王环柱而走。群臣皆愕，卒起不意，尽失其度。
>
> 《史记·刺客列传》

荆轲刺杀秦王的情节精彩到什么程度？使人忘记了他还有一个叫秦舞阳的队友在场。

即便我们形容秦舞阳是猪一样的队友，此刻也不应该忽视他的存在，而吊诡的是，整个行刺秦王的过程，好像荆轲一个人在唱独角戏。

据载，秦舞阳和荆轲进入大殿，看到高高在上不可一世的秦王政，秦舞阳脸色苍白，心跳加速，汗如雨下。

秦王政看到他那副尿样，遂起疑心，命令荆轲一个人近前。荆轲把地图呈给秦王政，紧接着图穷匕首见，荆轲左手去拉秦王政的衣袖，右手拿起匕首刺向他，秦王政用力挣脱，想抽出佩剑反击，因为剑太长，拔不出来，所以只能慌不择路，在大殿里面狂奔，像没头的苍蝇，绕着宫殿的柱子乱跑，尽失王者风范。

作为助攻，秦舞阳这个时候行动应该没有受限（在场的人正欣赏荆轲和秦王政的表演，况且都没带武器），可是他在哪儿？在干什么？无从知晓。更诡异的是，最后荆轲行动失败，被秦王政斩杀，秦舞阳的结局却不得而知，令人费解。

秦舞阳是个神秘的存在，一如他的开始和结束，这个男人始终是个谜。

从个人简历来看，秦舞阳十三岁时已然成为杀人者，但是没有谁站出来证明这件事，至于他杀过谁，是用嘴巴杀的，还是动手杀的，没有任何佐证材料，也未见官方记载，可传说却流传下来，忽悠了不少人，以至于人们见到

他，居然不敢瞧他的眼睛。

太子丹选秦舞阳做荆轲的助手，仅仅因为听闻他的传说。在别人看来，这未免有些荒诞。但是我理解，归根结底是因为太子丹拥有文学思维。

我们有理由推论，所谓秦舞阳十三岁杀人的传说，很可能是他为成网红而编造的。这样的炒作，时至今日仍然屡见不鲜。

据说，荆轲的助手另有其人，当年荆轲迟迟不动身，就是在等他。他是谁？《刺客列传》中未提（一说盖聂。盖聂是剑术高手，当年荆轲与盖聂谈论剑术，盖聂对其怒目而视，荆轲被吓退），所以这个对荆轲一生至关重要的人物也成历史未解之谜。

如果把太子丹和荆轲二者看成雇佣关系，作为被雇佣者，荆轲无权选择助手，但荆轲不傻，这次刺杀行动九死一生，有一个神助攻，他还有生的希望，否则，必死无葬身之地。所以他因为等待这个助手，而迟迟不肯动身，这一点能说过去。但是太子丹作为雇主，想尽快套现，他没有时间也没有耐心跟荆轲一直耗下去。

说到底，太子丹对荆轲的能力持怀疑的态度——我高薪聘用你，你到底有没有能力帮我翻盘？

用人存疑，太子丹的政治缺陷比他拥有文学思维更可怕。

实际上对太子丹的缺陷，太史公已有伏笔：结识荆轲前，太子丹的理想对象是被世人誉为节侠的田光，他初识田光便将自己的计划和盘托出，田光以年迈为由拒绝，并举荐荆轲。太子丹在与田光分别的时候再三叮嘱田光不要泄露大事，田光倍感屈辱，后来田光替太子丹找到荆轲，把事情办理妥当，当着荆轲的面作了自我了断，以死表明不会泄露大事。临死前，田光直言，太子丹对他不信任（太子疑光也）。

一场篮球比赛，最后的绝杀球应该由场上的队员根据实际情况决定谁主攻谁助攻，而不是教练依据所谓的经验去指定。如果确定荆轲为主攻，那助攻理应由他选择，而非太子丹指定，只要确保行动成功，荆轲选秦王政都行，太子丹却因为对荆轲的怀疑草率地派一个没考察过的人去跟荆轲打配合，可见他疑心多重。

荆轲领命以后，太子丹又是怎么做的？不是跟他一起完善刺杀计划，而是"日造门下""供太牢具""车骑美女恣荆轲所欲"，以锦衣玉食香车美人供荆轲享乐，这不仅是不信任荆轲的节奏，更是对其人格上的侮辱，似乎在说："老兄，你时日无多，趁一息尚存，及时行乐吧！"

我们探讨太子丹失败的原因，归结为他有文学创作一般的发散性思维和用人生疑的政治缺陷，但是这都是技术层面的原因，没有触及根本。

根本何在？

古书《燕丹子》中记录太子丹为了笼络荆轲，干过一件违背人伦的事儿：太子丹和荆轲喝酒，歌姬弹琴助兴，荆轲夸赞歌姬的手漂亮，太子丹当即命人把歌姬的双手砍下来呈送荆轲。如此变态之举在历史上颇有争议，但是从太子丹"车骑美女恣荆轲所欲"的情况来看，这件事儿不是捕风捉影，《文献通考·经籍考》引《周氏涉笔》认定司马迁写荆轲的故事是在《燕丹子》成书后，猜测斩美人手一事，司马迁以过当削之。

果真如此的话，那我们确实要重新审视太子丹的人品，从灵魂层面去对其进行拷问，乃知其下场不足为奇。

秦王怒，派王翦率军攻打燕国。燕王喜和太子丹逃至襄平（今辽宁辽阳）。秦军紧追不舍。

赵代王嘉给燕王喜发E-mail，声称秦逼燕，根源在太子丹。太子丹死，秦王政一定能谅解燕王而保住燕国。

于是燕王喜上演了一场父子相害的人伦惨剧，他派人斩杀太子丹，将其首级送到秦国。

秦军攻燕未止，燕王喜终被俘，燕亡。

当父亲派的杀手来取自己的人头，不知道太子丹会不会想起曾经他为了一个叫荆轲的杀手，同样干过一件灭绝人伦的事儿。他是否会对那个被斩去双手的歌姬怀有一丝愧疚之情？是否会对自己一生的失败有所醒悟？

「荆轲的伟大」

> 轲自知事不就，倚柱而笑，箕踞以骂曰："事所以不成者，
> 以欲生劫之，必得约契以报太子也。"于是左右既前杀轲，
> 秦环怡者良久。
>
> 《史记·刺客列传》

探讨荆轲行刺这件事儿本身是对是错，分析太子丹对荆轲是否信任，探讨太子丹的人品如何，寻找刺杀行动失败的主要责任人，聊这些话题似乎意义不大——势不可逆，刺死嬴政也无法阻挡历史的步伐。

关键的是因为这起事件，荆轲封神。

杀人者最终被人所杀，历史也没有停下脚步，而一个英雄的形象巍然屹立，值得欣慰。

风萧萧兮易水寒，壮士一去兮不复还。我们似乎看到一个潇洒的身影，和着曲调而歌，穿过历史的重雾，淡定从容地向我们走来。他手握一把寒光闪闪的匕首，上面的血迹依稀可见。

一自荆卿从此去，秋风千载尚萧萧……骚客文人不吝笔墨，创作出无数赞美英雄的作品，千古传诵。用文字祭奠英雄，这是文人对英雄的最高礼遇。

反对的声音也不绝于耳。"荆轲怀其豢养之私，不顾七族，欲以尺八匕首强燕而弱秦，不亦愚乎！"荆轲为了报答太子丹，不顾族人受到牵连，试图用一把短小的匕首使燕国强大、秦国势衰，愚蠢至极。"豢养"一词，特指喂养畜生，语气之重，司马光对荆轲的鄙视可窥一斑。

司马光的说法，可能显得荆轲冷血、不近人情——我无意品评古人，但是至少太史公笔下的荆轲，真实、温情脉脉。

在燕，荆轲与屠狗之辈结交，与归隐艺人高渐离论道。他爱喝酒，酒至酣处，伴随着音乐的节奏，他与高渐离相拥而泣，旁若无人，真性情。

荆轲为人持重，博览群书，游历各国，交友无数，节侠田光对他礼遇有

加，谓其不凡。

初识太子丹，荆轲闻知其意，表示才能不足，婉言相拒。我想，生而为人，这是真实反应。

太子丹苦苦哀求，荆轲被迫答应，至此，他明白做出这样的抉择，已无退路，只能无畏前行。

荆轲清楚太子丹仅仅把他当成一个雇佣的杀手，没有给出明确的行动指令，没有拿出具体的刺杀方案，只是倾其所有，以声色犬马满足他生而为人的欲望，对此，他鄙视但又无奈。

刺杀，必须接近秦王政，而要接近秦王政，需要获取他的信任。如何获取他的信任？满足他的欲望——燕国肥沃的土地和他一直仇恨的人。

荆轲的思路逐渐清晰，必须拿到燕督亢地图和樊於期的人头。在此过程中，太子丹基本没发挥作用——燕督亢地图就是空头支票，太子丹想怎么开就怎么开，好办！樊於期的人头呢？太子丹明确表示不行，给出的理由是将军穷困之时来投奔他，他不能乘人之危，这是陷他于不义。

荆轲轻蔑地一笑，这是让他自己动手。

于是，荆轲找到樊於期，以秦王政灭其宗族相激，使樊於期献出头颅。

如果在这个过程中，太子丹勉强发挥了一点儿作用，就是他遍寻能工巧匠，打造一件利器——徐夫人匕首。太子丹命人在匕首上涂满毒液，并且用人亲身试验，果然见血即亡。

又是一条无辜的生命。

荆轲自忖，还要多少生命付出代价？

秦舞阳的出现，使荆轲彻底看清太子丹的真实面目，此前他一再表示自己已有助攻人选。太子丹成功激怒他，他激烈的言辞使太子丹面红耳赤。

上路之前，荆轲与老友相见。易水河畔，高渐离击筑，荆轲放声歌唱。诀别的时刻，他坦言，这是他们最后的相见。

哭吧！让我带上朋友的泪水，在路上解渴。

荆轲走上通往秦国的道路，甚至没有回头看一眼。

虽然这注定是一次失败的刺杀行动，但是荆轲把英雄的冷静果敢、临危不惧、大义凛然演绎得淋漓尽致。

金碧辉煌的宫殿，助攻秦舞阳面如土色。

荆轲如何应对？装傻充愣，指着秦舞阳，哈哈大笑，"小国寡民，一副没见过大世面的样子，被大王的威严震慑到了吧？大王别见怪，请原谅这个粗鄙之人"。

猝然一瞬，迅速做出反应，荆轲的内心实在强大。既掩饰了秦舞阳的惶恐，又拍了秦王政的马屁。

秦王政命荆轲一人上前，始料未及，预示着荆轲要独自完成刺杀任务。

荆轲什么表现？他淡定自若，按照秦王政的要求，"取图奏之"。

荆轲的成功是在生命的最后一刻为自己争取到尊严：他坐在地上（秦王政已拔出佩剑，将他砍伤），倚靠柱子，又开双腿，形状如簸箕，对着秦王哈哈大笑，破口大骂。

同为英雄，我想在这一刻，秦王政耐心地听完荆轲的叫骂，惋惜地跟他进行了一番交谈。

为何杀我？难道我做的不对吗？

你做的都对，但是杀你，无所谓对不对。

杀了我，你以为就对得起那个人吗？

跟他无关，不义之人，难成大器。

杀我，对你难道那么重要吗？

不重要，但是没有你对我很重要。

你还有遗憾吗？

不失信义，死而无憾。

你还有心愿吗？

死在你剑下！

秦王政犹豫片刻，他毅然举剑向荆轲的心脏刺去……笑声戛然而止，四周一片静寂。

冰冷的尸体，殷红的鲜血，喧闹的人群，秦王政颓然而坐……

那天，嬴政没有等到他期待已久的燕国土地。也是在那天，他暗下毒誓，他要变得更加冷酷，更加无情，更加狠毒，因为他失去了最后一个朋友，也是他唯一的朋友。

「为尊严而战」

> 秦皇帝惜其（高渐离）善击筑，重赦之，乃矐其目。使击筑，未尝不称善。稍益近之，高渐离乃以铅置筑中，复进得近，举筑朴秦皇帝，不中。于是遂诛高渐离，终身不复近诸侯之人。

> 《史记·刺客列传》

高渐离，著名音乐家。当然，他的这个身份并不被世人所熟知，人们之所以记住他，是因为他的另一个身份——杀人者。

高渐离是荆轲的铁粉加死党。

当年，易水河畔，荆轲唱诗，高渐离为他击筑伴奏。荆轲在生命的最后一程里，要高渐离陪伴，可见此人在他心中的地位。

易水滔滔，孤鹤长唳，高渐离和荆轲如往常一般，你击筑，我吟唱，情至深处，二人相拥而泣，旁若无人。

高渐离有很多话想对荆轲说，荆轲拍拍他的肩膀，示意保持沉默是对他最好的告别。

最后，他的确什么也没对荆轲说。

高山流水，知音不语。高渐离想说的，荆轲了然于心，既然死亡对他已经不可避免，那么他准备承担一切，对于高渐离，荆轲不想这个朋友再受牵连。

荆轲行动失败以后，作为荆轲生前的好伙伴，音乐家开始逃亡之旅。

如果高渐离的身份不暴露，那么他完全可以逃过一劫，可音乐家最终还是暴露了。

令人惊诧的是，他的暴露是主动而为，这似乎令人扼腕。

但是高渐离并不后悔，他同荆轲一样，也想给生命一个体面——他最终没听朋友的劝告。

开始，高渐离在一个酒吧里做服务生，但是他一生钟爱击筑，一旦酒吧有人击筑而歌，他就会情不自禁驻足倾听沉浸其中，其间还忍不住发表几句评论，天长日久，老板知道此事，便对高渐离说，"看来是高手，你上去演奏一曲吧！让我们见识见识"。

高渐离一脸不屑："本想低调了却余生，换来的却是讽刺和质疑。不装了，我摊牌了，我是音乐家！"

高手登场，不同凡响，技惊四座，掌声如雷，这样的场景使高渐离突然想到了一个为荆轲报仇的好办法（我猜测高渐离行刺的灵感就是在这时候突然而至的）。

正如一位哲人所说，你是你自己的塑造者，有着选择的自由和尊严，你可以根据你的喜好把自己变成某种形象。

所以，你要自己决定成为什么样的人，穿什么样的衣服，选择什么样的生活方式（陈锵经典语录）。从此，音乐家不再隐姓埋名低调行事，而是拿出自己的乐器，换上从前的服饰，当他再一次出现在众人面前时，宾客们皆以上宾的礼节对他拱手作揖。

一举成名天下知。高渐离开始在国内公开巡演，而且名气越来越大，终于资深乐迷嬴政知道了这个人的存在，于是专门派人把他召进宫中。

接到告令，高渐离露出诡异的笑容。

得知眼前为他击筑的人是荆轲生前好友，嬴政不禁打了个哆嗦，下意识向后退了两步。从那以后，这个高渐离的粉丝开始一边听音乐，一边思考问题——如何使偶像为他击筑的同时，避免自己成为他的猎物。

这个问题思考很久，最后他想出好办法，那就是把高渐离变成盲人——瞎子是最令人放心的。

烈焰，浓烟，高渐离的双眼被熏瞎。

当高渐离再一次站在舞台上，那双眼睛已经失去了往日的色彩，面部表情显得更加麻木。

嬴政对自己的杰作非常得意，从此他放弃对高渐离的戒备，开始做一个安安静静的"渐粉儿"。

日复一日，高渐离渐渐接近嬴政……

在一次演奏中，高渐离抓住机会，他突然双眼放光，用尽全身力气，把灌了铅的筑狠命向嬴政所在的方向砸去。当然，这样的行为无异于以卵击石，嬴政躲过了这一击。

高渐离走上断头台，从此历史的英雄谱里又增添了一个名字，嬴政彻底丧失了对六国归顺之人的信任。

这起事件的性质已然明朗，一次地道的刺杀行动。但是对于高渐离的动机，我想还有值得探讨和深思的地方，当然，大家所公认的动机是兄弟义气——为朋友报仇。我也承认这是一个重要的出发点，至少，前期他应该是这么想的。

但是后来情况发生了变化。

当高渐离失去双眼，沦为嬴政的娱乐工具，音乐家的人格荡然无存。

如行尸走肉一般遭受凌辱的日子里，高渐离和正在昏暗的灯光下奋笔疾书的太史公一样，对人生产生新的思考，而荆轲的形象始终挥之不去。

此时，他生出跟荆轲同样的感慨——杀嬴政，对他来说已经不重要；但是没有嬴政，对他来说很重要。

"我们的事业并不显赫一时，但将永远存在，而面对我们的骨灰，高尚的人们将洒下热泪——英雄不寂寞，荆卿，我来了！"

《老子韩非列传》

人类智慧的天花板

「一起轰动历史的敲诈勒索案」

> 老子修道德，其学以自隐无名为务。居周久之，见周之衰，
> 乃遂去。至关，关令尹喜曰："子将隐矣，强为我著书。"
> 于是老子乃著书上下篇，言道德之意五千余言而去，莫知其
> 所终。
>
> 《史记·老子韩非列传》

老子姓李，名耳，字聃，李零先生在《文献中的老子——读〈史记·老子韩非列传〉的要点》中解释，"老子，按先秦姓氏名字的惯例，本来应该叫李子，全称应叫老李子。但古书习惯的叫法是老子，称老不称氏，省出姓氏"[①]。他是楚国苦县厉乡曲仁里人，就是说老子的籍贯是楚国（对此学界有争论，本书采其楚人说）。

作为伟大的哲学家、思想家以及道家学派（非道教）的创始人，老李子为什么最终成了老子？这一切离不开他的家学渊源和他从事的职业。

按照我的老师杨辉教授在《终南有仙真》中的推论，从老子的经历以及思想倾向与王官之学的关系，可以约略测知，他应当出身于有深厚文化修养的史

---

① 李零. 文献中的老子：读《史记·老子韩非列传》的要点［J］. 国学，2013（12）：18-19.

官世家，因为古代官师合一，世传其学……他的父祖也可能受到早期神仙信仰的影响，从而志于修道养寿，由此可能在老子的内心中，启发出后世诸人所开出的神仙信仰之维。[①] 老子的职业是"周守藏室之史也"，用今天的话说，就是国家图书馆馆长。这在当时是社会地位很高的职业，甚至他的职权超过我们想象，平时不仅能接触到典藏，还有档案资料、珍贵文物，等等。

深厚的家学渊源、优越的学习条件、殷实的学术积累促成老子的视野比一般人宽广，见地比一般人深刻，而他平时交往的自然也不是一般人，加之处于权力中心，有大量机会接触到不同层面的信息，老李子最终能成为老子，并不稀奇。

老子一生，性格内敛，谨言慎行，强调"言者不如知者默"，但是他洋洋洒洒一气呵成写下一部《道德经》，后来白居易还特意写了一首诗叫《读老子》，讽刺老子自相矛盾之处，真实情况果真如此吗？

太史公给出答案。且看《道德经》的诞生——一场地地道道的"阳谋"。

眼见周朝势力衰微，天下乱成一团，心灰意冷的老子决定去寻找诗和远方的田野（有学者推测老子是从洛阳西行经函谷关通关前往秦国避难）。

按照鲁迅先生在《出关》中的描述，那天，老子骑着心爱的小青牛，颠儿颠儿来到函谷关的时候，一个对中国哲学走向产生重要影响的人物出现在他的面前，此人即驻守函谷关的签证官令尹喜。

尹喜显然是个本身很有学问又喜欢钻研学问还特别热衷跟别人探讨学问的人，不然他不会一眼认出坐在青牛上的老汉就是当时的全民学术偶像老子，这么大的学问家要从自己驻守的地方通过，怎么能不趁机勒索敲诈他一番？对于本身很有学问又喜欢钻研学问还特别热衷跟别人探讨学问的人，这个学术敲诈勒索的过程，想想就使人兴奋。

于是尹喜利用职权之便甚至有点恐吓威胁的意思要老子给他写本书，不然的话他不会给老子办理签证。

面对这种情况，老子是怎么想的呢？

[①] 杨辉. 终南有仙真［M］. 西安：陕西师范大学出版社，2011：8-9.

从客观上讲，这本书必须写，不然拿不到签证，拿不到签证就意味着不能出关，还谈什么诗和远方。

从主观（我猜）上讲，这本书也应该写，人生难得一知己，千古知音最难觅，一眼便认出自己，态度又如此谦卑地请求自己为世立言，尹喜算得上铁粉知己，自己这一走遥遥无归期，给粉丝们留个念想，这是人之常情。

一个人走过那么长的路、读过那么多的书，对人类的存在产生那么多的感悟，对宇宙万物形成独到的见解，为什么不写出来与世人分享呢？独乐乐不如众乐乐，反正老子我是铁了心要走的人了！

于是老子挥笔写下五千多字，用诗一般的语言阐释了关于宇宙万物最深刻的道理——天高地迥，宇宙无穷，万物从无中而来终归于无，所谓天道，是利万物而不为害，所谓人道，是无为中的有为而与世无争。

《道德经》应运而生。人类的精神荒漠里多了一片雨林。

老子问尹喜，老子我能走了吗？

尹喜还沉浸在学术研究的乐趣中无法自拔，随口说了一句，放行！

老子骑上青牛。出门守卫排成两列，像接受上级领导检阅一样，毕恭毕敬地目送老子缓缓远去……

恐怕自从有人类犯罪历史的记载以来，这是唯一值得作为正面典型被肯定甚至歌颂的"敲诈勒索案"，从而使关于尹喜另一个版本的结局也就有了极高的可信度——他不是放行老子，而是索性连工作都不要了，心甘情愿跟随偶像西行出关，后来一直贴身侍奉老子。

在物质食粮和精神食粮之间，尹喜最终选择后者，因为物质食粮会随着肉体的陨灭而被遗弃，而精神食粮可以传受无尽。

按照鲁迅先生的想象，大家在关口目送老子出关，去了两三丈远，还辨得出白发、黄袍、青牛、白口袋，接着就尘头逐步而起，罩着人和牛，一律变成灰色，再一会儿，已只有黄尘滚滚，什么也看不见了。

这个想象令人着迷……

「不定即为大定」

> 太史公曰：老子所贵道，虚无，因应变化于无为，故著书辞
> 称微妙难识。
>
> 《史记·老子韩非列传》

人生的某一天，老子像往常一样骑着他心爱的小青牛行走在熙熙攘攘的闹市中，不经意间，他来到十字路口。

应该朝哪个方向走？答案是无。

无论怎么走，都能到达他要去的地方。

可他要去什么地方？

老子低下头，陷入沉思，表情萌萌哒。

每当这个可爱的老头脸上出现呆萌的表情，人们就知道他又有新的感悟了。

匆匆赶路的崇拜者们纷纷停下脚步，驻足凝视，侧耳倾听。毕竟，以老子的个性，这样的机会不多。

人生何不如此？从混沌中来，走向混沌中去，一切捉摸不定。

可不是吗？

面对不定，应该作何选择呢？

不要去选择——完美的答案。

高端的食材往往采用最简单的烹饪方式，治国，最高明的手段是"无为"。与人相处，最理想的状态是"老死不相往来"。

甭瞎忙活了，全歇了吧！

宇宙万物变化莫测，道乃本真，是以"道生一，一生二，二生三，三生万物"，只要认清这一点，人即可悟道，一旦悟道，那身体和灵魂便同时在路上了。

瞧那河里的水，它深谙万物不定之道，方能利万物，故而源远流长，奔流不息，无穷无尽。

人呢？

人不能跟自己较劲儿，总想着往高处走，高处不胜寒，适当的时候，要像水一样学会往低处流，学会与世无争，学会无为而无不为，学会清心寡欲，学会与自己和谐相处。

不明觉厉。

学会往低处走非不思进取，"今天大踏步的后退就是为了明天大踏步的前进"，有时候知退方能进，知耻而后勇，不讲方法一味冒进的是愣头青，容易栽跟头啊！

学会与世无争非不争，要看争什么，不争权夺利，不争强好胜，不争风吃醋，不争长论短，不争身外之物……流水不争，方能汹涌澎湃滔滔不绝。守拙是智慧，不争是大智慧，夫唯不争，故天下莫能与之争。

学会无为而无不为非不作为，恰恰相反要懂得作为、学会作为、善于作为、真有作为，要想成事、会成事、能成事、干成事，"不驰于空想，不骛于虚声"，要一步一个脚印儿地去做自己应该做的事儿，这样建造出来的才是坚固的楼房，否则外表再花哨也不过是华而不实的空中楼阁。

学会清心寡欲非无欲，没有欲望不是人，那是神，但是从来就没有什么救世主，也没有神仙皇帝，所以人要有欲望，正常的欲望、合理的欲望、恰当的欲望、符合时宜的欲望，而不是贪图享受的欲望、腐败堕落的欲望、损人利己的欲望……人有对温暖的渴望，阳光才会普照大地；草木有对湿润的渴望，雨水才会降临；生命有对生命的渴望，世界才会充满生机。

学会和自己和谐相处非对自己放任自流不加约束，而是别跟自己过不去，要懂得顺势而为、应势而动，要低调务实不张扬，把自己应该干的事儿干好，干到极致，不仅仅是让别人挑不出刺儿，更是使自己心安理得。

内敛、宽厚、守静、温热，做人首先应该弄清楚这些基本的道理，这些道理是真理，放之四海皆准。

万物作焉而不辞，生而不有，为而不恃，功成而弗居。

这个可爱的老顽童露出意味深长的一笑，最后清清嗓子，像领导讲话一样总结道，不定即为大定。

「韩非子的经典语录」

> 凡说之难，非吾知之有以说之难也；又非吾辩之难能明吾意之难也；又非吾敢横失能尽之难也。凡说之难，在知所说之心，可以吾说当之。
>
> 《史记·老子韩非列传》

韩非之死，扑朔迷离。

《史记》中记载，秦王看过韩非的书，马上将其奉为偶像，并对外宣称，如能结交此人，死而无憾。为此，秦王不惜发动战争攻打韩国，以胁迫韩王交出韩非。于是韩王派韩非出使秦国。可是，韩非在秦国一直未得重用，反而遭到昔日同窗李斯的陷害，惨死狱中。李斯又当了一次背锅侠。对此事件，钱穆先生在《先秦诸子系年·李斯韩非考》中提出质疑："天下宁有爱好其国一公子之书，因遂急攻其国者？"①

《战国策》另有其说；四国联盟攻打秦，秦王召集大臣商量对策，姚贾自告奋勇出使四国，以行贿的老路子分化四国联盟。姚贾立功受赏，韩非心生不满，到秦王面前诋毁姚贾挪用公款，以权谋私，并且大肆拿姚贾卑贱的出身说事儿。于是秦王质问姚贾，姚贾用常识回击：我为国家办事儿，真要营私，还返回来干吗？我出身不好，但忠心耿耿，管仲、百里奚这些人的出身好吗？哪一个不是忠臣？大王不要听谣信谣传谣啊！姚贾的反杀够狠，变着法子把秦王臭骂一顿。秦王一怒之下，诛杀韩非。

虽然关于韩非的死，众说纷纭，迷雾重重，但是对其人的才能，历史的评论官却给出公允的论断：著名的哲学家、思想家和散文家，法家的主要代表人物和集大成者。

历史的巨人，一般会有一些代表作，《说难》即韩非的得意之作。

---

① 钱穆. 先秦诸子系年［M］. 上海：商务印书馆，2015：553.

司马迁在《报任安书》中，提及韩非对自己的影响，特意拿《说难》举例，且他在介绍韩非的时候，用很大篇幅对他的《说难》以及他关于游说这件事的理解加以阐述，足见他对这篇文章的喜爱。

《说难》这篇文章的厉害之处就是指出了劝服别人要掌握的最重要的因素——游说对象的心理。

韩非的名字前面还应加个头衔：著名情感专家。

《说难》中论述游说君主的难处，一不在于个人的才智，"非吾知之有以说之难也"；二不在于个人的口才，"非吾辩之难能明吾意之难也"；三不在于个人的勇气，"非吾敢横失能尽之难也"。游说之难，难在如何把握游说对象的心理，然后用适当的言论去影响他。

知所说之心，可以吾说当之。

开宗明义，韩非不否认才智、口才、勇气是一个优秀说客应该具备的素质，但是强调，这些不是最重要的。最重要的是要具备知心的能力，即敏锐的洞察力。

所谓洞察力，就是要摸透对方的心理，选择合适的言辞，以使自己说的话，被对方听进去，这样方能达到游说目的。

人的才智高不高，跟会不会说话没有关系，杨修才智过人，而且也深得曹操赏识，但是说话不注意场合，专拣曹操不爱听的话说，最后惹来杀身之祸，一身才气白白浪费。

人的口才怎样跟会不会说话也没多大关系，口才好的人固然能在思想表达方面占一定优势，但并不绝对，因为过分的优势往往也是劣势，祢衡口才好，骂人不带脏字，但是说话不注意分寸，又恃才傲物，击鼓骂曹，得罪刘表，羞辱黄祖，最后被杀，如果杨修的死还有一些客观因素在里面，那祢衡的死完全是作的。

人是不是有勇气跟会不会说话就更没有关系了，英雄没有被敌人所杀，最后却死在自己不经意间说的一句话上，这样的例子不胜枚举。

郑武公想要攻打胡国，反而把自己的女儿嫁给胡国的君主。然后假惺惺问大臣，我想搞一场军事演习，哪个诸侯国可以陪练？

这时候，大家都沉默不语，低头玩手机。

关其思勇敢地站出来，得意扬扬地说，当然是胡国。

郑武公哈哈大笑，就你啦！

于是关其思被砍掉脑袋。

对于杀关其思的理由，实在敷衍：破坏国际关系，没有职业操守。胡国人得知郑武公这么义气，于是放松了警惕。

郑国趁机偷袭胡国，一举灭之。可怜关其思，即便再勇敢，关键时刻说了不该说的话，到头来还是成了人主的刀下鬼，到哪儿说理去？

说话难、难说话、话难说，终归说话的对象不是别的，而是复杂的人。

学不来的潇洒

> 楚威王闻庄周贤，使使厚币迎之，许以为相。庄周笑谓楚使者曰："千金，重利；卿相，尊位也。子独不见郊祭之牺牛乎？养食之数岁，衣以文绣，以入大庙。当是之时，虽欲为孤豚，岂可得乎？子亟去，无污我。我宁游戏污渎之中自快，无为有国者所羁，终身不仕，以快吾志焉。"
>
> 《史记·老子韩非列传》

没人不喜欢庄子。

没人有理由不喜欢庄子。

学者周国平说，庄子对中国文学的影响尤其宝贵。凡是有真性情的文学家，从魏晋名士到唐宋诗人，到明代性灵派文人，无不酷爱庄子。

庄子这一生，注重生命的纯粹和精神的自由，活得通透潇洒。仰观宇宙之大，俯察品类之盛，几乎找不出比庄子活得更通透潇洒的人了。

一生不拘绳墨，特立独行，自在逍遥，庄子永远都是一副别人看不惯但是又干不掉的样子，他的行动选择只源于一件事——我自己喜欢这样做。

天地有大美而不言，四时有明法而不议，万物有成理而不说。众生百态，浮躁喧嚣，名来利往，庄子却面不改色，安之若泰，依然故我，什么叫忠于内心？看看庄子就知道了。

所谓深沉，早都是人家玩剩下的了。

"其言洸洋自恣以适己，故自王公大人不能器之"，庄子的文章像极了他的处事风格，汪洋恣肆，放浪不羁，谁都不放在眼里，谁拿他也没有办法。鲁迅先生称赞庄子："其文汪洋辟阖，仪态万方，晚周诸子之作，莫能先也。"

《庄子》中记载了这样一则故事。

庄子和惠子在一座桥上散步。

庄子看着水里的鱼说，鱼翔浅底，乐在其中。

惠子质问，你非鱼，怎知鱼的快乐呢？

庄子问回去，你非我，怎么知道我不知道鱼的快乐呢？

惠子继续抬杠，我非你，本来就不知道你；你非鱼，所以不知道鱼儿的快乐，也是完全可以断定的。

庄子总结发言，你问我哪里知道鱼的快乐，意味着已经知道了我知道鱼的快乐而问我，我是在濠水河边上知道的。

濠梁之辩，学者们从哲学角度分析，甚至言庄子诡辩。而我了解到庄子的信奉——我的人生是我的人生，与你无关。

庄子更爱反驳无知的人。

曹商使秦，对秦王一顿臭捧，受到秦王百辆车的赏赐。回到宋国后，曹商四处对人炫耀，很不幸，他选错了对象。

面对曹商那副马屁精的嘴脸，庄子故意羞辱他：听说秦王得了痔疮，非得要人跪舔。舔得好，得五车，你得百车，看来技艺非凡啊！

如果这件事儿还没把庄子的生存法则讲清楚，那么我们听听司马迁的讲述。

楚威王是庄子的粉丝，他派人携带千金重礼去拜访庄子，并承诺在朝堂之上，给庄子一个位高权重的工作。

面对高职高薪诱惑，庄子只露出一个表情。

呵呵！

这个玩世不恭的家伙甚至笑着对使者说完了下面的话：千金真是厚礼呀！卿相可是尊位啊！您难道没有见过君王祭祀天地时候宰杀的牛吗？好吃好喝喂养它们那么多年，最后给它们披红挂绿，把它们送进祭祀的庙里。这个时候，你们考虑过牛的心情吗？我想，牛一定是极度悲哀的，此时此刻它即便想做一头自由自在的小猪，也不可能了。

说到这里，我想使者一定一脸茫然的表情，否则庄子不会继续说出下面的话。

以庄子的洒脱，他对自己怎么想的丝毫不会掩饰。

三千裘马，不寄俗生，唯贪我三枕黄粱梦。庄子挥手让使者赶紧滚蛋，不要玷污他高尚的人格，他宁愿在小水沟里自由自在地跟小伙伴们一起玩耍嬉戏，也不想被权力束缚。

人最高级的炫耀，不是得到了什么，而是拒绝了什么。

可爱的庄子。

那个梦到自己变成蝴蝶非说是蝴蝶变成自己的庄子。

那个媳妇死了以后敲锣打鼓放声歌唱的庄子。

那个把天地万物都看作他的陪葬品的庄子。

周国平先生说，"庄子对人类文明史的贡献远超人们的想象，他在理性的人生观、信仰的人生观、解脱的人生观、道德的人生观之外，创立了审美的人生观，而人类精神传统绝不能缺失这么一维，否则就不完整。如果没有庄子的存在，中国文人不知会成为怎样的俗物，而不甘心成为俗物的，不知会怎样苦闷"。

曹胜高教授说，"阅读《庄子》，不仅是与智者对话，更是与高人为友，它使我们知道：只有精神的独立，才能使人超凡脱俗，自成气象；只有精神的自由，才能不受奴役，从容潇洒"。

庄子的潇洒，我们永远学不来，正如庄子不是水中的鱼，我们也不是庄子。

「道不同可相为谋」

> 孔子适周，将问礼于老子。老子曰："子所言者，其人与骨皆已朽矣，独其言在耳。且君子得其时则驾，不得其时则蓬累而行。吾闻之，良贾深藏若虚，君子盛德，容貌若愚。去子之骄气与多欲，态色与淫志，是皆无益于子之身。吾所以告子，若是而已。"
>
> 《史记·老子韩非列传》

孔子和老子相见，注定成就历史上一个伟大的时刻。

当年，杜甫与李白会面，闻一多先生以孔子和老子相见作比，称在四千年的历史里，除了孔子见老子，没有比这两人的会面更重大、更神圣、更可纪念的。[①]

一个开创了儒家文化，一个是道家鼻祖，他们相见之时，尚未有儒道之分，但并不影响两位历史巨人进行思想上的碰撞，这次碰撞擦出的火花，掉落人类精神世界的荒芜，燃起熊熊大火。

那一刻，历史的夜空如同白昼。

"郁郁乎文哉！吾从周"，为复兴周礼拯救人心，孔子奋斗进取，积极入世，始终在路上。当时，老子的身份是国家图书馆馆长，这样的专业学者肯定储备了不少周礼方面的知识，敏而好学的孔子怎么能放过他？此时的孔子，像一个低年级的小学弟，一心想从高年级的学长那里淘一些干货。

于是孔子来到老子面前，一脸虔诚地向老子请教。

大河之水，奔流不息。河边的两块巨石上，两位智者，相对而坐。

孔子指着河水，发出感叹：逝者如斯夫，不舍昼夜。

老子掬一捧河水，河水从指缝间滴落手中空空如也：上善若水。

对于小学弟的求知若渴，老学长的态度并不积极，他不满现在这所学校的

---

① 闻一多. 唐诗杂论 [M]. 上海：上海古籍出版社，2000：143.

现状，说出来的话像断线的风筝，飘忽不定。

他说，制定周礼的人早已经不在人世了，您又何必如此较真儿呢——显然他对孔子要复兴周礼的做法并不感冒。

他又说，品格高尚的人时运来了，会驾着车出去做官，如果时运不济便像蓬草一样随风飘转苟且于世——万物不定，道法自然，何苦违反不定之规，一切应该顺其自然！

他还说，善于经商的人总是把货物藏起来，好像什么东西也没有；君子具有高尚的品德，他的容貌谦虚得像愚钝的人——猥琐发育，别浪！

他最后说，去掉您的骄傲之气和暴露出来的欲望，放下您矫揉造作的姿态和不切实际的志向，这些对您没什么好处，我要对您说的大概就是这些——甭瞎忙活了，歇了吧！

谦逊的孔子并未恼怒，脸上也没有出现失望的表情，而是陷入沉思……

孔子的头脑里生成激烈的思想风暴。内心深处，想必孔子认同老子的观点，因为自己太过执着，而忽视了过犹不及，所以在前行的道路上屡屡碰壁。老子为他指明另一条道路，告诉他还有一种爱，叫作放手；还有一种策略，叫作退为进。这何尝不是入世的另一条道路呢？

人们根据这段记载论断，儒道不同，不可相为谋。事实果真如此吗？司马迁提出疑问（世之学老子者则绌儒学，儒学亦绌老子。"道不同不相为谋"，岂谓是邪？）。

孔子回去以后，对弟子们充满感慨地说，我知道鸟在天上飞，鱼在水中游，走兽在陆地上跑。对于会跑的，可以用网去捕捉它，对于会游的，可以用丝线去钓住它，对于会飞的，可以用弓箭去射击它。那么龙呢？我不知道该拿它怎么办了，因为它见首不见尾，乘着风游荡在蓝天边。我见到老子，仿佛见到了一条龙。

人们又说，这是孔子崇拜老子的表示，而我认为这仅仅是他对老子之道表示认同。

认同老子的道，并非说孔子要遵照老子说的去做。所谓认同，只是孔子作为具有独立人格的知识分子对老子的观点在情感上产生共鸣，不见得非要落实到行动中。餐桌上的美味佳肴，不一定要动筷子去品尝，因为那道菜不属于自己，何必要手欠去动那一筷子？一旦动了那一筷子，那自己跟桌上的人有什么区别？

多年以后，当失落的孔子重返鲁地，潜心著书立说，他常常想起老子当年对他说过的话。

那时，老子已不做大哥好多年，其人不知所终，留在世间的，只有他的传说……

《孙子吴起列传》

兵家之师

「只有孙武」

> 孙子武者，齐人也。以兵法见于吴王阖庐。阖庐曰："子之
> 十三篇，吾尽观之矣，可以小试勒兵乎？"对曰："可。"阖
> 庐曰："可试以妇人乎？"曰："可。"
>
> 《史记·孙子吴起列传》

　　二女死于非命，两颗血淋淋的人头使人们记住一句成语：三令五申。

　　这是一个与人性有关的故事。当我们读懂这个故事，就会理解为什么秩序的建立必须以强有力的制度为保障——不断加强制度建设，完善体制机制——这真不是一句空话。

　　这个名叫孙武的齐国人本不打算大开杀戒，毕竟两个女人沉鱼落雁、闭月羞花、肤白貌美……咳咳，暴露了！毕竟这两个女人是大王的心肝宝贝，杀了她们等于跟大王为敌，让大王的脸往哪搁？那是要掉脑袋的。

　　可是她们太不像话，不杀不足以肃军纪。

　　这时，孙武陷入两难。

　　于私，放过二人，讨大王欢心；于公，斩杀二人，让百姓安心。

　　思来想去，孙武还是选择后者。

孙武虽为臣子，可他的第一身份是军人，军人要大公无私，刚毅果敢，不然怎么能带兵打仗。

吴王阖闾听说孙武精通兵法，孙武写的畅销书他还在繁忙的工作之余通读了一遍（尽观之）。作为一国之君，吴王想试试孙武是不是真有本事，于是让他领兵操练。

是骡子是马拉出来遛遛再说。

吴王指定一群后宫的女人（美女）让孙武训练——这是不是在搞笑？什么癖好！当时，好像还没有什么女子霸王花、兵中火凤凰之类的说法。

令人出乎意料，孙武欣然接受了这项任务，并让阖闾最宠爱的两个女人担任队长。

孙武是军人，军人以服从命令为天职，坐在王位上的人可以把这件事当成一场闹剧，他却不能，因为在战场上面对的是真刀真枪，刀剑不长眼，开不得玩笑。

显然，现场除孙武以外，其他人都把这次操练看成了一场戏剧表演，包括站在队伍里的宫女，她们甚至左顾右盼嘻嘻哈哈表现得尤其不着调儿。

孙武几次强调部队纪律，但她们置若罔闻。

在此期间，孙武说了一句重要的话。这句话在别人看来可有可无，但是站在孙武的角度，说这句话非常有必要，不说这句话，那么他教训阖闾就得掉脑袋，说了这句话，理就站在了他这一边，他可以名正言顺斩杀阖闾的两个爱妃，教训一下阖闾——既然你小子把我当个玩笑来开，那我让你哭着笑出来。

"约束不明，申令不熟，将之罪也。"

他在什么情况下说的这句话？三番五次强调纪律却依然不见效果。

这句话是什么意思？

纪律不清楚，号令不熟悉，作为将领，这是我的错。

首先把责任揽到自己身上，为他下面的行为埋下伏笔。

他的煞有介事使阖闾的两个爱妃笑得前仰后合，见此情景，孙武也露出笑容……

呵呵！这场荒唐的闹剧即将变成历史的正剧，大家拭目以待。

号角声再次响起，队伍中间又爆发出一阵狂浪的笑声。

正中下怀。

孙武以不容置疑的口吻说，军规不明，是将领的错；军规已明，但是士兵却不执行，这可是队长的错了。

说完，命令将左右两队的队长斩首示众。

正在欣赏表演的吴王大惊失色，急忙下令阻拦，将军善于用兵，我已了解，请将军放过我的宝贝儿吧！没有她们，我吃不下饭，更睡不好觉。

孙武直言，我已担任主将，现在身在军中，君命可不受。

"咔嚓""咔嚓"，两个女人死的时候，甚至都没来得及呼唤一声她们亲爱的大王。

是来真的啊！

当号角声再次响起，神奇的一幕出现了。

队伍里没有一个人再发出声音，美女们按照口令，做出规范的动作，在行进的过程中井然有序，像一支久经沙场训练有素的铁军。

孙子邀请吴王检阅。

此时，吴王的心在滴血。他让孙武回去休息，自己也不去检阅队伍了。

孙子大义凛然，直言吴王喜欢纸上谈兵，不能把他兵法中的真谛运用到实践当中。

吴王彻底被孙武征服，终于放心地把队伍交给了他。

相对于后来在战场上创造的辉煌战绩，这只是孙武军事生涯中的小插曲，但是足以说明孙武的为人。

孙武一生最牛的还是他写的那本令吴王心醉神迷的兵书，这本书被后世的军事学家视为军事史上的圣典。根据其他史料记载，《孙子兵法》并非孙武一生的心血，他在二十多岁的时候即已完成。这个年龄，我还在小资情调泛滥地写一些小品文，而孙武已经拿着他的鸿篇巨制去向国君宣传自己的军事主张了。

跟《孙子兵法》并驾、同样被誉为"武经七书"之一的《尉缭子》中有这样一段话："带兵九万天下无敌的人，是谁？齐桓公。带兵七万天下无敌的人，是谁？吴起。带兵三万天下无敌的人，又是谁？只有孙武。"

公元前506年，吴王阖闾挂帅，孙武和伍子胥为将，进攻楚国，大败楚国二十万大军，创造了中国军事史上以少胜多的经典战例——柏举之战。

那一战，孙武领兵三万，史称"东周时期第一个大战争"[①]。

「组合数学的鼻祖」

> 及临质，孙子曰："今以君之下驷与彼上驷，取君上驷与彼中驷，取君中驷与彼下驷。"既驰三辈毕，而田忌一不胜而再胜，卒得王千金。
>
> 《史记·孙子吴起列传》

孙膑，战国时期杰出的军事家，曾指挥桂陵之战、马陵之战等经典战役，创造了田忌赛马、围魏救赵等成语，这么优秀的将领，却被奉为制鞋业的祖师爷，脑洞开这么大，你们想过孙膑的感受吗？这让失足青年孙膑情何以堪？

传说孙膑受刑被削去髌骨，为保护伤腿，他用硬皮革裁成鞋底，软皮革裁成鞋帮，缝制成了高筒皮靴。穿上这种过膝皮靴，失足青年孙膑瞬间站立起来。于是后世的靴匠把他尊为制鞋业的祖师爷。另一个传说更离谱儿，一樵夫的脚被毒蛇所伤，孙膑为救樵夫，砍下樵夫的双脚，发扬帮人帮到底的红十字精神，他把自己的双脚移植给樵夫。做完手术，这个外科医生轻描淡写地叫樵夫把鞋脱下来安装在自己脚上，转身离开。樵夫为报答孙膑的救命之恩，和老婆做了很多双鞋，想送给孙膑，但是孙膑却不知去向，于是夫妻二人就把鞋子送给周围人穿，以此来了却心愿。两口子不停地做鞋、送鞋，多年以后，那些被送鞋的人常给他们送一些钱粮，然后人们在夫妻二人的影响下也帮别人做

---

① 范文澜. 中国通史简编 [M]. 北京：人民出版社，1964：170.

鞋，于是制鞋的行当兴盛起来。后来，鞋匠们得知孙膑的事迹，就把他敬奉为祖师爷。

传说温暖人心，旨在劝人向善，可惜的是并不真实。

事实上，孙膑是组合数学的祖师爷。

我这么说，好像更离谱儿，但是我有依据——司马迁的记述。

想成为军事家，必须具备一点儿数学思维。孙膑不仅具备这种思维，而且还将这种思维运用发挥到极致，所以他能成为组合数学的祖师爷。

真不愧是孙武之后。

在生活中，孙膑把这一套玩儿得更溜。

帮助田忌赛马取胜，孙膑便应用了组合数学的原理。

赛马，一项赌博活动，既然是赌博，那必然有投机成分在里面，而田忌却表现得有点死心眼儿，所以他总是输。

输没有关系，你应该反思一下输的原因是什么以及如何避免再输吧？显然，田忌缺少反思，或者有反思，没那么深刻，没从灵魂深处深挖失败的根源。

孙膑把一切看在眼里。

作为田忌军事上的好搭档，事业上的合作伙伴，为了纯粹的友谊，孙兵决定用他的数学天赋帮朋友一把。

有时候，看似复杂的难题，如果换个思维去看，往往很容易解决。

首先，孙膑帮田忌把关系搞清楚——谁是主角，谁是配角。

按照人们的惯常思维，既然是赛马，马是主角，人是配角，胜负由马来决定。孙膑不这样认为，在他看来，人是关键性因素，即便马再优秀，也只是处于被支配地位，好比千里马，伯乐为什么要找千里马？因为千里马对伯乐有用，伯乐和千里马并不是平等关系，其中伯乐才是主导因素。所以孙膑定义，人是主角，马是配角。

既然人是主角，马是配角且优劣又无法改变，孙膑就要发挥人的智慧，把劣势变优势，最终反败为胜。

这时候，组合数学派上用场。

孙膑建议田忌变换马的出场顺序，这么做的理论依据源自组合数学，现实依据源于生活中的一种自然现象——瘦死的骆驼比马大。

无论是谁的马，下等马一定最弱，中等马一定优于下等马，上等马一定优于中等马，也就是说，下等马即便跑到吐血，最后也摆脱不了输的命运。那么既然是输，为何不输得有价值一些？

孙膑重新进行排列组合，让田忌用下等马对上等马，用上等马对中等马，用中等马对下等马，通过最小的伤亡代价最大限度地消耗敌人，当敌人的有生力量被消耗掉，那么胜利指日可待。

果然，比赛结束后，田忌三局两胜，最终成功翻盘，赢得千金赌注。

孙膑也因此被田忌推荐给齐威王，他的复仇之路步入正轨。

下等马的牺牲是无谓的，而且注定是无谓的。经过孙膑的重新排列组合，下等马的牺牲有了价值，甚至下等马的牺牲是光荣而伟大的，因为它用自己的失败换取了全局的胜利，它从一个无足轻重的配角，一跃成为决定整部戏成败的主角。

优秀的数学家再次警示后人：擦亮双眼，远离赌博，珍爱生命，谨防上当。

忍辱而生比慷慨赴死更悲壮

> 其后魏伐赵，赵急，请救于齐。齐威王欲将孙膑，膑辞谢曰："刑馀之人不可。"于是乃以田忌为将，而孙子为师，居辎车中，坐为计谋。
>
> 《史记·孙子吴起列传》

围魏救赵是中国古代历史上的一场经典战役。

这场战役经典到什么程度？不仅中国军事史中有详细记载，在张岂之先生主编的《中国思想史》一书中，也通过对这场战役的分析，对孙膑的军事理论中所蕴含的哲学思想进行了深度概括：以万物胜万物。①

凡有形质的东西都可以用"名"（概念）来表达，凡能用"名"来表达的东西都可以用另一种东西克服。人们之所以对某种东西不能克服，是因为还没有找到战胜它的另一种东西。万物相胜的现象是无穷无尽的。

既然凡是能用"名"表达的东西都可以用另一种东西克服，那就没有什么事是一组排列组合解决不了的。伟大的数学家孙膑再一次运用了他的数学思维——把未知量转化成其他量，用迂回的方法破题。

当我们回过头来再看这场被后世的军事学家们视为经典的战役，确实有很多值得玩味的地方，难怪在后世的战争中，此战一再被军事学家们提及借鉴。

魏国攻打赵国，赵国请求好伙伴齐国帮忙，齐国原打算让孙膑担任主帅出征，但孙膑拒绝了，理由是自己受过刑，身上有犯罪污点，形象气质不佳，不宜担任主帅。

拒绝的理由如此牵强，显然是推辞，但是他为什么要推辞呢？这不正是他教训魏军统帅庞涓的绝佳机会吗？说到这里，咱们穿插一段故事。

当年，庞涓与孙膑同拜鬼谷子门下，庞涓出师，任职魏国，他知道孙膑有才能，于是向魏国国君推荐孙膑，可是孙膑的才能远在他之上，庞涓担心自己地位不保，遂起谋害之心，以下作的手段使孙膑含冤入狱，在狱中，孙膑遭受膑刑（断足或砍去犯人膝盖骨的刑罚），后来当他知道陷害自己的人是庞涓以后，开始装疯卖傻，等庞涓防范松懈时，在齐国使者的帮助下逃回齐国，被齐国最高的军事首长田忌任命为参谋长。孙膑和庞涓的梁子自此结下，和田忌的缘分自此开始。

关于孙膑装疯卖傻计逃魏国一事在《史记》中并未作详细记载（实录），而在《东周列国志》中有过生动描述，当然描写比较离奇，不足为信。若你见识了《东周列国志》中孙膑的表演，就能体会到忍辱而生比慷慨赴死更加悲壮。

孙膑装疯，庞涓命人把孙膑扔进猪圈，孙膑在猪圈里面翩翩起舞，累了，

---

① 张岂之. 中国思想史［M］. 西安：西北大学出版社，2011：41.

倒在粪水里面呼呼大睡，一脸幸福状。庞涓又派心腹私下里给孙膑送去酒食试探他，被孙膑一脚踢翻，破口大骂，使者拾起地上的粪便土块送给孙膑，孙膑像大碗吃面吃得津津有味，一脸陶醉状。庞涓判定这哥们儿是真疯了，于是对他放松看管，孙膑得以藏匿于齐国使者的车中，逃离魏国。

现在，报仇雪恨建功立业的机会来了，孙膑却拒绝担任主帅，把红花的角色让给别人，自己甘当绿叶，这是为什么呢？我想应该从于理于情两个方面看。

于理，孙膑爱国，他此举意在维护齐国的尊严。齐国也算是大佬段位的，假如派出一个受过刑罚的残障人士带兵去打仗，不免会被人耻笑：齐国真是没人啦！

于情，孙膑要助田忌建功，自己曾经深陷危困，田忌不仅收留他，还对他以礼相待，可谓知遇之恩，既然他此战胸有成竹，那么把建功的机会让给田忌，也算对田忌的报答。

再看看这一仗是怎么打的。

从赛马这件事上，我们了解到田忌是个不太懂得变通的死心眼儿，所以他接到命令以后，当即作出的决定是带兵赶紧前往赵国，直奔邯郸（一般人都会这么做）。这时，孙膑站出来反对：这么打是找死。

以曾经装疯卖傻混迹市井的资历，孙膑通过一个打架斗殴的例子解释。给人拉架最忌讳什么？不明不白地把自己给卷进去。那拉架的人就变成了斗殴者。田忌带兵直奔赵魏主战场，相当于给人拉架把自己给卷进去，至于两个人联合能否打过一个人先暂且不说，首先自己的利益会受到损害，如果再打不过人家，传出去脸往哪儿放？

然后他提出避免自己被卷入战争还能解救赵国的办法。既然齐赵共同的敌人是魏，那何不再开辟一个战场，采取"你打你的，我打我的"的战术？这个新的战场又该选在哪儿？

选在对魏国来说最重要的地方。

毫无疑问，魏国的老巢大梁。与其长途跋涉去打一场没有把握的仗，不如带兵直接攻打魏国的老巢，以其人之道还治其人之身，这样不仅可以解赵的围，还能以逸待劳，打孙子一个措手不及，胜算要比直接去魏赵的主战场掺和大得多。

田忌采纳了孙膑的建议，庞涓果然中计，撤军回救大梁，给赵国解了围。

孙膑做人的原则是，无论遇到什么样的风浪，我不会把自己的命运交给别人，我要主宰我的人生。

孙膑打仗的策略是，无论敌人是谁，我要掌握战争的主动权，我要牵着敌人的鼻子走，而不能被敌人牵着鼻子走。

田忌的恩情已报，孙膑意识到，他跟庞涓决战的时刻来临。

孙膑期待又害怕这一刻的到来。他将手刃仇人，而此人是曾经跟他一起共甘共苦的袍泽兄弟。

可这人世间的恩怨终究要有一个了断，不然这人世间哪来哪么多热气腾腾的画面。

来吧！我的袍泽兄弟。把你的生命交给我，这个世界上，只有我把你的生命视作泰山。

庞涓的不屑

> 庞涓自知智穷兵败，乃自刭，曰："遂成竖子之名！"
>
> 《史记·孙子吴起列传》

那一年，魏国再次出兵攻打韩国，韩国不敌，向齐国求救。

齐国继续采取"你打你的，我打我的"的战术，出兵攻打魏国，并在马陵设伏，一举歼灭魏军，庞涓身死。

从此，齐国一跃成为战国一哥，迎来光辉岁月，傲视东方。

这就是历史上著名的马陵之战，中国战争史上设伏歼敌的经典战役。

马陵地势险要，山高路窄，易守难攻，是打伏击战的好地方。

战前，孙膑坐在轮椅上，被人推着来到崇山峻岭间，他抬头看到"一线天"的奇景，耳边响起风的呼声，天空清澈深邃，浩瀚无垠，一只鹰在翱翔，这悲凉的天地间仿佛只剩下他一个人。

大自然的鬼斧神工令人惊叹！人性之恶更令人惊叹！！这种恶，曾经在他的心上留下一记伤口，至今尚未愈合，血淋淋，阴森森——心灵的创伤永远无法愈合。

兄弟，天地为棺，万物陪葬，这是我为你选的墓地，你会满意吗？

万籁俱寂，空气中弥漫着青草的香气，无数的生命正在蓬勃生长，有一个生命却要在这里走向终结。

两行泪水顺着脸颊流下来，孙膑试图努力回想起什么，但是好像一切都想不起来了。

他甚至不记得自己是否认识过一个叫庞涓的人。

此时，士兵们都在忙碌着，他鬼使神差般来到一棵大树下。

好大一棵树。

大树啊大树！今天将会有人死在你的脚下，你知道吗？

沉默，令人战栗的沉默。

一阵风吹过，一股死亡的味道代替青草的香气刺激着他的嗅觉神经。

当年在魏国的监牢里，行刑人挖掉我的髌骨，我发出撕裂的叫声，庞涓看着痛不欲生的我，站在那里，也像一棵树，不动声色，一脸麻木。

孙膑命令士兵把大树的皮剥去。他哆哆嗦嗦地拿起刻刀，艰难地在树干上刻下"庞涓死于此树之下"，然后如释重负一般扔掉刻刀，毅然转身离去，没有丝毫留恋。

马陵之战，伟大的数学家孙膑依然在数字上大做文章，他充分利用了庞涓盲目自大的心理（我固知齐怯），把自己的数学天赋展现得淋漓尽致。

齐军进入魏国境内纵深地带，庞涓带领正在攻打韩国的军队回援。孙膑故意制造齐军不断有士兵在逃跑的假象迷惑庞涓，进入魏地第一天砌十万人做饭的灶，第二天砌五万人做饭的灶，第三天砌三万人做饭的灶，随着数字的递减，庞涓越来越亢奋，他对胜利胸有成竹。

于是，庞涓索性放弃步兵，带领一支精锐部队日夜兼程追赶齐军，最终来到马陵，进入孙膑预先设计好的伏击圈。

此刻，庞涓对生命即将终结没有丝毫觉察。

那天晚上，月亮躲进云层里，天空漆黑一片。庞涓带领魏军，一边喊着"灭掉齐军，活捉孙膑"的口号，一边高速行进着。

突然，前面一棵大树挡住去路。

"树上有字。"一个士兵喊叫道。

庞涓走到树前，漆黑的夜使他无法辨认树干上的字迹，于是他做出一生中最后悔的决定——命人点燃火把。

火把点燃。当庞涓看清树上的字以后，他本人也仿佛黑夜中的萤火虫，那样的鲜明，那样的出众。

两面的山上响起震耳欲聋的呐喊声，这是齐人的声音。

这时，成千上万支箭向火光处射来，密密麻麻如雨点一般，几个士兵把庞涓扑倒在地，被射成了刺猬。

当庞涓推开压在身体上的死尸，挣扎着站起来的时候，他发现四周都是齐国士兵。

他们默默地注视着这个魏军的统帅。

庞涓在人群中搜索着，他没看到孙膑的身影。

一切即将结束。

庞涓缓缓拔出宝剑，锋利的剑刃碰到脖颈的一刹那，庞涓突然不合时宜地冒出一个想法，自己是不是应该对昔日的同窗好友说些什么？

这是他此前从未思考过的问题！

不过好像也没什么说的，从他让人挖去孙膑髌骨的那天起，他就对孙膑没什么可说的了，后来孙膑变成疯子，在他面前以粪便为食，他更无话可说了。

谁会跟一个废人、一个疯子有共同语言呢？

眼前的大树突然变成孙膑的形象，他此生最后一句话脱口而出："倒是真成就了你小子的名声！"

说完，剑刃向他脖颈深处割去。

躲在大树后面的孙膑听到庞涓的话，闭上双眼，长叹一口气，无奈地摇了摇头。

庞涓，你至死还要跟我斗。那咱们来一场加时赛吧！看谁会取得最后的胜利。

「得数学者得天下」

> 齐因乘胜尽破其军，虏魏太子申以归。孙膑以此名显天下，世传其兵法。
>
> 《史记·孙子吴起列传》

庞涓已死，而且不出意外地被孙膑所杀。

大仇得报，孙膑应该开香槟庆祝，办一个Party，把大家都叫来，倾诉苦衷，吹吹牛皮，畅想一番美好的未来——这才是胜利者该有的样子。

但是孙膑依然一副冷若冰霜的表情，那双眼睛依然没有色彩。心似已灰之木，身如不系之舟。这样的人生，他有什么可高兴的？

孙膑百感交集。他恨庞涓，被自己最信任最亲近的人陷害，人生最痛苦的事不过如此吧？

谁能理解孙膑的心情？没有人。

当年，孙、庞同拜鬼谷子先生门下。那时，他们还是懵懵懂懂的少年，他们亲密无间，无话不谈，同床共寝，情同手足，不谙世事无忧无虑的日子是一段多么美好的时光。

现在回想起来，那段美好的时光跟后来所发生的一切显得一点儿也不和谐，甚至像一场梦，如果人生能够再重新作一次选择的话，庞涓会怎么选择？

假设是人类自欺欺人创造出来的概念，人生没有彩排预演，随时随地在上演现场直播。

面对一具被鲜血覆盖的冰冷的尸体，孙膑突然感到前所未有的孤独，他很奇怪自己为什么会有这样的感觉。他已经很久没有过这样的感觉了，上一次出现这种感觉还是在他被囚禁的日子里。

当时，在漆黑的地牢中，他叫天天不应，叫地地不灵，只有老鼠、苍蝇和蟑螂与他相伴。

如今孤独感再一次出现，他不得不重新审视自己。

难道这就算结束了吗？难道他真的胜利了吗？他的耳畔再次响起庞涓临死前说的话。

后来的日子，这个世界聒噪喧嚣仍不太平，曾经忍辱负重有盖世之才的孙膑彻底变了，马陵之战使他一举成名，他完全可以放开手脚，在战国的江湖上大展宏图，但是他却没有这么做。

孙膑选择从人们的视线里消失，去追寻和死人庞涓的再战之道。

对于孙膑的归隐，民间曾经有过种种猜测，猜测大都源于"飞鸟尽良弓藏"的人性定律，而我却认为孙膑此举是在和死人继续战斗。

为了摆脱庞涓的死带来的孤独感，为了让庞涓彻底服气死而无憾，孙膑选择重新站起来。

谁说人死了就不能再斗了？

活人为什么不能和死人继续战斗？

死亡不过是生理上的概念，庞涓的死只能说明孙膑赢得一时，如果在生命终结的形式上他依然胜过庞涓，那他才是名副其实的赢家。

他必须活下去，不仅要活下去，而且还要好好活着，活出精彩。

他不能像庞涓一样，生前卑鄙无耻，死得龌龊不堪，假如最后他也不得善终，像庞涓一样死于非命，那么死人庞涓一定会嘲笑他——他终究不过是跟庞涓打一个平手。所以他要小心翼翼地活下去。他未得善始，但要善终，只有善终，他才有资格说，胜者为王。

关于孙膑的结局，这样的传说更符合人的善良本性：田忌遭受陷害，孙膑和田忌一同逃亡楚国寻求政治庇护，两个人在楚国受到高规格待遇，日子惬意，后来齐宣王即位，田忌再次回到齐国，而孙膑选择继续留在楚国，一边享受晚年的美好生活，一边写书立传，教书育人，老死善终。

当年明月写的《明朝那些事儿》中，讲了这样一个故事：元朝末年，有一员猛将，名叫张定边，此人骁勇善战，足智多谋，是陈友谅的发小加死党，一生忠于陈友谅。在朱元璋和陈友谅最后的鄱阳湖决战中，张定边亲自指挥舰船冲入朱元璋的战船群，如入无人之境，差一点结果朱元璋。幸好有常遇春等人拼死相救，张定边负伤，但是依然从容而退。后来陈友谅兵败被杀，张定边拼死抢回陈友谅的尸体带回故乡安葬。朱元璋请张定边辅佐自己，张定边断然拒绝，并且操起朱元璋的旧业，当起了和尚。最具讽刺意味的是，这位老兄也许就是和朱元璋斗气，成为职业和尚以后，修身养性，不问世事，心宽体胖，无欲无求，一口气活了一百岁，甚至朱元璋死后，他还活了20年。当年那些敌人，常遇春、徐达、刘伯温一个个都死在了他前面。

在死亡面前，众生平等，把绝对的平等，变成相对的不平等，孙庞之战，孙膑运用他的数学思维最终取得完胜。

《平原君虞卿列传》

他打响了长平之战

「一群男人的阴谋」

> 平原君家楼临民家。民家有躄者，槃散行汲。平原君美人居楼上，临见，大笑之。明日，躄者至平原君门，请曰："臣闻君之喜士，士不远千里而至者，以君能贵士而贱妾也。臣不幸有罢癃之病，而君之后宫临而笑臣，臣愿得笑臣者头。"平原君笑应曰："诺。"躄者去，平原君笑曰："观此竖子，乃欲以一笑之故杀吾美人，不亦甚乎！"终不杀。
>
> 《史记·平原君虞卿列传》

一个女人死了，一群负气离家出走的男人回来了。

女人是平原君赵胜的爱妾，男人是他的门客。

美人尸首分离，死状惨烈，但是貌似她不得不死，因为她不死，赵胜无法获取门客的谅解——这道题，好像仅有这一种解法。

赵胜有个邻居，腿有毛病，走路跛脚，是残障人士。

这一天，美人站在阁楼上欣赏风景，突然，一幅不和谐的画面映入眼帘：跛子邻居正在自家的院子里打水，他艰难地把水从水井里提上来，那一瘸一拐的样子显得颇为滑稽。

把自己的快乐建立在别人的痛苦上——美人见状，哈哈大笑，她用手捂住肚子，笑得那么放肆。

跛子邻居听到刺耳的笑声，自尊心受到极大伤害，顿时勃然大怒。

第二天，他找到赵胜，索要美人的头颅以弥补自己心灵上的创伤。

赵胜的第一反应是什么？笑。此字玄妙，我们无须听赵胜说什么，单从这一个面部表情，就能猜出他的心思——这家伙是不是脑子有病啊？对待脑子有病的人怎么办？当然是采取"三不"策略，不解释、不计较、不纠缠。赵胜哼哼哈哈随口把这件事应承下来。

跛子离开以后，赵胜一脸不屑地对周围人说，这小子搞笑，别人笑话他，就要人家的性命，你们说，是不是厕所里玩撑竿跳——过分（粪）。

赵胜压根儿没把这事儿放心上。

又过一年多，赵胜突然发现，他的门客离职一大半。

赵胜很纳闷儿，问还在岗的员工，薪资高，福利好，还有年假，自己平时待大家不薄啊？怎么说辞职就辞职呢？

一位门客神秘兮兮地回答，你没有杀掉嘲笑跛子的小妾，所以大家都认为你爱好女色而不重视人才，自然离开你。

听到这话，平原君赶忙砍掉美人的头颅，亲自登门拜访跛子，把人头献上，并向他道歉。

门客们闻听此消息，像达成共识，一个接着一个又回来了（速度真快）。

仅仅说杀人这件事，赵胜干得荒唐，甚至残忍，但是回过头来想一想他的身份和地位，他所谓的理想和追求，这件事似乎又能说得过去，也正因如此，很多人认为赵胜此举干得漂亮，他完美地解答了这道难题。

但是，条条大路通罗马，人生的很多难题，不只有一种解法。

一道数学题，答案唯一。我们可以通过不同的运算方式得出同一答案——选择最优方式，这是我们思考的重点。

在整起事件中，跛子的戏份不多，但细细品味，他着实扮演了一个狠角色，在有限的出场时间里，抢了主角光环。

这个身体残疾但心思缜密的人硬生生把一场普通的邻里纠纷搞成了一起刑事案件。

如果赵胜开始便以谦恭的姿态（他向来以此著称）召开新闻发布会向跛子道歉，带上女人和厚礼去跛子家表示慰问，大概不会发生后面的事，毕竟以赵胜的身份和跛子的态度来看，跛子对赵胜还是敬畏的。

但是赵胜听完他的请求，又是大笑，又是拍着胸脯保证没问题（诺），跛子瞬间清楚，赵胜没把这事儿当回事儿。

赵胜用了"三不"策略，跛子以其人之道还治其人之身，来了个反"三不"——不要你解释、不与你计较、不跟你纠缠。而是直接转身离开，实际上这时跛子已经有所预见，既然你是这态度，那就等着栽跟头吧！

此后，在跨度一年多的时间里，他没再登赵家的大门，说明这一年里发生的事情全在他意料之中，甚至直到最后他也没再出现，但是完全掌握主动权，一巴掌拍在赵胜脸上——别看我体残，我脑不残。

赵胜起初是掌握主动权的，因为他有身份优势，但正是这个身份优势影响了他的解题思路，从而导致他选择了一种谈不上错误但是并非最佳的运算方式解题，埋下了隐患。

后来，经人怂恿（集体阴谋），赵胜意识到问题严重，杀美人、携人头登门道歉，与其说是弥补错误，不如说是急于抢回主动权。实际上，他还是没有经过认真思考，又使用了另一种蠢笨的运算方式。

可怜的女人，用生命为自己的男人换回了体面；可怕的男人，用道德绑架的方式逼迫一个男人杀掉了心爱的女人。

这件事被后世传为美谈，赞誉赵胜杀妾留客，礼贤下士。面对一条无辜的生命，是谁给出这样的评价，这是道德的沦丧，还是人性的扭曲啊？

我想了很久也没想明白——这道题何解？

「自荐源于真有能力」

> 毛遂比至楚，与十九人论议，十九人皆服。平原君与楚合
> 从，言其利害，日出而言之，日中不决。十九人谓毛遂曰：
> "先生上。"
>
> 《史记·平原君虞卿列传》

有个成语叫毛遂自荐，比喻自告奋勇或自己推荐自己担负重任做事情。

毛遂这人厉害，有勇有谋。毛遂自荐这句成语背后的故事就表现了他的勇和谋。

这个故事又分成两段，一段讲他主动请缨，跟随老板平原君出使楚国，联系合纵抗秦事宜；一段讲他奋不顾身，智胜楚王，推动完成赵楚结盟大业。

也许有人会问，不就是跟老板出趟国嘛，有什么了不起的？那得看出这趟国是干什么。如果关乎国家生死存亡，那意义可就大了去了。

秦国又一次大张旗鼓进攻赵国，赵国要找楚国帮忙。

平原君赵胜临危受命，准备选二十个门客跟他赴楚洽谈业务。

任务艰巨，使命光荣，但是除了毛遂以外，另外十九个人内心是不愿意和平原君一同前往的（可见这群人的操行），这里有一处细节描写尤其传神，毛遂的出国申请获批以后，另外十九个人没有被毛遂主动担当的精神所感动，而是"相与目笑之而未废也"，可见他们的笑里充满幸灾乐祸的意味，内心何其阴暗。

对于毛遂，赵胜起初没有放在眼里，他是因为凑数才被选上的——十九个人选好了，还差一个人才凑足二十人（我严重怀疑赵胜有强迫症）。关键时刻，毛遂递交申请，平原君愣了一下，这人是谁？他从哪儿来？好像从来没听过。

"先生来我这几年啦？"赵胜漫不经心地看着毛遂的申请，眼皮没抬一下。

"已有三年。"毛遂的回答不卑不亢。

"都三年啦？"赵胜抬起头，眼睛瞪得又大又圆："贤士处世，如同尖

锐的锥子放在布口袋中，锥子的尖头会立刻透出来。如今先生投我门下已经三年，我没在朋友圈里看到有人称赞您，新闻上也没报道过关于先生的事迹，先生还是留在家里吃饭吧！"

"我是今天才被放进布袋里。"毛遂当即反驳道，丝毫没给赵胜留面子："假如我早被放进布袋里，别说锋芒，整个锥子恐怕都露出来了。是时候展现我真正的技术了！"

"这人还挺能说。带上吧！反正车上有空座位，去了还能给家里省顿饭。"赵胜打心眼儿里没有瞧上这个自荐者。

于是，一票人马吵吵嚷嚷上路了。

下面，我们跟随主人公进入故事的第二段。

平原君见到楚王以后，就两国订立合纵盟约的事，从早晨一直谈到中午，还没商定下来。

这时除了毛遂，其他门客都是一副事不关己高高挂起的样子，他们还怂恿毛遂，让毛遂上，其实是想看他的笑话。

毛遂真的站出来，真的走上前去，真的开口说话了。

开始楚王不知道他的身份还相当客气，当平原君告诉他毛遂是自己的门客时，楚王态度一下子发生转变："麻烦先生出去，顺便帮我把门从外面关上。"

有多远滚多远！

这时毛遂是什么态度？紧握剑柄，大义凛然，怒目圆睁，"你以这样的态度对我，不过是依仗人多势众，现在我跟你距离不到十步，你的命攥在我手上。何况没听说地大兵多就能称王的，有商汤和周文王为例。楚国的强大有目共睹，称霸绰绰有余，可瞧瞧你们都干些了什么？秦国一个小小的白起就三次使你的国家蒙羞，我都替你们臊得慌。今天来谈合纵的事儿，不仅是为赵国，更是为你楚国着想，我们是怀着人道主义精神来的"。

楚王一听，再次转变态度，表示愿意同赵国订立盟约。

毛遂乘胜追击问楚王："这事儿定下来了吗？"

楚王回答："定啦！定啦！定啦！重要的事重复三遍。"

马上歃血为盟，毛遂居然以楚王的口吻命令楚王左右近臣把血取来，然后让楚王先喝，其次是平原君，再次是自己。

当然最展现毛遂智勇双全的是他当着楚王和平原君的面，直言不讳地对那些来打酱油的门客说："各位资质平庸，不过也算完成任务，这恐怕就是传言中的依赖别人的力量来成事儿吧！"

这貌似是一句玩笑话，但实际上在当时的情境下说出来十分必要：你永远叫不醒装睡的人，但是你却不能不叫。因为你叫了，是在告诉他，别把人当傻子。如果你不叫，看上去你洞悉一切，其实你真的很傻。

人性的扭曲之处就是，你越有霸气底气，人们才越尊重你讨好你，反之，则会鄙视你，不拿你当回事儿！

十九个门客羞愧难当，脸红成腊肠一般，恨不得找个地缝钻进去。

永远不要想着看别人的笑话，当心到头来自己成笑话。

「有关平原君的辩论」

> 太史公曰：平原君，翩翩浊世之佳公子也，然未睹大体。鄙语曰"利令智昏"，平原君贪冯亭邪说，使赵陷长平兵四十余万众，邯郸几亡。
>
> 《史记·平原君虞卿列传》

赵胜，乱世中一个风度翩翩的美男子，有颜值，有实力，就是没有大局观，用一句俗语形容，利令智昏，而且性格上还存在一定缺陷，甚至和优点一样鲜明出众。

长平之战，赵军损兵四十余万，邯郸城差点儿沦陷，能说跟赵胜没一点关系？一些文章评价长平之战失利的根本原因在于赵国任用赵括替代廉颇，这是偷换概念，因为那是战术层面的问题，而长平之战爆发的原因与赵胜有直接关系。所以，太史公对此人的评价着实辛辣——不能站在全局角度看待问题，颜值再高有什么用？

按照远交近攻的策略，秦国攻打友邻韩国，战国七雄，韩国的名次一直稳居末尾，面对强壮的大哥，小弟只有跪地求饶的份儿，眼泪汪汪地要把韩国的上党地区割给秦国。

可是上党地区的负责人冯亭不干了，挨了打还要认错，到哪儿说理去？但是面对强大的秦国，一个小小的郡又不是对手。

冯亭想出损招，降赵抗秦！拉赵国下水，把水给搅浑，让矛盾纠纷变得多样化复杂化，通过驱虎吞狼之计促成韩赵两国联手，共同抵挡秦军。

于是冯亭派遣使者来到赵国，请求赵王把他们收编：我们上党的老百姓只认赵国，不认秦国；只相信赵王，不相信秦王。请赵王收下我们，让我们加入您的国籍，安安静静做赵国的子民。现在上党有城池十七座，全归赵王所有，您就是我们的再生父母。

赵王一听，心花怒放，原来真有天上掉馅饼的事啊！

平阳君赵豹第一个站出来表示反对：没有无缘无故的恨，也没有无缘无故的爱，韩国把上党让给我们，这是转嫁危机，难道秦国辛辛苦苦打仗，是为了让我们获利吗？千万不能接受这个烫手的山芋。要上党即上当！

而风度翩翩的平原君赵胜却不这么想：贤侄，连你都说这是天上掉馅饼的事，十七座城池，这是多大的一块肥肉，你发百万之师都不见得能打下一座城池来（发百万之军而攻，逾岁未得一城，今坐受城市邑十七，此大利），赶紧收下，把合同签了，白纸黑字为证，免得韩国反悔。

赵胜的话，正合赵王心意。

于是赵胜前往上党地区，代表赵国办理交接手续，并且为了宣传造势，还给冯亭加官晋爵，赐地赏金，冯亭一下子反应过来，他这不是在给秦赵两国制造矛盾，而是把自己置于"三不义"的境地（为主守地，不能死固；人之秦，不听主令；卖主地而食之），典型的叛国行为。

良心受到谴责的冯亭被自己的觉悟感动哭了，对赵国的使者避而不见。

那哪儿行，煮熟的鸭子不能飞喽，于是赵国用军事武力解决了上党地区的问题。

秦国震怒，给点阳光就灿烂，还真把自己当耶稣了，来吧！开打。

就这样，长平之战拉开大幕。

一打三年，双方死伤无数（有学者认为，长平之战秦军亦损过半，至少二十五万人），最后秦国偷换主帅，任用白起，赵国也中了秦国的反间计，换下廉颇，派赵括上场，结果赵国惨败，四十余万条生命被深埋泥土中，鲜血染红了那片土地，一战，赵国被打残。

再后来，邯郸被围，赵国走到死亡的边缘。

赵胜又是带着一群小弟去国外找关系，又是散尽家财组建冲锋敢死队，其实这些行为都是在为自己之前的鼠目寸光埋单，幸好魏、楚、赵三国关键时刻通力合作（信陵君起决定性作用），使赵军最后取得了邯郸保卫战的胜利，算是给赵胜挽回了一点儿面子。

以上是以司马迁为代表的正方观点——赵胜利令智昏，是失败的决策者。

后世不乏反方辩友，基于他们对这段历史的了解，提出与正方相左的观点：如果从战略层面思考，赵胜的决策无比英明。秦国为何要舍命夺上党？明眼人一看就知道怎么回事，上党是赵国的天然壁垒，秦国意图东进，形成一举拿下韩赵魏三国的战略优势，必须占领上党，对此赵国高层不会不清楚，所以要夺取战略主动权，赵国必须先于秦国完全取得上党，而后依托有利地形，构筑新防线，以抵挡秦国。据此，反方辩友们在辩词里面声称，赵胜是英明的决策者。

正反双方针锋相对，哪种观点更贴合实际？历史已然形成迷雾，要拨开迷雾，在没有新史料印证的前提下，我们只能从人物本身的性格入手去寻找答案，请温习前面的功课。

案例一：杀妻留客，作为百强企业大BOSS，赵胜在这件事上显然被一群没有情操的员工道德绑架了。

案例二：出使楚国，和楚王洽谈合作，整个过程，没有一点儿出彩的地方，最后还是优秀员工毛遂帮他挽回局面，连他自己都对自己的能力产生怀疑（胜不敢复相士）。

这两个案例说明此人性格上的缺陷，学者张重艳在《平原君的性格与长平之战》①中对赵胜的性格缺陷作过生动分析。据此，正方有理由对反方辩友的辩词产生质疑。

性格决定智识、格局、眼界，以赵胜的性格，他会有那么长远的战略眼光和清醒的军事头脑吗——这道题又何解？

「虞卿真心不容易」

虞卿料事揣情，为赵画策，何其工也！及不忍魏齐，卒困於大梁，庸夫且知其不可，况贤人乎？然虞卿非穷愁，亦不能著书以自见於后世云。

《史记·平原君虞卿列传》

虞卿，像新鲜的血液，注入赵国垂老的肌体，延续了它的生命。

介绍虞卿前，司马迁先讲了一件事儿，"虞卿欲以信陵君之存邯郸为平原君请封"，邯郸保卫战后，平原君人气暴涨，虞卿趁机撺掇平原君去向赵王要求升职加薪。

这时，公孙龙站出来："你真以为自己美貌与智慧并存、气质与高雅兼备？受到封赏，那是因为你是皇亲国戚。邯郸保卫战的胜利，非你一人之功，把别人的功劳揽到自己身上，品质恶劣。今信陵君出兵存邯郸而你请赏，这是凭皇亲国戚之名接受封邑，又以普通人身份计算功劳，合适吗？别听虞卿的，左右逢源的家伙。"于是平原君放弃邀功的想法。

如果你据此评价虞卿是蠢货，只能说明你的思想还幼稚。不因一时一事的

---

① 张重艳. 平原君的性格与长平之战［J］. 文史天地，2014（5）：52-54.

得失评判他人，始终保持情感理智，目光长远，方能知人。

身为游说之士，虞卿当年穿着草鞋，肩上搭着一把雨伞，一副苦大仇深的样子来到赵国求见赵孝成王。

又是草根逆袭的故事。

他初见赵王，赵王便赐给他黄金百镒，白璧一对；再见赵王，就当上了赵国上卿，因此被称为"虞卿"。

高薪高位并非白送，拿决定赵国前途命运的长平之战来说，如果赵王听取虞卿的建议，历史必将改写。

长平之战爆发后，赵王向楼昌和虞卿征求意见。

楼昌主张讲和。

虞卿主张智取："楼昌主和的原因是认为不和，赵军必败。那么问题来了，秦国跟我们和吗？搞清楚，现在秦国处于优势，掌握主动权。大王估计秦国的作战意图，是要击败我们，还是仅仅吓唬一下？"

赵王坦然："当然要击败我们。"

这会儿赵王的智商还在线，接下来他的智商就下线了。

虞卿给出建议，联合楚、魏两国，两国得到赵国的馈赠，一定会接纳赵国的使臣。只要赵国使臣进入两国，秦国必定怀疑赵魏楚三国已经建立攻守联盟，从而恐慌，这样赵国再去与秦讲和才有可能。

不战而屈人之兵。

思想抛锚的赵王没有采纳虞卿的建议，而是与平阳君赵豹商议求和的事，派郑朱到秦国联络感情。

秦国对郑朱热情款待。

赵王听到消息，瞬间膨胀，心想幸好没听虞卿的，秦国一定也是倾向和谈，不然怎么对郑朱奉若上宾呢！

于是他带着几分炫耀的意味问虞卿怎么看待此事。

虞卿直言不讳地说，和谈必毁，赵军必败。各国使臣齐聚秦国，秦人大肆宣扬郑朱来秦求和，楚、魏闻听，当然不会援救赵国。秦国知道赵国没有援兵，和谈怎能成功？

果然，赵国派人赴秦求和一事迅速占据各国报纸的头版头条，各国使臣由此得知秦赵意欲和谈。而秦国却迟迟不进行和谈，并加紧攻打长平，最终赵国战败，被天下人"呵呵"。

邯郸保卫战胜利以后，赵王又冒出一个奇葩想法，拜见秦王，还派赵郝到秦国去订约结交，割让六个县求和。

没错！赵王对秦国的感情就是这么骚情、这么谄媚。

虞卿马上又是一番思想工作：秦国为赵国的土地都开始拼命了，大王却哭着喊着要把土地割给秦国，真是神助攻啊！来年秦国再进攻我们，我们想自救都没门儿了。

赵王向赵郝征求意见。

赵郝抛出一个荒诞不经的答案：虞卿真了解秦国？不把这块弹丸之地给他，来年他再攻打我们，那岂不要割让腹地求和啦？

面对这个荒诞不经的反问，赵王居然一本正经地问赵郝，是不是割让六县就能保证秦国明年不再骚扰我们？

赵郝又给出了模棱两可的答案（此非臣之所敢任也），紧接着是一番可笑的分析：从前韩、赵、魏哥儿仨与秦关系一样好，现在秦对韩、魏两国友好而攻打赵，说明赵侍奉秦不如韩、魏。秦赵约好，若明年秦再犯赵，那必定是赵又被韩、魏两国超越了。

这是脑洞大开的答案。如果骚情有段位，这就是骚情的最高段位；如果谄媚有境界，这就是谄媚的至高境界。

摇摆不定的赵王将赵郝的话说给虞卿，我想虞卿当时一定恨不得给他一记耳光，但是他表面上依然作恭敬状：秦国即使再厉害，也不能轻易夺取六个县；赵国即便再软弱，守住六座城还不成问题。等到秦国打累了，我们用六座城收买各国去进攻疲弱的秦军，六座城虽然给了诸侯，但是可以从秦国取得补偿，这笔生意做成的话，我们甚至还能狂赚一笔。如果今年把六座城给秦国，那明年呢？秦国再来犯，我们继续割地吗？这样下去，赵国最后只能申请破产了。

此时，楼缓恰巧从秦国回到赵国，赵王又转而问楼缓的意见。

楼缓原本为赵人，后投靠秦国，是名副其实的叛徒，在国家生死存亡之时，赵王征求他的意见，又是无脑的操作。

楼缓先是假惺惺地说自己不便发表意见（饥饿营销），赵王一下子来了兴趣——看来先生是有高见啊！然后他像个倔强的孩子，偏要楼缓"聊一聊"。

于是楼缓开始拙劣的表演：我刚从秦国回来，如果说不给秦国土地，那不是上策；如果说给他土地，又怕大王会认为我是替秦国帮忙。假使我能够替大王着想，不如给他土地好。总之，一句话，割地予秦。

虞卿急了，同在一个屋檐下，这人跟人的差距咋这么大呢？

接下来，楼缓、虞卿两人轮流拜见赵王，争相给赵王做思想工作，最终，虞卿胜出，赵王决定将六座城交给齐国，并派虞卿去拜见齐王，与齐王商议攻打秦国。

史载，虞卿尚未返回，秦国派来的使臣已经在赵国了。

楼缓逃之夭夭，赵王赏赐虞卿一座城。

跟这样的老板，虞卿真心不易！难怪魏齐出事以后，他连赵国相印都不要了，一心陪同魏齐逃亡，后来魏齐自杀，虞卿被困于大梁，成为一个专业作家，凭著书立说扬名于世，《虞氏春秋》得以流传。

最后太史公点评："然虞卿非穷愁，亦不能著书以见于后世云。"

一切都会被遗忘，留下的只有作品。在穷困潦倒中，仍不坠青云之志，著书立说，滋养后世——同为作家，太史公对虞卿的欣赏和论定终究没有脱离他们共同的事业和一致的彻悟，他再次宣示了自己的远大志向不会改变。

《魏公子列传》

公子世无双

「榜一大哥舍我其谁」

> 公子与魏王博，而北境传举烽，言"赵寇至，且入界"。魏王释博，欲召大臣谋。公子止王曰："赵王田猎耳，非为寇也。"
>
> 《史记·魏公子列传》

有人的优秀浮于表面，有人的优秀深入骨髓。

信陵君的优秀属于后者。无论在战国F4中，春申君、孟尝君、平原君的排位如何变动，信陵君永居榜一大哥的位置。

信陵君，名魏无忌，他是魏昭王的小儿子（魏安釐王异母弟），安釐王即位，"封公子为信陵君"。

不得不承认，身为战国F4的老大，优秀青年魏无忌能力超强，强到连安釐王都感到惧怕。

有一次，魏王和魏无忌在宫内下棋，忽然接到前方军报：赵国人打过来了，马上进入魏国边境。

魏王立刻放下棋子，准备召开紧急会议，与群臣商议对策。

魏无忌异常淡定，指着棋盘说道："大哥慌什么？该下棋下棋，赵王是在边境打猎，不是出兵进攻我们。"

不一会儿，传回来的消息证实了魏无忌的判断，魏王一副没见过世面的样子："你是怎么知道的？"

魏无忌像没事儿人一样回答道："我有个门客是一流间谍，赵王的一举一动都在他的监控之中，赵王什么时候起夜我都门清儿。"

这时候，魏王的表现不是竖起大拇指称赞自己的弟弟，而是恐惧，"畏公子之贤能"，继而"不敢任公子以国政"。

面对国君（哪怕此人是自己的哥哥），魏无忌的做法确实欠妥，魏王的顾虑并非没道理，但是也侧面展示了魏无忌的率真耿直。

想必发生在信陵君身上诸如此类的事情应该很多，司马迁以此事为例，足见这件事对展示魏无忌性格所具有的典型性，这种典型性在一定程度上由魏王的身份和事件的特殊性决定。

当年范雎从魏国逃到秦国做了宰相，因为怨恨魏国丞相魏齐差点打死自己，于是派部队围攻魏国都城大梁，击溃魏国守军，魏将败逃，魏王和魏无忌十分焦虑，魏国危在旦夕，各国虎视眈眈。

魏无忌开始招揽门客，来投靠他的人络绎不绝。无论来者是否有才能，也不管出身优劣，魏无忌均以礼相待，这里面就包括在魏国的城门楼子前负责值守的侯老爷子，还有以卖肉为生的朱屠户。

千里之外（司马迁重点强调）的士人都来投靠信陵君，说明信陵君的影响力之大。他的门客达三千之众。

天下纷争，你攻我伐，各国都在备战，除军事实力以外，人才是决定国家前途命运的关键，谁拥有人才，谁便能抢占先机，这是战国F4的共识，养士成风不过一场人才争夺战，只是各自出发点不同。

孟尝君、春申君、平原君此三者养士，归根到底是公权私用，为一己之利，所以后世评论多有臧否：孟尝君最后投敌叛国，身死名裂；平原君利令智昏，差点埋葬赵国；春申君迷信佞小，殃身误国，落个身首异处。唯有信陵君，司马迁没说难听话，开篇即明，此人通过建立人才储备库，为魏国壮大了声势，提升了国际影响力，使各诸侯国十几年不敢贸然进攻魏国（诸侯以公子贤，多客，不敢加兵谋魏十余年）。甚至最后引汉高祖祭祀信陵君的史实，说明此人魅力非凡。

战国F4中，唯有信陵君，被司马迁题名《魏公子列传》，"陌上人如玉，公子世无双"，一批无名之辈在信陵君的引荐下登上历史舞台，通过小人物的大情怀，让我们领略到一个悲壮又纯粹的精神世界。

「守门员的梦想」

> 魏有隐士曰侯嬴，年七十，家贫，为大梁夷门监者。公子闻之，往请，欲厚遗之。不肯受，曰："臣脩身絜行数十年，终不以监门困故而受公子财。"
>
> 《史记·魏公子列传》

江湖传言，有个叫侯嬴的人是贤士。

信陵君来了兴致。可尴尬的是侯嬴的年龄和身份：悬车之年，城门守卫。

如何结识侯嬴，信陵君直犯嘀咕，最后好像也想不出什么好办法，只能硬着头皮上了！他派人给侯嬴送去厚礼。

我们可以想象，如果侯嬴接受礼品，意味着他与真理和勇气告别，后面的故事将荡然无存，他的形象在读者心中也会大打折扣。

芝兰生于幽谷，不以无人而不芳；君子修道立德，不以穷困而变节。侯嬴正气凛然地对使者说："请告诉你家主人，他在侮辱我！难道我就是两条烟一瓶酒的身价吗？我从小受过的教育不支持我做这种事情，你们看错人了！"

信陵君改变策略。

那一天，信陵君大摆酒席，宴请宾客，众人到齐，他亲自和从人驾车去请侯嬴，而且在车上，他坐右边，左边尊贵的位子特意留给侯嬴（古人乘车以左方为尊，尊者在左，御者在中，另有一人在右陪乘）。按照常理，侯嬴见到信陵君屈尊来请自己参加宴会，应该是一副受宠若惊的样子，但事实并非如此。

侯嬴拍拍破旧的衣衫，径自上车坐到尊位上。又是抢眼的细部描写：侯嬴的衣服虽然破旧（敝），但是他还要精心整理一番（摄敝衣冠），说明他对信陵君的邀请足够重视，也可以看出他在内心深处对信陵君的尊重。

侯嬴上车后，信陵君亲自当司机，开车在闹市里飞奔，侯嬴坐在主位上，神态悠闲，行人纷纷驻足，好有范儿啊！而信陵君举止依然十分恭敬。

这一切，侯嬴看在眼里。

侯嬴说要去街市的屠宰场拜访老朋友，信陵君二话没说，把车径直开到屠宰场。

侯嬴找到屠夫朱亥，跟他热火朝天地聊起来，信陵君被晾在一边。

又出现几个至关重要的词语，"俾倪""微察""窃骂"，这些是不易被人察觉的动作，司马迁还原现场：人声鼎沸熙熙攘攘的街头闹市，侯嬴一边跟朱亥聊天，一边暗中观察信陵君的一举一动，而信陵君站在车旁静静等候，表情平和，不急不躁，周围人窃窃私语，咒骂侯嬴："看把你个老东西给张狂的。"

一番操作，侯嬴结束对信陵君的考察，并给他的试卷打满分——他极为满意信陵君的表现。

宴会上，信陵君恭恭敬敬来给侯嬴敬酒，侯嬴趁机解释他之前为什么要对信陵君爱答不理：表面上是他轻慢信陵君，其实他已经把信陵君视为知己，他做的一切实际是给信陵君送上了一份厚重的见面礼，而这份厚礼用钱买不到。

信陵君驱车前往闹市迎接侯嬴，侯嬴一番表演，戏的主角看似是侯嬴，实则是信陵君：侯嬴与朱亥大声交谈，旁若无人，把信陵君当成衣服晾在一边，来来往往的人骂他侯嬴倚老卖老，称赞信陵君礼贤下士，温和谦恭。由此，人们对信陵君产生好感——的确用钱买不到。

侯嬴向信陵君引荐朱亥，后来此人跟随信陵君赴邯郸参战，发挥了重要作用。

嘤其鸣矣，求其友声。相彼鸟矣，犹求友声。既已同路，那煌煌史册，注定有属于我们的一席之地。

礼崩乐坏，瓦釜雷鸣，高岸为谷，深谷为陵。既已注定，那生为人杰，注定要我们一起完成最后的坚守。

"窃符救赵"的哲学

> 行过夷门，见侯生，具告所以欲死秦军状。辞决而行，侯生曰："公子勉之矣，老臣不能从。"
>
> 《史记·魏公子列传》

窃符救赵，依然与长平之战有关：秦军在长平把赵军打败，接着进军邯郸。

赵国跟魏国的关系非比寻常，魏无忌的姐姐是赵国平原君的媳妇儿，信陵君是平原君的小舅子。

邯郸告急！

平原君向魏国求救，魏王假仗义，大手一挥，派晋鄙带十万大军前往赵国。

出来个挡横儿的！秦王马上给魏王"发E-mail"：甭着急，我回头收拾你，圆你灭国梦。

魏王秒怂，命令大军停止前进，先看看形势再说。

魏国救兵迟迟不到，平原君一封接着一封信数落小舅子：我跟你结亲，是听说你公子无忌仁义贤德，关键时刻，才发现你是个伪君子，你不为我着想，也得想想你姐姐啊！

赵胜的话，分明是道德绑架，可是魏无忌听进去了，他屡次向魏王请求出兵，魏王始终沉默不语，按兵不动。

信陵君被逼上绝路。他索性心一横，把手下的门客聚到一起，准备组团上前线，于是大梁街头，出现戏剧性的一幕：一百多辆兵车，一支浩浩荡荡的敢死队，吵吵嚷嚷地出发了。队长信陵君走在最前面，他表情严肃，步履沉重，一副壮士一去兮不复还的样子。

当队伍经过东门的时候，在拥挤的人群中，信陵君看到了侯嬴年迈的身影。

侯嬴一脸冷漠，仿佛局外人。

信陵君的心情降到冰点。

他踌躇片刻，来到侯嬴面前，跟他握手告别。

侯嬴语气生硬，"May the force be with you！我老人家不能随公子一同前往了"。

侯嬴的态度彻底激怒了信陵君。又走了几里路，信陵君越想越不爽："一个保安，我平时待你不薄，现在我去赴死，你一句挽留的话都没有，难道我得罪你了吗？"他折返回来，准备问个究竟。

侯嬴好像知道信陵君会回来似的，依然在原地等候着。

当信陵君再次站到他的面前时，侯老爷子脸上浮现出欣慰的笑容。

"我知道你会回来。"侯老爷子开始批评信陵君，"年轻人，冲动是魔鬼啊！跟秦军硬碰硬，等于把肥肉扔给饥饿的老虎"。

信陵君恍然大悟，怪不得老爷子这么淡定，他连忙向侯嬴请教。

又是细节表现侯嬴心思缜密（侯生乃屏人间语），他避开旁人，与信陵君密谈：让晋鄙出兵，必须拿出兵符（古时传达命令或调兵遣将所用的凭证）。可兵符在魏王的卧室里。那么关键点有了，谁能进入魏王的卧室，谁就能拿到兵符。如姬是魏王最宠爱的妃子，可以随意进出魏王的卧室。传说，公子对如姬有恩，当年如姬的父亲被人杀害，公子派人为如姬报仇，她一直想报答公子恩情，所以请如姬帮忙，她一定答应。一旦拿到兵符，夺取晋鄙的兵权，一路向北，可以救赵；一路向西，可以御秦。这是五霸之功啊！

典型的运用哲学思维处理矛盾：存在问题，找关键点；聚焦关键点，找关键人；针对关键人，找破解之道。关键点客观存在，人有主观能动性，重要的是发挥人的主观能动性。

信陵君找到如姬，如姬成功盗取兵符，印证了侯嬴的判断，还引出一段浪漫的传说：如姬爱慕信陵君。因为事态的严肃性，我们在此不深入探讨，虽然我对这段绯闻很感兴趣。

拿到兵符，信陵君准备出发，侯嬴又是兜头一盆冷水：兵符是客观存在，可晋鄙也可以发挥主观能动性，"将在外，君命有所不受"，晋鄙仍然不交出兵权怎么办？

屠夫朱亥派上用场了。晋鄙如不从，朱亥灭之。

突然，信陵君泪如雨下："晋鄙能征善战，恐不从命，其下场难逃一死，这是魏国的重大损失啊！"

信陵君有心理负担，如何帮助他放下负担？侯嬴双手作揖："老朽不能随公子出征，不过，您到前线之日，便是老朽殒身之时。"

果然，信陵君到了军中，晋鄙拒绝交出兵权，朱亥击杀晋鄙，信陵君夺得兵权，领精兵八万进攻秦军，解邯郸之围。

信陵君抵邺的那天，侯嬴面向遥远的北方，手握长剑，内心泛起波澜："晋鄙，公子仁厚，杀你不安，老朽以命相抵，希望你不要责怪公子。"

剑，刺向自己比刺向别人更需要勇气和力量。侯嬴又想起魏无忌驾车去城门接他赴宴的那个午后，当时他获得了这种勇气和力量。

「优秀无法复制」

> 赵王再拜曰："自古贤人未有及公子者也。"当此之时，平原君不敢自比於人。公子与侯生决，至军，侯生果北乡自刭。
>
> 《史记·魏公子列传》

"自古以来的贤人，没有一个能赶得上公子。"赵王对信陵君的评价似有吹捧之嫌，但信陵君的确受之无愧。

讲仁爱，仅凭这一点，信陵君就能把其他三个人甩出几条街。

夺取晋鄙的兵权以后，信陵君干的第一件事不是急着带领军队去找秦军作战（与他此前准备带领门客参战的冲动行为形成鲜明对比），而是裁军减员。

匪夷所思！

他的命令触碰到人类情感最敏感、最柔软的地方：父子都在军队里面的，父亲回家；兄弟同在军队里面的，长兄回家；家里独子的，回家奉养双亲。最后经过整顿选拔，得精兵八万，成为进攻秦军的主力。

有人评价信陵君工于心计，这么做是在收买人心。诚然，我们不排除这种可能，但是这么做的结果，的确是使很多人得以活命，很多骨肉至亲得以团聚，即便作秀，也是伟大的。

与因为一句玩笑话，屠杀一县人的孟尝君相比，信陵君所展现出来的对生命的敬畏之情着实令人感动，这是至善，人类最美好的情感、最高尚的美德。

还有他始终如一的谦卑。

随着年龄的增长，我越来越觉得谦卑的可贵，尤其对不自量力的人类，这种品质太难得。人生辉煌之时，与侯嬴、朱亥结交，我们看到信陵君的谦卑；人生黑暗时刻，与毛公、薛公联谊，我们深刻感受到信陵君是真谦卑，不是假作戏。

邯郸保卫战以后，信陵君无家可归，只能留在赵国。

赵王感念他的义举，声称要把五座城池赠送给他。此时的信陵君有些飘，而且公然表现出来，他的门客站出来，"事有可忘不可忘，施惠勿念，受恩莫忘。况且假传君令、夺取军权，这本身对自己的国家已是大罪，你有什么可豪横的！"

信陵君马上意识到失态，于是谢绝赵王的赏赐，从此变得更加低调。

身在赵国，信陵君也没闲着，听说有两个德才兼备的人：毛公和薛公，前者是赌徒，后者是酒鬼，信陵君想与二人结交，二人对他避而不见，可见赌徒和酒鬼的身份只是他们用来迷惑无知群众的幌子，他们是贤德之人。

信陵君打听到他们的住所，悄悄（间步）前去拜见。

这个细节也颇值得玩味：信陵君每每得知哪儿有贤人，都会主动去拜见，哪怕是一些身份卑贱的底层人物，而反观"F4"中的其他几位，门客大都主动找上门投简历，境界高低立判。

平原君知晓此事，颇为不屑，"都说魏公子是贤人，如今竟然与赌徒酒鬼勾搭到一起，看来他们是一路货色"。

小舅子听姐夫这么评价自己，气不打一处来，收拾行李准备离开。我觉得这有点像是在演戏，因为真要离开的话，他大可不必对自己的姐姐说下面这番话，实际上这番话明显是讲给平原君听的。

"姐夫交友，原来看身份啊！当年我在大梁的时候，听说此二人贤德，现在好不容易能见到他们，是我的荣幸，姐夫居然看作耻辱的事，他不配当我姐夫。"

平原君听后，羞愧难当，登门谢罪。

平原君的门客听到这件事，居然有一半人跳槽归附信陵君。

事实胜于雄辩，毛公、薛公对成就信陵君一世英名，的确功不可没。

秦国攻打魏国，魏王想请信陵君回来帮忙，信陵君仍然有所顾忌，便吓唬门客，凡是有替魏王说话的，死！

此时的信陵君显然是在主观情感支配下作出了错误的决断。国家危难，个人有再大的仇恨，也应该暂时放下，而要以大义为重，团结一心，共同对外。他当下的做法对魏国来说是弃义，必然会受到国人谴责，成为魏国的罪人。

毛公、薛公进言：水是有源的，树是有根的，凡事都是有原因的。公子之所以在赵国享受上宾之礼，声名显扬于诸侯，还是因为你有根。根在哪儿？魏国，你的母国，是它成就了你的一世英名。现在，秦国欺侮魏国，公子毫不顾念，假如秦国攻破大梁，把您的先祖宗庙夷为平地，公子还有脸苟活于世吗？

信陵君听后，马上收拾行李，赶回了魏国。

谦卑，不是刻意放低姿态，也不是主动放弃尊严，而是懂得虚怀若谷，择善言而行，《周易》中只有一卦的卦辞吉而无凶，利而无害，这一卦为谦卦。

在与信陵君挥手告别之际，我们回到开篇对他的评价——公而无私。

信陵君留在赵国，他握有魏国兵权，完全可以"带资入股"，加盟赵氏集团，但是他没有这样做，因为他清楚枪杆子里出政权，军队乃立国之本，他果断命令军队回国，自己和门客留在赵国。

大义情怀可窥一斑。

后来，信陵君回到魏国，主动担当，扛起重任，联合五国，把秦军打回函谷关，迫使秦国再用反间计，使魏王解除了信陵君的兵权。

领略了人生的凶顽，享受过真情的温存和美好，直到最后信陵君也没有背叛魏国，只是终日饮酒，直到去世。

信陵君死后，秦攻魏，占城池二十座。又过十八年，秦破魏，虏魏王，屠大梁。

斗转星移，许多年以后，一个自称为朕的人在平叛的归途中，路过大梁，他特意来到信陵君的墓前祭拜，并安排人守墓，他的举动又引出一个迷人的传说：他是魏无忌的后代。

这个自称为朕的人名叫刘邦。

《李斯列传》

我多想回到家乡

「仓厕鼠叹」

> 李斯者，楚上蔡人也。年少时，为郡小吏，见吏舍厕中鼠食
> 不洁，近人犬，数惊恐之。斯入仓，观仓中鼠，食积粟，居
> 大庑之下，不见人犬之忧。于是李斯乃叹曰："人之贤不肖
> 譬如鼠矣，在所自处耳！"
>
> 《史记·李斯列传》

秦朝在中国的历史上饱受争议，其兴也骤，亡也骤，给后世留下了很多值得探讨的话题，而这一切不仅与秦王政有关，更绕不开一个重要的人物——李斯。

李斯的一生从无名到辉煌，从辉煌到陨落，让我们既感受到奋起与抗争的力量，又见识到阴私与奸诈的可怖。读懂此人，我们可能会对人之所以为人、人何以为人有更深的感悟。

年轻的时候，李斯担任过当地粮仓的管理员，也有人说他从事的是文书工作。

无论是粮仓管理员，还是从事文书工作，李斯当时的政治身份大体无争议——基层公务员（郡小吏）。

这个身份耐人寻味，我认为对于他思想的形成产生了重要影响：小，说明不起眼，长期处于底层，饱尝艰辛；吏，说明有起码的社会地位，虽然这个地位谈不上有多高，但是赋予了他做人基本的尊严。那么我们可以推测，他试图改变命运的意识并非凭空产生或者是仅仅经历"仓鼠事件"以后的幡然醒悟，这起事件充其量是一味药引，是在他看清所谓人生真相的前提下，把深埋心底的抗争意识激发了出来，不过这味药引毒性十足。

那突如其来的一泡尿使李斯目睹了粮仓里的老鼠和厕所里的老鼠不同的生活境遇，作为一个多愁善感的文学青年，他当即发出这样的感慨：不一样的境遇成就不一样的人生！

厕所里的老鼠生活在污秽不堪的环境中，瘦骨嶙峋，样貌猥琐，见人就跑，永远一副没见过世面的样子，注定一生穷困潦倒。而粮库里的老鼠处境优越，衣食无忧，脑满肠肥，平日里一副优哉游哉的样子，甚至连人也不放在眼里，是鼠中极品。

这样的论调对不对？好像有道理，毕竟一个人所取得的成就与所处的环境息息相关，所以现在很多人哭着喊着要买所谓的学区房，争着抢着要住进高档的别墅，好像买了学区房、住进别墅区，人生就已经成功了一半。

但是细品，又有漏洞，而且打根儿说是错的。

首先，本体和喻体不搭界：若谈志向、远见、平台、成就，人和鼠怎能相提并论？一个处于食物链的顶端，一个处于食物链的底层，老鼠在生物界是极不堪的物种，虽然它排在十二生肖之首，虽然有米老鼠、杰瑞、蓝皮鼠、舒克和贝塔等一系列经典的卡通形象，但是现实中，老鼠的名声的确不好，听听关于老鼠的成语和歇后语就知道它在人们心目中的形象有多糟糕。"鼠目寸光""鼠窃狗盗""老鼠过街——人人喊打""红眼老鼠出油缸——吃里扒外"，"老鼠的儿子会打洞"稍微好听一点儿，可是搭配"龙生龙，凤生凤"……唉！伤害不大，侮辱性极强。所以，"偶像"确定有误。

如果他选老鹰的话，我们可以理解为志存高远，一飞冲天。我上小学时办的手抄报名字就叫《雏鹰报》，多有气势，朝气蓬勃，充满希望；如果他选马的话，我们可以理解为一马当先，纵横驰骋，千里马常有，伯乐不常有，自己是等待被伯乐发现的千里马；即便他选蜗牛，我们都可以理解为他是要一步一步向上爬，在最高点乘着叶片往前飞，去寻找属于他的天……可是他偏偏选老鼠，所以命运的结局冥冥中已经注定——有几只老鼠能够逃脱被打死的命运？

李斯对梦想的理解像荒漠一样贫瘠，像池水一样肤浅。

他曾经对老师荀子说过这么一段话，大意如下：当今群雄逐鹿，争当老大，正是出身不好的人改变命运的时机。

当然，他这样说没错，但是下面的话就有点不着调儿了，特别是对自己的老师说这样的话，更有失体统："我听说一个人若遇到机会，千万不可松懈错过。现在秦王想吞并各国，一统天下，这正是平民出身的政治活动家和游说之士奔走四方、施展抱负的好时机。地位卑贱，而不想着去求取功名富贵，如同禽兽一般，只等看到现成的肉才想去吃，白白长了一副人的面孔勉强直立行走。所以最大的耻辱莫过于卑贱，最大的悲哀莫过于贫穷。长期处于低位和贫困，却还要非难社会、厌恶功名利禄，标榜自己与世无争，这非士子本愿。"

荀子听到这话，想必一板砖拍死他的心都有，但毕竟是自己的学生，荀子不禁为眼前这个雄心勃勃的年轻人担忧起来，因为他再一次拿动物和人相提并论，已非理想的鄙陋了，而是人性的扭曲。

少年，你打开了潘多拉魔盒，日后行走江湖，打死也不要说出为师的名字。

「一篇文章一条渠」

> 会韩人郑国来间秦，以作注溉渠，已而觉。秦宗室大臣皆言秦王曰："诸侯人来事秦者，大抵为其主游间于秦耳，请一切逐客。"李斯议亦在逐中。
>
> 《史记·李斯列传》

秦王政登基以后，加紧了统一六国的步伐。

都城位于新郑的韩国最先感受到杀气，秦人出关，剑指东方，韩国首当其冲，如何活下去，韩国高层憋出大招。

他们派出一名叫郑国的水利专家到秦国，给秦王政做思想工作，忽悠他开凿一条自泾水东注洛水的大河渠，美其名曰：改良关中平原土壤的功效（降低盐碱含量），为万顷良田提供充足的灌溉用水。

朝堂之上，郑国一脸幸福地憧憬着美好未来，对秦王政激动地说："待到那时，关中平原，沃野千里，土壤肥沃，草木丰茂，粮食产量大幅提高，秦国扫荡六国一统天下，不再是梦想，而会变成赤裸裸的现实。"

这就是韩国的"疲秦之计"。如此浩大的工程一旦上马，消耗的人力、物力和财力将不计其数，秦军东征的脚步势必放缓，韩国便能多活几年。

一个国家的理想仅仅是苟延残喘多活几年，这个计划荒诞又可悲。韩国高层自认为天衣无缝，但是忽视了郑国的梦想——作为水利专家，郑国毕生的追求就是完成一项事业。

这项事业与政治无关，仅仅出于对所从事职业的尊重。

在秦王政的授权下，郑国开始实践他的梦想。

没有不透风的墙，秦王政后来得知韩国的阴谋，勃然大怒，再加秦国宗室大臣早已看不惯六国之人，以这件事为由，趁机煽风点火，秦王政决定将所有在秦客卿一律驱逐出境。

李斯的名字出现在被逐名单中。

大秦的慷慨包容使李斯对未来充满激情与梦想，用一句时髦的话说，"未来可期，人生值得，以梦为马，不负韶华"，所以当秦王政下驱逐客卿令的时候，他第一个站出来表示反对，《谏逐客书》因此而成。

此文精致，不足千字。但这篇不足千字的文章，像一盆冒着寒气的冷水倾倒在秦王政的头上，一下子把他浇灵醒了。

伙计，你说得太有道理了，当今社会什么最贵？人才！别的国家想得还得不到呢，我反倒要把他们扫地出门，这是什么行为？用你们的话说，脑子少根儿弦。

李斯开篇表明态度：人们热议驱逐客卿的事儿，我认为这事儿办得不地道。

好文章开门见山，不说废话，特别是给老板提意见，必须迅速抓住他的眼球，让他产生继续往下读的欲望。

紧接着话锋一转，李斯开始了充满温情的回忆。他首先提到穆公称霸的原因，是因为有由余、百里奚、蹇叔、丕豹、公孙支这些顶级智囊辅佐，他们皆非秦国土著。孝公任用商鞅变法，使秦国逐渐强盛起来，商鞅是哪儿的人？是移民来的。惠文王因为听了张仪的建议，打破六国合纵的局面，使秦国的发展取得历史性成就，张仪是哪儿的人？也是移民来的。昭襄王得范雎，奠定统一天下的基础，范雎是哪儿的人？终究是移民来的。

他山之石，可以攻玉。外来移民对秦国发展有多重要不用再说了吧？

接下来李斯开始无情地嘲讽。大王啊大王，您使用的灶具、后宫的三千佳丽身上穿的绫罗绸缎、蹦迪用的卡拉OK……这些皆非秦地所产，按照您的逻辑也不应该出现在秦地，但您见与不见，它们就在那里，不增不减，说到底它们比人才更重要吗？

李斯最后的总结精彩纷呈，大气磅礴，作为中国历史上第一个皇帝，秦王读完以后，如涅槃重生，明白了自己应该做什么：他要成为泰山，必"不让土壤"；他要成为河海，必"不择细流"，他要彰显圣德，必"不却众庶"；他只有不断接纳希望、勇气、力量的百川，才会风华长存。

郑国被释放出狱的那天，第一时间跑到河堤上。看到自己苦心经营的事业没有荒废，河堤上人山人海，依然是一派热火朝天的景象，他的耳边响起对秦王的许诺，"给我时间，我要尽善工事，造福苍生，为秦国建立万世之功。渠成的那天，请大王再赐我一死"。

多年以后，这项工程完工，《史记·河渠书》载："渠就，用注填阏之水，溉泽卤之地四万余顷，收皆亩一钟。于是关中为沃野，无凶年，秦以富强，卒并诸侯，因命曰郑国渠。"

不谋万世者，不足谋一时；不谋全局者，不足谋一域。疲秦之计变成强秦之策，韩国搬起石头砸了自己的脚，沦为历史的笑柄。郑国却实现了他的梦想，一渠造福苍生。

李斯功不可没，一篇《谏逐客书》像郑国渠一样，疏通了秦王政内心的淤堵，成就了他内心的汪洋。

「变态的烟火」

> 始皇可其议，收去诗书百家之语以愚百姓，使天下无以古非今。
>
> 《史记·李斯列传》

人性中最可恶的不是自私和贪婪，而是获得权力和利益后，极尽所能去伤害他曾经所处阶层的所有人，以此满足他变态的快乐。作为读书人，居然提议"焚书"，这是李斯的人生污点。

动用国家机器，强迫人们交出家中的藏书，然后集中到一起付之一炬——烟火很美丽，行为很变态。

为了迎合嬴政，李斯提出这样的建议，嬴政最终采纳了他的建议。

一个敢提，一个敢干，一唱一和，配合默契。

儒法相争，书籍成了背锅侠。

完成统一后，面对如何管理土地广袤、人口众多的国家，秦国高层有过争辩。

以王绾为代表的守旧派认为应该恢复分封制。分封制经过时间检验，已经成熟，秦朝疆域广大，将宗室功臣分封诸地去镇守，便于国家管理。

以李斯为代表的新势力认为恢复分封制是历史的倒退。周朝因分封而导致"攻击如仇嫌，诸侯更相诛伐"的混乱局面，所以沿用中央集权的郡县制，方能定国安邦。

嬴政最终采纳后者的建议。

这事儿本来已经结束，可是不久之后，在一次宫廷宴会上，儒生淳于越不知是酒喝大了激动过头还是蓄谋已久，觥筹交错间，突然鼻涕一把泪一把，又提出要搞分封的事儿。

当然，淳于越的根本目的还是巩固新王朝的统治，在他看来，不搞分封，容易乱套，一旦出现祸患，国中无可用之人，后果不堪设想。他甚至说了一句过激的话，"治国必须遵循古制，否则不能长久"。

咱们别标新立异搞创新啦！

嬴政默不作声，他鹰一般的眼睛看向李斯。每每出现这种情况，他第一个想到的人总是丞相。

淳于越在翻历史旧账，李斯向来反对分封，况且郡县制实行多年，效果显著，再谈这件事儿，明摆着跟李斯唱反调。

儒生迂腐，不可救药。李斯心里不爽。

作为法家的代表，李斯从内心深处鄙夷这种"法先王"的儒家观点。随后不久，他向嬴政上呈奏折，阐述了自己的看法。

初时，天下纷争，四分五裂，诸侯起兵，互相攻击。百家之人厚古薄今，以谩辞哗说扰乱社会秩序，各家认为只有自己一派的学说才是经世之道，因此否定已经颁布的诏令。今天下一统，始皇威武，四海来尊，而诸子百家却各持己见对颁布的诏令妄加评论，说三道四，意图通过批评君主博人眼球吸引粉丝赚取流量，显示自己高人一筹，蛊惑百姓一起诽谤。这种情况如若放任自流不加约束，皇帝威信荡然无存，朝堂之上结党营私，山乡村野拉帮结派，必然威胁国家安全。请皇帝批准，将藏于民间的《诗》《书》以及诸子百家的著作，一概焚烧。不服者，处黥刑，罚为苦役。医药、占卜、种植等书籍除外。想学法令者，奉官吏为师。

甚至没有经过思考，嬴政便答应了，因为李斯的话触碰到他的敏感神经。作为这个帝国最严重的焦虑症患者，嬴政日日夜夜思考的问题就是如何巩固这个新生政权。

李斯把一件国家体制改革方面的事儿上升到意识形态的高度，以威胁国家安全为借口，提议"焚书"，与之前所探讨的话题已相去甚远——他明显偷换了概念。

借助这个机会，李斯要从根源上铲除所谓的"异端思想"，实施愚民之策，消灭儒家文化，包括后面主持修法明令、统一文字，李斯不遗余力，冲锋在前，这些创举似乎都在宣示：这个国家只能有一种文化，就是我创立的文化。

显然，李斯小看了人民，特别是读书人，面对这场文化浩劫，一些人想尽各种办法保留文化的火种，《汉书》中记载了这样一个故事。

据说，有智者提前得到焚书的消息，在官府派人来抄家烧书前，凿开一间老宅的墙壁，把《论语》《尚书》等经典书籍全部藏于壁中，然后将墙壁修复好，便离开家乡，外出游学。西汉景帝刘启之子鲁恭王迁至当地。鲁恭王的宅邸扩建中，强拆藏书的老宅。墙壁轰然倒塌，突然天空中飘来金石丝竹之声，经书典籍从残垣断壁中倾泻而下，熠熠生辉。这个藏书的智者就是孔子第九代孙孔鲋，这件事发生的地点就是儒家学派发源地曲阜。

善用刀剑者必然死于刀剑下。在秦末农民起义中，以孔鲋为代表的一批读书人成为中流砥柱，他们亲手埋葬了李斯一手缔造的文化帝国。

随着墙壁中那些书籍重见天日，李斯所试图消灭的人、抹杀的文化，在承嬗离合中开启一个又一个伟大的时代，经年不朽。

「被扯下的底裤」

> 其年七月，始皇帝至沙丘，病甚，令赵高为书赐公子扶苏曰："以兵属蒙恬，与丧会咸阳而葬。"书已封，未授使者，始皇崩。书及玺皆在赵高所，独子胡亥、丞相李斯、赵高及幸宦者五六人知始皇崩，馀群臣皆莫知也。
>
> 《史记·李斯列传》

我老爸常教育我，人要守住两条底线——道德底线和法律底线。

什么是底线？举例说明：当敌人的手段都没能使你就范，最后他们利用男性的某些弱点，使出撒手锏——美人计，只让你身着一条底裤，面对女特务，怎么办？无非两种选择，守住或者脱下底裤。守住即胜利，脱下即失败。那条底裤，便是底线。

李斯没有守住他的底裤，命运的齿轮开始转动。

嬴政全国巡游，途经沙丘（今河北邢台）的时候驾崩，临死前，他召来赵高（兼管皇帝符玺和发布命令），让他代拟一道诏书给长子扶苏，命他将军事托付给蒙恬，赶回咸阳主持丧事。

这实际上是确认了扶苏继承者的身份。史书记载，长子扶苏曾经因为多次直谏惹怒嬴政，被派往边疆，由大将蒙恬辅助。表面上看，嬴政赶走扶苏是不喜欢他，而在我看来，恰恰是因为太喜欢这个儿子了，并且以他为继承者，才会有此决策：一是保护他，让他远离凶险的权力中心，避免杀身之祸；二是创造空间，让他向蒙恬学习带兵打仗，使二人建立亲密关系；三是锻炼他，帮助他在军中树威望，得到军队的拥护；四是最重要的一点，改变他，这孩子性格里面缺少狼性，只有经历真正的杀戮，他才能认识到人生的残酷。

赵高是个野心家，表面上是"皇恩浩荡万死不辞"那一套，实际上暗中扣留遗诏，因为扶苏与自己一向不和，扶苏一旦继位，对自己势必产生不利影响，而胡亥这个家伙昏庸无知，如果他继承帝位，容易控制。

搞死扶苏，拥戴胡亥，大秦帝国，我说了算！

路线方针确定，当务之急是要摆平两个人——李斯和胡亥。

丞相李斯，大权在握，是始皇帝最信任的人，要想立胡亥为帝，必须要得到李斯的支持。

胡亥好办，只知道吃喝玩乐，办他易如反掌。

后来发生的事完全在赵高的掌控中，他胁迫李斯发动"沙丘之变"，二人合谋篡改了嬴政的传位诏书（按照西汉《赵正书》的说法，嬴政死前，接受了李斯等人的建议，同意让幼子胡亥继承皇位；近代吕思勉先生在《中国通史》中，也说《史记》中这段描写并非事实①），废公子扶苏，改立胡亥为新帝，

---

① 吕思勉. 中国通史［M］. 北京：中国画报出版社，2020：369.

史称二世。

我们回过头来再看整起事件，有很多值得深思的地方，尤其是赵高是如何把两人说服的。

面对流氓赵高冲上来拉扯自己底裤的行为，李斯如果能支棱起来，态度强硬一些，坚守原则和底线，那么历史可能会改写。同样，没有做到坚持原则和底线的还有胡亥：自己的老师居然出主意让自己去干篡权夺位的事儿，胡亥的第一反应应该是拒绝，而且是毫不留情地拒绝。当然，胡亥一开始的确是这样做的，李斯同样也是这样做的，甚至他们拒绝的说辞有板有眼，义正辞严，真像那么回事儿。

二人表达的意思出奇一致：老皇帝死了，由嫡长子即位，天经地义，如果按赵高的意思去做，不合伦理，会被世人戳脊梁骨。

赵高是谁？无耻的野心家，没有道德底线的阉人，成语指鹿为马的发明者，揣摩人心是他最擅长的。他早料到会出现这样的情况。咋办？好在二人有同样的软肋。

胡亥过惯了养尊处优的奢靡生活，他害怕失去现在所拥有的一切。赵高单刀直入，以胡亥最害怕发生的事为切入点，"且夫臣人与见臣于人，制人与见制于人，岂可同日道哉！"小子，你要是不当这个皇帝的话，那一定是你哥哥扶苏来当，如果扶苏当了皇帝，你还有眼前这一切吗？你还能安安稳稳睡觉吗？受制于人的滋味，你觉得好受吗？胡亥肥硕的脑袋"嗡"的一下蒙了！接下来，胡亥虽然嘴上念叨如果他当皇帝的话，就是不义、不孝、不能，但实际上心里已经妥协，理智的堤坝瞬间被欲望的洪水冲垮。

作为嬴政的亲密战友、最信任的人，李斯同样害怕失去眼前的一切，赵高了解李斯为人，知道他的脑袋里常年活跃着一只老鼠，对于怎样拿下他，赵高胸有成竹，所以他在李斯面前没有丝毫掩饰。赵高把扶苏的亲信蒙恬搬出来，让李斯自己和蒙恬对比，谁更有本事？谁更有功劳？谁更有谋略？谁更受百姓拥戴？还有最关键的一点，谁与老板的关系更亲密？李斯一听这话，跟胡亥的反应一样，也仿佛当头一棒，脑袋"嗡"的一下子蒙了。显然，赵高说的这几点，李斯都不如蒙恬，那只活跃在李斯脑袋里的老鼠又出来聒噪："难道你还想让我们回到上蔡的茅房去吗？"

接下来，虽然他嘴上也像胡亥一样说了些冠冕堂皇的话，但是李斯的内心已经翻江倒海。

李斯那双死死按住底裤的双手，不由自主松开了……

「死人的醒悟」

> 二世二年七月，具斯五刑，论腰斩咸阳市。斯出狱，与其中子俱执，顾谓其中子曰："吾欲与若复牵黄犬俱出上蔡东门逐狡兔，岂可得乎！"遂父子相哭，而夷三族。
>
> 《史记·李斯列传》

阴谋、杀戮、死亡、恐怖、变态……在胡亥掌权的日子里，这些词语充斥在帝国的每一个角落。

重新洗牌。胡亥主持重新修订了法令。蒙毅惨死，嬴政的子嗣或被斩首，或被车裂，受株连者不计其数，道路上的行人，一半受过刑罚，刑场上每天都堆满了腐臭的尸体……

公元前208年，李斯被认定犯谋反罪，判处腰斩，夷三族。

帝国即将灭亡的事实丝毫不影响胡亥玩乐的心情，这个奉行娱乐至死的家伙依然干着自己喜欢干的事儿，仿佛外面发生的事情与自己没有任何关系。

一切由赵高处理。

我们不得不佩服，胡亥把玩儿当成一项事业来经营，如果他把玩儿的劲头用在治理国家上，秦朝绝不会刚一上场即被罚出局，运气好的话，兴许还能拿个MVP。

李斯经常在胡亥玩到兴头上的时候求见，胡亥很生气，后果很严重。

赵高借机设计陷害李斯入狱。

狱中，李斯笔耕不辍，多次给二世写信，均石沉大海。

赵高的个性是要么不做，做就把事情做绝。他派人轮番折磨李斯，而且花样百出，把刑讯逼供这个词演绎得相当到位。李斯被屈打成招，在认罪书上签下自己的名字。

曾经这个名字无数次出现在秦朝的各种制度条文上，而今天却要将自己送上死亡之路。

世事漫随流水，算来一梦浮生。李斯如梦初醒，他感到自己这一生太过荒诞。

他仍然记得第一次与嬴政见面的情景，那一天，朝堂之上，他纵横捭阖，挥斥方遒。当时，他的身份还是吕不韦的门客，因为吕不韦的举荐，他得以见到嬴政。那一刻，他的心情无比激动，因为他知道自己的梦想即将实现，"成大业者，及锋而试。自孝公以来，周室衰微，诸侯兼并，函谷以东，六国并立，秦国志在东征。襄公立国，穆公宣志，孝公图强，惠文王崛起，昭襄王称霸，如今到大王，已有六代。今诸侯畏秦，如狼畏虎，时机而至，千载难逢。此时如有懈怠，等到诸侯国再强大起来，重新合纵，即便黄帝在世，也没有办法吞并它们了"。

那一天，嬴政也激动万分，当即对李斯委以重任。

在后来的日子里，按照李斯的设计，秦国派遣大批谋士携带金银珠宝去游说诸侯各国。对诸侯国中的名士能用钱收买的，不惜代价；不能收买的，动用武力。一时间，各国高层内部一片混乱，君臣相互猜忌，流血事件不断，秦国趁机出兵，占领不少土地。李斯官拜客卿，人气甚至一度赶超吕不韦……

"李斯，吃饭啦！吃了这顿饭，送你上路。"狱卒的尖叫声把李斯从回忆中拉回现实。

看着摆在面前已经发霉的食物，李斯深深叹了口气，懊悔之情如潮水般涌来。

如果当初不上赵高一伙的贼船，也许自己现在还在朝堂之上意气风发高谈阔论着，或者已经告老还乡，享受起天伦之乐。他搞不明白，聪明一世，怎么会跟赵高一伙同流。

那伙人压根儿不知道什么叫底线！

当初面对赵高的威逼利诱，他的立场为什么那么不坚定？他有一万个理由啐赵高一脸口水。

可是他的口水终究没有吐出去。

"到头来，得到了什么？"李斯一脸苦笑，"道我狂时不是狂，今朝收拾臭皮囊"。

命运并非没给他机会。

乱哄哄你方唱罢我登场，反认他乡是故乡。甚荒唐，到头来都是为他人作嫁衣裳！

李斯早已有预感。有一年，儿子回家探亲，李斯举行家宴招待百官，当时门庭若市好不热闹。他站在自家门前，看着一眼望不到尽头的车队，下意识地想起了老师说过的话，"物禁大盛"。月盈则亏，凡事一旦过头，接下来就要走下坡路了。李斯很清醒，但这并不意味他会做出清醒的抉择，李斯不无感慨地说："物极则衰，吾未知所税驾也。"税驾指停车休息，李斯似乎冥冥中已经预料到结局，但是他此时没有停下车的意思。

可恶的老鼠又出来聒噪。"吾未知所税驾也？"李斯故意将肯定句说成反问句，为赋新词强说愁，言外之意是自己不会退。

为何不退？终因"重爵禄"。眼看他起朱楼，眼看他宴宾客，眼看他楼塌了。

李斯死的时候已七十二岁高龄，这样的年龄，受具五刑的折磨，对他身体和心理的摧残程度可想而知——还不如一刀毙命痛快。

生命的最后一天，李斯和儿子一起被押赴刑场，当牢门打开的那一刻，李斯抬头仰望天空。

他忘记自己有多久没有安安静静欣赏天空了，此时的天空一碧如洗，阳光灿烂如昔，人世间的景象多么美好，他对儿子感叹："我现在多想和你回到家乡，牵着咱家的小黄狗出城东门去打野兔啊！"

人生犹似西山日，富贵终如草上霜。李斯醒悟了，却是死人的醒悟。

《吕不韦列传》

天生一商人

「商人的野心」

> 子楚，秦诸庶孽孙，质于诸侯，车乘进用不饶，居处困，不得意。吕不韦贾邯郸，见而怜之，曰"此奇货可居"。
>
> 《史记·吕不韦列传》

风起于青萍之末，浪成于微澜之间。

身为商旅，吕不韦常年往返各地，以赚差价的方式从事商业活动，很快成为富甲一方的土豪。

虽然后人对吕不韦的评价褒贬不一，但是不得不承认他看人很准，而且具有战略眼光，更关键的是，这家伙还有一颗兜不住的野心——欲望使他不甘心仅仅做个商人。

吕不韦的野心有多大？《战国策》中记录了一段吕不韦与他老爹的对话，大意是：

"种地的话，获利几倍？"吕不韦问。

"十倍吧！"老爹答。

"干珠宝行当，赢利几倍？"吕不韦问。

"百倍。"老爹答。

"如果拥立一位君主呢？"吕不韦问。

"那财富无法计量。"老爹答。

"成交！我就做这笔买卖。"从吕不韦的口气里可以看出，他对能干成这笔买卖充满信心。

凭财富登上福布斯排行榜，不算牛。凭智慧掌控福布斯排行榜，一切我说了算，才是最牛的。

吕不韦开启仕途之旅。

有多大的梦想，就会面临多大的困难。吕不韦在政界一没根基，二无人脉，兜里有钱，花不出去。

人活着，钱花不了，这是人生最痛苦的事。正当吕不韦愁眉不展苦苦求索的时候，异人出现了。

异人没有什么异于常人的地方，他是秦孝文王的儿子，又名子楚。说起异人，真是个苦命人儿，小小年纪就被孝文王送到赵国当人质（可见多不招待见），秦赵世仇，常年掰腕，赵国自然不会拿这位秦国王子当回事儿，赵人对异人冷眼相待，异人的身心遭受了极大的摧残，他面前的道路看上去一片灰暗，他悲伤绝望，在郁郁寡欢中得了抑郁症。

抑郁症可以治！吕不韦瞅准商机，把赌注押在异人身上，于是诞生了"奇货可居"这句成语。

我想凭吕不韦的经商头脑，他之前一定是经过了周密细致的考量——异人的父亲安国君马上要坐上秦国CEO的位子，下面必然要找一个继承者，安国君最宠爱华阳夫人，但是命运总是爱跟人开玩笑，最受宠的女人居然不能生育，当时又没有人工受孕技术，这给了吕不韦灵感——如果异人成为华阳夫人的干儿子，让华阳夫人给安国君吹吹枕边风，那异人被立为太子的事儿不就成一半了吗？

当然，谋事在人，成事在天，另一半成与不成，要看天意了。

这是吕不韦从商以来，经营的最大的一笔生意，可以说他押上了身家性命。

机遇，就是在正确的时间和正确的地点遇到正确的人。一个土豪，一个抑郁症患者，在特殊的历史境遇下相遇，留下一段有人欢喜有人忧的对话。

这段对话不长，但实在耐人寻味。让我们拭目以待，看看吕不韦是如何三言两语即与异人结为同盟的。

吕不韦开门见山，上来就是一句没遮拦的大话：兄弟，你相信吗？我能光耀你的门楣，让你成为万众瞩目的明星。

身为抑郁症患者，异人当然不会轻易相信他的话，他是怎么回答的？笑着回答的。

一个"笑"字说明异人的态度，哪儿凉快哪儿待着去，你还是先把你的门楣光耀了吧，也不怕风大闪了舌头。

吕不韦有城府，他不急不恼，继续做异人的思想工作，我的门楣要靠你的门楣才能光耀啊！

当有人说要给你利益的时候，八成是骗子。但是当他说想通过你获利而使他获利的时候，这一定是真心话。

异人对吕不韦的态度发生转变——这事儿有谱儿。

于是异人正襟危坐，一副毕恭毕敬的样子，表示愿意听吕不韦继续往下说。

吕不韦把帮助他成为秦国CEO的计划和盘托出：与华阳夫人建立亲密关系，用金钱开路，说服安国君立子楚为太子。

异人一听这个计划，顿时心潮澎湃，抑郁症不治而愈，他激动到什么程度？好歹也是人君之子，他居然给一个商人下跪行礼，还主动作出这样的承诺：事成之后，咱哥儿俩共享大秦的土地（如君策，请得分秦国与君共之）。

吕不韦笑了，一副奸商的嘴脸。

「三角合同」

> 吕不韦乃以五百金与子楚，为进用，结宾客；而复以五百金买奇物玩好，自奉而西游秦，求见华阳夫人姊，而皆以其物献华阳夫人。
>
> 　　　　　　　　　　　　　　　　《史记·吕不韦列传》

《吕氏春秋》中有言："力贵突，智贵卒。得之同则速为上，胜之同则湿为下。"

常年在商海中摸爬滚打，吕不韦深知商机稍纵即逝，他立即行动起来，开始履行跟子楚签订的合约。他拿出五百金送给子楚作为赞助费，让他在赵国结交权势，扩大朋友圈，然后又拿出五百金购置很多奇珍异宝，前往秦国从事行贿活动。

找对人才能办成事，吕不韦先找到华阳夫人的姐姐。

有意思！吕不韦为什么不直接找华阳夫人？按理说，既然能见到华阳夫人的姐姐，也一定能见到华阳夫人。

吕不韦把人性拿捏得死死的：相较于陌生人，亲人的劝说往往更加精准有力。

以金钱开路，吕不韦终于见到了华阳夫人的姐姐。对于如何哄骗这个不相识的妇人进入他的圈套，吕不韦早有打算。在吕不韦看来，这个世界上没有什么事情是金钱不能解决的，如果有，那就加码！吕不韦此前准备了五百金奢侈品，他见到华阳夫人的姐姐，先是用"一点儿意思"炸平她的思想高地，接着灌输心灵鸡汤："异人贤能，在赵国家喻户晓，他日夜思念家乡，还有华阳夫人，您知道吗？他对华阳夫人的爱甚至超过了他的亲妈……"

在社会精神生活匮乏的秦国，一堆黄金打造的奢侈品对天生爱美的女人来说极具诱惑力，我能想象华阳夫人的姐姐彼时的心情，她眼睛里闪耀着光芒，拍着胸脯保证："碎碎个事儿。"

吕不韦的"一点儿意思"被带到华阳夫人面前，当然，还有他想对华阳夫人说的话。

吕不韦没学过心理学，但在常年商战中，他已经成长为一名心理咨询专家，虽然未跟华阳夫人正面交锋，但是他的话好像是当着华阳夫人面说的，句句戳到这个女人的心窝里。

吕不韦直截了当，从华阳夫人的美色说起。

时光易老，美色难存，今天的沉鱼落雁，挡不住明天的如期而至，等到您人老珠黄的那天，安国君还会宠爱您吗？

华阳夫人听了这话，一惊！

吕不韦又毫不避讳，直戳华阳夫人的痛点——无后，暗示她将来一旦失宠，又没有人给她撑腰，后果非常严重。

华阳夫人听了这话，再惊！

吕不韦早已猜到华阳夫人的反应，他马上献出对策，找个儿子，即便不是亲生的，一切问题将迎刃而解。而身在国外当人质的子楚就是最佳人选——有能力、有品德、有孝心，打着灯笼都难找。

分析靠谱儿，有道理！

花前月下影成双。每当安国君和华阳夫人独享二人世界的时候，华阳夫人都会提起子楚：这小子贤能，赵国人老稀罕他了（华阳夫人以为然，承太子间，从容言子楚质于赵者绝贤，来往者皆称誉之）。

有人据此推断，华阳夫人简单到没有头脑，被吕不韦三言两语拿下了。虽然历史上缺少对华阳夫人的记录，但是以她当时的处境，我们可以想象得到，她不是没有想过这个问题——她出身楚国宗室，是楚系外戚集团的代表。众所周知，秦国宗室集团与外戚集团之争无休无止且有愈演愈烈之势。华阳夫人代表楚系贵族势力，她一旦倒台，对楚系集团将是致命打击。这一点，华阳夫人比谁都清楚，所以她亟须拉拢一个安国君的儿子，如果此人能为其所用，那将大大有利于楚系势力的巩固。实际上，从某种意义上说，华阳夫人也是一名商人，她也在等待"奇货"，吕不韦的话，使她意识到现在这个商机来了，她必须牢牢抓住。

华阳夫人爽快地签下合约。

于是，那些激动难眠的夜晚，华阳夫人对处在兴头上的安国君又一次次提起子楚，关于子楚的甜言蜜语像炮弹一样轰击着安国君的意志，甚至华阳夫人还"吧嗒吧嗒"掉下了眼泪，关键时刻，转过身去，用光滑迷人的脊背抗议安国君的模棱两可支支吾吾。终于，在华阳夫人的坚持下，安国君钢铁般的意志被彻底摧毁，他答应立子楚为储君。

这时，又是细节表明华阳夫人的不简单。她怕嘴上说事儿不牢靠，签合同的程序还是不能免的。于是她命人把安国君的承诺篆刻在玉上——这事儿是卖肉的砍后丘——腚（定）下来了。

吕不韦理所当然成为子楚的老师，安国君让他带给子楚很多山货特产，一方面认可了吕不韦的政治身份，另一方面昭告天下，子楚将是未来秦国新的君主。

吕不韦、子楚、华阳夫人，你中有我，我中有你，一荣俱荣，一损俱损。

他们签订了一份三角合同……

「一切皆有可能」

> 吕不韦取邯郸诸姬绝好善舞者与居，知有身。子楚从不韦饮，见而说之，因起为寿，请之。吕不韦怒，念业已破家为子楚，欲以钓奇，乃遂献其姬。
>
> 《史记·吕不韦列传》

嬴政的生父是谁？和哥德巴赫猜想一样，一直是谜。

按照司马迁的说法，嬴政是吕不韦的儿子。后来的班固索性直呼始皇为"吕政"，《史记索隐》专门作出解释："吕政者，始皇名政，是吕不韦幸姬有娠，献庄襄而生始皇，故云吕政。"

吕不韦娶了邯郸城中一位美丽又能歌善舞的女子做姬妾，并致其怀孕。这个女人出身赵国豪门，故称赵姬。

在一次宴会上，子楚见到赵姬，欲据为己有。吕不韦非常生气，但转念一想，自己将全部身家都压在了这家伙身上，如果此时翻脸，一切尽毁，于是顺水推舟，把赵姬献给子楚。赵姬隐瞒自己怀孕的事实，至大期时（人们将大期解释为十二个月，以赵姬产子不符合规律判断嬴政非吕不韦之子。按照王立群先生的观点，大期指完整的周期，十月怀胎是完整周期，一年十二个月也是完整的周期，这里的大期指十月怀胎，可以解释为到了分娩的日子），生一子，名嬴政。

对于这种说法，虽然现在的争议比较大，但是在汉朝的时候却极为盛行，甚至《资治通鉴》中也这样说。有人认为，把嬴政说成私生子，是有意丑化历史人物，并且越来越多的人相信子楚就是嬴政的亲生父亲。汉朝人之所以打根儿上诋毁糟蹋嬴政，是出于政治需要——刘氏集团反秦需要获得支持者情感上的认同，嬴政的出身越不堪，越说明他建立的王朝不合法，老刘家的人起来反抗，是顺应天意，维护天道，恢复正统。

这样的分析有道理，但是我还是比较倾向于《史记》中的说法。我相信司马迁在这个重大的问题上，给出的答案一定是经过深思熟虑并且有十足把握的——司马迁写史虽然掺杂进一些个人感情，但是在史实的考证方面大体秉持严谨审慎的态度，对于传说或者拿不准的历史事件，他会反复论证，宁可不提或者仅仅说出他的观点，让读者自己去辨别。

以司马迁"成一家之言"的庄严承诺，想必他不会盲目跟风从论证汉朝合法性的角度去故意恶心嬴政，他与嬴政无瓜葛（有人说司马迁把受刑的怨恨由汉武帝转移到秦始皇身上，这种说法我觉得有些荒唐），二者相隔久远，司马迁没必要冒天下大不韪去侮辱丑化嬴政，从《秦始皇本纪》来看，他认可嬴政的功绩。

我更不赞同"阴谋论"的说法——吕不韦处心积虑，对此事早有预谋。子楚第一次与赵姬见面是在一种偶然的情况下，应该不是吕不韦刻意安排的，如果这事儿早有预谋，那吕不韦真神了，他怎么敢肯定子楚一见面就会爱上赵姬？他怎么把时间计算得那么准确关键还一发命中？他怎么能预见赵姬日后生下的一定是儿子而不是女儿？这里面有太多不确定的因素。

所以，关于嬴政的身世，司马迁应该是掌握了一定的史料，而且他认为有必要把这个身世向读者加以说明，印证他的历史观——历史是发展变化的，至于什么变化、如何变化，具有极大的不确定性，"一切皆有可能"。老夫少妻野合而圣人出；青年男女相遇而成就千古一帝；坚不可摧的上层建筑居然被埋没在最底层的残砖破瓦摧毁……正如作家穆涛在《先前的风气》中所说，"世上发生的很多大事情，其起因和动机，都是细琐或荒唐的小事；一些冠冕堂皇的大场面，出发点可能就是源于大人物的阴暗小心思"[1]。

这个世界，还有什么不可能？

甚至更有一种可能，子楚后来知道了真相，但是人类至高的情感使他不在意这个真相——他真爱上了赵姬，或是已成人君的事实使他必须要隐瞒这个真相——直到死都不能说出来。

当然，我的可能也可能是不可能！

实际上，八卦的我更感兴趣的是吕不韦在听到子楚提出无理要求以后做出的反应——一个充满野心的商人的反应。

这个情节虽然在《史记》中的记载只有只言片语，却极为传神，使吕不韦的商人嘴脸更加深入人心。

学生向老师要女人，吕不韦的第一反应是"怒"。吕不韦之怒符合人伦，但是身为商人，他想到自己把全部资本都投入这项工程中了，如果翻脸，那么他的事业还未起步即宣告破产——商人最忌做赔本的买卖。他心中虽然有一千头羊驼飞奔而过，但是仍然做出"献其姬"的举动，一切只是为了利益最大化——如果有百分之五十的利润，资本就会冒险；如果有百分之一百的利润，资本就敢于冒绞首的危险；如果有百分之三百的利润，资本就敢于践踏人间一切法律……

吕不韦的心理似乎又给人留下了一片想象空间：既然孤注一掷，赌了今生，为什么不再玩大点儿，赌一把来世呢？如果赌成的话，那这笔生意赚取的财富真的不可估量！

子楚的不敬赋予吕不韦灵感，他是否可能存在这样一种心理："既然你不仁，别怪我不义。我要让你头顶一片草原进棺材，我要我的子孙后代都享用你的财富。"

---

① 穆涛. 先前的风气［M］. 西安：陕西师范大学出版社，2015：269.

「以最小成本获取最大收益」

> 庄襄王元年，以吕不韦为丞相，封为文信侯，食河南洛阳十万户。
>
> 《史记·吕不韦列传》

秦昭襄王去世，安国君继位，是为秦孝文王，华阳夫人为王后，子楚为太子。

秦孝文王暴薨，子楚继任，是为秦庄襄王。

子楚上位的那天，吕不韦梦想成真。商人开始以丞相的身份经营这个国家——以经商之道治国，这是吕不韦的发明创造。

商人的天职是以最小的成本付出赢得利益的最大化，吕不韦深谙此道，他实行新政改革，秦与东方的关系进入回暖期，秦人一改往日的狰狞，以微笑加大棒的方式稳扎稳打，步步为营，一点点蚕食诸国土地。

公元前249年，秦攻韩，疆至大梁，设三川郡。

公元前248年，秦攻赵，定太原。

公元前247年，秦攻赵，设太原郡。

秦军势如破竹，迫使东方诸国再次合纵，吕不韦又是一拨出其不意的商业运作，以微小的成本付出取得最大的收益——离间合纵联盟首领魏无忌和魏王的关系，派人到魏国假装祝贺魏无忌上位，使魏王产生猜忌，夺魏无忌兵权，从而彻底打破合纵。

既定规则被吕不韦打破，文明似乎又启动了脚步。

让我们回到原点，解密吕不韦的商业密码和他创造的财富。

吕不韦刚上任，就干了件大事——大赦天下（大赦罪人），伴随而来的额外福利是"修先王功臣，施德厚骨肉而布惠于民"。

真不得了！秦向来以法家思想为治国之本，自商鞅变法，秦法严苛简直可以申遗。秦法的主旨思想是"重刑轻罪"，用从重处刑的方法约束人民。为了便于理解，举例说明。

案例一：五人盗窃团伙第一次作案即失手被捕，获得赃款仅超一钱。按照秦律，剁掉脚趾，脸上刺字，罚为苦役。

案例二：一人随地乱扔垃圾，被胡同大妈发现举报。按照秦律，脸上刺字留念（弃灰于道者，黥），落下终身残疾。

律法如此之严苛的国家，有一天，突然宣布大赦，你说百姓怎么能不喜大普奔呢？这件事儿，吕不韦干得靠谱儿。

还有杀人的事，吕不韦打心眼儿里抗拒。

这段时期，秦打的都是小规模的局部战争，貌似没打过大仗恶仗，更没有发生过像长平之战一样动辄活埋几十万人的大规模杀人事件。这与废除斩首记功制不无关系。虽然《史记》中没有明确记载是吕不韦废除了该制，但是从秦军此间的杀伐记录和《吕氏春秋》中的"义兵"思想推测，该制极可能由吕不韦主导废除。

商鞅变法，很重要的一项举措是以砍下敌人头颅数量作为加官晋爵的依据，当然，这一举措曾对秦军战斗力的提升起到过一定作用。可是邯郸一战，东方诸国联合作战所显示出的强大凝聚力，说明秦军野蛮的杀伐之策已经成为掣肘——真正让人屈服的，永远不是武力。

民不畏死，奈何以死惧之。当六国之人把秦人的军队定义为虎狼之师，当六国之人一致认为秦人的到来意味着死亡降临，那些被秦人斩首的六国士兵的遗孀所能做的唯有拿起一切被称为武器的家伙，拼死一战，与秦人同归于尽。

吕不韦有没有过这样的考虑，我们不得而知，他可能仅仅是从收益的角度来衡量这件事——付出最大的成本获取最小的收益，这是天下最赔本的买卖。如此雄厚的人力资源应该被投入国家建设当中，发展生产，赚取财富。即便兴兵，也是因为要维护正义，被百姓支持。

新政加速了秦国由奴隶制走向封建制的步伐。

灭东周一战是吕不韦上任后主持的第一仗。诡异的是，秦占东周后，并未以屠杀的方式处理投降的军民，对东周的领导人更是优待有加，赐予土地，允许他们保留自己的生活方式，重点是祭祀习俗。

如果说此前秦国只是由于东征的需要被迫接受东方文明，那么通过这起事件，我们似乎可以感觉到情况的变化。这个新兴的国家开始尊重并且主动融入东方文明——我指思想上。

转变过程自吕不韦开启，由李斯终结。

然而，在文明演进中，我们最不应该忽视的是商人创造的价值，无法估量的价值。如果秦国按照"毋独攻其地，而攻其人也"的策略一路杀下去，战国的天空上不知要增添多少屈死的魂灵。

「一个父亲的深情告白」

> 吕不韦乃使其客人人著所闻，集论以为八览、六论、十二纪，二十馀万言。以为备天地万物古今之事，号曰吕氏春秋。布咸阳市门，悬千金其上，延诸侯游士宾客有能增损一字者予千金。
>
> 《史记·吕不韦列传》

假如吕不韦真是嬴政的父亲，而嬴政也承认这个父亲，并且相信他，尊重他，依靠他，对他言听计从，像歌词中唱的那样，长大后还成了他，那么秦国的命运会怎样呢？

在陪伴嬴政的日子里，吕不韦的态度和作为不得不使我更加相信司马迁的判断：嬴政的父亲是吕不韦。

秦庄襄王去世，舞勺之年的嬴政被立为秦王。

嬴政即位时由于年少，尊吕不韦为仲父，全国大小事情皆由吕不韦做主。

儿子成为一国之君，本应是一件高兴的事，可是吕不韦怎么也高兴不起来，相反，他整日愁容满面，一直处于焦虑中。

这是一个经历坎坷缺少关爱的孩子，从小跟着他的母亲颠沛流离，过着朝不保夕任人欺凌的生活，再加上他的母亲把持不住欲望，今天对张三挤眉弄眼，明天对李四暗送秋波，身边总有不同的男人陪伴，天长地久，耳濡目染，嬴政的身心健康能不受影响吗？在这样的环境下长大的孩子，当上一国之君，这个国家会走向何方？

细思极恐！！

可是又该怎么教育他呢？打骂的方式显然不行，自己的身份一直未公开（也不能公开），他凭什么以这种方式教育他。别看孩子平日里喊自己"仲父"，可他毕竟贵为国君，况且对他来说，暴力的教育方式只会使他变得更加扭曲乖戾。

每当想到自己死后，孩子生存在一个弱肉强食的环境里，要独自面对一群穷凶极恶的人，成长的道路上会有各种复杂的难题等待他解决，这个国家的千斤重担将全部压在他一人身上，吕不韦就会变得更加焦虑。

庭前花开花落，天边云卷云舒，一年又过一年，吕不韦倍感惆怅，赵姬那里自然光顾得少了。

当时，诸侯国能言善辩之人（如荀卿）都有自己的著作，而且他们的著作常年雄踞畅销书排行榜前列，这个好父亲突然受到启发，何不给嬴政写一本书呢？肉体因死亡而消解，书籍却可以一直流传下去。

这本书应该是什么样子的？首先，必须是长篇，体量决定分量。其次，这本书的内容，应该包含如何治理国家、如何带兵打仗，应该告诉嬴政当一个皇帝应该做什么、不应该做什么，他要把当时各种流派思想的精华提炼出来，里面不一定只有法家思想，还要有儒家思想、道家思想、墨家思想……总之，古往今来，上下四方，综合百家，包罗万象，取长弃短，成一家言，要让嬴政看过以后，认识到治理国家不是仅仅靠专政的武器，更要靠一套完备的思想体系——思想是最强大的武器。

在当时的条件下，吕不韦深知这本书不好写，但是如果真写出来的话，那极可能是一部传世之作，将对后世产生深远影响。

吕不韦叫来他的智囊团："兄弟们，帮我写一本书吧！您是道家学派的，给我提炼道家思想的精华；您是儒家学派的，给我提炼儒家思想的精华；您是法家学派的，给我提炼法家思想的精华……最后，你们每个人将提炼出来的东西融合到一起，我们写一部集结人类优秀思想的大百科全书。"

豪华的创作班底，纯洁的创作动机，坚强的创作意志，成就鸿篇巨制。书成，二十六卷，一百六十篇，二十余万字。

不得不承认，这本书写得真棒。但面对书籍庞大的体量，问题又接踵而至，部头如此之大，日理万机的嬴政会看吗？

商人出身的吕不韦自然要通过商业办法解决这个问题。

炒作。甭管他看不看，先让这本书火起来，成为一本畅销书，不怕孩子不感兴趣。

于是他命人把这部书誊抄在竹简上，悬挂至咸阳的城门，还当着各大媒体的面，像当年商鞅南门立木一样，对外承诺，谁能改动这部书中的一个字，可得千金。

竹简下的桌子上果然放着一堆金子。

消息传开，人们蜂拥而至，诸侯各国的游士宾客，居然无一人上前改动书中的文字。当然，这并不能说明书真的无懈可击，更有可能是人们出于对权势的畏惧而不敢上前。不过，这不重要，重要的是宣传效果已达到，这本书的名气远播诸国，一时洛阳纸贵。

消息迅速传到嬴政的耳朵里，嬴政作何感想，历史没有记载，但是从嬴政后面的举动来看，他显然没有把这件事儿放在心上，更没把这本书当成一回事儿。

商人的计划最终破产，但是这部在秦国民间轰动一时的畅销书却流传下来，就是我们今天读到的《吕氏春秋》。

可怜天下父母心，嬴政不知道他放弃的是一个帝国延续生命的机会。按照现代史学家郭沫若先生的猜测，"沿着吕不韦的路线下去，秦国依然是统一中国的，而且统一了之后断不会仅仅十五年便迅速地彻底崩溃"[①]。

---

① 郭沫若. 十批判书［M］. 北京：人民出版社，2012：345.

「我成全你，天下的王」

> 秦王恐其为变，乃赐文信侯书曰："君何功于秦，秦封君河南，食十万户？君何亲于秦，号称仲父？其与家属徙处蜀！"吕不韦自度稍侵，恐诛，乃饮鸩而死。
>
> 《史记·吕不韦列传》

吕不韦最后悔的是他当初没有违背妇女意愿，而是把自己的灵魂交给了名叫欲望的魔鬼。

在他的悔过书上，有这样一条醒目的记录：作风败坏，常年与赵姬保持不正当男女关系。

昔日的情人，如今贵为国母。这是铁的事实。与这样的女人保持不正当关系，本身就是一件如同行走在刀锋上的事。

当选择献出赵姬的那一刻，吕不韦便应该斩断情丝，与赵姬建立正常的友谊。

可他没这么做，他与赵姬的关系一直是剪不断理还乱。

人做错事不可怕，可怕的是不知道亡羊补牢的道理，在错误的道路上执拗地走下去。

嬴政渐渐长大，如果吕不韦与赵姬一刀两断，划清界限，还不算晚。但是在利益的驱使下，他再次向欲望妥协，面对"太后淫不止"，他找来嫪毐，因为此人有"特长"。他要嫪毐替代自己，这样既可以满足赵姬的欲望，又能使自己全身而退。

不光彩的牵线人。

经过吕不韦的撮合，志趣相投的赵姬与嫪毐走到一起。那些日子，在嫪毐的影响下，赵姬的行为愈发放纵，毫无收敛。吕不韦自以为他的计划完美无瑕，可是天下哪有一直顺意的美事。

嫪毐淫荡的外表下包藏的是祸心。

引狼入室、养虎为患……此时，这些成语用在吕不韦身上再合适不过了。

一个人表面上似乎沉迷于世俗消遣，实际上暗地里一直在研究帝王权术。

吕不韦给自己酿下一杯毒酒。

当蓬勃的赵姬为嫪毒生育二子后，嫪毒果然反了。实际上，这个长相英俊的男人并不傻，当他以伪太监的身份进入皇宫，见到赵姬，并与她有了私情后，就知道自己来时的那条路已经彻底绝断。

时至今日，人们对吕不韦在平定嫪毒叛乱过程中的作为一直有异议，两种说法盛行：一种说法是他在平叛的过程中功勋显赫；另一种说法是他未有功而是持观望的消极态度。

基于认同太史公的观点（吕不韦乃嬴政父），我更倾向于第一种说法。

关键时刻，利益让位于亲情，吕不韦回归到父亲的角色当中。

如此，我之前的种种猜想和接下来发生的一系列事情似乎在逻辑上讲得更通了。

关于嬴政的身世，只有吕不韦和赵姬最清楚，但是对这个秘密二人守口如瓶，彼此心照不宣。后来，赵姬疏远吕不韦，与嫪毒建立了感情。再后来，二人有了爱情结晶，他们之间不再是单纯的情人关系，换句话说，赵姬对嫪毒的感情实现了质的飞跃，她把嫪毒当成了自己最亲的人，并向嫪毒说出了那个埋藏在心底多年的秘密：嬴政的父亲是吕不韦。

都是爱情惹的祸。

嫪毒兵败被俘，吕不韦和赵姬之间的传闻被实锤，关于嬴政身世的秘密自然存在泄露的风险。

以嫪毒一事为借口，嬴政免除了吕不韦的相位，让他回到原来的封地。从表面上看，是嬴政要拿回属于自己的权力，而我以为，这是他了解真相以后，情感崩溃瞬间下意识的决断。

真相使嬴政焦虑，一如父亲的焦虑。他还没想好怎么办，只能先把吕不韦发配边疆——让秘密的制造者远离秘密。

王，进行了激烈的思想斗争。

做天下的主，这是秦人世代的梦想。他曾经所遭受的苦难，都是为了实现这个梦想；他能忍受这世间的一切屈辱，都是因为他坚信这个梦想必然实现。

而如今，吕不韦的存在，使他的梦想近乎破灭——至少在所谓的名义上，他不具备正统身份。

最好的解决办法就是让吕不韦在这个世界上消失，而且要他心甘情愿地消失。

于是，历史上的那一天，已决心在封地了却余生的吕不韦收到了一封来自京城的挂号信。

这封信的发出者名叫嬴政，信中的文字意味深长，嬴政提出了两个虚无缥缈的疑问。

你对秦国有什么功劳，配享受封地河南郡和食邑十万户的高级待遇？

你跟我有什么关系，配得上"仲父"这个尊号？

父亲读懂了孩子的内心。他拿起毒酒一饮而尽，没有丝毫犹豫。

死前，吕不韦昭告天下，我自杀，是因惧怕日后秦王杀我——真正听懂这句话的，只有嬴政一个人。

帝国的中心，吕不韦的死讯传来，嬴政一阵战栗，他感到前所未有的孤独……

「后记：一个人的马拉松」

这些年，我远离人群，一直在写一本超乎预期的书。

2019年，《给青春回个话》出版。按理说，熟悉了一种套路，应该趁热打铁，继续写下去，可是我没有。大概年龄作祟，我发现自己对那类题材正在逐渐失去兴趣。如果"在星空看来，地球都不是个事儿"，那对一生而言，青春也不是事儿——有什么值得反复写的呢？

偶然间，我又读到《史记》。说"又"，是因为拜专业所赐，大学那会儿读过。想不起来当初的阅读感了，只记得那是一个汉朝人写的一本纪传体史书，流传两千多年，鲁迅先生赞誉，"史家之绝唱，无韵之离骚"。

不过，2019年的那次阅读感记忆犹新，用小朋友夸张的腔调形容，仿佛被电了一下！还是年龄原因吧。人到一定年龄，可能都会或多或少对历史产生一些兴趣——人生的困惑都能在历史中找到答案。

我跟这个叫司马迁的畅销书作家开聊。两年后，《漫话史记》出版。本以为一切结束，像参加马拉松，冲刺那一刻，激动万分，不是因为完成比赛，而是想终于可以停下来喘口气了。往往事情不出意外的话会出意外，裁判突然出现，说我比赛中抄了近道儿，成绩无效，要重跑。

原来，一切才刚刚开始。

裁判是公正的，回看行程，我的确抄了近道儿。我之前觍着脸说，《漫话史记》是我个人对《史记》的解读，难免挂一漏万，甚至存在误读的情况，让人见笑。现在来看，这哪是自谦，分明是事实。

弥补过错最好的方式是什么？回到起点，重新开始！

我写东西的毛病是着急，赶着写。这跟性格无关，典型的急功近利。这回我嘱咐自己，悠着点儿，人家都跑完了，你也赶不上了，索性就别赶了——一个人的马拉松。

这一跑又是三年。

其间，糖糖和果果出生。她们的到来，使我的写作再次减速，我想把这本书作为礼物送给她们。

既然是送礼，一定有"图谋"。

我希望她们将来能养成阅读的习惯。阅读的好处显而易见，不必跟人在一起也不必惊慌，实际上，当我恐惧和惊慌的时候，我就会阅读，加倍阅读，我不认为这是高尚之举，不过跟吃饭喝水一样，一种生理需要，满足精神上的自我慰藉，成本还低。如果非要说出有什么意义的话，我倒是希望通过阅读、坚持阅读，孩子们能成为我一直想成为的人：高尚的人，纯粹的人，脱离低级趣味的人——人理应成为的人。

我还希望她们能够永远保持对未知的好奇和想象，虽然这大概是奢望。我的经验是因为一度迷信经验，导致写作陷入误区。走出误区的过程使我认识到，别人能教什么不重要，重要的是别人教不了什么。如果说人生的全部意义蕴含在希望和等待里，那么人类的一切创造都源于好奇和想象——人天生具备，不需要谁恩赐，谁也甭想夺走。

我更希望她们学会对抗平庸和无趣。我力图通过有趣的讲述使枯燥的史料和死去的人物活起来，吸引包括她们在内的更多人去读《史记》，读出蕴含在其中的道理，我指做人的道理：坚持正义，崇尚善美，自立自强，假使上升到价值观层面，去选择马克思所说的"为人类福利而劳动"那样的生活——我能想到的对抗平庸和无趣的最好方式。

最后，我想说的是，要始终保持对生命的热爱和敬畏。亲历了生命的孕育，见证了生命的奇迹，我似乎更加理解司马迁以纪传体写作的初衷：用生命记录生命，用生命歌颂生命，用生命热爱生命，这是文学的一切，更是人生的一切——不想未来的平坦与泥泞，只管热爱生命。

想说的都在书里了，最后要表达的只有感谢。

感谢第二故乡陕西。

感谢培养我的西科大。

感谢传道授业解惑的师长。

感谢给我包容帮助的领导同事。

感谢珍爱陪伴支持鼓励我的亲友。

另，本书创作中的参考，均作了标注，但是以我的不拘和随意，难免疏漏，如有方家之言引而未标，本人先行道歉。我本意是把能搜集到的真知灼见全部收录书中——一切为文化传承创新作出的努力都值得尊重，一并感谢。特别感谢著名书法家牛迈程先生为本书题写书名，著名作家王成祥、陈锵二位先生倾情作序以及赵学儒、曹雪梅、杨曙明、熊艳娥四位师长的热情推荐，本书责任编辑韩婷婷老师的辛苦付出和对本书较真儿的勘校，严谨的态度令人钦佩，还有黄晨同学帮助我整理参考文献，并在创作过程中给了我许多启示和建议。我享受到了一次愉悦的创作体验。

都担待了。

致敬司马迁！

致敬千百代先贤！

致敬光荣伟大的时代！

愿世界和平，没有战乱、病痛、分离、遗憾，生命被温柔以待！

王利伟

2024年12月31日于西安